人力资源管理

主　编　徐笑君
副主编　包季鸣

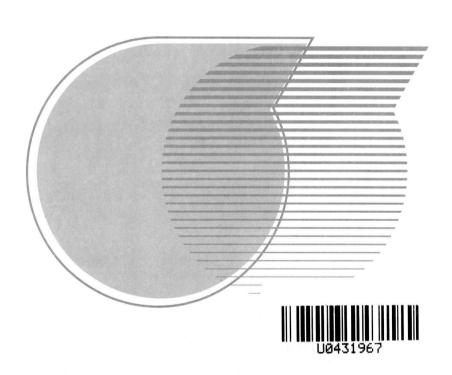

复旦大学出版社

一、本书编写的背景

人力资源是企业的战略资源,现代企业对这一观点已经达成共识。但是企业想要充分发挥人力资源的作用,让人力资源为企业创造价值,还取决于企业能否建立一套有效的人力资源管理体系。人力资源、人力资源管理和企业竞争优势三者之间的关系为:人力资源是企业竞争优势的源泉,但是只有通过有效的人力资源管理,才能将人力资源转化为企业核心能力和竞争优势。

从20世纪初至今,西方人力资源管理经历了人事管理(20世纪初—20世纪40年代)、人力资源管理(20世纪50年代—70年代)和战略性人力资源管理(20世纪80年代—现在)三个不同的发展阶段。人力资源管理的职责也从行政事务性工作向战略执行、进而向战略制定转变;人力资源管理的角色也从具体执行者向战略决策辅助者、进而向战略合作伙伴转型;人力资源部门也从成本中心向投资中心转型。

随着社会主义市场经济体制的确立,中国多种经济成分得到蓬勃发展。2000年以后,外资和私营经济在中国国民经济成分中的比重显著上升,已经不再是"补充"的角色。国有企业的人力资源管理模式很难代表中国企业的人力资源管理,中国企业的人力资源管理开始出现了多元化的格局。

二、本书的篇章结构

本书从战略性人力资源管理的视角,结合中国企业的特点以及智能化、全球化的时代背景,系统论述人力资源管理相关议题。本书共分为十一章,其中第一章至第三章为基础篇,第四章至第十章为职能篇,第十一章为专题篇。

1. 基础篇

第一章"人力资源管理概述",主要澄清了人力资源和人力资源管理的基本概念,介绍了西方和中国人力资源管理的发展演变,以及智能化时代人力资源管理角色、机构和技术手段的转变。

第二章"智能化时代的企业和人",重点分析智能化时代的组织特点和智能化时代人的特点,尤其对千禧一代和Z世代员工的价值观和管理转型进行了讨论。

第三章"工作分析和设计"。工作分析是人力资源管理工作的基石,本章首先将岗位设置放在组织结构设计和部门职能定位中进行分析;接着分析了工作分析的发展演变、方法、程序、工作设计的发展趋势,以及工作分析容易陷入的误区。

2. 职能篇

职能篇按照人力资源管理的四大职能(招人、育人、用人和留人)来组织内容。

其中,招人模块包括第四章和第五章。第四章《人力资源规划》,详细阐述了人力资源规划的内容、基本要求、步骤,人力资源需求预测和供给预测的具体方法,以及人力资源规划编制的模型和方法。第五章"员工招聘",详细论述了招聘的原则和方法、招聘体系的建立、胜任力模型在招聘中的应用、员工甄选的流程以及员工甄选时重点采用的三种方法,即面试、心理测试和评价中心,本章还分析了新技术推动下的招聘变革。

育人模块包括第六章和第七章。第六章"培训和开发",分析了基于KSAIBs的人力资源开发系统、员工培训系统和流程以及创建学习型组织,本章重点分析了培训数字化和构建E-learning系统。第七章"职业生涯规划和管理",主要包括职业选择和职业发展经典理论、个人职业生涯规划模型和流程、构建组织职业生涯管理体系以及职业生涯早期、中期和晚期遇到的关键问题。

用人模块包括第八章和第十章。第八章"绩效管理",主要从绩效管理的四个环节——绩效计划、绩效实施、绩效考评,以及绩效反馈和结果应用展开讨论,重点分析了绩效管理的三大工具,即平衡计分卡(BSC)、关键绩效指标法(KPIs)和目标和关键结果法(OKR)。第十章"员工关系管理"主要围绕如何构建和谐的劳动关系展开论述。

第九章"薪酬管理"属于留人模块,主要内容包括激励的动力机制——经典的动机理论,以及如何构建企业的激励机制,即构建企业的薪酬管理体系、设计薪酬体系以及建立中长期激励计划。

3. 专题篇

据商务部、外汇局统计,2020年,中国对外直接投资1 537亿美元,流量规模首次位居全球第一;截至2020年末,中国对外直接投资存量达2.58万亿美元,仅次于美国和荷兰,位居全球第三。在这样一个全球化的时代背景下,很有必要学习跨国公司的国际人力资源管理,因此本教材增加了第十一章"国际人力资源管理",分析跨国公司理论、国际人力资源管理理论、外派人员管理和跨文化管理。

三、本书的特色

目前市面上人力资源管理的教材很多,本书从时代性、战略性、系统性和创新性四个方面组织编写,尽量体现特色。

1. 时代性

21世纪以来,随着移动互联网、大数据、云计算和人工智能技术的发展,人力资源管理的技术手段发生了巨大变化。本书将具体描述在智能化时代,企业人力资源管理的数字化转型，涉及内容包括第一章第五节"人力资源管理的数字化转型"、第二章第一节"智能化背景下的企业"、第五章第七节"新技术推动下的招聘变革"以及第六章第四节"培训数字化和构建 E-learning 系统"。

2. 战略性

本书从战略性人力资源管理的视角，分析人力资源管理如何以组织战略为导向，根据组织战略制定相应的人力资源管理制度与管理措施，以推动组织战略实现的过程。

3. 系统性

本书内容不仅涵盖传统战略性人力资源管理的主要领域，而且把容易被很多教材忽略的员工关系管理以及国际人力资源管理也包括内。

4. 创新性

本书围绕着战略性人力资源管理的基本框架，将经典人力资源管理理论和最新成果整合起来。本书不仅对人力资源管理理念的转变、人力资源管理机构转型以及人力资源管理者的角色转变等内容进行论述，而且对大家关注的热点话题，例如人力资源管理数字化转型、OKR、中长期激励、国际人力资源管理等都做了详细的论述。另外，本书还尽量收集最新的企业人力资源管理案例供学生课堂讨论。

四、本书编写的分工

本书是集体讨论的成果，十九位高校学者或人力资源管理实践工作者历时三年才完成本书的编写工作。

徐笑君副教授和包季鸣教授根据两人合编的教材《人力资源管理：全球化背景下的思考与应用》，在充分讨论的基础上，拟定了本书的写作大纲。本书编著的分工为：苗铃炯、王晓璐、黄晓萍和邱云熙参与第一章编写；李卓训、宋卓、陈刚和李笑参与第二章编写；韩凤强参与第三章编写；韩凤强、李煜玮和邱云熙参与第四章编写，其中，韩凤强承担了第四章大部分内容的编写；吕丽、魏羽参与第五章编写；周江虹参与第六章编写；李笑参与第七章编写；王琨参与第八章编写；姜乐和缪畅雨参与第九章编写；魏羽和周驰参与第十章编写；罗婵娟和周翔参与第十一章编写。最后，由徐笑君副教授完成统编定稿。

由于教学需要，本书亟须出版，但我们仍然感到有许多需要进一步推敲之处。我们热切期盼读者提出宝贵的批评和建议，使本书再版时能不断改进，更好地指导企业人力资源管理实践和帮助高等院校人力资源管理课程的教学工作。

2022.9.1

目录 CONTENTS

第一章 人力资源管理概述 ·········· 1
  第一节 人力资源的基本问题 ·········· 2
  第二节 人力资源与企业竞争优势的关系 ·········· 7
  第三节 人力资源管理的基本问题 ·········· 8
  第四节 战略人力资源管理 ·········· 16
  第五节 人力资源管理的数字化转型 ·········· 27

第二章 智能化时代的企业和人 ·········· 38
  第一节 智能化背景下的企业 ·········· 39
  第二节 智能化背景下的"人" ·········· 48

第三章 工作分析和设计 ·········· 65
  第一节 组织结构设计、部门职责定位和岗位设置 ·········· 67
  第二节 工作分析的经典架构 ·········· 78
  第三节 工作设计的发展趋势 ·········· 90

第四章 人力资源规划 ·········· 105
  第一节 人力资源规划概述 ·········· 106
  第二节 人力资源需求预测方法 ·········· 113
  第三节 人力资源供给预测方法 ·········· 124
  第四节 人力资源规划编制模型和方法 ·········· 129

第五章 员工招聘 ·········· 142
  第一节 员工招聘概述 ·········· 143
  第二节 建立招聘体系 ·········· 147
  第三节 胜任力模型在招聘中的应用 ·········· 151
  第四节 员工甄选 ·········· 155

　　第五节　招聘面试 ………………………………………………………… 159
　　第六节　招聘测试 ………………………………………………………… 164
　　第七节　新技术推动下的招聘变革 ……………………………………… 172

第六章　培训和开发 ……………………………………………………………… 184
　　第一节　基于KSAIBs的人力资源开发系统 …………………………… 185
　　第二节　员工培训的一般系统模型 ……………………………………… 188
　　第三节　创建学习型组织 ………………………………………………… 196
　　第四节　培训数字化和构建E-learning系统 …………………………… 203

第七章　职业生涯规划和管理 …………………………………………………… 213
　　第一节　职业生涯规划和管理概述 ……………………………………… 214
　　第二节　职业选择和职业发展理论 ……………………………………… 215
　　第三节　个人职业生涯规划模型 ………………………………………… 224
　　第四节　职业生涯管理体系 ……………………………………………… 233
　　第五节　职业生涯不同阶段的关键问题 ………………………………… 238

第八章　绩效管理 ………………………………………………………………… 255
　　第一节　绩效管理概述 …………………………………………………… 256
　　第二节　绩效管理循环 …………………………………………………… 261
　　第三节　绩效目标和衡量指标设计工具 ………………………………… 266
　　第四节　绩效考评 ………………………………………………………… 276
　　第五节　绩效面谈 ………………………………………………………… 279
　　第六节　绩效管理中的误区和关键点 …………………………………… 281

第九章　薪酬管理 ………………………………………………………………… 292
　　第一节　薪酬管理与绩效管理、动机理论的关系 ……………………… 293
　　第二节　动机理论和激励应用 …………………………………………… 294
　　第三节　薪酬管理体系 …………………………………………………… 303
　　第四节　薪酬体系设计 …………………………………………………… 309
　　第五节　员工福利 ………………………………………………………… 319
　　第六节　中长期激励 ……………………………………………………… 321

第十章　员工关系管理 …………………………………………………………… 334
　　第一节　员工关系概述 …………………………………………………… 335

第二节	劳动关系理论	336
第三节	劳动合同管理	342
第四节	工会与集体协商	347
第五节	中国企业构建和谐的劳动关系	349
第六节	职业安全和健康管理	353

第十一章　国际人力资源管理 ······ 361
第一节	跨国公司理论	363
第二节	国际人力资源管理	368
第三节	外派人员管理	371
第四节	跨文化管理	381

参考文献 ······ 399

第一章　人力资源管理概述

1. 认识人力资源以及人力资源管理在企业中的重要性。
2. 掌握人力资源的概念界定和特征。
3. 掌握人力资源、人力资源管理和企业竞争优势之间的关系。
4. 掌握人力资源管理的概念界定、目标和职能。
5. 掌握西方和中国人力资源管理实践的发展演变。
6. 掌握人力资源管理者的角色和应该具备的素质。
7. 掌握三支柱人力资源管理组织架构的内涵和实施要点。
8. 掌握数字化人力资源管理的内容和特点。

腾讯大数据人力资源管理实践

2013年，腾讯人力资源平台与微信团队合作，开发了基于移动端的人力资源产品——HR助手，以微信企业号的形式为员工提供便捷、快速的人力资源服务，逐步推动员工自发展与自管理。2014年，共享服务中心（shared service center，SSC）内部成立了大数据人力资源管理团队。2015年，人力资源专家中心（center of experts，COE）请外部顾问，建设活力实验室。腾讯进行了一系列大数据人力资源管理实践。

一、对离职进行预警的"红线"项目

"红线"项目是由COE的活力实验室牵头，多部门联合进行的大数据分析项目。项目基于员工的非结构化数据（如研究员工离职前会有何异常表现）总结规律。当其他员工出现这些表现时，系统向管理者预警，管理者采取适当的保留方案或继任者方案。

二、降低运营量的"先知"项目

腾讯人力资源部门自2013年建立了HR8008员工服务热线，为员工提供快速找到HR、获

取专业人力资源知识的一站式服务。HR8008热线有大量日常运营工作,"先知"项目的目的是通过对人力运营大数据进行分析降低运营量,让HR从事务性工作中解脱出来。

通过过往的数据,可以找到事物的规律。团队根据同期员工问询的数据,预测什么时候将是某类业务咨询的高峰期。例如,通过观察2014年、2015年的数据,发现七八月份是"实习生留用考核"问题咨询的高峰期。团队人员通过抓取几个关键时间节点,提前做好Q&A,并将其接入门户热点问题及搜索后台知识库,使员工可以快捷地找到相关解答,减少了重复的问询,同时也提升了员工的满意度。

员工感受不到人力资源管理者的存在,反而是人力资源管理理想的状态和努力的方向。2016年以前,团队将咨询升级量作为KPI来考核,绩效的导向是人均咨询量、处理量越高越好。2016年实施"先知"项目以后,理念转变为腾讯员工的人均问询率、咨询升级率越低越好。

三、助力员工招聘与保留的员工稳定性分析项目

为提升招聘环节的效率和效果,人力资源管理者将腾讯历史上所有的员工按照稳定程度分成多个样本,通过对大数据的挖掘找到与稳定性相关的典型特征,建立起能够识别候选人稳定性的数学模型。招聘系统进一步应用数据分析结果,系统自动根据应聘者的简历,对候选者的稳定性做出评估,向负责招聘的人力资源管理者及业务负责人提供决策建议。这个分析有助于员工特征与职位的匹配,为后续招聘以及保留环节提供参考。

此外,腾讯还在用大数据衡量组织活力,探索一个产品或项目团队,团队的人力配置有什么特点?这个团队是一个比较有活力的团队吗?组织活力是腾讯的人力资源战略重心,是组织的核心竞争力。2012年以后,《腾讯月刊》开始发布图腾栏目,该栏目借助数据分析和图形呈现,对管理者、员工关心的员工健康、企业发展、行业动态等主题进行大数据分析、预警、预测,为管理者、员工提供现象解释、决策参考。

资料来源:西楠、李雨明、彭剑锋等,《从信息化人力资源到大数据人力资源管理的演进——以腾讯为例》,《中国人力资源开发》,2017年第5期.

腾讯大数据人力资源管理与传统人力资源管理相比,它的优势体现在哪些方面?

第一节 人力资源的基本问题

一、人力资源的定义

早期的人力资源概念是1919年美国劳工史学家和管理学家约翰·康芒斯(John R. Commons)在其著作《工业友善》(*Industrial Goodwill*)中首次提出的。在此书中,

他确立了员工是组织一种价值极高的资源的思想。此书对人事管理的贡献在于：第一，明确使用"人力资源"概念。第二，制定了在各种一揽子人力资源管理实践中进行选择的一种战略选择框架。第三，形成了参与式管理的概念，阐明了为什么参与式管理可能改善组织绩效，以及参与式管理与何种人力资源管理模式结合产生最佳效果。第四，概括了五种不同的劳动管理模型，即商品模型、机器模型、公共设施模型、友善模型以及市民模型。

现代人力资源的概念是1954年管理大师彼得·德鲁克（Peter Drucker）在其著作《管理的实践》（*The Practice of Management*）中提出的。彼得·德鲁克在书中指出：人力资源（human resource）与其他资源的唯一区别是"人"（human），拥有其他资源所没有的素质，即"沟通能力、融合能力、判断力和想象力"；而且人力资源只能自我运用，本人对人力资源具有绝对的控制权。

对于什么是人力资源，学术界尚无统一的定义。

张德（2003）认为，人力资源是能够推动整个经济和社会发展的劳动者的能力，即处在劳动年龄的已直接投入建设和尚未投入建设的人口的能力。

赵曙明（2001）认为，人力资源是包含在人体内的一种生产能力，它是表现在劳动者身上的、以劳动者的数量和质量表示的资源，它对经济起着生产性的作用，使国民收入持续增长。它是最活跃最积极的主动性生产要素，是积累和创造物质资本、开发和利用自然资源、促进和发展国民经济、推动和促进社会变革的重要力量。

董克用和李超平（2019）认为人力资源是指人所具有的对价值创造起贡献作用，并且能够被组织所利用的体力和脑力的总和。这个含义包括以下几个要点：① 人力资源的本质是人所具有的脑力和体力的总和，可以统称为劳动能力；② 这一能力要能对财富的创造起贡献作用，成为社会财富的源泉；③ 这一能力还要能够被组织所利用，这里的"组织"可以大到一个国家或地区，也可以小到一个企业或作坊。

刘昕（2020）认为人力资源是指一个国家、经济体或者组织能够开发和利用的，用来提供产品和服务、创造价值或实现既定目标的所有以人为载体的脑力和体力的总和。这个含义包括以下几个要点：① 人力资源既可以指具体的人，也可以指一种以人为载体的能力；② 包括宏观层面（一个国家或一个经济体）和微观层面（企业组织）的含义；③ 包括现实的人力资源以及潜在的、未来的人力资源；④ 重点在于质量而不是数量。

本书认为，在全球化背景下，人力资源是指全球范围内能够推动经济和社会发展的劳动者的能力。具体而言，人力资源是指在一定时间空间条件下，现实和潜在的劳动力的数量和质量的总和。从时间序列上看，人力资源包括现有劳动力和未来潜在劳动力；从空间范围上看，人力资源可区分为某国家（地区）、某区域、某产业、某企业乃至家庭和个人的劳动力，它既包括劳动力的数量，还包括劳动力的质量，更包括劳动力的结构。劳动力的质量至少包括劳动者的体质、智力、知识、经验和技能等方面的内容。

二、人力资源的数量、质量和构成

（一）人力资源的数量

从国家层面来看，人力资源的数量可以从现实人力资源数量和潜在人力资源数量两个方面进行计算。潜在人力资源数量是指一个国家具有劳动能力的人口数量；现实人力资源数量是潜在人力资源数量减去由于各种原因暂时不能参加社会劳动的人口。

从企业层面来看，人力资源的数量就是企业员工总人数。

（二）人力资源的质量

人力资源的质量是指人所具有的体能、智能以及非智力素质。体能素质有先天的体质和后天的体质之分。智能素质包括经验知识和科技知识，科技知识又细分为通用知识和专业知识。非智力素质是指劳动者的心理素质以及道德情况水平等。

根据劳动者所具备的人力资源素质不同，可将劳动者分为四类。第一类劳动者全凭体力劳动；第二类劳动者具有一些文化，但还是以体力劳动为主；第三类劳动者具有较高的文化，不再以体力劳动为主，应用机械技术；第四类劳动者以专业技术为主，基本摆脱了体力劳动，应用自动化技术。

（三）人力资源的构成

1. 国家人力资源构成

（1）人口年龄构成

年龄构成是指各年龄段的劳动人口在整个劳动人口中所占的比重。年龄构成可以反映出一国人力资源供给状况。

我国法定劳动年龄是男16～60周岁，女干部16～55周岁，女工人16～50周岁，在劳动年龄上下限之间的人口称为"劳动适龄人口"。一般认为，低于劳动年龄下限的"未成年人口"、高于劳动年龄上限的"老年人口"这两类人口不具备劳动能力①。老年系数又称老年人口比重是指老年人口占总人口的百分比。一个国家或地区60岁以上人口占总人口的10%，或65周岁以上人口占总人口的百分比达到7%，即为人口老龄化。2016年，中国16～60周岁人口占比为65.6%；60周岁以上人口占比为16.7%；65周岁以上人口占比为10.8%。中国已经快速进入完全意义上的老龄化社会。

在劳动适龄人口中，存在一些丧失劳动能力的病残人口。此外，还存在由于各种原因暂时不能参加社会劳动的人口，如在校就读学生、军队服役人员、在押服刑人员等，还有从事家务劳动的人员以及放弃寻找工作的失业人员。在计算人力资源时，以上这些情

---

① 2015年，蔡昉、张车伟在《人口与劳动绿皮书：中国人口与劳动问题报告No.16》中建议延迟退休可分"两步走"：2017年完成养老金制度并轨，取消女干部和女工人的身份区别，将职工养老保险的女性退休年龄统一规定为55岁；从2018年开始，女性退休年龄每3年延迟1岁，男性退休年龄每6年延迟1岁，至2045年男性、女性退休年龄同步达到65岁。

况的人员都应当考虑进去,这是划分现实人力资源和潜在人力资源的依据。

在劳动适龄人口之外,也存在一些具有劳动能力、正在从事社会劳动的人口,如退休返聘人员。

我国的人口构成如图1-1所示。

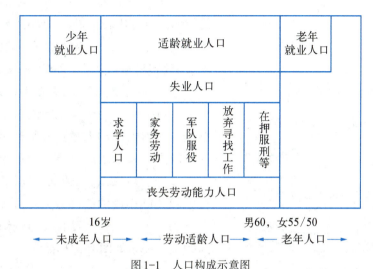

图1-1 人口构成示意图

注:这种划分方法也适用于其他国家,只是劳动年龄的起止时间有所变化。

(2)人口产业分布

人口产业分布是指在第一、第二和第三产业的劳动人口占整个劳动人口的比例。第一产业为农业(包括种植业、林业、牧业、渔业和副业);第二产业为工业(包括采掘业、制造业、自来水、电力、蒸汽、热水和煤气等)和建筑业;第三产业包括上述第一、二产业以外的其他各业,具体指流通部门、服务部门、社会发展部门和社会公务部门。人口产业分布可以反映出一国的产业结构特点,判断出一国的经济发展水平。

2. 企业人力资源的构成

企业人力资源的结构一般包括年龄构成、学历构成、职位分布、部门分布、素质构成等。年龄构成是指企业中各年龄段的员工在员工总数中所占的比例。学历构成是指在个学历层次的员工在员工总数中所占的比例,反映员工的素质水平。职位分布是指各个职位层次的员工在员工总数中所占的比例。金字塔形的职位分布是稳定的、有效率的。部门分布是指各个部门的员工在员工总数中所占的比例。素质构成是指企业中各个员工所具备的素质,包括个性、品行、能力、知识和体制等方面。

李派克和斯内尔(Lepak & Snell,1999)根据人力资本的价值性和稀缺性,将人力资源分为四种类型:核心人才、通用人才、独特人才和辅助人才(图1-2)。核心人才是指对于企业价值很高,并且非常稀缺和独特的人才。核心人才与企业的核心能力直接相关,因此具有很高的价值。通用人才是指与企业所需的核心能力直接相关、价值较高的人

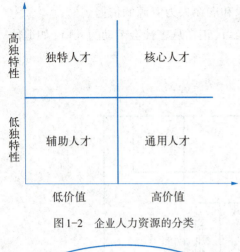

图1-2 企业人力资源的分类

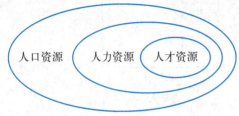

图1-3 人口资源、人力资源和人才资源三者的关系

才。但由于这类人才拥有容易学习和获得的普通知识和技能，比较容易从市场上招聘和获得，不具有独特性。独特人才对于企业战略价值较低，与企业所需的核心能力间接相关，但独特人才通常拥有非常特殊的、不易习得的知识和技能，因此相对比较紧缺。辅助性人才在企业中的战略价值较低，通常只具有一般的知识和技能，比较容易从市场上招聘和获取。

（四）人力资源、人口资源和人才资源

人口资源是一个国家或地区所拥有的人口总量。人力资源和人才资源都产生于这个基本的资源中。人力资源是指一个国家或地区中具有较多科学知识、较强劳动技能，在价值创造过程中起关键作用的那部分人。人才资源是人力资源的一部分，是优质的人力资源。这三者之间的包含关系如图1-3所示。

人口资源是一个偏数量的概念，人才资源是一个偏质量的概念，人力资源是一个数量和质量统一的概念。人力资源不仅包括一个国家和地区有劳动能力并在法定劳动年龄范围之内的人口总量，而且包括虽已离退休但仍从事工作的具有较高素质的劳动者。

三、人力资源的特性

人力资源不同于一般的自然资源，其独特性主要表现在以下几个方面。

（一）生物性

人力资源存在于人体之中，是有生命的"活"资源，这是人力资源的最基本特点。在管理中，首先要了解人的自然属性，根据人的自然属性与生理特征进行符合人性的管理。人力资源为人类自身所特有，因此具有不可剥夺性。这是人力资源最根本的特性。

（二）时限性

时限性是指人力资源的形成与作用效率要受其生命周期的限制。无论哪类人，都有其才能发挥的最佳期、最佳年龄段。人力资源的开发与管理必须尊重人力资源的时限性特点，做到适时开发、及时利用、讲究时效，最大限度地保证人力资源的产出，延长其发挥作用的时间。

（三）再生性

人力资源是一种可再生资源，通过人口总体内各个体的不断替换更新和劳动力再生

产的过程得以实现。从这个意义上来说，人力资源要实现自我补偿、自我更新、持续开发，这就要求人力资源的开发与管理注重终身教育，加强后期的培训与开发。

（四）磨损性

人力资源磨损是指劳动力在使用或闲置过程中，其社会价值或使用价值的损耗过程，可以分为有形磨损和无形磨损两类。

（五）可开发性

人具备学习能力，人力资源的可开发性是企业发展、组织革新和个人职业生涯规划的一个重要基石。人力资源的开发一般仅指提高人力资源质量的活动，在某些特殊的条件下也包括增加劳动者的数量，在某些场合也包括提高对人力资源的利用效果。

（六）能动性

人力资源具有能动性，有目的地进行改造外部世界的活动，能够让社会经济活动按照人类自己的意愿发展。所以，能动性是人力资源区别于其他资源的本质所在。

（七）增值性

人力资源不仅具有再生性的特点，而且其再生过程也是一种增值的过程。人力资源在开发和使用过程中，一方面可以创造财富；另一方面可以通过知识经验的积累、更新，提升自身的价值，从而使组织实现价值增值。

（八）互补性

人力资源与其他资源的结合是人类赖以生存和发展的根本，也是人类一切活动的前提。这就是说，人力资源离不开其他资源。没有其他资源的支撑，人力资源不可能存在与发展。人力资源必须与其他资源相结合才能成为有效的资源，在这种结合的过程中人力资源永远处于主动地位，人力资源不但主宰其他资源，而且还能够主宰自己本身。

第二节 人力资源与企业竞争优势的关系

人力资源是企业的战略资源，现代企业对这一观点已经达成共识。但是企业想要充分发挥人力资源的作用，让人力资源为企业创造价值，还取决于企业能否建立一套有效的人力资源管理体系。人力资源、人力资源管理和企业竞争优势三者之间的关系为：人力资源是企业竞争优势的源泉，但是只有通过有效的人力资源管理，才能将人力资源转化为企业核心能力和竞争优势。

管理学者杰伊·巴尼（Jay Barney，1991）从企业资源基础观（resource-based view，RBV）的角度指出组织绩效高低取决于三类重要的内部资源：物质资源、人力资源和组织资源。他还指出要成为异质性资源，资源必须具备四个特性：价值性（valuable）、稀缺性（rare）、难以模仿性（imperfectly Imitable）、难以替代性（non-substitutable）。

人力资源在三类资源中比较容易具备这四种异质性特征。企业人力资源在有效的人力资源管理（招聘、培训、工作设计、参与、报酬、评价等）推动下，并具备了价值性、稀缺性、难以模仿性、难以替代性（组织化）特征时，就成为企业核心竞争力，成为企业竞争优势的源泉。人力资源与企业竞争优势之间的关系如图1-4所示。

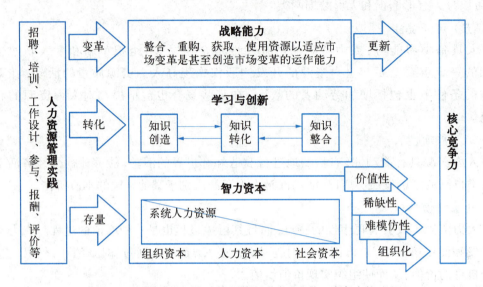

图1-4　人力资源通过人力资源管理形成企业核心竞争力的过程

（资料来源：Barney J B. Firm resource and sustained competitive advantage[J]. Journal of management, 1991(17).）

第三节　人力资源管理的基本问题

一、人力资源管理的定义

1958年，怀特·巴克（Wright Bakke）出版了《人力资源职能》一书，首次将人力资源管理作为管理的普通职能加以论述。他认为人力资源管理职能与会计、生产、营销等职能一样对组织的成功至关重要。他指出，人力资源管理的职能包括人事行政管理、劳工关系、人际关系以及行政人员的开发等。

什么是人力资源管理？学者曾分别从人力资源管理的内容、过程、目的、作用等方面对人力资源管理的概念进行界定。现在的学者认为从综合角度界定人力资源管理，更有助于解释人力资源管理的内涵。

张德（2003）指出，人力资源管理是指运用现代化的科学方法，对与一定物力相结合的人力进行合理的培训、组织与调配，使人力、物力经常保持最佳比例，同时对人的思想、心理和行为进行恰当的诱导、控制和协调，充分发挥人的主观能动性，使人尽其才，事得其人，人事相宜，以实现组织目标。

刘昕(2020)认为,人力资源管理是指一个组织为了实现自己的战略或经营目标,围绕一整套员工管理理念而展开的吸收、保留、激励以及开发员工的政策、制度以及管理实践。人力资源管理既包括人力资源管理部门所从事的各项专业性的人力资源管理活动,也包括各级直线部门管理人员在日常工作中对员工所提供的指导、监督、激励以及开发活动。

董克用和李超平(2019)认为,人力资源管理是指组织通过各种政策、制度和管理实践,以吸引、保留、激励和开发员工,调动员工积极性,充分发挥员工潜能,进而促进组织目标实现的管理活动的总和。

从以上定义可以看出:

① 人力资源管理的本质是一项管理职能;

② 人力资源管理的目标是实现组织目标,包括组织战略目标、愿景和使命;

③ 人力资源管理有四大职能,即招人(吸引)、育人(开发)、用人(组织与配置、控制与协调)以及留人(保留);

④ 人力资源管理活动既包括制订人力资源管理政策与制度,也包括实施人力资源管理实践。

因此,本书对人力资源管理的定义为:人力资源管理是指组织运用现代管理方法,制订人力资源管理政策,并对人力资源的获取(选人)、开发(育人)、保持(留人)和利用(用人)等方面所进行一系列活动,最终实现组织目标的一种管理职能。

二、人力资源管理的目标

英国皇家人力开发研究院、管理咨询学院院士迈克尔·阿姆斯特朗(Michael Armstrong)在《战略化人力资源基础:全新的人力资源管理战略方法》一书中对人力资源管理的目标做出了如下规定:

① 企业的目标最终将通过其最有价值的资源——它的员工来实现。

② 为提高员工个人和企业整体的业绩,人们应把促进企业的成功当作自己的义务。

③ 制定与企业业绩紧密相连,具有连贯性的人力资源方针和制度,是企业最有效利用资源和实现商业目标的必要前提。

④ 应努力寻求人力资源管理政策与商业目标之间的匹配和统一。

⑤ 当企业文化合理时,人力资源管理政策应起支持作用;当企业文化不合理时,人力资源管理政策应促使其改进。

⑥ 创造理想的企业环境,鼓励员工创造,培养积极向上的作风;人力资源政策应为合作、创新和全面质量管理的完善提供合适的环境。

⑦ 创造反应灵敏、适应性强的组织体系,从而帮助企业实现竞争环境下的具体目标。

⑧ 增强员工上班时间和工作内容的灵活性。

⑨ 提供相对完善的工作和组织条件,为员工充分发挥其潜力提供所需要的各种支持。

⑩ 维护和完善员工队伍以及产品和服务。

董克用和李超平（2019）将人力资源管理的目标分为具体目标和最终目标。具体目标包括四个方面：① 保证价值源泉中人力资源的数量和质量；② 为价值创造营建良好的人力资源环境；③ 保证员工价值评估的准确有效；④ 实现员工价值分配的公平合理。人力资源管理的最终目标是帮助实现企业的整体目标。

三、人力资源管理的职能和相互关系

美国人力资源管理协会（Society for Human Resource Management，SHRM）将人力资源管理职能分为六类：① 人力资源规划、招募和甄选；② 人力资源开发；③ 薪酬和福利；④ 员工和劳动关系，即在组织和工会之间起调解人的作用，设计惩罚和抱怨处理系统；⑤ 安全和健康，即设计和实施确保员工健康和安全的方案，给员工提供帮助；⑥ 人力资源研究，即提供人力资源信息库、设计和实施员工沟通系统。

美国人才开发协会（Associate for Talent Development，ATD）将人力资源管理职能划分为九类：① 组织和工作设计；② 人力资源规划；③ 人员甄选和安排；④ 人事研究与信息系统；⑤ 薪酬和福利；⑥ 员工帮助；⑦ 工会/劳动关系；⑧ 培训与开发；⑨ 组织开发。

刘昕（2020）从战略人力资源管理的角度出发，认为人力资源管理的职能包括人力资源战略与规划、组织结构设计、职位分析与设计、招募与甄选、绩效管理、薪酬管理、培训开发、员工关系等。这些职能之间的关系如图1-5所示。

人力资源管理的职能以及职能之间的相互关系，有如下特点。

第一，人力资源战略统领人力资源管理的各大职能，是人力资源管理各职能设计的出发点。人力资源战略服务于组织战略和组织目标，而组织战略和组织目标又受组织的使命、愿景和价值观影响。

第二，人力资源规划是实现人力资源战略的行动方案，而人力资源战略决定了人力资源规划的方针、重点和基本政策，决定了人力资源的数量、质量和结构要求。

第三，招聘与甄选是指发现、吸引和选拔合适的人员来填补组织现有的或潜在的岗位空缺。招聘哪些人员、招聘多少、按照什么标准进行选拔取决于人力资源规划。胜任素质模型既是人员选拔的依据，也是培训和开发课程设计的依据。胜任素质模型的构建离不开职位分析和绩效评价提供的相应信息。

第四，岗位是组织结构的最小单元，因此岗位分析和岗位设计受组织结构的影响，岗位分析和设计要放在整个组织结构中进行岗位职责、岗位任职资格要求分析和设计。在岗位的基础上对岗位价值进行评价，它是薪酬设计的基础，决定着组织薪酬设计的内部公平性。

第五，绩效管理是指依据一定的程序和方法，对员工的工作绩效进行制度化、规范化的管理，以期提高和改善员工的绩效，从而提高组织绩效和实现组织战略目标的过程。

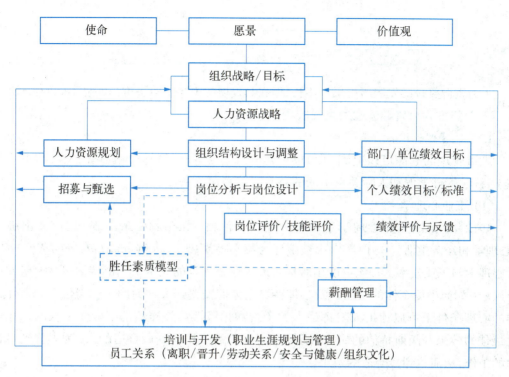

图 1-5　战略性人力资源管理职能及相互关系

(资料来源：刘昕.人力资源管理[M].北京：中国人民大学出版社,2020.)

绩效管理设计组织层面的绩效目标和考核标准设置、部门/单位层面的绩效目标设置以及员工层面的绩效目标和考核标准设置。有效的绩效管理是实现组织目标的保证。

第六，薪酬管理是指一个组织针对所有员工所提供的服务来确定他们应当得到的报酬总额、报酬结构和报酬形式的过程。绩效管理是薪酬设计和管理的依据，薪酬设计和管理反映了绩效管理的目标和结果。

第七，培训和开发是指把人的智慧、知识、经验、技能、创造性、积极性当作一种资源加以发掘、培养、发展和利用的一系列活动。通过培训和开发给组织提供高素质、敬业的人力资源，从而实现组织的战略目标。

第八，职业生涯规划和管理既指组织或者个人把个人发展与组织发展相结合，对决定个人职业生涯的个人因素，组织因素和社会因素等进行分析，制定有关个人一生中在事业发展上的战略设想与计划安排，也指组织开展和提供的、用于帮助和促进组织内正从事某类职业活动的员工实现其职业发展目标的行为过程，其内容包括职业生涯设计、规划、开发、评估、反馈和修正等一系列活动。职业生涯规划和管理是面向员工未来的人力资源开发活动，因此，可以把职业生涯规划和管理归到人力资源开发活动范畴。

第九，员工关系是指企业所有者、企业管理者、员工及其员工代言人之间围绕着雇佣和利益关系而形成的各种权利和义务关系。员工关系管理是人力资源管理的重要职能之一。员工关系管理有助于建立和谐的劳动关系，促进员工身心健康发展。

四、人力资源管理的发展演变

人力资源管理的发展历史虽然不长,但在其发展的不同阶段呈现出明显不同的特征。

(一)西方人力资源管理的发展阶段

1. 人事管理阶段

人事管理的起源可以追溯到20世纪初的科学管理时代。人事管理的发展与工业心理学、科学管理学派和人际关系学派的兴起有着密切关系。

(1)工业心理学

1912年,德国工业心理学家雨果·闵斯特伯格(Hugo Münsterberg)用德文出版了《心理学和经济生活》,1913年该书被翻译为英文版本 *Psychology and Industrial Efficiency*(《心理学与工业效率》),该书的出版标志着工业心理学的诞生。闵斯特伯格主要研究三个议题:如何根据个体的素质以及心理特点把他们安置到最合适的工作岗位上?在什么样的心理条件下可以让工人发挥最大的干劲和积极性?怎样的情绪能使工人的工作产生最佳的效果?闵斯特伯的研究议题可概括为:为工作找到最合适的人,为人找到最合适的工作,从而达到最合适的效果。

(2)科学管理学派

1911年,科学管理之父弗雷德里克·泰勒(Frederick W. Taylor)在《科学管理原理》中提出科学管理的目的是谋求最高效率,这就要求用科学化、标准化的管理方式代替经验管理,为此,他提出科学管理的四项原则:① 提出工人操作的每一动作的科学方法,以代替过去单凭经验从事的方法;② 科学地挑选工人,并进行培训和教育,使之成长成才;③ 与工人密切合作,以确保所有工作都按照所制定的科学原则行事;④ 管理者和工人的工作和职责几乎是均分的,管理者应该承担起那些自身比工人更胜任的工作。为了解决工人消极怠工问题,泰勒对工作时间进行了研究,从而制定了工作的标准时间;他提出要挑选一流的工人,对工人进行培训,提倡劳资合作;他还发明了差别计件工资制。泰勒提出科学管理思想四五年之后,企业里便出现了负责员工雇佣和安置工作的人事部门。而在此之前,员工雇佣和安置是基层管理者工作的一部分。在这一阶段,人事管理思想的中心问题是如何管理好大机器生产组织中的人,提高员工的劳动生产率。

(3)人际关系学派

1924—1932年,哈佛大学乔治·梅奥(George E. Mayor)教授组织开展了"霍桑实验",开启了组织中人的态度如何影响人的行为的研究。霍桑实验包括了照明实验、福利实验、访谈实验和群体实验等。霍桑实验表明人是社会人,人与人之间的关系对组织行为的影响作用至关重要;组织中存在着非正式群体,并且非正式群体对工人行为的影响也是不可忽视的;新型领导能力在于提高员工的满意度。这一时期的人际关系学派强调以人为本的理念,调整管理策略以便提升传统契约管理模式的人性化水平。这代表着人事管理的重心开始从以事为中心向以员工为中心转变。

2. 人力资源管理阶段

20世纪50年代后期,从人际关系学派中发展出一个新的学派——人力资源学派,其核心思想为:企业中发生种种问题的根源在于未能发挥员工的潜力。人力资源管理这一概念开始流行起来。人力资本理论的确立、基于人本主义的行为科学发展以及人力资源会计作为一门学科的出现,都促进了人力资源管理的发展。

(1) 人力资本理论

20世纪60年代,经济学家西奥多·舒尔茨(Thodore W. Schults)和加里·贝克尔(Gary Becker)提出了现代人力资本理论。1960年,舒尔茨在美国经济协会的年会上以会长的身份作了题为《人力资本投资》(Investment in Human Capital)的演说,明确提出人力资本是当今时代促进国民经济增长的主要原因,认为"人口质量和知识投资在很大程度上决定了人类未来的前景"。1964年,贝克尔出版了《人力资本:特别关于教育的理论与经验分析》一书,标志着现代人力资本理论最终确立。

人力资本理论认为,人力资本是指凝聚在劳动者身上的知识、技能及其表现出来的能力,它是通过开发性投资形成的。人力资本理论有两个核心观点:① 在经济增长中,人力资本的作用大于物质资本的作用;② 人力资本的核心是提高人口质量,教育投资是人力投资的主要部分。人力资本比物质资本、货币资本等具有更大的增值空间,特别是在工业时期和知识经济初期,人力资本有着更大的增值潜力,因为作为"活资本"的人力资本,具有创新性、创造性,具有有效配置资源、调整企业发展战略等市场应变能力。

人力资本的特性体现在以下几个方面:① 人力资本是人们以某种代价获得并能在劳动力市场上具有一种价格的能力或技能;② 人力资本是对人力资源进行开发性投资所形成的可以带来财富增值的资本形式;③ 人力资本是指凝聚在劳动者身上的知识、技能及其表现出来的能力。

从发展的眼光来看,人力资本的实践意义在于:① 人力资本理论的流行促进了许多国家把人力资源开发纳入国家经济发展规划或计划;② 使人们认识到物质资本和人力资本的高度互补性,从而使经济发展规划制定得更为科学;③ 极大地促进了国家、社会和家庭对教育的投入,推动教育的迅速发展和人口质量的提高;④ 人力资本理论有力地促进了人力资源开发与管理的研究。

(2) 人本主义管理

第二次世界大战之后,行为科学的不断发展使得人本主义的管理理念深入人心。1957年,克里斯·阿吉里斯(Chris Argris)在《个性与组织》(Personality and Organization)一书中指出,在人际关系运动的影响下,管理者只是在改善福利待遇、增加员工休息时间、延长休假等方面下功夫,但总不让员工多负责任,结果仍然不能解决问题。阿吉里斯呼吁管理者要从组织上进行改革,鼓励员工多承担责任,让他们有成长和发展的机会。1960年,道格拉斯·麦克雷戈(Douglas McGregor)在《企业的人性面》(The Human Side of Enterprise)一书中指出,人并不天生厌恶工作,人们在工作中能自我控制,在现有的工作条件下,一

第一章 人力资源管理概述

般人没有发挥其潜力。管理人员应该让员工承担更多责任,发挥他们的潜力。

以人为本的管理模式,将员工视为企业经营发展中最重要的、最应首先考虑的因素。当公司满足员工的各种需求时(如工作环境、工资、尊重、职业发展等),员工的效率和创造力将大大提高,从而可以为组织的发展做出更多贡献,最终实现员工与组织之间的双赢。人本主义管理模式通过满足员工的多种需求来激励员工。

以人为本的人力资源管理认为,所有能够胜任职位、创造绩效的员工都是企业的人才;人力资源部门不仅是职能部门,还是业务部门;直线经理是第一个负责人力资源管理的人员,人力资源部门协助招聘、筛选和聘用合适的候选人。

人力资源管理阶段,人力资源管理的内容已经覆盖了人力资源战略与规划、工作分析、员工招募和选拔、绩效考评和管理、培训与开发、薪酬福利和激励、员工关系管理等各项职能。

3. 战略人力资源管理阶段

戴瓦纳、福姆布龙和蒂希(Devanna, Formbrun & Tichy, 1981)在《人力资源管理:一个战略视角》(Human Resources Management: A Strategic Perspective)一文中首次提出战略人力资源管理这个概念。戴瓦纳、福姆布龙和蒂希系统阐述了战略人力资源管理的相关概念和基本理论,极大地推动了人力资源管理理论的发展,为战略人力资源管理理论体系的创建奠定了基础。自20世纪90年代以来,人们已经开始意识到战略性地管理人力资源能够为企业提供可持续的竞争优势。人们更关心人力资源管理如何帮助企业实现战略发展目标,以及相关人力部门如何在企业战略体系中发挥作用。在人力资源管理的发展进程中,战略人力资源管理理论具有里程碑意义,极大地推动了企业管理理论的现代化转型。

根据战略人力资源管理理论的相关观点,获得知识和技能的人力资源是所有生产资源中最重要的资源。该理论同时认为,企业团队的协作精神和响应能力是推动企业战略发展的重要动力,对企业提升市场竞争力具有重要意义。通过相关理论,将人力资源管理与公司的整体业务战略联系起来,通过规划、政策和实践科学地管理人力资源,为战略实施提供良好条件,提升组织的核心竞争力。

(二) 1949年以来人力资源管理的发展阶段①

1. 计划经济下的劳动人事管理(1949—1978年)

1978年之前,中国实行的是高度集中的计划经济体制。企业的职工是按照政府的劳动用工指标招收并终生就业。企业管理人员有行政级别,属于国家的干部序列,要根据国家有关部门的干部指标设置岗位,并根据级别高低由政府任命或者批准任命。在工资方面,物质奖励遭到了彻底否定,通过奖金来刺激职工生产积极性的做法被认为是走资本主义道路。在这种体制下,中国只有国家层面的以"统包就业"、"固定用工制度"、工资分配"大锅饭"等为特征的劳动人事工资计划管理体制,并不存在组织层面的人力

---

① 这部分内容根据曾湘泉和苏中兴的《改革开放30年:人力资源管理在中国的探索、发展和展望》一文改编。

资源管理。那时,即使是我们所用的"人事管理"一词,也和西方语境中的人事管理不是一个概念,我们的人事管理是指干部身份管理,而劳动管理是指对普通工人的管理。

2. 国企改革探索期的劳动人事管理(1978—1991年)

自1978年实施改革开放到20世纪90年代初,放权让利是这一阶段国企改革的主线,劳动人事制度的改革是局部性、零散的,改革的主线就是把劳动、人事、工资等方面的相关权力试图从政府逐渐分离出来,作为扩大企业自主权的内容。企业开始探索性地改革劳动人事体制,包括恢复奖金制度、试行符合企业生产特点的工资分配形式、探索改革国家统包统配的就业制度、扩大企业对职工和管理人员的用人权等。劳动人事管理体制并不是这个阶段国企改革的重点,国企的干部人事、劳动用工和分配制度还是维持了计划经济时代所谓的"三铁",即铁饭碗、铁交椅和铁工资。

3. 国企改革加速期的人力资源管理(1992—2000年)

1992年初,邓小平同志发表著名的"南方谈话"。1992年10月,党的十四大报告正式提出,我国经济体制改革的目标是要建立社会主义市场经济体制。国企人力资源管理改革的市场化进程明显提速。

1992年1月,劳动部、国务院生产办公室、国家体改委、人事部、全国总工会联合发出《关于深化企业劳动人事、工资分配、社会保险制度改革的意见》。意见指出,深化企业劳动人事、工资分配和社会保险制度改革,在企业内部真正形成"干部能上能下、职工能进能出、工资能升能降"的机制,成为当前转换企业经营机制的重要任务。同年7月,国务院颁布的《全民所有制工业企业转换经营机制条例》再次强调了打破"三铁"的重要性。1992年,全国掀起了轰轰烈烈的"破三铁"活动。

1994年11月,国务院出台了《关于选择一批国有大中型企业进行现代企业制度试点的方案》。其中提到了要改革企业劳动人事工资制度:取消企业管理人员的国家干部身份,打破不同所有制职工之间的身份界限,建立企业与职工双向选择的用人制度。经理、副经理等高级管理人员与董事会签订聘用合同,其他员工与企业签订劳动合同,全体职工与企业签订集体合同。政府对企业工资总量实行间接控制,制定最低工资标准,对企业工资水平的确定情况进行监督、核算。企业自主确定本企业的工资水平和内部分配方式,实行个人收费货币化和规范化。

1994年出台、1995年1月开始执行的《中华人民共和国劳动法》,又明确了企业实行劳动合同制度,从制度上保证了国有企业的用人自主权。

随着国有经济布局的战略性调整和国有企业的战略性改组,出现了国企职工的大面积下岗,下岗工人再就业成为政府的首要工作。1998年2月,劳动部印发《"三年千万"再就业培训计划》,对下岗职工实施再就业培训。1998年6月,中共中央、国务院发出《关于切实做好国有企业下岗职工基本生活保障和再就业工作的通知》。通知指出,在当前和今后一个时期,要把解决国有企业下岗职工的基本生活保障和再就业问题作为首要任务。争取用五年时间,初步建立适应社会主义市场经济体制要求的社会保障体系和就业机制。

4. 多元格局下的人力资源管理（2001年至今）

随着社会主义市场经济体制的确立，多种经济成分得到蓬勃发展。2000年以后，外资和私有经济在中国国民经济成分中的比重显著上升，已经不再是"补充"的角色。国有企业的人力资源管理模式很难代表中国企业的人力资源管理，中国的人力资源管理开始呈现出多元化的格局。

2002年党的十六大之后，改制迅速在国有企业中推行，很多国有大型企业也迅速加入改制的浪潮之中。很多企业通过一定的经济补偿手段实现了国有企业职工的身份置换，职工从企业人变为社会人，企业的劳动用工制度、人事制度、分配制度均发生了根本性的变化，基本上适应了市场竞争的要求。

2000年以后，经济全球化推动中国企业人力资源管理的国际化。特别是在中国加入WTO以后，诸多大型跨国公司不仅给中国带来了投资和产品，也带来了先进的管理理念和管理技术。而从跨国公司回流到国内企业的管理人才，也为中国企业人力资源管理的国际化进程做出了贡献。国际性的管理咨询公司也纷纷进入中国市场，为中国企业提供人力资源管理建设提供技术支持和咨询服务。因此，在这一阶段，中国企业吸收了很多来自外资企业的人力资源管理经验，显著推动了企业人力资源管理改革的深化。

第四节　战略人力资源管理

一、战略人力资源管理的定义

戴瓦纳、福姆布龙和蒂希（1984）提出了一个战略人力资源管理理论框架（图1-6）。他们指出，当企业外部环境（如经济、政治、文化或技术环境）变动时，将会促使组织内部的战略、组织结构及人力资源管理做出适度的调整，以通过相互间协调整合，使组织迅速适应环境的变化。组织内部也须自发地调整战略、组织结构与人力资源管理，才能构建出完整的战略性人力资源管理，将人力资源提升到战略性地位。

总之，战略人力资源管理（strategic human resources management，SHRM）是指为了完成组织战略使命，实现组织战略目标，落实组织战略计划，获取、配置、使用与建设组织中员工生产能力的一系列政策措施和实践活动。

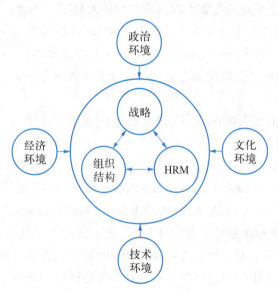

图1-6　战略人力资源管理理论框架

二、战略人力资源管理的理论基础

战略人力资源管理的核心观点是战略人力资源管理对组织绩效的影响。在研究战略人力资源管理与组织绩效之间的关系时,不同学者遵循了不同逻辑。到目前为止,战略人力资源管理的理论基础主要有以下五种:资源基础观、人力资本观、行为观(或权变观)、系统观和代理及交易成本理论[①]。

(一) 资源基础观

迪萨巴(Dzamba,2001)认为资源基础观(resource-based view)是战略管理的重要理论,是组织经济学的核心内容之一,是最早在战略人力资源管理理论体系中应用的观点。资源基础观的作用在于阐释了人力资源管理和组织绩效之间的关系。根据资源基础观,组织内部资源是形成组织竞争优势的根源所在,资产、管理、知识、能力、技能等组织要素可以形成有效的组织策略,并进一步落实并执行组织计划,从而全面影响组织绩效,是人力管理系统的重要资源。因此有形资源和无形资源均是可以形成组织竞争优势的资源。资源基础观强调资源的重要性,并将资源划分成三种类型,分别是实体资本(physical capital)、人力资本(human capital)和组织资本(organizational capital)。实体资本是企业的固定资本,具有可见性,如设备、厂房、区位优势、核心技术等;人力资本是组织内部人员所具有的理论知识、实践经验、判断能力、职业素养等;组织资本则涵盖了组织结构、战略规划以及协调控制系统,组织间非正式关系也是组织资本的重要组成部分。在上述三种资本类型中,组织资本以及人力资本是构建组织竞争优势的基础和关键所在,也是人力资源管理在改善组织绩效过程中的外在表现。其中,组织资本的核心是人力资源系统,在人力资源的整合发展过程中具有重要作用,而人力资本代表的是组织个体所具有竞争力,因此,以组织资本和人力资本为核心的人力资源管理对改善组织绩效,加速实现组织战略目标具有重要意义。由此可见,人力资源管理在资源属性层面上具有稀缺性、价值性,模仿难度较高,具有竞争者在短时间内无法模仿或者取代的优势(Dzamba,2001)。以人力资源管理为基础形成的组织竞争优势具有长期性和持续性,有利于组织绩效的改善和提升。

赖特和麦克马汉(Wright & McMahan,1992)提出,在组织个体能力分配满足正态分布规律的前提下,人力资源管理是否可以转化成组织竞争优势取决于以下四个方面:

① 人力资源可以为企业创造价值,并形成长期的竞争优势。而且,人力资源供给应具有差异性,以便满足组织对人力资源的需求特点。

② 人力资源具有稀缺性。高质量的人力资源自然是罕见的,组织选择系统的目标是雇用优秀的员工。但是,能否真正吸引和留住优秀人才是一个值得考虑的问题。理论上,公司必须能够通过有效的选择系统,一个有吸引力的薪酬体系来雇用优秀人才并创造优势。

---

① 这部分内容根据张正堂和刘宁的《战略性人力资源管理及其理论基础》一文改编。

③ 人力资源的模仿难度和替代难度较高，以便确保竞争优势的持续性。赖特和麦克马汉认为，界定人力资源是否具有不可移动性或者不可复制性，可以通过因果模糊性、历史情境以及社会复杂性等因素实现。对组织而言，因果模糊性表示竞争优势的形成和人力资源的因果关系难以明确表述，则资源转移的难度较高；历史情境表示特定的历史环境、历史条件或者历史事件对组织政策、实践以及相关活动具有直接影响，所以竞争优势随人力资源转移而变化的可能性较低；社会复杂性表示复杂的社会环境、社会关系是形成竞争优势的决定性因素（如团队协作关系、社会人际关系等），这些因素的模仿难度较高，不会由于个人变化而被复制。由此可见，以人力资源为基础形成的竞争优势具有不易转移、不易模仿、不易复制的特点。

④ 不可替代资源是组织形成竞争优势的关键所在。一旦其他竞争对手开发新技术并提高生产力，该公司将失去竞争优势，但如果该技术具有可模仿性或者可复制性，则企业可以通过技术的研发重塑竞争优势。换言之，技术可以转移、复制甚至替换，而人力资源才是竞争优势的持续保障。

贝克尔和格哈特（Becker & Gerhart, 1996）认为人力资源存在非线性关系，目前这些人力资源系统的作用原理和运行机制尚不明确，完全进行转移复制的可能性较低，换言之，即便某企业引进竞争者的高管，也无法构建同样的人力资源系统。首先，人力资源系统具有组织完整性，其整体价值由所有组织成员的价值整合而成。其次，人力资源系统具有路径依赖性，内含组织在长期实践中积累的实践经验，而这些非固定资本很难通过模仿或者购买获得。由此可见，企业只有在了解人力资源系统的基础上，才能真正感知人力资源系统的价值，且需要长时间的建设，才能形成人力资源管理系统。所以，人力资源系统在短时间内很难被完全模仿，即便模仿了也无法达到同等价值。

资源基础观对战略人力资源管理的解释模型如图1-7所示。

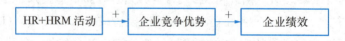

图1-7 资源基础观对战略人力资源管理的解释模型

注：图1-7中"+"表示两者的正向关联作用，下同。

（二）人力资本观

扬特、斯内尔、迪恩和李派克（Youndt, Snell, Dean & Lepak, 1996）阐述了人力资本的相关概念和基本理论，该观点认为组织成员的理论知识、专业技能、判断能力等具有一定的经济价值，而且人力资本和人力资源管理活动具有显著的正相关关系。所以，人力资源管理活动如果可以提升人力资源，则有利于改善组织绩效。

在人力资源管理活动和人力资本投入关系方面，卡肖（Cascio, 1991）、帕恩斯（Parnes, 1984）等学者的研究表明，员工招聘、员工培训、福利薪酬等人力资源管理活动均涉及人力资本投入。换言之，建立广泛的招聘机制、组织专业的员工培训，提供具有业内竞争力的福利薪酬等均是典型的人力资本投入活动。但是对组织而言，促进人力资源管理活动并不等同于人力资本的提升，组织员工的绩效表现除了受外部环境影响，还和自身意愿息息相关。所以，激励性薪酬体系、导向型绩效评价等均应纳入人力资本投入体系。

休斯里德（Huselid，1995）在实证研究基础上，提出了人力资源活动改善组织绩效的三种路径，分别是员工技能、激励以及工作组织。在员工技能方面，组织通过有效的人力资本投入（如岗位培训等活动），可以提升员工技能，进而提升组织成员的竞争力，并对组织绩效产生积极影响。在激励方面，组织通过建立有效的激励机制，调动员工的工作积极性，从而提升组织成员工作效率，对组织绩效产生积极影响。在工作组织方面，组织通过员工积极参与工作总结、经验分享等组织活动，对工作结构进行优化，提升组织的协作效率，进而对组织绩效产生积极影响。由此可见，组织需要通过人力资本投入活动，最大限度地减少员工流动风险、技能降低风险，以确保组织绩效不受负面影响。除了提高员工学习专有技能的动力之外，组织还必须提供员工工作保护（如内部晋升、职业规划和其他活动），从而建立组织和员工的利益共同体。休斯里德认为，对组织成员而言，即便通过组织的人力资本投入，实现自我技能的提升，但是在组织内缺乏实现价值的机会，则人力资本投入将达不到预期收益。所以，组织需要通过以工作组织为核心的活动，优化工作结构，以便提升人力资本投入的有效性。例如，组织在人力资本投入过程中必须充分考虑团队协作、员工敬业度、员工价值挖掘等因素。

迪恩等（Dean，et al.，1992）认为，通过人力资源管理活动的差异性分析，可以评价人力资本的投资类型以及投资效果，并体现人力资本的投资水平。李派克和斯内尔（Lepak & Snell，1999）指出，人力资源管理活动具备人力资本投资效用，如招聘活动、专业培训、绩效考核、薪酬竞争力、公平竞争等。

人力资本观对战略人力资源管理的解释模型如图1-8所示。

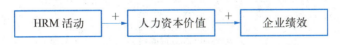

图1-8　人力资本观对战略人力资源管理的解释模型

（三）行为观

行为观以权变理论为基础，即个体行为和其他个体行为产生适当关联时可能导致的效应，具有可预期性。

行为观的基本论点为：人力资源活动的目的在于对员工态度或者行为进行管理或者引导，而员工态度或者行为是组织战略和组织绩效之间的中间变量，组织战略的调整会对员工态度和行为变量产生影响。所以，人员的态度和行为随着战略变化而变化，进而导致组织人力资源管理的改变。换言之，人力资源管理是组织实现目标的核心工具之一，具有成员绩效审核、支持成员行为等作用，负责对成员信息进行传递和组织。迈尔斯和斯诺（Miles & Snow，1984）认为，组织需要立足组织策略，及时调整人力资源管理活动。对组织而言，人力资源活动是组织成员提升技能的主要途径，是实现战略目标的重要手段。所以，通过人力资源管理，有利于员工满足组织战略需求，对实现组织利益相关者预期目标具有重要意义，是影响组织绩效的重要因素。由此可见，在人力资源系统对组织绩效影响机制研究方面，行为观是一种有效的研究视角。

行为观对战略人力资源管理的解释模型如图1-9所示。

图1-9　行为观对战略人力资源管理的解释模型

（四）系统观

系统观认为，人力资源管理系统是大组织框架内的二级系统。李派克和斯内尔（Lepak & Snell，1999）在组织竞争模型架构方面引入了开放性系统观点，其中"投入"变量包括员工技能和员工能力；"转换"变量为员工行为；"产出"变量包括员工绩效和满意度。管理才能的有效性体现在才能的获得、应用、维持、剔除等环节。管理行为的有效性则包括：① 行为控制，如以绩效评价考核为基础的薪酬激励；② 行为协调，如以绩效评价考核的组织发展活动等。人力资源管理在上述活动中发挥了重要作用。所以，通过人力资源管理系统，可以实现才能的获取、应用、保留和转化，进而达到组织效能提升的目的。

系统观对战略人力资源管理的解释模型如图1-10所示。

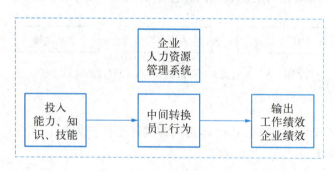

图1-10　系统观对战略人力资源管理的解释模型

（五）代理及交易成本理论

代理及交易成本理论是在经济学视角下对人力资本在组织内部的交换过程进行研究，通过分析外部环境因素和内部组织因素，以实现组织内交易成本减少的目标。琼斯等（Jones, et al., 1984）提出，在人力资本在组织内部交换过程中，机会主义和有限理性会产生负面影响。有限理性强调个体认知的局限性，组织决策的最佳目标无法实现；机会主义强调个体的趋利避害特征，对个人利益的追求是一种常见现象。实践表明上述因素在特定条件下会造成代理及交易成本的提升。在有限理性作用下，组织发展具有不确定性，一旦决策失误会导致组织严重受损。在交易关系较少的情况下，机会主义会造成决策者制定高风险、高成本的短期合约。

交易成本指的是组织之间进行商谈、评估、监督以及交换等过程所产生的成本，一般而言，交易成本会增加组织的内部成本。代理成本指的是两个组织进行有效合作而产生的成本，如果一个组织对其他组织在不确定条件下提出服务要求，则双方在利益诉求方面存在差异，进而形成代理问题而产生代理成本。琼斯等（1993）提出，在员工行为、人力资源投资或者绩效考核等方面均可能产生代理成本。组织在引进成员时，申请者在机会主义的驱动下会夸大自身能力，进而造成组织在选拔过程中花费更多。投资与某些员工技能相关的资产时，代理成本也会增加。由于监控和评估员工的难度较高，为保障员工绩效只能增加成本。

代理及交易成本可以对组织控制进行阐释，所以，在人力资源实践设计过程中常用到代理及交易成本。在代理及交易成本的影响下，组织需要制定合理的管理结构进行监控、评估和执行交易，以便最大限度地减少代理及交易成本。在此过程中，组织不但需要克服管理结构普遍存在的局限性，还要规避机会主义行为。因此，组织必须结合管理结构特点，制定一系列正式或者非正式的条款或者制度，通过人力资源管理等活动，对雇主和雇员之间的关系进行有效管理：明确员工业绩并根据业绩价值支付具有激励性的报酬，使人力资源管理可以发挥作用，降低交易成本和代理成本，提升企业效率。

代理及交易成本理论对战略人力资源管理的解释模型如图1-11所示。

图1-11　代理成本与交易成本理论对战略人力资源管理的解释模型

注：图中"—"表示两者的反向影响关系。

三、人事管理、人力资源管理和战略人力资源管理的区别

人事管理、人力资源管理和战略人力资源管理，在管理理念、管理地位、管理目标等方面均存在本质差异。

（一）管理理念

在人事管理阶段，资本价值是企业关注的核心，基于"事"而形成的管理理念对企业实践活动具有指导作用，而完成"事"则是"人"在组织中存在的价值。在人力资源管理阶段，人的价值开始资源化，在组织中的定位开始转变，组织管理的目的则转变为对人力资源进行获取、开发并保持。在战略人力资源管理阶段，人力资源成为组织形成竞争优势的关键，是创造未来收入的一种核心资本。按照现代管理学理论，人力资本具有收益递增的特征，可以对物质资本生产效率施加影响，从而改变组织绩效，提升组织的竞争优势。所以，在现代竞争环境中，人力资源已经成为核心的资源，是构建组织竞争优势的基础。从人事管理阶段到战略人力资源管理阶段，人在组织中的定位发生了根本转变；从最初的机器附属品到如今的核心资源，管理理念发生了本质变化。

（二）管理地位

在人事管理阶段，人事管理主要负责组织正常运行时的日常事务性工作，在组织中的管理地位较低，更多承担行政职责，和组织战略的关系不大。

在人力资源管理阶段，人力资源管理开始在组织战略中发挥作用，负责制定和执行组织战略，但是人力资源管理和战略体系之间的关系具有不连续的静态特征，两者之间缺乏动态适应性，对组织战略的意义有限。在此阶段，组织开始认识到人力资源在资源层面上的重要性，但是没有认识到人力资源在战略层面上的重要性，因此，人力资源部门的组织管理在很多情况下具有一定的被动性。

在战略人力资源阶段，人力资源管理在战略体系中具有核心地位，承担战略制定和执行的核心职能。对组织而言，只有全面解决战略体系中的人力资源问题，才能真正实现预期的战略目标。在此阶段，人力资源管理和组织战略具有一体化关系。在战略规划的制定和执行过程中，人力资源管理者在组织中的定位更加重要，是高层管理团队的重要成员，并发挥重要作用。人力资源管理者不但需要将人力资源相关的信息传达给战略主导者，还要在战略选择中发挥引导作用。同时，在战略规划和战略目标确定之后，人力资源管理者需要指导实施人力资源领域的战略决策，以便为组织发展提供良好的人力资源保障，进而加速实现组织战略目标。此时，人力资源管理需要将战略决策作为核心职能，结合外部环境和内部条件，推动组织结构调整，制定合理的人力资源规划，在人力资源实践活动中发挥管理和主导作用。

（三）管理目标

在人事管理阶段，人力资源管理以改善自身部门业绩为目标，往往局限于自身的工作表现；在人力资源管理阶段，人力资源管理不再局限于自身部门的工作效果，还需要关注组织目标的实现情况，以提升人力资源管理在此过程中的贡献。在战略人力资源管理阶段，人力资源管理需要在实现组织战略目标中发挥积极的引导作用和保障作用，为推动组织发展，改善组织绩效，开展一系列的人力资源管理实践。在新理念的指导下，对组织获得竞争优势的贡献程度成为评价人力资源管理的主要标准。

纵观人力资源管理在不同阶段的定位和职能可以发现，人力资源管理虽然还承担人事管理阶段的基本职能，但是管理理念、地位、目标都发生本质变化，人力资源部门在组织战略实现过程中的作用也相应提升。

人事管理、人力资源管理和战略性人力资源管理在不同方面的区别，如表1-1所示。

表 1-1　人事管理、人力资源管理和战略性人力资源管理的区别

项　目		人事管理	人力资源管理	战略性人力资源管理
管理理念	人的地位	人是一种工具性资源,服务于其他资源	人力资源是组织一种重要的资源	人力资源是组织战略资产
	关键投资	资本	资本、产品	人、知识
	经济责任	成本中心	成本中心	投资中心
管理地位	职能	参谋职能	直线职能:辅助决策	直线职能:决策制定
	职责	行政事务性工作	战略执行,行政事务性工作	战略制定,行政事务性工作
	角色	具体执行者	战略决策者辅助者、战略决策信息提供者、战略执行者	战略合作伙伴、战略规划者、战略执行者
管理目标	时间视野	短期	短、中期	短、中、长期
	绩效	部门绩效导向	兼顾部门绩效和组织绩效	个人、部门和组织绩效一体化,竞争优势导向
	变革	被动适应	主动调整	领导变革
	作方式	被动的工作方式	灵活的工作方式	主动的工作方式

四、战略人力资源管理者的角色和素质

(一) 战略人力资源管理者的角色

随着竞争环境日益激烈,现代人力资源管理在20世纪90年代发生了深刻的变化,即逐步从传统的强调专业职能角色的人力资源管理向战略导向的人力资源管理转变。但是要实现这种转变,除了要在理论、技术和方法上解决人力资源管理如何支撑企业战略的问题,实现人力资源管理与企业经营管理系统的全面对接,还需要加快进行人力资源管理角色的转换。美国密西根大学罗斯商学院教授戴维·尤里奇(Dave Urich)1996年在出版的书籍《人力资源转型:为组织创造价值和达成成果》(Human resource champions: The next agenda for adding value and delivering results)中提出,21世纪企业会面临八大挑战:① 全球化;② HR重心转向企业价值链;③ 通过降低成本和增加营收提升盈利能力;④ 聚焦于能力;⑤ 变革、变革、再变革;⑥ 技术;⑦ 吸引、保留、评价能力和智力资本;⑧ 转型而不是改进。面对这些挑战,企业人力资源部门和人力资源职能需要创造价值和达成成果。为此,尤里奇从两个维度(① 关注流程还是人员;② 关注长期/战略性还是短期/运营性)出发,认为人力资源管理需要承担四种角色——战略合作伙伴(strategic partner)、行政管理专家(administrative expert)、员工支持者(employee champion)、变革推

第一章　人力资源管理概述

动者（change agent），分别从事战略人力资源管理、基础事务流程管理、员工贡献管理、转型与变革管理（图1-12）。四种角色的行为和结果如表1-2所示。

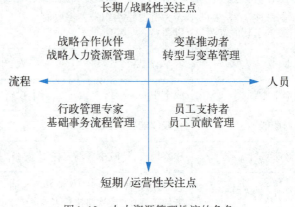

图1-12 人力资源管理扮演的角色

表1-2 人力资源管理四种角色的行为和结果

角 色	行 为	结 果
战略合作伙伴 （strategic partner）	企业战略决策的参与者，提供基于战略的人力资源规划及系统解决方案	将人力资源纳入企业的战略与经营管理活动中，使人力资源与企业战略相结合
行政管理专家 （administrative expert）	运用专业知识和技能研究开发企业人力资源产品与服务，为企业人力资源问题的解决提供咨询	提高人力资源开发与管理的有效性
员工支持者 （employee champion）	与员工沟通，及时了解员工的需求，为员工及时提供支持，处理员工利益与商业利益的平衡	提高员工的满意度，增强员工对企业的忠诚度
变革推动者 （change agent）	主动参与变革与创新，处理组织变革过程中的各种人力资源问题	提高员工对组织变革的适应能力，推动组织变革进程

（二）战略人力资源管理者的素质

美国国际人力资源管理协会（International Public Management Association for Human Resources，IPMA）开发了IPMA人力资源素质模型，认为人力资源管理从"功能性"到"战略性"的转变，意味着优秀的人力资源管理者必须扮演四种角色：人力资源管理专家（HR expert）、业务伙伴（business partner）、领导者（leader）和变革推动者（change agent）。

① 人力资源管理专家：熟悉组织或企业人力资源管理的流程与方法，了解政府有关人事法规政策。

② 业务伙伴：人力资源专业人士不仅仅提供支持服务、解释什么是禁止的，他们要熟悉业务，与管理层一起设计解决方案，制定企业战略规划，并为达到与组织使命相一致的绩效而努力。

③ 领导者：人力资源专业人士要发挥影响力，平衡员工满意度与组织对员工的要求和目标之间的关系。

④ 变革推动者：协助组织或企业管理层有效地计划和应对变革，并在人员集训和专业配备上为变革提供有力协助。

要成为这样一个"四合一"的人力资源管理者，美国国际人力资源管理协会认为人力资源管理者应该具备22种素质，如表1-3所示。

表1-3 IPMA人力资源管理者胜任素质与角色关系

编号	胜任素质	角色			
		业务伙伴	变革推动者	领导者	人事管理专家
1	了解所在组织的使命和战略目标	☆			
2	了解业务程序，能实施变革以提高效率和效果	☆	☆		
3	了解客户和企业（组织）文化	☆			
4	了解公立组织的运作环境	☆			
5	了解团队行为	☆	☆	☆	
6	具有良好的沟通能力	☆	☆	☆	
7	具有创新能力，创造可冒险的内部环境	☆			
8	平衡相互竞争的价值		☆	☆	
9	具有运用组织建设原理的能力	☆			
10	理解整体性业务系统思维	☆	☆		
11	在人力资源管理中运用信息技术		☆		
12	具有分析能力，可进行战略性和创造性思维	☆	☆	☆	
13	有能力设计并贯彻变革进程		☆		
14	能运用咨询和谈判技巧，有解决争端的能力		☆	☆	
15	具有建立信任关系的能力	☆	☆		
16	具有营销及代表能力	☆			
17	具有建造共识和同盟的能力		☆	☆	
18	熟悉人力资源法规、政策及人事管理流程与方法				☆

续　表

编号	胜任素质	角色			
		业务伙伴	变革推动者	领导者	人事管理专家
19	将人力资源管理与组织使命和业务绩效挂钩	☆			
20	展示为客户服务的趋向		☆		
21	理解、重视并促进员工的多样化			☆	
22	提倡正直品质，遵守符合职业道德的行为			☆	
胜任素质的角色分配		12种	15种	8种	1种

五、战略人力资源管理机构的设置

在早期的管理学中，传统的人力资源管理部门与行政部、财务部一样都属于企业的职能部门，但随着企业员工数量猛增，传统的人力资源管理与业务体系会产生不匹配的现象，人力资源部门沦陷在事务性工作中，效能低下，仅起到服务作用，在公司的地位也比较低。

1997年，戴维·尤里奇提出了人力资源三支柱模型：人力资源专家中心（HR center of expertise，HRCOE）、人力资源业务伙伴（HR business partner，HRBP）、人力资源共享服务中心（HR shared service center，HRSSC）。以三支柱为组织架构的人力资源管理体系起源于企业战略的需求，目的是支持企业的业务发展，核心理念是通过组织重构将运营模式改变，让人力资源管理部门更好地为组织创造价值。三支柱的人力资源管理组织结构如图1-13所示。

HRBP是和业务部门密切合作的人力资源支持者和咨询专家。HRBP分为两种类型：① 事业部型，即HRBP虽是HR部门派驻在业务部门，但其工作绩效接受事业部的考核，与HR部门是合作关系；② HR代表型，即是由HR部门选拔和录用，同时也接受HR部门的考核。不论哪种模式，HRBP的工作内容是不变的，都需要从业务部门的业务发展需求出发，协助业务部门制定相应的人力资源规划，发现问题并通过专业的工具或方案协助解决这些问题，从而提高业务部门的输出。

HRBP不是单独工作的一个部门，而是和HRCOE、HRSSC共同协作的。HRCOE提供前瞻性战略研究和专业方案，建立新的制度和流程，而HRSSC则是直接面向事务性工作提供咨询和服务。

HRSSC是服务于企业的业务部门，为他们提供基础性或事务性的人力资源相关服务（如入离职、发薪酬等），同时也和HRBP和HRCOE协作，提供流程支持和数据支持。SSC为业务部门提供统一、标准化的服务，人力资源部的效率也大幅提升，将HR从传统模式

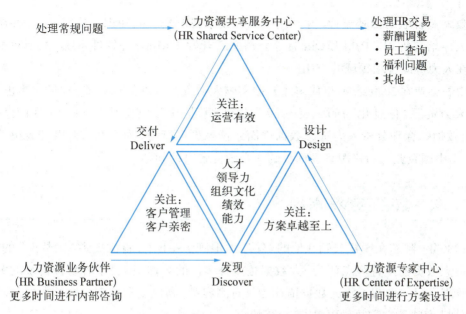

图 1-13　三支柱人力资源管理组织架构

（资料来源：王敏.人力资源三支柱模型视角下的我国人力资源管理现状分析[J].中国集体经济,2018(13).）

下的繁杂工作中解放出来，从而降低了运营成本。

HRCOE 代表了企业的人力资源管理能力的最高高度，他们设计企业的人力资源管理体系，为企业的整体运行效率负责。HRCOE 成员和 HRBP 协作，通过分析 HRBP 的需求来设计出专业的 HR 政策或方案，在落地实施时和 HRBP 和 HRSSC 协作。通常来讲，大型公司在这种三支柱管理模型下可以显著提高人力资源的管理效能。

人力资源管理三支柱模型类似于企业业务部门的运营模式，可以将需求看成一个一个项目，HRBP 面对客户，HRCOE 身兼产品开发和技术支持，HRSSC 则相当于运营和客服团队，大家紧密合作为客户提供解决方案，从而提高组织效能。

第五节　人力资源管理的数字化转型

随着数据时代的来临，大数据在物流、制造、消费者行为分析等方面有了广泛的应用，但是在人力资源管理中的应用相对较少。人力资源管理的数字化转型是指传统人力资源管理通过使用数字技术和数字信息，使人力资源管理过程得以优化、人力资源管理能力得以提升的变革过程。

国外高科技企业率先开展人力资源大数据的研究和应用。例如，惠普公司在 2011 年就着手开发了一套预测员工离职风险的模型，该模型认定 40% 的员工有较高的辞职风险，而其中的 75% 最终真的辞职了。应用该模型，惠普节约了 3 亿美元的成本。又如，谷歌的员工运营部（people operations）有一个专门从事人员分析的团队，该团队通过数据分析有效缩短谷歌的招聘流程，并利用大数据技术找出员工的知识和技能差距，并制订有效的人才培养规划。IBM和Oracle等公司先后开发了Miner等软件系统，推动数据挖掘技术在人力资源管理领域的应用。

中国企业在20世纪90年代末才开始实施人力资源管理信息系统，到目前为止，还停留在人力资源"信息化"阶段，远远没有达到"数据化""智能化"。如何应用大数据技术，有效地贮存和分析人力资源数据进而来预测员工行为，为人力资源管理者决策提供辅助，是中国企业人力资源管理面临的一个亟待解决的问题。

一、大数据的定义和特征

1980年，阿尔文·托夫勒在他的《第三次浪潮》一书中，首次提到"大数据"的概念。什么是大数据？一种观点认为，大数据是多种多样的数据，而且不容易被传统的关系数据库管理。另一种观点将大数据描述为具有高容量、高速度和高多样性的数据，简言之，"大数据"意味着它的数量更多，来得更快，形式也更多。

综合以上观点，本书认为大数据是用来描述大容量、高速度或高变化的数据的术语；它需要新技术来捕获、存储和分析，并用于增强决策制定、提供洞察和发现，以及支持和优化流程。

大数据的特征可以概括为5V，即大量（volume）、高速（velocity）、多样（variety）、价值（value）和真实（veracity）。5V的特征决定了人力资源管理的大数据可以通过存储、抓取、挖掘、建模产生更深的结果，而这个过程可以通过人力资源数据平台实现实时、动态显示。而且，企业可以通过将人力资源数据与客户数据、产品数据等的对接，能够形成更加宽阔的数据平台，进而服务于公司整体战略。有了大数据的支撑，人力资源管理将朝着更加精细化、科学化的趋势发展。

二、人力资源大数据的类型

人力资源大数据主要包括以下四类数据。

（一）基础数据

基础数据是指数字化的企业员工信息，既包括员工教育程度、年龄、工作履历等个人基础信息，还包括企业组织机构、岗位设置、员工编制等企业基础信息。基础数据既是一个面板数据，也是一个不断发展的动态数据，而且随着企业经营时间的累积，数据量将会越来越大。

（二）能力数据

能力数据主要应用于对员工的绩效考核，包括在某一岗位的任职时间、职称水平、所领导的员工的人数、获得的奖励等。不同部门的员工的能力数据各不相同，例如，营销部门更容易通过销售额、一定时期的客户开发数量、客户保留率来体现，而研发部门员工的能力数据更多通过产品的用户满意度、获得专利的数量等来体现。

(三) 效率数据

效率数据主要体现为完成工作的速度与质量。人力资源管理部门最主要的职责是掌握员工的绩效表现，尤其是要获得相应时间段内的动态数据，不同性质的岗位产生的数据类型和数据标准是不一样的。效率数据是一个实时且动态的数据，对个体效率数据的分析，能够准确了解劳动者进入企业后的工作效率，科学地制定人力资源培训计划；对企业效率数据的分析，可以反映企业运行的质量与管理水平。

(四) 潜力数据

人力资源工作者的核心任务是适时为不同发展阶段的企业匹配相应能力的人才，这些人才或是来自企业外部或来自企业内部，而无论是来自哪里，必然要具备推动企业在一段时间内快速发展的能力。因此，人力资源工作者必须清晰、准确地辨别有关人员的潜力。在传统模式下，辨别方式主要依靠经验以及员工的日常行为表现，而潜力主要体现在预测方面，因此基于主观的判断并不准确。准确的潜力数据能够帮助企业科学匹配人员学历、资历等，并且能够为员工制定个性化的培养方案，这些数据可以通过边际效应获得，包括工作效率提升率、收入涨幅水平、业绩提升率等。

三、数据挖掘

数据挖掘（data mining）是指从已经存在并且仍然在继续产生的大量数据中，利用统计学等数学方法对原有事物获取全新认识的过程。数据挖掘是实现人力资源管理数字化目标的重要手段。为了实现数据挖掘的功能，需要做好数据准备，建立数据仓库，进行数据建模。

(一) 数据准备

数据准备是收集数据并对数据进行初步加工的过程，主要包括数据选取、数据清洗、数据归纳、数据转换、数据准备这五个方面，数据选取、数据清洗和数据转换居于核心地位。从人力资源角度来讲，数据形式比较稳定，在数据准备阶段容易形成标准化的范式。

(二) 数据仓库

数据仓库是数据的集合，能够为管理决策提供客观的决策支持。可见，数据仓库不是一个实物概念，它是一种存储和组织数据的技术，是进行数据挖掘的基础，能够为数据挖掘提供数据源。数据仓库与数据挖掘是上下游的关系，即数据挖掘是一种数据分析的技术，可针对数据仓库中的数据进行分析。

(三) 数据建模

数据建模是通过定义和分析组织信息系统的数据支持商业流程所需的数据要求的过程。数据建模是整个数据挖掘过程最为核心的环节，起着桥梁的作用，其一端连接着数据，另一端又以数据应用为目标。因此，数据建模用公式可以表述为：

数据建模＝数据集＋商业目标＋算法＋优化迭代

例如，在留人方面，企业可以利用大数据建模来预测员工的离职意图。莫布雷（Mobley，1979）的中介链模型、斯蒂尔斯和默德（Steers & Mowday，1981）的员工离职模型以及普莱斯和米勒（Price & Mueller，1986）的员工离职模型都分析了影响员工离职的主要因素。以普莱斯和米勒的员工离职模型为例，该模型认为影响员工离职的因素有：环境变量（工作机会、亲属责任），个体变量（培训、工作参与程度、积极情感和消极情感），结构化变量（工作自主性、分配公平性、工作压力、薪酬、晋升机会、工作单调性、社会支持），中介变量（工作满意度、组织承诺）。以上模型不仅确定了影响员工离职的因素，还确立了各影响因素之间的因果关系。在以上理论模型的基础上，现有文献采用生存分析法、灰色预测法等方法建立相应的数学模型进行员工离职风险预测。员工离职风险分析的难点在于企业能否提供完整的、准确的数据。因此，为了促进大数据在人力资源管理中的应用，企业要将人力资源信息化、数据化和智能化建设当成是一个持续建设过程，建立员工数据跟踪计划，并建立包括模型、图谱和算法在内的人力资源数据平台。

四、基于大数据的人力资源管理特点

（一）开放和共享的人力资源管理平台

大数据的存储器是一个开放的云计算平台，由于是共享的平台，这样可以更方便地收集和分享平台上的数据，保障了人力资源管理的信息共享和开放。平台的开放服务，一方面是指数据分享开放，即用户可以自行上传自有信息到云平台，这样云平台可以收集到许多用户上传的数据，扩大了数据库资源；另一方面是指数据使用开放，即数据使用者可以在云平台上收集分析数据，为企业的决策提供参考和依据，同时可以介绍企业本身从外部获取资源和数据的时间成本和费用。正是由于人力资源管理的共享和开放，大数据可以做到信息的实时共享，这样管理者和员工本人也可以实时地了解、发现目前人才市场的动态变化情况，以及企业自身人力资源管理中存在的问题，从而可以迅速地提出相应的解决方案，完善人力资源管理机制。

（二）人力资源管理数据多样化

基于大数据的人力资源管理的数据丰富、多样，这与传统的人力资源管理模式完全不同。大数据系统的信息不再依赖手工的信息输入、设置和监控，按照事先的设置，系统会自动实时地获取人力资源管理指标。当然，数据的多样化，指的是除了一些基本的指标信息外，大数据还可以将许多其他不同格式的信息融入人力资源管理报告中，如图片、录像、进度分析等。这些数据在以前的系统里面人工是无法输入的，通过大数据不仅可以将以上数据引入，并且可以作为数据分析的一部分，形成一个多角度、独特的人力资源管理报告。

（三）人力资源管理分析可视化

大数据平台有着强大的计算功能，可以快速准确地将数据进行整合、计算和分析，并且把人力资源管理者需要得到的指标清晰地展现出来。当然，除了计算出最终的指标提供给管理者，大数据还可以将各指标之间的因果等逻辑关系分析出来。这样人力资源管理者可以清楚地知道指标之间的相关性，从而能够制定更加有效的人力资源管理措施。

（四）人力资源管理实时同步化

在大数据的支持下，所有的数据会自动更新和同步，这样保证了数据的及时性。再有，大数据人力资源管理提供的数据是全面的，不是随机抽样而来的，这样保证了数据的全面性，避免了片面的信息。基于大数据的人力资源管理还可以实现对员工状态的实时跟踪，即人力资源管理数据会实时同步到每位员工的管理档案中。

（五）人力资源管理预警自动化

前面提到大数据人力资源管理可以实现数据的实时同步，这样便可以做到人力资源管理的自动化预警功能。也就是说，在大数据人力资源管理系统的支持下，企业人力资源管理者可以将人力资源管理目标和员工的直线主管在系统中的数据相关联，如果人力资源管理没有完成目标，系统会自动发出预警，提示人力资源管理者，让直线主管可以实时知晓团队人员管理的状态，从而制订相应的人力资源管理策略。

（六）人力资源管理趋势预测

传统的人力资源管理由于技术和管理理念的原因，更多地专注于人员评定工作本身，对人力资源管理工作的预测性和前瞻性方面做得不够。大数据的人力资源管理凭借其数据的多样性、及时性，数据整合的全面性，以及强大的计算功能，使企业不仅可以做好目前的人力资源管理工作，而且还可以为组织做好人力资源管理战略部署，确保企业的长期可持续发展。

 本章重点名词

人力资源（human resource，HR）　　　　人力资本（human capital）
人力资源管理（human resource management，HRM）
战略人力资源管理（strategic human resource management，SHRM）
战略合作伙伴（strategic partner）　　　　行政管理专家（administrative expert）
员工支持者（employee champion）　　　　变革推动者（change agent）
专家中心（center of experts，COE）
人力资源业务伙伴（human resource business partner，HRBP）
共享服务中心（shared service center，SSC）
人力资源管理数字化（digitalization of human resource management）

 本章练习

1. 什么是人力资源？为什么说人力资源是企业竞争优势的来源？

2. 如何衡量国家层面的人力资源数量、质量和结构？
3. 如何衡量企业层面的人力资源数量、质量和结构？
4. 人力资源具有哪些特性？
5. 人力资本理论的主要观点是什么？它具备哪些实践意义？
6. 人力资源管理经历了哪些发展阶段？每个阶段的主要观点是什么？
7. 人力资源管理有哪些理论基础？其主要观点是什么？
8. 战略性人力资源管理包括哪些主要内容？
9. 人事管理、人力资源管理和战略人力资源管理之间的区别是什么？
10. 戴维尤里奇认为人力资源管理需要承担哪四个角色？
11. 美国国际人力资源管理协会提出人力资源管理需要承担哪些角色？具备哪些素质？
12. 人力资源"大数据"包括哪些类型？基于大数据的人力资源管理有哪些特点？如何实现人力资源管理的数字化转型？

腾讯人力资源管理架构的发展演变

腾讯从创业至今，其人力资源管理架构主要经历了三个阶段。

一、人力资源管理建立期（1998—2003年）

1998年，腾讯在深圳注册成立。由于当时员工人数较少，在成立后的很长时间内，人力资源管理的职能较为简单，公司没有设置独立的人力资源管理部门。但是，这并不意味着人力资源工作没有开展。比如，在创业初期的几年里，腾讯五位联合创始人分工明确，其中，马化腾负责产品体验与设计，张志东负责产品技术攻关，许晨晔负责企业信息资源管理，陈一丹负责公司内外的行政法务，曾李青负责市场拓展，这种岗得其人、人尽其才的人力资源优化组合强化了企业的合力，为其日后的人力资源管理工作注入了健康的基因。从这个角度上讲，腾讯从创立开始，就是一家重视人力资源管理的企业。

2001年，腾讯的人力资源工作仍与财务、行政统一称为财务行政人事部，公司人力资源管理还不完善。当时，人力资源管理的主要工作是负责招聘员工和进行内部审计。

2002年，腾讯的员工规模达到200多人，公司的行政职能从原来的财务行政人事部剥离出来，财务与人力资源管理仍然统一于财务人事部。在这一时期，腾讯整体的规模还不是很大，公司主要面临业务上的压力，人力资源管理多为传统的事务性工作。

2003年，腾讯的员工人数急剧增加，人力资源管理工作也越来越重要，于是，腾讯正式成立了人力资源部，开始向业务部门（Business Units, BU）派出HR工作人员，为业务部门提供有针对性的、灵活的人力资源服务。当时，人力资源部的人数很少，只有七八名员工。尽管腾讯这时的人力资源管理仍比较简单，但"员工是企业第一财富"的观念渐渐深入人心。

总的来说，第一阶段处于腾讯公司的初创期，公司亟须建立起独立的人力资源管理体系。这个阶段的人力资源管理工作以招聘、薪酬等职能性工作为主,人力资源部扮演的角色为行政职能类,角色单一。腾讯在这个阶段的人力资源管理工作是以职能为导向的,但在管理理念中已经出现了以客户价值为导向的思想萌芽。

二、人力资源管理发展转型期(2004—2009年)

2004年6月,腾讯在香港联合交易所主板正式挂牌,成为一家上市公司。此后,腾讯的发展势头愈加迅猛,员工队伍也迅速壮大。

2005年,腾讯的员工人数已经突破2 000。如何在员工数量猛增的情况下保持原有企业文化不被冲淡,成为人力资源管理工作面临的一个很大挑战。为此、腾讯人力资源部牵头做了一些文化宣导的项目,腾讯公司也提出了四句管理理念:"关心员工成长,强化执行能力,追求高效和谐,平衡激励约束。"

2006年,腾讯的员工人数已经接近3 000,公司管理出现人才急缺的窘况。管理干部的培养亟待加强,同时,公司也迫切需要根据企业的战略需求来全方位地培养和发展员工,这对培训提出了更高的要求

2007年9月,为了进一步满足人才培养、企业价值观贯彻的需要,腾讯成立了中国互联网行业的第一所企业大学——腾讯学院,致力于搭建一个有腾讯特色的学习型组织,希望人力资源管理工作能够更好地助力企业经营。

2009年,腾讯的员工超过6 000人,公司层级也产生了变化。此前公司分为三个层级,分别是员工层、部门经理层、高管层;现在在员工层和部门经理层之间增加了一个基层管理干部的层级,从而灵活高效地支持一线业务单元的人力资源工作。其间,HR BP队伍也开始建立。

总的来说,在这个阶段,腾讯面临着企业文化被稀释、人才储备和培养跟不上企业发展等问题,为此,腾讯专门成立文化管理委员会和腾讯学院,逐步建立起员工职业发展和培训体系。公司对优化和增强人力资源管理的要求增强,人力资源管理的职能与角色急剧扩增,战略性角色和员工合作伙伴角色开始显现。

三、HR三支柱时期(2010年至今)

2010年,为了更好地落实企业的战略目标,腾讯正式提出要建立HR三支柱。

腾讯HRCOE的主要职责包括:负责人力资源前瞻性的研究;参与并解读公司战略,对接企业战略;规划人力资源战略;拟定有战略延续性的HR政策与制度;作为智囊团,提供人力资源专家支持。HRCOE负责的职能模块主要有招聘管理、绩效管理、薪酬福利管理、组织发展管理、员工关系管理、企业文化管理等。

腾讯HRBP的主要职责是针对公司内部客户,即员工的需求提供人力资源的专业分析和支持,协助各业务部门负责人以及管理干部做好在员工发展、梳理需求、发掘人才、整合资源、培养能力等方面的工作,帮助业务部门各级干部培养和发展人力资源管理能力,并协助业务部门开展人力资源管理工作。HRBP发挥紧贴业务的作用,在每一个事业群或职能系统中都设有HR中心,成为业务部门专业的HR顾问,为业务部门提供有针对性的"一站式"HR解决方案;为了进一步将HR服务产品化,从而为客户和用户提供端到

端的交付服务。

腾讯HRSSC是HRCOE和HRBP之间的一个承接性的纽带，为各个事业群内部客户提供统一的专业化和标准化服务，从而达到整合资源、降低成本和提高效率的目的。

2012年，基于互联网行业的快速迭代式发展，腾讯的组织架构进行了重大调整，从之前的业务系统制（business units）升级为七大事业群制（business groups），七大事业群分别是企业发展事业群（CDG）、互动娱乐事业群（IEG）、移动互联网事业群（MIG）、微信事业群（WXG）、网络媒体事业群（OMG）、社交网络事业群（SNG）和技术工程事业群（TEG）。

同时，腾讯从创造HR价值的角度出发，对HR工作进行了重新定位确保人力资源部门在企业战略推进和落地过程中成为可以信赖的分支，发挥出HR工作应有的独特价值。

2014年，为了更好地为客户和用户提供端到端的交付服务，腾讯将HRSSC升级为共享交付中心（shared deliver center, SDC），搭建起HR业务运营和功能管控的统一平台；至此，有腾讯特色的HR三支柱体系基本形成。

总的来说，在这个阶段，腾讯在HR三支柱领域进行了积极探索与实践。HRBP深入各事业群和职能系统内部，确保HR服务与业务部门的深度融合，为业务部门提供有针对性的解决方案；SDC提供了HR服务的统一交付平台，在很大程度上提高了HR事务性工作的效率；COE在战略层面将HR工作与企业发展目标有机衔接起来，统筹规划HRT作的全面开展。腾讯HR三支柱体系如图1-14所示。有公司特色的HR三支柱搭建起了客户价值导向的人力资源管理组织结构，更好地贯彻了"一切以用户价值为依归"的经营理念，也为后来更好地支持企业组织架构变革奠定了基础。

依靠这套行之有效的HR体系，腾讯将4万多名员工（截至2017年8月）高效地组织起来，不仅积极发挥了员工的主观能动性，还提高了员工对HR工作的满意度。举例来

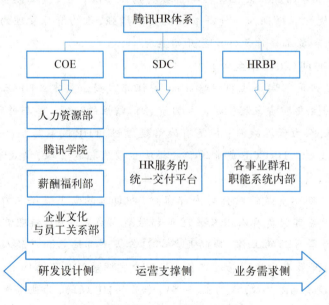

图1-14　腾讯HR三支柱体系示意图

说，腾讯多次在前程无忧、智联招聘等国内外知名人力资源专业机构举办的"最佳雇主"评选活动中荣登榜首，成为很多求职者心向往之的企业。

资料来源：改编自陈伟.腾讯人力资源管理[M].苏州：古吴轩出版社，2018.

1. 腾讯不同阶段人力资源管理架构有什么特色？优缺点是什么？
2. 腾讯人力资源管理架构的演变是如何满足企业发展战略和组织结构调整的需求？

人力资源角色评估调查表

本调查是为了了解您企业中的人力资源职能所扮演的不同角色。请为您所在组织中的HR人员评分（例如，如果你在公司中，就为公司人力资源评分；如果你在业务单元中，就为业务单元的人力资源评分）。请采用5分制对下列各项HR工作的质量进行评分，最高分为5分，最低分为1分。

评 估 方 面	目 前 水 平 （1～5分）
人力资源帮助组织	
1. 实现业务目标	
2. 改进运营效率	
3. 关注员工的个人需求	
4. 适应变革	
HR人员参与	
5. 战略制定过程	
6. 运作人力资源流程	
7. 提高员工承诺	
8. 为创新和转型塑造文化变革	
HR部门确保	
9. 人力资源策略与业务战略相一致	
10. 人力资源流程被有效管理	
11. 人力资源政策与规划反映员工的个人需要	

续 表

评 估 方 面	目前水平 （1～5分）
12. 人力资源流程与规划提高了组织的变革能力	
HR部门的效能是根据其以下能力来评价的	
13. 协助战略实现	
14. 有效地运作人力资源流程	
15. 帮助员工满足个人需求	
16. 帮助组织预期和适应未来	
HR人员被视为	
17. 战略合作伙伴	
18. HR效率专家	
19. 员工支持者	
20. 变革推动者	
HR人员把时间用于	
21. 战略性问题	
22. 运营性问题	
23. 倾听和响应员工心声	
24. 对能保持公司竞争力的新行为提供支持	
HR人员积极参与	
25. 业务规划	
26. 设计并实现人力资源流程	
27. 倾听和响应员工心声	
28. 组织创新、变革或转型	
HR部门致力于	
29. 使人力资源策略和业务战略相一致	
30. 监督人力资源流程	
31. 帮助员工满足家庭和个人的需要	
32. 修正行为以符合组织变革的需要	
HR部门发展流程与规划，用来	
33. 整合人力资源策略与业务战略	

续表

评 估 方 面	目 前 水 平 （1～5分）
34. 有效处理文件与业务	
35. 关照员工的个人需求	
36. 协助组织转型	
HR部门的信任度来自	
37. 帮助实现战略目标	
38. 提高生产力	
39. 帮助员工满足个人需求	
40. 促成变革的实现	

人力资源角色调查评分表

请把上述调查中的评分按题号填入下表，然后把各角色的评分合计汇总。参阅本章"人力资源管理四种角色的内涵"，了解评分结果代表的内涵。

战略合作伙伴		HR效率专家		员工支持者		变革推动者	
问题	分数	问题	分数	问题	分数	问题	分数
1		2		3		4	
5		6		7		8	
9		10		11		12	
13		14		15		16	
17		18		19		20	
21		22		23		24	
25		26		27		28	
29		30		31		32	
33		34		35		36	
37		38		39		40	
总分		总分		总分		总分	

资料来源：戴维·尤里奇，《人力资源转型：为组织创造价值和达成成果》，李祖滨，孙晓平，译，电子工业出版社，2015.

第二章 智能化时代的企业和人

学习目标

1. 了解智能化背景下新型组织的特点以及由此带来的人力资源管理挑战。
2. 掌握古今中外不同学者对人性的认识。
3. 掌握各种人性假设的具体内容和相应的管理模式。
4. 了解千禧一代和Z世代群体的特点。
5. 了解知识工作者的特点。

开篇案例

"白矮星""中子星"型组织

上月初因为工作关系参观了两个很特别的"小"公司,两个公司的人数都不超过三位数,组织的形态却非常相似,虽然也设置了CEO、COO这样的角色,但并不像在很多公司一样,由一把手掌握业务和管理大权,而是真正实现了"全体共治"。没有传统的部门和岗位,员工之间可以自由组合形成各种各样的圈子去做自己感觉喜欢和有价值的事,公司的战略也是由所有人一起讨论决定(这样生成的战略往往是不需要做任何阐释和推动,就能够被高效地落地执行的),而CEO与其说是一个管理者,不如说更像是这个组织的润滑剂和对外代表。

在这个组织里,我从每一个人的言语和姿态上看到强烈的活力与希望,每一个人都在真实地、开心地做着自己选择的、认为有意义的事情,并愿意为之付出更多。

这样的组织将会非常可怕,因为他们不再是一个传统意义上的"小公司",那只是传统的企业发展路径中的阶段性产物,而是一个虽然体积很小,但是密度和能量无比巨大的"白矮星"甚至"中子星"——它即使一直保持现有的组织规模不作任何扩张,都能持续对数字经济时代的商业世界产生巨大的影响力。

试想,如果未来人才的最优选择是找到一个或数个这样的志同道合的公司,和一堆优秀的伙伴一起做自己认为有价值的事业,同时获得满意的回报,那么传统的大公司将面临在人才市场失去竞争力的威胁,如果大公司依然保持对人才的傲慢。

资料来源:D C Lau.多少伟大的企业正死于傲慢[Z/OL].[201-01-05].https://www.linkedin.com/pulse/多少伟大的企业正死于傲慢-dc-lau.

思考题

1. 有哪些因素吸引人才加入这些"白矮星"甚至"中子星"型组织?
2. 传统企业面临着怎样的转型挑战?

第一节　智能化背景下的企业

一、智能化时代来临及其时代特点

(一)智能化时代来临

南怀瑾先生在《漫谈中国文化》中曾引用道家《鹖冠子》中的一句名言"中河失船,一壶千金,贵贱无常,时使物然"来形容我们的时代。该句原意指同样的东西,在不同的地点和时间,会有不同的价值,也比喻世事变化无常。南先生认为,我们这个时代已经走到了大河中间,中外文化也走到大河中间。关键的问题是我们自己如何准备好,不要"中河失船"。万一船漏了,也能有"护身符"拯救自己,而且能够很好地顺势而为,不断发展。的确,回顾历次工业革命,人类社会从机械化时代发展到电气化时代,再到信息化、数字化时代,现在正迈向智能化时代,技术变革带来的更加主动、贴心、便利的服务已经渗透到我们的生活中,而新的智慧交通、智慧医疗、智慧教育、智慧金融等的出现,更需要我们顺势而为,不断发展。

1. 第一次工业革命:机械化(18世纪60年代—19世纪40年代)

18世纪60年代中期,从英国发起的、以蒸汽机作为动力机被广泛使用为标志的技术革命,不仅是技术发展史上的一次巨大变革,更是一场深刻的社会变革。

这场大变革可以说是彻底的、极具颠覆性的,它将原本整个社会结构、阶层关系,乃至国际格局,都彻底改变。从生产方式来说,人类的生产方式开始出现重大转变,机器逐渐开始广泛使用并取代传统的人力、畜力,工厂代替了手工工场;从社会关系来说,工业革命使依附于落后生产方式的自耕农阶级逐渐消失,工业资产阶级和工业无产阶级形成和壮大起来。从国际关系来说,率先完成工业革命的英国,迅速成为世界霸主,并最终确立了资产阶级对世界的统治地位。

2. 第二次工业革命:电气化(19世纪70年代—20世纪30年代)

19世纪最后30年和20世纪初,科学理论取得重大进展,新技术、新发明层出不穷,于是第二次工业革命就此蓬勃兴起,世界由"蒸汽时代"进入"电气时代"。

这一时期,一些发达资本主义国家的工业总产值超过了农业总产值。工业重心由轻纺工业转为重工业,出现了电气、化学、石油等新兴工业部门。由于19世纪70年代以后发电机、电动机相继发明,远距离输电技术的出现,电气工业迅速发展起来,电力在生产和生活中得到广泛的应用。内燃机的出现及其在19世纪90年代以后的广泛应用,为汽车和飞机工业的发展提供了可能,也推动了石油工业的发展。化学工业是这一时期新出现的工业部门,从19世纪80年代起,人们开始从煤炭中提炼氨、苯等化学产品,塑料、绝缘物质、人造纤维、无烟火药也相继被发明并投入生产和使用。原有的工业部门如冶金、造船、机器制造以及交通运输、电讯等部门的技术革新加速进行。

第二次工业革命极大地推动了生产力的发展,交通更加便利快捷,改变了人们的生活方式,扩大了人们的活动范围,加强了人与人之间的交流,对人类社会的经济、政治、文化、军事产生了深远的影响。

3. 第三次科技革命：自动化（20世纪四五十年代—20世纪末）

20世纪四五十年代以来,在原子能、电子计算机、微电子技术、航天技术、分子生物学和遗传工程等领域取得的重大突破,标志着新的科学技术革命的到来。这次科技革命被称为第三次科技革命,是人类文明史上继蒸汽技术革命和电力技术革命之后科技领域里的又一次重大飞跃。

第三次科技革命不再局限于能源领域,它以原子能、电子计算机、空间技术和生物工程的发明和应用为主要标志,涉及信息技术、新能源技术、新材料技术、生物技术、空间技术和海洋技术等诸多领域,产生了一大批新型工业。由于经济的需求,工业借助信息技术,从机械化向自动化迈进,成为最主要的进步。其中最具划时代意义的是电子计算机的迅速发展和广泛运用,它开辟了信息时代。它也带来了一种新型经济——知识经济,知识经济发达程度已成为各国综合国力竞争中成败的关键。

同时,第三产业迅速发展,比重超越了第一、二产业。科技推动经济增长,改变了社会财富结构,发达国家与地区出现了一大批中产阶级,财富开始扩散到更广泛的社会群体中,中产阶层崛起。

这次科技革命不仅极大地推动了人类社会经济、政治、文化领域的变革,而且也影响了人类生活方式和思维方式,使人类社会生活和人的现代化向更高境界发展。

4. 第四次科技革命：智能化（21世纪至今）

21世纪以来,纳米科学和纳米技术、生命科学和生物技术、信息科学和信息技术以及认知科学将迅猛发展,这四大领域交互作用并有机融合,推动整个科技领域的革命性变革。

第四次科技革命有六大新任务。前两个任务是发展新能源和新材料。以生物技术为重点的新科技革命,已经实现或者即将实现：塑料将不以石油为原料而完全以玉米替代；建筑材料将由洋麻等纤维类作物替代；石油的枯竭也不再可怕,因为用秸秆完全可以替代；2050年人类的寿命有可能达到120岁；5亿亩的不毛之地、盐碱地将会成为植物的生长乐园。

第三大任务是发展新智能。第四次科技革命的核心特征是互联和协同。它要求新智能,利用 AI 技术等将人脑从简单的事务中解放出来。新智能包含三大主题:① "智能工厂",重点研究智能化生产系统及过程,以及网络化分布式生产设施的实现;② "智能生产",主要涉及整个企业的生产物流管理、人机互动以及 3D 技术在工业生产过程中的应用等;③ "智能物流",主要通过互联网、物联网、物流网,整合物流资源,充分发挥现有物流资源供应方的效率,需求方则能够快速获得服务匹配,得到物流支持。

第四大任务是发展新计算。可见的将来即量子计算,作用就是加快处理速度,节省人类有限的生命。第五大任务是发展新通信。不管是 5G、6G,还是量子通信,通信目标将是更多更快更安全,在此基础上,衍生出大数据和去中心的区块链。第六大任务是发展新生命。建立在基因工程基础上的新生命,就是让包括人类在内的生命受到更多人类自身的掌控,活得更长。

在这场新的科技革命中,能源提供无穷动力,材料提供现实支撑,智能复制人类决策,计算加速决策过程,通信促进万物互联,基因延长人类生命,推动着人类整体认识能力的飞跃,使社会生产力的发展跃进到一个崭新的质的阶段,引领着人类社会从工业文明向生态文明过渡。

(二)智能化时代的特点

从 20 世纪 90 年代开始,VUCA 这个词经常被用来表述这个时代的特点。VUCA 是易变(volatility)、不确定性(uncertainty)、复杂(complexity)和模糊(ambiguity)的缩写。

其中,易变是变化的本质和动力,也是由变化驱使和催化产生的。现代组织所面临的挑战本身与维持的时长是未知且不稳定的,但是也不是没有应对方法。例如,明确个人想要达到的最终目标,以不变应万变。对企业来讲,要明确企业的愿景,根据当下的环境特点,选择不同的手段和路径来实现企业愿景。

不确定性是指缺少预见性,缺乏对意外的预期和对事情的理解和意识。尽管现代组织经营经常面临缺乏额外信息,但是事件的基本因果关系应该可以获取。例如,虽然企业未来的业务与市场不够明朗,但是我们可以通过大数据信息搜索和分析来降低不确定性。

复杂是指组织为各种力量、各种因素、各种事情所困扰。例如,某跨国公司生意遍布多个国家,每个国家的监管环境千差万别,关税体系以及文化价值观也各不相同。这家公司可以通过聘用当地的专业人士、重组资源来应对复杂性。

模糊是指由于各种条件和因果关系的混杂造成对现实的模糊认识。模糊性是误解的根源。例如,在新产品开发中最常遇到的问题是用户需要什么样的产品?降低模糊性的有效做法是运用敏捷思维,缩短新产品开发周期,快速将产品推向市场,快速获取用户对产品的反馈,不断迭代产品。

二、新型组织的兴起

21 世纪以来,随着科技、经济、社会和文化等诸多方面的迅速发展,特别是全球信息

网络和互联网技术，尤其是移动互联技术的发展，以及消费者需求的多样化，组织所处的外部环境变得更为开放和动荡。当组织所处的外部环境发生变化时，组织的构成方式也相应地会发生变化以适应外部环境变化带来的机遇和挑战。

例如，在智能化时代，人工智能（AI）技术已经在一些行业的领先企业成功运用并产生了生产效率。哈佛大学的病理学家团队开发了一项基于AI的医疗技术来帮助识别乳腺癌细胞。这个团队发现，病理学家的识别准确率为96%，机器识别的准确率为92%，但是人机结合的识别准确率为99.5%。人机融合将开启工作方式的新纪元。2018年，埃森哲的研究报告指出，人机协作创造新价值对组织设计和人力资源管理工作提出了三方面的挑战。第一，在工作设计上，将根据具体任务而非工作岗位，将合适的任务分配给员工，传统的工作分析和岗位描述已经过时。随着机器承担更多常规性任务，员工开始转向基于项目的工作。公司需要明确有待开展的新任务，评估目前拥有的技术和团队资源，然后将这些任务分配给员工或机器。AI赋能人类承担更高价值的工作。第二，AI和人机协作将推动组织员工队伍转型。企业应培育具有睿智思维、敏锐洞察和敏捷行动力的团队。第三，组织需要快速灵活地开展大规模新技能培训，与智能机器携手共进，努力实现人机协作价值的最大化。

在智能化时代，现代组织如何摆脱传统的科层制组织设计的弊端，设计新型的组织结构形式，是一个迫切需要解决的问题。

1993年，麻省理工学院教授迈克尔·哈默（Michael Hammer）和詹姆斯·钱皮（James Champy）出版了《再造企业：工商业革命宣言》（*Reengineering the Corporate: A Manifesto for Business Revolution*），在书中他们提出"企业再造"（reengineering）这个概念，指出"为了飞跃性地改善成本、质量、服务、速度等重大的现代企业的运营基准，对工作流程进行根本性重新思考并彻底改革"。企业再造是通过对企业的流程、组织结构、企业文化等进行彻底的重构，以达到提高绩效的目的。哈默和钱皮认为，企业再造的关键在于从根本上打破传统的以劳动分工为基础的组织结构方式，建立新的组织结构方式。

韦斯特尼和马林（Westney & Maanen，2011）则提出了"新组织"的概念，认为在新的经济和技术环境下，新组织结构具有网络化、扁平化、灵活化、多元化以及全球化等特点。

在适应新的外部环境变化的要求下，新型组织结构的演化为扁平化组织、学习型组织和敏捷组织几种类型。

1. 扁平化组织

传统组织结构随着企业规模的扩大，组织内部层级会越来越过多，随之所产生的机构臃肿、等级森严、反应迟钝、官僚主义盛行的问题会越来越严重，这些弊端将极大地降低组织的运行效率，危及企业可持续发展。

为了适应内外部经济环境的剧烈变化，传统的科层制组织模式已经失去了其原有的效力。扁平化组织（flat organization）就是通过去除公司层级森严的等级结构，缩减管理层次，扩大管理幅度，去除多余人员来建立一种紧凑的横向组织，达到使组织变得敏捷、有活力、有创造力的目的。

扁平化组织与传统的科层制组织相比，具有以下的特点：

① 组织以工作流程为中心，而不是部门职能来构建组织结构；

② 对纵向管理层次进行简化，减少中层管理者；

③ 组织资源和权力下放，以客户需求为驱动；

④ 充分利用现代化通信手段，提高管理幅度和效率；

⑤ 实行目标管理，激发员工的积极性。

扁平化组织的表现形式有矩阵式、团队式和网络式组织结构。矩阵式组织（matrix organization）是在直线职能式垂直形态组织系统的基础上，再增加一种横向的领导系统，它由职能部门系列和完成某一临时任务而组建的项目小组系列组成，从而同时实现了事业部式与职能式组织结构特征的组织结构形式。团队式组织（team-based organization），是由不同专长的团队根据组织的需要，在短时间内联结完成任务，随着不同的需求弹性组合团队，组织以松散、分散的方式管理。网络式组织是一种很小的中心组织，依靠其他组织以合同为基础进行研发、制造、营销或其他关键业务的经营活动的组织结构。

扁平化组织扩大其传统的管理宽度，同时减少相应的管理层次，来实现扁平化的目的。这种扁平化组织能够使得信息的传递与反馈更加高效，内部信息高度分享，互相学习。管理层也可以更快速地获得市场环境和公司内部状况的变化，便于及时调整策略以应对各种变化。

2. 学习型组织

彼得·圣吉（Peter Senge）在《第五项修炼：学习型组织的艺术与实践》(*The Fifth Discipline: The Art & Practice of the leading Organization*)一书中提出，为了适应当今激烈变化的经济环境和日新月异的科技发展，传统组织应该转型为学习型组织（Learning Organization），组织应该力求精简、扁平、弹性、终身学习以及不断自我组织再造，以维持竞争力。

学习型组织具有一种新型的组织思维方式。在学习型组织中，基本价值在于解决问题，每个人都要参与识别和解决问题，从而使得组织能不断进行尝试、改善和提高组织的能力。

学习型组织包括以下五种要素：

① 建立共同愿景：通过共同愿景以凝聚组织上下的意志力，建立共同愿景，并为之奋斗。

② 团队学习：团队智慧大于个人智慧，运用团队优势作出正确组织决策。

③ 改变心智模式：打破个人思维、固执己见等组织沟通障碍，通过团队学习，改变心智，进行创新。

④ 自我超越：个人有意愿投入工作，个人与共同愿景之间有创造性张力，正是自我超越的来源。

⑤ 系统思考：以系统方式思考，避免见树不见林，培养全局观念，运用系统思考。

学习型组织是一种自上而下的组织结构方式,要求领导者能够从全局的角度出发,形成组织的共同愿景,并愿意转变角色为服务型领导,以促进学习型组织的发展。

3. 敏捷组织

传统的组织结构是基于稳定的内外部环境下建立的,组织结构形成后,组织就如同一部机器,按照既有的线性规划进行运行。然而目前经济环境的日益复杂性催生了日益复杂繁复的组织结构和运行方式,这就对企业组织的管理控制提出了更高的要求。不少大型组织和企业已经几乎达到或接近了这种组织复杂度的极限,企业运营已经举步维艰。

当今的市场,变化速度之快,力度之大都是前所未有的,企业为了适应这种前所未有的激烈竞争,必须要更加灵活敏捷,敏捷组织的概念应运而生。

敏捷组织(agile organization)是一种动态的组织结构,是一种生命系统,会在瞬息万变的经济环境中逐步演化和发展。敏捷组织既强调组织结构的稳定性,同时又充满组织活力,一切活动都以客户为中心。对外,敏捷化组织能够灵活应对市场波动、技术创新、客户需求和政策变化;对内,敏捷化组织则开放包容,推行扁平化结构,并对企业运营中的不确定性和模糊性更加包容,更有信心。

阿基纳等(Aghina, De Smet, Lackey, Lurie & Murarka, 2018)认为敏捷组织具有以下五大特征:

① 共享愿景。敏捷组织具有一个上下一致的目标,即所谓的"北极星"。一切工作都以该目标为指引,坚持以客户为中心的出发点,组织与员工,组织与投资者、合伙人以及各利益相关者共担共创共享。

② 团队赋能。敏捷化组织基于小型、高度赋权的团队网络。这种组织的构成方式既保持了主体结构的稳定,又使得该团队网络灵活可扩。团队网络由多个高度自治、权责明确的团队有机组成。高度自治团队能够自主开展工作,并能够快速响应外部的环境变化和客户需求的变化。

③ 快速迭代。敏捷化组织极大缩减了内部决策及学习周期。通过快速思考及实践把工作拆解成一个个小型项目包,并在较短时间内集中、爆发式统一执行,聚焦任务指标且频繁更新迭代。

④ 以人为本。敏捷化组织提倡活力文化,以激发员工热忱。将员工置于文化与领导力的核心地位,更强的参与感能够激励员工快速、协同、有效地创造价值。领导会积极提供服务与支持,为团队扫除目标实现过程中的障碍,为员工创造提升能力的机会。

⑤ 技术领先。敏捷组织采用新一代技术不断升级。敏捷型组织重视技术架构、系统与工具的不断演进,并且坚信前沿技术是企业提供创新产品、领先服务以及实现精益运营的基石。组织通过对相关技术的重新思考,加快技术迭代和部署速度,灵活运用各类新实践和工具。

敏捷组织对管理者也提出了新的要求和挑战,塑造新型领导力以及企业文化是敏捷组织形成的关键。作为组织结构的最新发展形式,敏捷组织囊括了在目前的内外部环境下对组织结构的所有要求和挑战。结构的扁平化以及内部的学习化最终都是为了提高组织应对内外部环境的敏捷性。

三、组织柔性

组织结构扁平化、学习化和敏捷化，其目的是要实现组织柔性。

（一）组织柔性的概念界定

组织柔性（organizational flexibility）概念的提出，可以追溯到20世纪30年代。哈特（Hart，1937）在《商业震荡中预期的失败与实现》（*Failure and Fulfillment of Expectations in Business Fluctuations*）一文中提到了组织柔性在企业中的重要地位，并且还阐述了拥有良好的组织柔性的企业能够在快速变化和复杂多变的环境中迅速调整，找到相应措施来应对外部环境的变化。但这一时期由于种种因素，学者们的关注点并未在组织柔性上。因此相关理念在这一时期并没有得到广泛的认可。直到20世纪90年代，学者们才越来越意识到组织柔性的重要性，对于组织柔性的研究才开始变得越来越深入。

马奇（March，1995）曾从组织决策角度出发认为组织柔性包括对市场的反应速度、组织内部运作速度、组织的核心能力以及对外部环境适应程度。巴雷特和温斯坦（Barrett & Weinstein，1998）从企业家创业的精神层面指出组织柔性包括在企业管理方面上级对下级的授权程度、组织结构的弹性等。吉特尔曼、霍里根和乔伊斯（Gittleman, Horrigan & Joyce，1998）从人力资源的角度出发，认为拥有组织柔性的企业的员工具有多角色宽泛不固定的特征。米厄姆（Mieghem，1998）从生产制造角度出发，认为组织柔性是在客户需求具有不确定性时生产产品的变化能力。冉根（Rangan，1998）从跨国企业的管理维度强调组织柔性是跨国公司应对各国之间不同的环境、文化、经济、政策等情况时展现出来的变化能力。

综上所述，组织柔性从本质上来说是企业的一种能力，它是企业组织内部在受到外部环境变化冲击时所表现出来的适应能力。这种能力由组织内部滋生，渐渐成为企业的核心能力之一。而且只有当外部环境进行变化时，企业的组织柔性才能够得以体现，使得企业进行快速有效的调整，积极应对，顺利达到组织既定的目标。因此，企业的组织柔性是企业应对外部环境变化的有效方式，能够为企业提供可持续发展的原动力。

（二）组织柔性的测量维度

有关组织柔性的测量维度，国外学者中比较有代表性的是莱乌和瓦兆达（Leeuw & Volberda，1996）的二维结构学说，考斯特和马尔霍特拉（Koste & Malhotra，1999）以及戈尔登和鲍威尔（Golden & Powell，2000）的四维学说。莱乌和瓦兆达的二维结构学说建立于组织控制论，认为可以从速度和程度的维度来度量组织柔性。考斯特和马尔霍特拉的四维学说，将组织柔性的测量维度划分为时间、范围、一致性和易变性，强调管理活动的执行速度和管理活动的多样性。戈尔登和鲍威尔将组织柔性的测量维度分为时间、范围、目标和焦点四个维度。可以看出，在测量维度的分析中，时间和范围成为学者们大多关注的维度。

周玉泉和李垣（2006）将组织柔性测量维度分为资源柔性和能力柔性两个部分，并认为好的组织柔性是动态变化的，随着外界环境的改变而变化。孙宝文、涂艳和王天梅（2010）认为组织柔性的提升伴随着组织能力柔性、组织结构柔性、企业文化柔性以及资源柔性的提升，使企业获得持续的核心竞争力。因此，我们可以从结构柔性、资源柔性、文化柔性、技术柔性和创新柔性等方面来解构组织柔性。

1. 结构柔性

柔性的组织结构是在外部动态环境竞争下的一种自发的、反应迅速的、高效的新型组织形式。企业拥有结构柔性具有组织结构扁平化、组织内部充分授权、职能界限模糊化和响应迅速的特征。传统的组织结构形式层级庞大复杂，各职能部门之间分工界限明确，经常会听到"这事不归我管"这样的声音。造成时间的浪费，效率的低下，甚至停滞不前，这样的刚性结构给企业造成不可挽回的损失。而组织结构柔性能够恰如其分地解决这些问题。扁平化的组织结构使得信息传递更为快速。组织内部的充分授权使得组织具有很高的自由度，应对外界环境的变化更为迅速。职能的界限模糊使得问题处理变得简单有效。良好的组织结构柔性可以使得企业快速转变，积极适应外部环境的变化，从而形成企业的核心竞争力，为企业在动荡的环境中抢得先发优势。

2. 资源柔性

企业资源是指企业在各种经营活动中任何可以称为企业优势或劣势的事物，任何保障企业战略方针实施的事项，如企业的品牌、知识产权、人力、资金资产等。因此，任何能够帮助企业建立优势的有形或者无形的资源都是企业的资源。其中，有形资源指设施设备、现金流、生产物料等，无形资源指知识专利、文化、品牌声誉等。我们可以将企业资源划分为人力资源、信息资源、物资资源和资金资源。

总的来说，企业的资源柔性就是在充分利用内部资源和稳定现有资源的基础上，不断进行拓展，对外部资源进行整合与发展。企业不断丰富各种资源，使其变得多样性，建立资源上的优势，为企业应对外部环境的变化提供有力支持。

3. 文化柔性

企业文化是企业在长期的经营活动中所形成的，是实现企业使命的重要支柱。企业文化包含了企业的价值观，规定了企业在日常经营活动中的行为准则，是企业做大做强的精神支柱，是企业能够长期存续下去的重要秘密。不同企业的企业文化各具特色，有些强调创新，有些侧重于服务客户，有些注重员工的主人翁意识。柔性的文化倡导当外界环境发生变化时，用积极包容的学习态度去重新塑造企业文化，进而提高企业对抗风险的能力，获取赖以生存的竞争力。具有较高文化柔性的企业在市场表现上更具有灵活性、适应性，不断增强企业的竞争优势。随着市场经济的快速发展，柔性文化对于企业竞争优势的影响势必与日俱增。

4. 技术柔性

现代社会技术发展迅速，企业对自身技术的发展视为重中之重，技术的发展是提高企业核心竞争力的重要手段。技术柔性不仅指拥有大量的具有相当质量的技术人才储备，而且在技术设备管理方面具有快速响应的特征来应对环境的变化，使得对各类资源的使用充分，从而达到既定的目标。技术柔性是外部环境发生变化时，企业凭借制定技术上的策略方法来主动应对和调整，进而提升企业核心竞争力。具有良好技术柔性的企业，在外部环境变化时将拥有更为动态的技术能力、更好的调整响应速度、更为强劲的市场竞争力。

5. 创新柔性

企业的发展与进步离不开创新。企业家们常讲"开源节流"，这里的"开源"就是企业创造新的产品、新的服务等满足顾客需求的能力，是企业在历史长河中得以存续的关键因素。创新柔性不仅指具有丰富储备的创新能力的人才，还包含组织内部提倡开放性和创造性的氛围和对于创新需求的感知能力。不断创新可以促使绩效的提高，从而不断加强企业的竞争力，使企业在动态环境中具有先发优势，降低外部环境变化而带来的风险与不确定性。拥有良好创新柔性的企业更是能够积极主动地调整，化险为夷。组织柔性与创新柔性之间的相互关系为：组织通过创新能力的不断提高从而影响创新绩效，进而提升创新柔性；创新柔性的提升又反馈于组织柔性，使得组织柔性得以加强。

四、人力资源柔性

人力资源柔性（human resource Flexibility）是组织灵活运用员工的数量、质量和结构等要素以适应内外部环境变化的能力。人力资源柔性是一种重要的职能柔性，它具有极强的路径依赖性和模糊性。它能够提升组织柔性，来应对内外部环境尤其是外部环境的不确定性。人力资源柔性是指组织发展、重构、整合人力资源系统以获取、发展、整合与重构具有胜任能力的人力资源来提升组织的市场响应能力与创新性，进而提升组织竞争优势的能力。

从柔性的内容来看，阿特金森（Atkinson, 1984）认为人力资源柔性包括：① 数量柔性，即组织根据市场运行或劳动力供求变化对员工队伍的规模、类别配置进行及时或适时改变；② 功能柔性，即对员工进行技能开发，使之适应不同的工作内容，或者快速和低成本地将人员转移配置到新岗位的能力。

从柔性的属性来看，人力资源柔性包括：① 资源柔性，即人力资源实践应对不确定性环境的适应性；② 协调柔性，即人力资源进行及时调整与重置的速度。

韦（Way, 2005）指出为了体现雇佣的灵活性，人力资源管理的对象既包括持续雇佣的正式员工也包括临时雇佣的人员。韦、特蕾西和费伊（Way, Tracey & Fay, 2015）认为人力资源柔性体现在六个方面：人力资源管理实践中的资源柔性、人力资源管理实践中的协调柔性、员工技能中的资源柔性、员工技能中的协调柔性、员工行为中的资源柔性和员工行为中的协调柔性（表2-1）。

表 2-1　人力资源柔性维度划分

类型	维度		
	人力资源实践	员工技能	员工行为
资源柔性	人力资源实践对不同岗位或执行不同工作任务的员工的适用程度。	员工技能能够替代性使用的潜在数量。	组织中的员工可以承担多样化可替代性工作任务的意愿。
协调柔性	人力资源能够被重新建构与部署的速度。	拥有多样化技能的员工在价值创造中如何被重新配置以及能够获取与重新配置正式员工或临时员工的能力。	组织获取或重新配置具有多样性工作脚本并自愿将其应用到不同工作任务的正式员工或临时员工的能力。

资料来源：尹奎，孙健敏，吴艳华.人力资源柔性研究评述与展望[J].首都经济贸易大学学报，2017(2).

第二节　智能化背景下的"人"

人性是指人的本质属性。对人性的了解，是一切人力资源管理研究和实践的基本出发点。本节将从古今中外典籍出发，介绍东西方文化中有关人性的主要假设。在对人性充分理解的基础上，探讨如何管理和开发千禧一代员工和Z世代员工，以及如何留住知识工作者并充分调动他们的积极性和创造性。

一、人性假设及其管理模式

（一）西方学者有关人性的假设

西方戏剧家莎士比亚在《哈姆雷特》中写过这样一句话："人是宇宙的精华，万物的灵长。"人世间确实存在很多丑陋和扭曲的人性表现，如贪婪、暴力、色情、挫折、苦闷、寂寞、失败、痛苦与冷漠等。但是，人的"心念"决定一切，一个人心中如果播下了真诚、善良的种子，美的源泉就会常留在人的心中。许多人发现了大自然很美，却没有察觉到人才是造物主最完美的作品，因为造物之神用自己的形象塑造了人的形象，人体之美超过世间万物。

哲学家、经济学家和管理学家从不同的角度探讨了对人性的认识。

1. 哲学领域的人性探讨

柏拉图认为人和动物的根本区别就是人的本质。他的行为遵循理性的原则，而动物的行为是本能的体现，所以柏拉图认为人的本质是理性。黑格尔认为人的本质是自我意识，因此黑格尔派提出人就是自我意识的动物。费尔巴哈在此基础上提出了人的本质是单个人所固有的抽象物。

马克思对人的本质有三种不同的重要表述。马克思在《1844年经济学哲学手稿》中探讨了人的本质问题,他指出:"种的类特性就在于生命活动的性质,而人的类特性恰恰就是自由的有意识的活动。"人的本质是自然性与社会性、受动性与能动性、类本质与个体本质的统一。人是自然界的一部分,人要走进自然、融入自然、成为自然界的一分子。人的类本质一定意义上就是创造性劳动,即有意识、有目的的劳动。马克思提出了人的劳动本质论。

马克思反对费尔巴哈无视人的社会性,把宗教的本质归结于人的本质。他在《关于费尔巴哈的提纲》中提出:"人的本质并不是单个人所固有的抽象物。在其现实性上,它是一切社会关系的总和。"马克思提出了社会关系决定论。

马克思和恩格斯在《德意志意识形态》中批判"抽象的个人",开始从实践的社会关系中阐明"现实的个人"。马克思和恩格斯提出人的自然属性、实践属性和历史属性这三种属性构成了"现实的人",三种属性缺一不可。他们指出:"个人怎样表现自己的生活,他们自己也就怎样。因此,他们是什么样的,这同他们的生产是一致的——既和他们生产什么一致,又和他们怎么生产一致。因而,个人是什么样的,这取决于他们进行生产的物质条件。"在《德意志意识形态》中,马克思和恩格斯认为决定人的本质的东西,不仅包括人与社会关系的内容,也应包括人与自然关系的内容。人的本质受到生产力发展水平和生产关系的双重制约。

《德意志意识形态》中有对人的本性、人性和人的本质的概念区分。人的本性是人性和人的本质的笼统称呼。人性概念是概括人所具有的属性,是人的本质的表现。而人的本质旨在揭示人性和人的本性背后的根源,是指人的本性中最根本的特性。

2. 经济学和管理学领域的人性探讨

(1) 经济人假设

经济人假设起源于英国经济学家亚当·斯密(Adam Smith),他在《国民财富的性质和原因的研究》一书中认为,经济人是市场经济的主体,他们的本性是经济利己主义。他们在"看不见的手"的支配下,为了自身的经济利益从事理性的经济活动。他们会在市场竞争的引导下把资源投向效益最高的经济领域,从而达到社会资源的优化配置。亚当·斯密认为人的本性是懒惰的,必须加以鞭策;人的行为动机源于经济和权力。科学管理之父弗雷德里克·泰勒(Frederick W. Taylor)是"经济人"观点的典型代表。经济人假设的主要观点如下:① 人类趋于天生懒惰,他们都尽可能逃避工作;② 人们缺乏雄心和进取心,不愿负任何责任,而心甘情愿受别人的指导;③ 人们的个人目标都是与组织目标相矛盾的,必须用强制、惩罚的办法,才能促使他们为达到组织的目标而工作;④ 人们工作都是为满足基本的生理需要和安全需要,因此,只有金钱和地位才能鼓励他们努力工作。

管理学学者道格拉斯·麦克雷戈在1960年出版的《企业的人性面》(*The Human Side of Enterprise*)一书中提出了"X-Y理论",其中X理论对应的就是经济人假设。X理论认为雇员天生懒惰、工作是为了生活、回避责任、没有抱负。Y理论对应的就是社会人假设,它认为雇员天生勤奋,能够自我约束,勇于承担责任,具有创造能力,有高层次的需求。X

理论完全依赖对人的行为的外部控制，而Y理论则重视依靠自我控制和自我指挥。麦克雷戈主张Y理论，反对X理论，认为管理者应当按照Y理论来行事。

（2）社会人假设

社会人假设的理论基础是人际关系学说，这一学说是由霍桑实验（Hawthorne Study）的主持者乔治·梅奥提出来的，之后又经英国塔维斯托克学院煤矿研究所再度验证。这几项研究的共同结论是：人除了物质需要外，还有社会需要，人们要从社会关系中寻找乐趣。

社会人假设认为传统管理把人假设为经济人是不完全的，人应该是社会人，即在社会上活动的员工不是各自孤立存在的，而是作为某一个群体的一员有所归属的社会人，是社会存在。相应地，人具有社会性的需求，人与人之间的关系和组织的归属感比经济报酬更能激励人的行为。社会人不仅有追求收入的动机和需求，还在生活工作中具有追求友谊、安全、尊重和归属等的社会需求。

（3）自我实现人假设

美国心理学家亚伯拉罕·哈罗德·马斯洛（Abraham Harold Maslow）在1943年提出了"需要层次理论"。马斯洛认为，人的需要可以归纳为五大类，即生理、安全、社交、尊重和自我实现等需要。马斯洛认为，上述五种需要以层次形式依次从低级到高级排列，可表示成金字塔形。一般来说，只有当某低层次的需要相对满足之后，其上一级需要才能转为强势需要。

自我实现人假设的基本观点如下：① 一般人都是勤奋的，只要环境条件有利，人是乐于工作的；② 控制和惩罚不是驱动人工作、实现组织目标的唯一方法，人们在执行任务的过程中能够自我指导和自我控制；③ 人对工作的态度取决于对工作的理解和感受。在正常情况下，一般人不仅会接受任务，而且会主动承担责任；④ 人对目标是否尽力，依赖于完成目标所得到的报酬。在这些报酬中，最主要的不是金钱，而是自尊需要和自我实现需要的满足；⑤ 大部分人都有解决组织中问题的想象力和创造力，但在多数情况下，一般人的智力只是部分地得到了发挥；⑥ 员工的自我实现倾向与组织所要求的行为之间并无冲突。如果给员工以机会，他会自动地将自己的目标与组织的目标相结合。

（4）复杂人假设

1965年，美国心理学家和行为科学家埃德加·沙因（Edgar H. Schein）在《组织心理》（Organizational Psychology）一书中，根据权变论提出了人性的复杂人假设。该假设认为：① 人的需要是多种多样的，不但因人而异，而且也因时、因地、因所处情境而异；② 人在同一时间内可以有多种需要和动机，它们会相互作用并结合为统一的整体，形成错综复杂的动机模式；③ 动机模式的形成是内部需要和外界环境相互作用的结果，一个人在不同的组织工作或在同一组织的不同部门工作，会产生不同的动机模式；④ 由于人的需要、能力等的不同，对同一管理方式会有不同的反应，因此，组织应根据员工的个别差异，根据具体情况采取灵活多变的管理方式。

1970年，美国管理心理学家约翰·莫尔斯（John. J. Morse）和杰伊·洛希（Jay W. Lorscn）根据复杂人假设，提出了"超Y理论"，并在《哈佛商业评论》上发表。超Y理论的主要观点为：① 人们带着许多不同的需要和动机加入组织，但最主要的是实现其胜任感。② 组织形式和管理方法要与工作性质和人们的需要相适应，不同的人对管理方式的要求是不一样的。有人适合X理论管理方式，有人适合Y理论管理方式。③ 组织结构、管理层次、员工培训、工作分配、工资报酬和控制水平等都要随着工作性质、工作目标及人员素质等因素而定，这样才能提高组织绩效。④ 达到一个目标，可以激起员工的胜任感和满足感，使之为达到新的更高目标而努力。

（二）中国学者有关人性的假设

中国学者有关人性的假设，大致可分为四种观点：性善论、性恶论、流水人性论和自立论。

1. 性善论

孟子在继承孔子思想的基础上，提出了人"性善说"。孟子认为："人性之善也，犹水之就下也。人无有不善，水无有不下。"孟子"性善说"的根据是"人之所以异于禽兽者"，在于人具有"恻隐之心""羞恶之心""恭敬之心""是非之心"，即仁、义、礼、智的伦理观念。这"四端"就是人类具有的四种根本善性，而"仁义礼智，非由外铄我也，我固有之也"。

孟子认为人生来就具有天赋的"善端"，具有一种先验的道德观念的萌芽，这是人异于禽兽、高于禽兽的本质特征。因为人心天赋是善的，所以人性也是善的。孟子也提出道德观念的形成与后天的培养有一定关系，人心有与生俱来的善端，但要发展这种善端，就必须存心、养性。

2. 性恶论

最先主张"性恶论"的是荀子，他认为人生来性就是恶的，后天教育使之可以由恶变善。他认为人人都有欲望追求，这是性中自有，这种对物质利益的追求就决定了人的性恶。所以他说"人之性恶，其善者伪也"。荀子的两个著名门徒李斯、韩非子等，是性恶说的坚定支持者。尤其韩非子，更是由此毫不余力的主张用严刑峻法来安民定国。

3. 流水人性论

流水人性论又称无善无恶论，最初由告子主张提出。告子认为"生之谓性"，即人性是人天生而有的资质，是人之所以为人的根据。告子认为人的这种自然资质主要表现在两个方面：一是如"食色，性也"所言的饮食男女之欲，是人的生物本能；二是如"仁，内也，非外也"所言的仁爱之心，非外力所加，是人的天生资质。但是告子并未将食色之性等同于恶，也没有把仁爱之心等同于善，而提出"性犹湍水也，决诸东方则东流，决诸西方则西流。人性之无分于善不善，犹水之无分于东西也"，即主张人性无善恶，人们生来的性既不是善，也不是恶，善与恶是社会环境造成的，是环境熏陶和后天教育的结果。

4. 自立论

近代以来，梁启超提出自立论，主张基于现实的人去认知人性。首先，他从进化论和功利主义的角度提出，人的自然之性包括求生存、爱己和利己之私、渴求资源的物质欲望。他认为人性的自然属性是不可避免的，但是在群体生活中要对其进行一定转化，如从爱己利己转化为爱他利他；还要对物质资源的无尽渴望进行限制，不能以我个人过度的欲望而侵害别人分内的欲望。同时,他认为人性中还有超越自然之性的内容,即人的自由性和道德性。"把各人的天赋良能发挥到十分圆满……人人可以自立,不必累人,也不必仰人鼻息。……人人各用其所长,自动的创造进化,合起来便成强固的国家、进步的社会。"梁启超主张采用教育手段,通过自然之性的转化限制和超越之性的生成发展,去引导产生自立的人性。

(三) 基于人性假设的管理模式

管理的首要任务是对人的管理。不同的人性假设对人的需求假设是不同的,相应地也会导向不同的管理模式以提高职工积极性。人性假设作为人力资源管理的理念基础,管理者对其的认知直接影响其如何激励职工这一问题的认知,继而影响对人力资源管理工具的理解和使用。

1. 强制型管理模式

经济人假设认为人们都希望以尽可能少的付出获得最大限度的收获,据此,管理者通常会采取强制型管理模式,主要特点如下:① 管理工作重点在于提高生产率、完成生产任务,而对于人的感情和道义上应负的责任,则是无关紧要的。简单地说,就是重视完成任务,而不考虑人的情感、需要、动机、人际交往等社会心理因素。② 管理工作只是少数人的事,与广大职工群众无关。职工的主要任务是听从管理者的指挥,拼命干活。③ 在奖励制度方面,主要是用金钱来刺激职工产生积极性,同时对消极怠工者采用严厉的惩罚措施,即采用"胡萝卜加大棒"的政策。

2. 参与型管理模式

参与型管理模式适用于社会人假设,该模式要求:① 管理人员不应该只注意完成生产任务,而应把注意的重点放在关心人和满足人的需要上。② 管理人员不能只注意指挥、监督、计划、控制和组织等,而更应重视职工之间的关系,培养和形成职工的归属感和整体感。③ 让职工和下级不同程度地参加企业决策的研究和讨论。同时,管理人员的职能也应有所改变,他们不应只限于制定计划、组织工序、检验产品,而应在职工与上级之间起联络人的作用。一方面,要倾听职工的意见和了解职工的思想感情;另一方面,要向上级呼吁、反映。④ 在奖励制度方面,提倡集体的奖励制度,而不主张个人奖励制度。

3. 民主型管理模式

根据自我实现人假设,管理者会采取民主型管理模式,主要特点为:① 把管理的重点从人的身上转移到工作环境上,创造一种适宜的工作环境、工作条件,使人在这种环境条件下,能充分挖掘自己的潜力,充分发挥自己的才能,即能够充分地自我实现。② 管理者的职能既不是生产指导者,也不是人际关系的协调者,而是一个采访者,他们的主要任务在于如何发挥人的才智,创造适宜的条件,减少和消除职工自我实现过程中所遇到的障碍,做到能动管理。③ 在奖励制度方面,将奖励方式分为两类。一类是外在奖励,如工资、提升等;一类是内在奖励,即在工作中使人可以增长知识和才干,发挥自己的潜力。应重视内在奖励的重要性,只有内在奖励才能满足人的自尊和自我实现的需要,从而极大地调动起职工的积极性。④ 管理制度应符合职工自身的成熟期望,保证职工能充分地表露自己的才能。

4. 权变型管理模式

复杂人假设认为人的需要有复杂性,因而人的行为也有复杂性。基于这一人性假设,权变管理理论认为不存在一成不变或普遍适用的最佳管理模式,管理者必须根据企业内外环境与管理技术等因素,灵活采取相应的管理措施,管理方式要适合于工作性质、成员素质等,即权变管理模式。权变管理模式强调管理要有针对性、不断创新,组织形式、员工培训、工作分配、奖励方式和控制程度等不能千篇一律,其核心在于随机应变,以变应变。

不同人性假设对应的管理模式如图2-1所示。

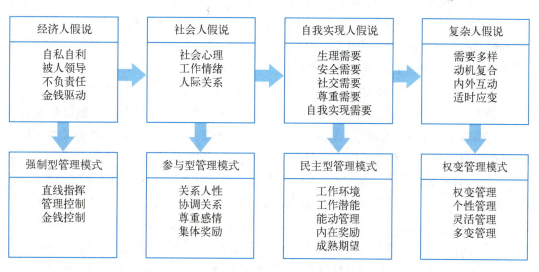

图2-1　基于不同人性假说的企业管理模式

二、代际员工管理

代际论(generation theory)最早是德国社会学家卡尔·曼海姆(Karl Mannheim)于1928年在他的论文《代的问题》(*The Problem of Generations*)中提出的。曼海姆认为代本质上是一种社会现象,而不是生物现象或精神现象。他从四个方面来诠释代这一社会现象。

第一,代是一种社会位置(social location),即出生于同一时期的一群人在社会整体中占有类似的位置。每一个社会位置都有某种固有的倾向,它排斥大量其他可能的思想、经验、情感和行为模式,它会把个体限定在某种特定的自我表达的范围之内,指向某些特定的行为、情感和思维模式。

第二,代的状态(generation status)。代的状态就是上述以社会位置而呈现的代现象,它代表了某一年龄群体在社会结构中所占据的位置。

第三,现实的代(generation as actuality)。代的状态并不包含代的充分现实形态,状态只意味着某种现实的可能性。成为现实的代,还需要一种更加具体的联系,即参与同

一社会和历史的共同命运。例如,1997年生活在中国和德国的年轻人显然不属于同一代的位置,因为他们不受相同的事件所影响。1997年中国的年轻人都经历了香港回归祖国的事件,体会到了民族自豪感,他们属于同一现实的代。只有共同参与同一社会历史命运的群体才能成为现实的代。

第四,代的单元(generation unit)。在现实的代的群体内部,会形成不同的亚群体,这些亚群体用不同的方式来整理他们的共同经验,构成不同的代的单元。代的单元比现实的代有更具体的联系,往往形成一些标志性的共同体或社会组织。

近100年来,美国的劳动力队伍经历了五代人:1925—1945年出生的沉默的一代(silent generation);1946—1964年出生的婴儿潮一代(baby boomers);1965—1981年出生的X世代(generation X);1982—1999年出生的Y世代或千禧一代(generation Y, millennials);以及2000年后出生的Z世代(generation Z)。

(一)千禧一代员工的特点及管理

全球化时代,多种文化的碰撞、冲突是不可避免的。处在这个特定时代背景的中国人,特别是千禧一代,在价值观、职业观、个人追求和发展方面,都产生了翻天覆地的变化。深刻理解当前的时代背景,深刻理解多种文化冲撞下中国人对职业和个人的重新定位,才能做好人力资源管理工作,特别是年轻一代员工的管理工作。

千禧一代一般是指出生于1982—1999年的人。他们在2000年之后进入职场,已逐步成为职场的主力军。根据联合国的统计数据,截至2019年,千禧一代约占全球人口的31.5%。到2025年,大约每4名员工中就有3名是千禧一代。如果组织及其现任管理者希望吸引和留住顶尖人才和未来有竞争力、有吸引力的管理团队,他们就需要有意识地去了解这一代人。

汇丰银行的数据显示,中国目前有4亿千禧一代,约占中国14亿人口的28%。天达银行的报告指出,他们的受教育程度比上一代更高(Investec, 2018)。作为1979年开始的独生子女政策期间出生的孩子,他们在成长过程中受到父母和祖父母的密切关注,这种现象被称为4-2-1模式,"4"是指爷爷、奶奶、外公、外婆四人;"2"是指父亲和母亲两人;"1"是指独生子女本人。

千禧一代与之前的世代最显著的不同在于与新技术的关系和使用新技术的方式。他们自出生就开始广泛使用电脑和社交媒体,成长中伴随着网络、手机等的不断更新换代,这塑造了千禧一代搜寻信息、解决问题、联系他人和与人沟通的方式。他们还受到全球事件、多元文化的影响。因此,千禧一代在价值观、职业观、个人追求和发展方面都有别于之前的世代。

盖洛普(Gallup, 2016)的调查表明,千禧一代的职业价值观更着重强调自信、财务上的成功、自我依赖但团队趋向、对自我和关系的忠诚。在终极价值观方面,千禧一代不将工作看作生活的全部,转而追求自由、舒适的生活。千禧一代择业时优先考量的五个方面是:学习和成长的机遇、管理人员的素质、总体管理质量、对于工作类型的兴趣、晋升机会。

高盛(Goldman Sachs, 2015)关于中国千禧一代的报告援引智联招聘的一项发现称,在80后千禧一代中,约有49%的人希望最终创业并成为老板,而在90后千禧一代中,这一比例升至56%。这表明中国千禧一代日益增强的独立意识和创业精神。智联招聘的调查中，在回答"你为什么工作？"和"你选择工作时考虑什么？"时，年龄较大的中国千禧一代倾向于选择"提高生活质量"（30%）和"高薪"（17%）等答案，而年轻受访者则选择"我喜欢这份工作"（30%）和"实现自己的抱负"（22%）。"成长和进步的机会"是所有年龄段千禧一代的普遍选择（35%）。高盛的报告认为，这些发现表明，随着千禧一代寻找提供令人愉快的工作和有抱负的机会的组织，薪酬在职业决策中的重要性正在减弱。

随着千禧一代逐渐迈入职场，如何吸引和留住这一代的优质员工成了管理者头疼的问题。由于千禧一代价值观、职业观的显著转变，管理者不得不相应转变领导方式。

① 关注焦点从薪资到组织目标转变。千禧一代工作不再是单纯为了薪水，他们也希望能从工作中衍生出目标意识。对于他们来说，报酬是很重要的而且一定要公平，但是它不具备长时间的驱动力。对千禧一代而言，工作必须要有意义，他们想要在一个有任务和目标的组织里工作。所以组织文化也需要将关注点从薪酬转为组织目标。

② 虽然工作满意度依然至关重要，但千禧一代越来越关注自身的成长。比起工作地点的附加修饰物——例如乒乓球桌、咖啡机，或者是公司为了提高员工工作满意度而提供的免费食物，千禧一代更期望看到自己职业生涯的进步。

③ 千禧一代不想要老板，他们期望的是教练/导师。比起担任指挥者和控制者角色的老板，千禧一代更期望有一个能辅导他们的管理者，能将他们同时视作人和雇员，能帮助他们理解，帮助他们提升能力。

④ 年度评估应该让位于持续性的对话。千禧一代习惯于发短信、推特、微信等实时的、持续的沟通交流方式，一年一评的年度评估方式对他们的效果不如之前的世代。

⑤ 千禧一代不想要弥补他们的劣势，而只想要发展优势。组织应向基于优势的文化过渡，以吸引、留住千禧一代的明星员工。

⑥ 千禧一代不将工作看作生活的全部，不愿为了工作牺牲生活，他们追求工作和生活的平衡，渴望自由舒适的生活。2016年，美国招聘软件公司Jobvite对美国求职者的调研发现，如今的千禧一代的求职者在找寻的是与他们的生活方式契合的雇主，而公司要做的，就是向求职者营销自己的公司文化的特别之处。

 案例链接

90后杭州姑娘的辞职信[①]

2018年9月，杭州萧山一姑娘在萧内网发帖：《9月，我要辞职了》。
在辞职信中，她列出了7条离职原因，条条扎心：

---

① 资料来源：杭州姑娘的这封辞职信火了！裸辞的7条理由，条条扎心．[Z/OL]．[2018-09-03]．https://baijiahao.baidu.com/s?id=1610581056752431611&wfr=spider&for=pc.

① 没时间约会，看电影还要看好时间，下午场21：00前到店；

② 没时间旅游，去个韩国，订好机票，说让退票；

③ 没有加班工资，上班无期限；

④ 别人请假，逢年过节要在岗留守；

⑤ 没有朋友，维护公司利益得罪人，做不到趋炎附势、溜须拍马、左右逢源。没有朋友到连逛个街的人都没有；

⑥ 没有前途，开业时营业额70多万元，现在只有10万元左右，见证过你的辉煌，也见证了你的衰退，无人管理，无人经营；

⑦ 不想混日子了，很多员工现在都是混日子，我还没到混日子的年纪，没法安逸。

总结来说，千禧一代有较强的自我意识，他们不再满足于仅仅执行上级命令，而是希望得到平等、尊重、自主、能够发挥个性化元素和崇尚创新的工作氛围。千禧一代员工加入组织，给人力资源管理带来了不小的挑战，也推动了人力资源管理理念和方式的转型，进而推动企业的可持续发展。

（二）Z世代员工的特点及管理

Z世代（Generation Z），也称为iGen。它是指2000年之后出生的年轻人，有时也指1995年之后出生的年轻人。由于他们受移动互联网、即时通信、智能手机和平板电脑等互联网科技发展影响很大，因此又被称为网络世代、互联网世代。Z世代正逐渐走入职场，了解Z世代的特点是有效管理Z世代员工的前提条件。

2018年，腾讯社交洞察和腾讯用户研究与体验设计部发布了《腾讯00后研究报告》。报告显示，中国的00后处于这样的社会环境中：① 20世纪90年代21世纪初，中国社会流动性在大部分收入阶层都出现下降，收入阶层越来越固化；② 物质生活优越，很多人从小拥有出国看世界的机会；③ 移动互联网和内容大爆发，00后中学时期我国已步入移动互联网时代，众多社交平台出现，00后上网时间更多，内容更丰富；④ 独享父母的爱，00后这代平均每户子女个数低于1，他们不用跟兄弟姐妹瓜分父母的爱和资源；⑤ 学校管教更民主，无论是在家里还是学校，00后都有更多的发声机会；⑥ 课业负担更重，他们的课业压力重，娱乐时间被集中压缩在晚上和凌晨。

这个报告归纳出00后的六大价值观：① 懂即自我，即以对某领域的深刻见解和成果来定义自我；② 现实，即积极获取资源来发展自己的领域；③ 关怀，关心自己所在的群体；④ 平等，跟任何人的对话方式都是一样的；⑤ 包容，接受同伴跟自己之间的差异；⑥ 适应，知道对什么人要展现什么形象。

三、知识工作者的管理

知识工作者（knowledge worker）是指从事知识工作的组织员工，另外还包括在组织中既做知识工作又做手工工作的知识工作者，即科技专家（technologist）。科技专家是知识工作者中数量最多、发展最快的群体,是使发达国家拥有持续竞争优势的群体。

第一,知识工作者已成为知识经济中的主要劳动者,其在就业人口中的比重不断上升。派瑞曼(Perelman,1984)指出:"到21世纪初,美国将有3/4的工作是创造和处理知识。知识工作者将意识到,持续不断地学习不仅是得到工作的先决条件,而且是一种主要的工作方式。"从就业来看,1970—1994年的25年间,经济合作与发展组织所有国家制造业就业减少了30%;熟练工人的就业量增加了10%,非熟练工人的就业量减少了70%;与高技术相关的高工资就业增加了20%,中等工资就业减少了20%,低工资就业减少了70%。按受教育程度分,中学毕业以下的失业率是10.5%,而受高等教育的失业率仅为3.8%。知识工作者用飞快的速度取代了历史上传统的劳动力群体。这个群体随即变成了劳动力中和工业社会中,以及整个发展中国家中最大的、独立的群体(尽管还没有形成大多数)(Drucker,1992)。

第二,以知识工作者为主的人力资源对国民经济发展的推动作用明显加强。有研究指出,美国企业职工中科技人员的比例每增加1%,国内生产总值就增长近2%。丹尼森(Denison)和美国劳工部对1984—1989年美国经济增长的研究表明,教育和知识进步对经济增长的贡献率达到42%,如果把投入生产的劳动力数量包括进去,则人力资源对经济增长的贡献高达63%,而物质资源的贡献率为37%。巴罗(Barro,1992)发现,一个国家或地区的经济增长与其起始的初等、中等入学率正相关,相关系数达到0.73。他得出这样的结论:不同国家的经济增长率差异并不是主要由资源禀赋、物力资源等的差异引起,而是因为各自所拥有的人力资源数量和质量不同。如果一个国家或地区人力资源存量太少或人力资源积累的速度太慢,则它很难实现经济持续增长。

第三,随着知识工作者成为劳动者的主体,人们的工作观念发生了显著变化。美国民意测验专家杨克洛维琪认为,由于社会发展和物质丰足,人们的工作观正逐渐由"工具性"的工作观(工作是达到目的的手段)向较为"精神面"的工作观(寻求工作的内在价值)转变。

第四,知识工作者的知识已成为企业的最重要资产。知识经济中真正的投资将不是机器设备,而是知识工作者的知识。

第五,知识工作者劳动的主动性大为加强。知识工作者与传统操作工人的最大区别在于,知识工作者自己拥有生产工具——知识,因此,他们可以完全根据自己的主观意愿来决定如何为企业工作,以及工作的程度和效果。

第六,知识工作者的出现使得老板和雇员的界限模糊化。知识工作者所拥有知识的资本化和产权化,知识工作者将拥有双重身份:既是老板的雇员,同时又是雇员的老板(方竹兰,1997;Drucker,1992)。

第七,知识工作者的流动性增加。经济、信息的全球化,使得知识工作者可以在全球范围内移动,寻找他们想做的工作,因此,企业将面临一个更严峻的人力资源管理局面。一方面是如何招募到企业所需的人才;更重要的一方面是,如何使他们能愉快地留下,充分发挥他们的才能。

第八，知识工作者的成功也越来越依赖于组织的资源。一方面，拥有生产工具的知识工作者流动性增加；另一方面，由于社会分工、合作的进一步精细和加强，越是优秀的知识工作者越来越依赖于组织为他提供优越的、独一无二的工作资源。因此，对知识工作者和组织而言，双方都处于挑选和被挑选的地位。

综上所述，如何管理知识工作者成为现代企业人力资源管理的重点和难点。美国管理大师彼得·德鲁克曾说过："20世纪，管理所做的最重要贡献是使制造业操作工人的生产率增长了50倍；21世纪，管理所需做的最重要贡献应该是提高知识工作和知识工作者的生产率。"

本章重点名词

扁平化组织（flat organization）　　　　学习型组织（learning organization）
敏捷组织（agile organization）　　　　　组织柔性（organizational flexibility）
人力资源柔性（human resource flexibility）　人性假设（hypothesis of human being）
X-Y理论（X-Y theory）　　　　　　　　超Y理论（theory of super Y）
千禧一代（millennium）　　　　　　　　Z世代（Z generation）
知识工作者（knowledge worker）

本章练习

1. 二十一世纪组织所处的外部环境具有哪些特点？它对组织结构设计提出了哪些新的要求？
2. 什么是组织柔性？组织柔性体现在哪些方面？
3. 人力资源柔性如何提升组织绩效？
4. 中西方学者提出哪些人性假设？它们有哪些异同？
5. 人性假设对人力资源管理的意义是什么？
6. 如何对千禧一代和Z世纪员工进行有效的管理？
7. 知识工作者有哪些特点？如何有效地管理知识工作者？

课后案例

德胜洋楼：中国式管理的新范本

一、把农民变成绅士

总部位于苏州工业园区波特兰小镇的德胜洋楼成立于1997年，员工不足千人，其中很大一部分是由农民工构成的建筑工人。德胜洋楼不是房地产开发商，而是一家房屋建造商，其主业是设计和建造美制木结构住宅（一种轻型木结构的低层单户住宅，中国俗称"美制别墅")。因此,德胜洋楼公司可以说是"洋"与"土"的结合——盖的是洋楼,但盖洋楼的是中国最土的农民工。公司目前年营业额近6亿元人民币,占据国内70%的市场份额。

尽管在21世纪初的十多年里,中国房地产业飞速发展,但是建筑行业里并未形成真正意义上的"产业工人"。建筑工地上辛苦作业的施工队,基本都是由打零工的农民工构成。那些今天还在田里赤脚干活的农民,也许明天就挥舞着泥瓦刀,站了高高的脚手架上。缺乏专业训练、临时拼凑而成的农民工队伍如何确保建筑质量达标? 没有社保和医保,住房、吃饭、工作条件皆简陋的农民工,如何提高职业素质和技术素质? 没有高素质的工人,又如何能建造出高质量的房屋? 理解了这些,你也就大概理解何以中国的住宅质量经常会出现"滴、漏、跑、冒、渗"等问题。

在德胜公司,你找不到传统意义上的农民工。这里没有四处打游击干活、年底讨薪无门的苦哈哈的农民工,取而代之的是有正式编制和正式职工待遇的建筑工人。这些出身农民的木工、瓦工、电工等,在德胜公司不仅被训练成合格的产业工人,而且被改造为文质彬彬的绅士。这个转变是怎样发生的?

1. 给员工绅士的待遇

从2002年开始,每年德胜公司都会在苏州最豪华的五星级酒店举行一年一度的盛大晚会。公司全体员工,包括各个工地上的建筑工人,不远千里赶回苏州,参加公司年会。当德胜公司第一次联系苏州喜来登酒店的接待人员时,酒店方曾经非常担心:几百名员工在这样高档的酒店里狂欢会不会闹出一些尴尬的事情? 然而,这些农民工的行为之端正却令酒店人员大为惊讶。几百人的宴会厅里,一切井然有序,不仅没有出现大声喧哗、乱撒酒疯或者随地吐痰、抽烟的现象,而且所有人都衣着得体、彬彬有礼、自然大方,俨然一副绅士的做派。

德胜之所以舍得花费巨资,每年召集员工到最豪华、最高档的酒店开会,是为了让每位员工享受绅士的待遇,感受高品质的生活,从而获得一份自豪感和尊严感。因为,只有受人尊重、拥有尊严的员工才能反过来尊重自己的工作,才能把自豪感带入工作之中。

企业高管出国考察是常有的事情,但是有谁听说过农民工出国考察? 德胜公司就有这项措施,只要工作满五年,每个农民工都可以免费出国考察一次。公司每年都组织一批员工到欧美国家去参观学习——创始人聂圣哲的心愿是让所有员工都能有机会出国看看外面的世界。

德胜并非只是"偶尔"才给员工们这样的绅士待遇,在日常管理中,它也同样尽其所能把最好的工作和生活条件给予员工。与大部分的建筑工地不同,德胜的建筑工地有如下特点:施工现场整洁干净,工作服、安全帽以及各种安全设施都齐全;工人不准带病上班,如果发现带病坚持上班,每次罚款30～50元;食宿条件非常好,宿舍24小时有热水供应(条件好的还有空调),一日三餐有丰盛的热菜热汤,工人只要花一两元钱就能吃饱吃好(公司给员工每人每天补贴伙食费20～30元)。

2. 培养良好的个人习惯

把农民工变成合格的产业工人,仅仅给予他们绅士般的生活待遇是不够的,德胜公司在业务培训和素质教育方面所下的功夫也毫不含糊。对于每位尚处于试用期的新职工,公

司会做出特别提示："您正从一个农民转变为一名产业化工人，但转变的过程是痛苦的。"

德胜对农民工的改造从最基本的个人卫生开始，在德胜的试用职工条例中有非常详细的规定，比如：每天至少刷牙一次，饭前便后必须洗手，尽快改掉随地乱扔垃圾的习惯，尽快改掉随地大小便的习惯，卫生间用完之后，必须立即冲刷干净，等等。

不要觉得这些规定太琐碎或者太初级，事实上，不少受过良好教育的人也改不掉乱扔垃圾的习惯，不少人在用完卫生间之后，也不屑于冲刷干净。一屋不扫，何以扫天下？日常生活中的卫生习惯和行为表现最能反映一个人的基本素质。基于此，德胜从最基本的卫生习惯着手，来逐步提升农民工的个人素质。

在工作场合，德胜要求员工"衣冠整齐、不得打闹、不得穿拖鞋"，"工作时间埋头工作，不说闲话和废话"，"礼貌待人，见面问声好，分手说再见"，"做错任何一件事情，必须立即向上级反映，不诚实的人是得不到信任和重用的"。

此外，针对员工的一些不良嗜好，公司做出了更为严格的规定，如：工作期间，午餐严禁饮酒，晚上需要加班的也严禁饮酒；任何时间都严禁赌博。如果员工被发现赌博或者违反饮酒规定的，经规劝不改者，就会被解聘。

除了硬性的制度约束，集体的同化力量也很重要。每有新员工加入，公司都会有意识地把新、老员工安排在一起工作，比如让9个老员工带1个新员工，在老员工影响下，新员工很快就会被同化。但是如果比例不合适的话，比如让7个老员工带3个新员工，那么不仅新员工不会被同化，老员工反而可能被带坏。

德胜的管理原则是"把话说透"（对员工的要求体现在规章制度中）和"把爱给够"（给员工足够好的待遇和福利），但是德胜也绝对不是一个容忍混子的老好人公司。它遵循国际通用的"1855规则"：10%的员工到年终要重奖，80%的员工予以肯定，5%的员工受到批评，最后5%的员工要被解聘。这最后5%的员工指的是有意怠慢工作或者工作不努力、未能完全履行自己职责的员工。

不过，这个解聘不是真正的解聘，而是给员工一次自我反省的机会。员工在一个公司待久了，待舒服了，难免产生惰性，所谓"三年一小痒，七年一大痒"，不良习性有可能故态复萌。那么，公司就让他们清醒一下，把他们放到外面去，让他们吃吃苦头。被末位淘汰制筛选下来的员工在外面打工一年，就会重新发现公司的种种好处，因为在外面打工找活儿很不容易，就算找到活儿又担心拿不到钱。如果这些员工真心悔悟，并诚恳改过，公司也愿意敞开怀抱，再度接纳他们。这就是德胜公司的"吃一年苦工程"。这个举措又一次体现德胜公司宽严结合的管理原则：一面是冷酷无情的末位淘汰制度，另一面是以人为本、关怀包容的爱心文化。

二、把员工变为君子

德胜之所以对农民工如此善待和关爱，与创始人聂圣哲的个人经历和思想分不开。聂圣哲出生于安徽休宁山区一个极为贫穷的农村家庭，在去四川成都上大学之前，他自述"自己是一个曾经没有见过公共汽车、没有洗过淋浴、不知道打电话还要拨号码"的农村孩子。品尝过贫穷滋味的他，对农民兄弟始终怀有一份深沉的感情和厚重的责任感。

在聂圣哲的家乡,如同大多数农村山区一样,只有少数孩子有机会接受高等教育,而剩余的大部分农村劳动力,由于缺乏系统的劳动技能训练、不具备合格的劳动素质,只能依靠出卖原始劳动力来谋生,其艰难和贫困程度可想而知。要想真正帮助农民改变贫穷落后的命运,必须从根本上提高农村劳动力素质。在聂圣哲看来,中国的正统教育属于精英教育和应试教育,培养的是坐办公室的白领阶层。而中国当下最需要的是职业技能教育,培养的是训练有素的蓝领工人。聂圣哲创办德胜公司的目的之一,就是为了帮助农民改变命运,力图通过企业的在职教育来提升农民素质,使农民不再彷徨失措。

毋庸置疑,无论是从个人生活上把农民改造为绅士,还是从职业素质上把农民改造为合格的产业工人,都远不是一朝一夕可以完成的事情。对于散漫惯了的农民工,首要任务是让他们学会敬畏制度和遵守制度。聂圣哲本人对此有很精辟的见解,他曾经说过:"一个不遵守制度的人是一个不可靠的人,一个不遵循制度的民族是一个不可靠的民族。"很多事情往往并不是没有制度,而是有了制度不按制度办事,或者在执行的过程中打折扣、走捷径。聂圣哲对于要小聪明的习惯深恶痛绝,他认为正是好走捷径、不守规矩、不老实按制度办事的风气,导致企业无法制造出精品。

为此,德胜公司花费了很大力气细化和完善公司的各种制度规定。德胜的员工人手一本员工手册,这本手册长达268页,内容可谓包罗万象,除了上文提到的关于个人卫生和工作习惯的规定,还有关于生产和运营各方面的详细规定:财务报销、采购规则、质量监督、工程管理、仓库管理、安全管理、用车规定……为了保证制度能够"融入员工的血液",所有员工在每个月的1日和15日的晚间都要集中在一起召开制度学习会,每次学习某一方面的制度条例,学习时间为半小时。会议采取接龙形式,由在座员工每人朗读一句话,以保证大家的注意力不分散。每月两次的制度学习会旨在给大家反复灌输遵守制度的重要性,久而久之,这些制度规定就在员工的脑子中生了根,成为无形的约束。

与此同时,聂圣哲也认识到,制度与人的问题不是截然对立的,并不是有了好的制度,才能培养高素质的人,两者是相辅相成的。有了高素质的人,才能遵守制度,制度才能有效运行;有了制度的约束,人才能守规矩,成为高素质的君子。假如只有良好的制度,没有具备良好素质、愿意遵守制度的人,制度也就成了一页废纸。假如只有高素质的人,没有良好的制度设计,那么失去制度约束的君子也会逐渐走偏。因此,他一再申明:"制度只能对君子有效,对于小人,任何优良制度的威力都将大打折扣,或者无效。德胜公司的合格员工应努力使自己变为君子,或者说,要靠近君子,远离小人。"

德胜要求员工做君子,最明显的一个例子是财务报销制度。员工报销任何因公费用或者规定可以报销的因私费用,都不需要领导签字,只需要写上费用发生的时间、地点和原因,经手人自己的姓名。有其他人同时经手的,证明人在相关发票上签字证明后,就可以到财务部报销。报销时,财务部的出纳员首先要宣读一份声明:"您现在所报销的凭据必须真实及符合《财务报销规则》,否则都将成为您欺诈、违规甚至违法的证据,必将受到严厉的惩罚,并付出相应的代价,这个污点将伴随你一生。如果因记忆模糊自己不能确认报销凭据的真实性,请再一次认真回忆并确认凭据无误,然后开始报销,这是极其严肃

的问题。"每一次报销时,财务人员都要不厌其烦地履行宣读声明的仪式,以教育和提醒员工务必对自己的行为负责,对自己的信用负责。之后,员工把报销凭证交给出纳员即可完成报销,职工的报销凭证则会输入公司的个人信用计算机辅助系统。

在德胜公司看来,费用报销事关个人信用,既然是个人信用问题就应当让员工个人承担。主管领导有什么权力给员工签字?如果主管签了字,报销的责任就等于转嫁到了主管身上,主管必然要为员工的行为担责,这是很不合理的制度。报销不需要领导签字,就是让员工为自己负责,让员工自己选择做一个君子,而不是小人。

在受到反复教育和提示之后,假如员工还是做了小人怎么办?德胜公司建立了一套个人信用计算机辅助系统,该系统可以从职工的报销单据中分析出单据的真实性以及此笔费用的必要性,也可以通过归纳法分析出职工的报销习惯,从大量的数据分析中对异常情况进行预警。每位职工的守信与不守信的行为都被记录在该系统里。任何腐败与欺诈行为一旦通过抽样调查和个人信用计算机辅助系统被发现,员工就会为自己的不诚实行为付出昂贵的代价。

无论德胜的建筑工人还是物业服务人员,他们的教育程度和文化背景并不高(以初中和中专学历为主),但是在这样一家非高学历员工构成的公司里,员工可以上班不用打卡,随心所欲地调休,不需要主管签字就可以完成费用报销。为什么连一些知识型企业也无法做到的人性化管理,德胜公司却敢于尝试?答案在于制度与文化的双管齐下。一方面,德胜有明确的制度规定、严格的监督机制和奖惩手段;另一方面,德胜也时刻不忘借助文化和教育的力量——每月两次的制度学习会,每次报销前都要宣读的提醒声明。这些都在潜移默化地影响着员工,促使他们远离小人,成为君子。

三、结论

在聂圣哲看来,管理的本质就是教育,优秀是可以教出来的。企业需要通过各种方式反复教育员工如何做人、如何做事,最终目的是把员工改造成个人品质和职业素质俱佳的人才。然而,教育也是一个打折扣接受的过程——施教者凭着坚强的意志不断重复,而被教育者则打折扣接受。所谓"学好需要一辈子,学坏只要一阵子",讲的就是这个道理。教育的效果会衰减,管理也是如此,因此管理者必须不断重复和不断强化,直至被管理者从量变到质变,最后达到理念和制度融入血液的状态。

德胜公司的实践证明,农民通过教育可以蜕变为成熟的产业工人,可以成为绅士,可以成为真君子。尽管这些工人的收入只是行业里的中等水平,过的是普通人的生活,但是他们坚守了"诚实、勤劳、有爱心、不走捷径"的优秀品质,在精神上,他们十分丰盈。

资料来源:杨壮,王海杰.德胜洋楼:中国式管理的新范本[J].商业评论,2012(7).

1. 德胜公司在员工管理中应用了哪些人性假设理论?是如何应用的?
2. 德胜公司的员工管理对你有哪些启示和借鉴?

 测量工具

新生代工作价值观

请您根据自己的实际感受和体会,根据下面20项描述对自己进行评价。评价标准如下:1=很不重要,2=不重要,3=不好确定,4=重要,5=非常重要。

序号	项　目	评　价
1	较好的薪酬福利	
2	不断增长的薪酬	
3	在工作中追求利益最大化	
4	努力付出会有等价回报	
5	工作符合自己的兴趣爱好	
6	工作最有价值和重要的	
7	工作有趣味性	
8	弹性工作时间	
9	融洽的工作氛围	
10	领导平易近人	
11	同事之间互相尊重	
12	团队有平等的人际关系	
13	创造性的工作理念	
14	富有挑战性的工作	
15	不墨守成规的工作	
16	创新性的工作	
17	良好的发展空间	
18	不错的发展前景	
19	良好的职业发展规划	
20	良好的晋升机制	

计分方法:
新生代工作价值观量表由五个维度构成,共20题。

1. 功利导向：指新生代员工在工作中注重物质利益，渴望获得物质回报。共4道题，包括第1~4题。

2. 内在偏好导向：指新生代员工对工作本身的特征与内容的认知和偏好。共4道题，包括第5~8题。

3. 人际和谐：指新生代员工重视工作场所内和谐的人际关系，并希望维持一种融洽的工作氛围。共4道题，包括第9~12题。

4. 创新导向：指新生代员工追求生活多样性，喜欢新鲜感，讨厌墨守成规的工作，对新事物和新知识有较强的接受能力，具有典型的网络化特征，注重网络信息获取。共4道题，包括第13~16题。

5. 长期发展：指新生代员工看重行业、组织以及个人的发展前景，不断积累工作经验和社会资本，期望获得良好的晋升机会和职业发展空间。共4道题，包括第17~20题。

资料来源：侯烜方，李燕萍，涂乙冬．新生代工作价值观结构、测量及对绩效影响[J]．心理学报，2014(6)．

第三章　工作分析和设计

1. 了解工作分析与组织结构设计之间的关系。
2. 了解不同的组织结构形态。
3. 了解工作分析的基本概念和历史沿革。
4. 了解工作分析在人力资源管理中的应用现状。
5. 掌握工作分析的定性方法和定量方法。
6. 明确工作分析的程序。
7. 了解工作分析和设计的最新研究成果。

如何编写一本牛津字典？

编制《牛津英语词典》始于1857年英国学者特伦齐演讲时的一个想法。他的期望是编写一本客观记录词汇而不带有编撰者主观色彩的工具书。这本巨著最终在1928年才编撰完成，耗时70年，共有12巨册、414 825个词、1 827 306条引语，是迄今为止篇幅最大的语言词典。

我们今天不是来讨论词典本身，而是思考这样一个问题：在19世纪，如此耗费巨大的工程，怎样去实现它？

我们来看下面几种工作方式。

第一种，个人任务分配制。它的做法是：将字母表分段，按每个字母分给不同的人进行编写。如：小王负责A，小李负责B，小赵负责C……当碰到单词特别多的分段，则再将任务细分。如：小赵负责的C字母单词很多，那么他再把Ca,Cb,Cc,……,Cn分给小孙，把Co,Cp,Cq,……,Cz分给小钱。这种方式理解起来很简单，但最耗时耗力，而且对编写者的个人要求相当高。由于个体能力的局限性，此类方式编撰的词典一般词量较少，引

例也不够丰富。

第二种，18世纪《英语词典》（又称《约翰逊词典》）的编撰方式。负责组织编撰该书的人是塞缪尔·约翰逊。当时编写词典的有三个互相重叠的办法：① 把可以听到的词记录下来；② 把其他词典的词抄下来；③ 经常阅读，把读到的词记录下来，加以分类，列入表中。约翰逊认为第一种办法太笨拙，于是使用第二和第三种办法的组合。他雇佣了6个人当抄录员，和他一起大量购买或借来书籍阅读，将他们集体消化的东西列出目录来进行编撰。但读完一切文献显然是不可能的。于是他进一步规定了阅读范围，将阅读范围定为最近150年的文献。即使如此，这也相当庞大。最终《约翰逊词典》编纂历时近10年，到1755年出版时，收录了42 773个词，并有近114 000个引例。

第三种，19—20世纪，《牛津英语词典》的编撰方式。最终完成编撰该书的人是詹姆斯·默里（James Murray）。在默里接手词典编撰工作之前，已经有前人为他做了一些工作了。首先，英国语文学会特别为此设立了一个委员会，来负责整个词典的编撰工作。正是这个组织保障了词典编撰工作在今后几十年内的持续进行，而没有因为任何一位主编的去世而搁置。接着，弗雷德里克·詹姆斯·弗尼瓦尔（Foraderick James Furnivall）和赫伯特·柯尔律治（Herbert Coleridge）负责组织编撰。他们采取的是和约翰逊类似的做法。弗尼瓦尔征求文献阅读志愿者，并将阶段划分为：1250—1526年、1526—1674年、1674—1858年三个阶段。志愿者可以任意选取一个阶段，并将愿意阅读的文献汇报给编辑。第一任主编柯尔律治设计了橡木分类架，横9格，竖6格，以此来存放志愿者寄来的引语。但在1879年，任务出现了停滞。一是由于之前过度乐观估计了辞典的编纂难度，二是由于柯尔律治在工作2年后就去世了。之后，即使弗尼瓦尔雇佣了一批助理编辑来帮助审查志愿者们提交的词条，但是随着时间的推进和其个人能力，使得很多志愿者慢慢不再提供词条。默里在接手编撰工作时，做了两个决定。首先，他先后建立了两个"缮写室"（scriptorium）。其次，他印发了《致阅读英语公众》，并在全国和全世界属地领土发放。这样，他就尽可能广地征集到全球范围内各种各样的人选来提供词汇和引例。同时，对于一些有能力的词条志愿者，默里还和他们保持常年的联系，随时请教，形成互动。他与很多志愿者保持了长达15年以上的书信往来。其中就有菲茨爱德华·霍尔和威廉·切斯特·迈纳这样两位患有精神疾病，但仅凭一人之力就贡献了上万词条的高产者。默里和前者保持了20年的通信，和后者保持了17年的通信。默里和迈纳的故事还被编为《教授与疯子》一书，成为一本畅销书。

资料来源：温切斯特，《教授与疯子》，杨传纬译，南海出版公司，2016。

1. 编撰《牛津英语词典》和编写《企业岗位词典》的异同是什么？
2. 默里成功编写《牛津英语词典》对编写《企业岗位词典》有哪些值得借鉴的经验？

第一节　组织结构设计、部门职责定位和岗位设置

随着社会环境的变化和技术的发展，组织的战略也发生变化。组织战略变化必然引起组织结构变革、岗位调整和工作职责变化，这些都给传统的工作分析带来了巨大挑战。虽然工作分析围绕岗位展开，但岗位是组织结构的基本单元，而组织结构又由战略决定。组织战略、组织结构和工作分析之间的关系为：① 战略决定组织结构。战略是组织对于未来发展方向的方向、目标、方针和行动方案的总体规划。组织结构设计必须以战略为出发点，围绕战略重点配置人力资源。不同的战略要求运用不同的组织结构。② 组织结构设计的主要任务是澄清部门角色和职责，细化部门职责分配到岗位，最后实施工作分析以明确岗位的工作内容以及岗位对员工的知识、能力、品质、态度的要求，形成工作描述（job description）和工作说明书（job specification）。

组织结构设计和组织关系设计统称为组织设计。组织设计是指进行专业分工和建立使各部分相互有机地协调配合的系统的过程。组织设计最终反映和落实到岗位设计，岗位设计以组织设计为前提和基础。组织设计和岗位设计的关系如图3-1所示。

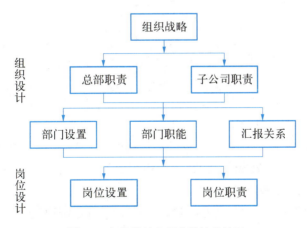

图3-1　组织设计和岗位设计的关系

一、组织结构设计

（一）组织结构的定义和常见类型

任何组织的存在都是有一定形式的，组织结构（organizational structure）是指组织在实现目标的过程中，将各项工作进行区分定义，明确各自的职责、权力、范围、关联等因素，从而形成分工协作的有机组成形式。通过组织结构设计，可以达到以下目的：

① 通过审视组织结构，可以清晰了解组织资源配置是否与组织战略相匹配。

② 规定部门之间的分工与协作，有助于部门间的协调配合和信息沟通。

③ 明确每个部门和岗位的责、权、利，有助于对各部门和员工进行客观、公平的考评和奖惩，调动组织成员的积极性。

④ 组织成员与岗位匹配，只从事某一专业化工作，有助于组织成员工作技能的开发；每个岗位隶属于某个部门，有助于培养员工的忠诚度。

随着经济的发展和组织规模的不断扩大，涌现出了各种形式的组织结构，常见的主要有直线制、职能制、直线职能制、事业部制、矩阵制、多维立体型、团队型组织结构。

1. 直线制组织结构

直线制组织结构（line structure）又称"军队式结构"，是一种相对简单、最早被使用的结构形式。所谓的直线是指在这种组织结构中，职权直接从高层开始向下逐级传递和分解，在经过若干个管理层次后到达组织的底层。直线制组织结构如图3-2所示。

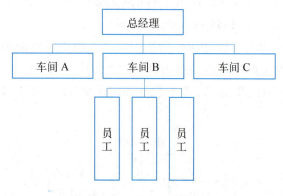

图3-2　直线制组织结构

直线制组织结构的主要特点有：

① 组织结构简单、组织层级少，每级只对其直接上级汇报，也只由直接上级进行管理；

② 信息的传递是纵向逐级传递的，一个组织成员只能与一个上级和一个下级进行上行或下行的沟通，信息传递速度快；

③ 主管人员拥有管辖范围内的绝对权力，同时对其范围内的一切问题负责。这要求主管是一个"全能式"人物。

直线制组织结构的优缺点如表3-1所示。

表3-1　直线制组织结构的优缺点

优　　点	缺　　点
① 信息传递简单高效 ② 权责明确，有利于统一管理。按照劳动分工的原则分配岗位职责，对各岗位的职责范围有明确的界定。上下级的汇报路线也非常明确	① 横向缺乏沟通途径，协调相对困难 ② 主管人员承担过多职能，需要有较强的个人能力

因此,直线制组织结构主要适用于组织规模不大,员工相对较少,或业务(产品)模式相对简单的组织。

2. 职能制组织结构

职能制组织结构(functional structure)起源于亨利·法约尔(Henri Fayol)在其经营的煤矿公司担任总经理时建立的组织结构形式,故又称"法约尔模型"。组织按照职能实行专业分工,下级要听从各职能部门的指挥。职能制组织结构如图3-3所示。

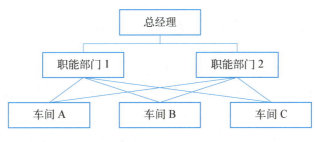

图3-3 职能制组织结构

职能制组织结构的主要特点如下:
① 职能部门高度专业化;
② 职能部门在本专业范围内可以直接指导业务部门;
③ 权力集中,各职能部门仅负责本专业,所有的协调职能由总负责人承担。
职能制组织结构的优缺点如表3-2所示。

表3-2 职能制组织结构的优缺点

优　点	缺　点
① 人员灵活性大 ② 专业人员有明确的晋升路线 ③ 利于专业知识的积累和沉淀	① 容易造成本位主义,影响整体效率 ② 忽视长远、整体目标 ③ 不利于培养全面的管理人才 ④ 存在多头领导,缺乏统筹

职能制组织结构主要适用于产品品种单一、技术相对成熟、外部环境稳定的中小型组织,这类组织部门相对较少,管理相对简单、横向协调相对不多。职能制组织容易造成管理上的混乱,实际上很少用。

3. 直线职能制组织结构

直线职能制组织结构(line and functional structure)又称U型组织结构(united structure)或单一组织结构(unitary structure)。它集合了直线型统一指挥和职能型专业分工的优势,是现代工业最常见的一种结构形式,20世纪以来被很多大中型组织所采用。直线职能制组织结构如图3-4所示。
直线职能制组织结构的主要特点如下:

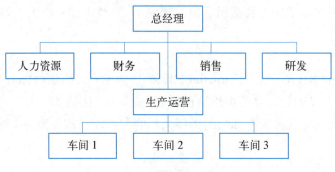

图3-4 直线职能制组织结构

① 直线人员和职能参谋人员共同工作；

② 直线人员（生产和市场）直接参与组织目标的实现，职能参谋人员间接参与、服务于组织目标；

③ 职能参谋部门不能对直线人员直接下达命令，通过制定相关方案、计划等，对业务起指导作用。

直线职能制组织结构的优缺点如表3-3所示。

表3-3　直线职能制组织结构的优缺点

优　　点	缺　　点
① 具备直线制统一管理的优点，信息传递简单有效 ② 具备职能制专业分工的优点，计划、方案的制定专业性强 ③ 整个组织职责明确，稳定性好，效率高，具有规模优势	① 权力集中于高层，下级缺乏自主权 ② 横向沟通成本较高，协调存在难度 ③ 直线部门和职能参谋部门如果目标不一致，容易产生矛盾，考核时难以确定责任归属 ④ 层级较多，信息传递周期较长，不利于迅速采取措施

直线职能制组织结构主要适用于决策环境稳定、目标明确、技术成熟、大批量生产的组织。此类组织一般产品相对成熟，产销相对旺盛，决策信息相对较少，容易形成规模效应。

4. 事业部制组织结构

事业部制组织结构（multidivisional structure）又称M型结构，是一种集中指导下的分权管理体制，也叫分部式形态，各事业部被称为战略经营单元（strategic business unit，SBU）。事业部制组织结构如图3-5所示。

事业部制组织结构的主要特点如下：

① 根据一定的原则划分事业部，如不同的产品事业部、区域事业部、客户事业部等；

② "集中决策、分散经营"的方式来划分组织总部和各事业部之间的关系；

③ 各事业部实行独立核算，每个事业部均为独立的利润中心；

④ 组织总部和各事业部仍按照职能制结构进行设计，从而保证结构稳定性。

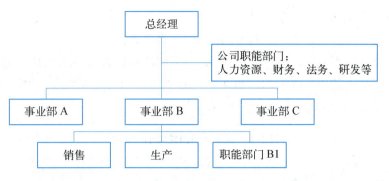

图 3-5 事业部制组织结构

事业部制组织结构的优缺点如表 3-4 所示。

表 3-4 事业部制组织结构的优缺点

优 点	缺 点
①各事业部具有较强的灵活性 ②权力下放后,组织高层可以集中精力进行决策 ③独立核算能调动经营积极性,有利于内部良性竞争 ④利于培养全面管理人才	①各事业部容易形成本位主义 ②组织总部和各事业部的职能部门,在一定程度上角色重叠,会造成管理浪费 ③组织总部的管理要求较高

事业部制组织结构主要适用于规模庞大,产品种类繁多,技术复杂的组织。此类组织一般能根据自身特点,按产品、区域或客户来划分事业部,从而能做到独立经营,集中决策。

5. 矩阵制组织结构

矩阵制组织结构(matrix structure)是将按职能划分的部门和按项目(产品/区域)划分的部门结合形成矩阵,以此形成的组织形式。这种组织结构同时存在纵向和横向两个部门体系,职能部门和项目(产品/区域)部门,员工同时向职能经理和项目(产品/区域)经理汇报。矩阵制组织结构如图 3-6 所示。

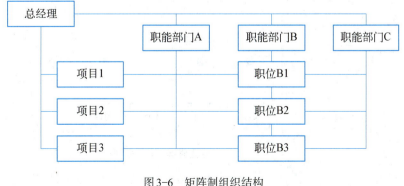

图 3-6 矩阵制组织结构

矩阵制组织结构的主要特点如下：

① 每出现一个新项目组织，就会委派一位项目负责人；

② 一个项目负责人可以管理几个项目，一个职能部门人员也会在几个项目中兼职；

③ 项目团队内的成员同时向项目负责人和职能部门负责人双线汇报。

矩阵制组织结构的优缺点如表3-5所示。

表3-5　矩阵制组织结构的优缺点

优　　点	缺　　点
① 以项目为导向，更加贴近客户 ② 资源来自各部门，方便共享 ③ 灵活机动，能随时成立，结束后又能回到各自部门 ④ 能获得来自各方面的专业意见，有效解决问题	① 多头领导时，会存在一定程度的职责不清 ② 项目发生冲突时，资源可能难以调配 ③ 稳定性不高，多项目并发时，组员可能存在应付交差的情况

矩阵型组织结构主要适用于重大项目、临时性项目较多的组织。很多房地产组织、科研类组织和咨询公司比较喜欢采取此类结构。

6. 多维立体型组织结构

多维立体型组织结构（multidimensional structure）是事业部制和矩阵制组织结构的综合发展。它最早由美国道-科宁化学工业公司（Dow Corning）在1967年建立，是在矩阵型基础上构建产品利润中心、区域利润中心和专业成本中心的三维立体结构。多维立体型组织结构如图3-7所示。

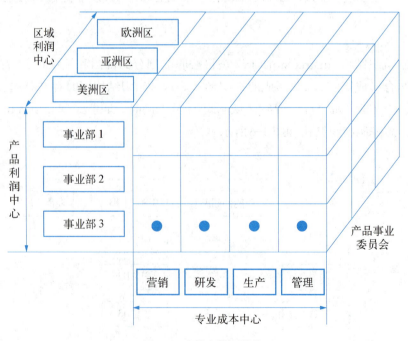

图3-7　多维立体型结构

多维立体型组织结构的主要特点有：

① 组织内部存在三类及以上的管理机制，如产品利润中心、区域利润中心、专业成本中心；

② 每一个单独的系统都不能单独做出决定，必须由三方代表共同协调才能采取行动。

多维立体型组织结构的优缺点如表3-6所示。

表3-6 多维立体型组织结构的优缺点

优　点	缺　点
① 信息共享，多方参与，能有效规避系统性风险 ② 分工明确，专业化程度较高，利于决策的有效性 ③ 专才和全才都能有效进行培养	① 组织结构庞杂，系统边界清晰，因此沟通成本较高 ② 不可避免多头领导带来的协调性问题 ③ 业绩和责任归属很难界定清楚，容易出现推诿现象

多维立体型组织结构主要适用于业务类型繁多、跨地区、规模巨大的组织。此类组织由于自身特点的缘故，在决策过程中必须通盘考虑区域、产品、客户等各方因素，从而形成如此庞杂的结构。

7. 团队型组织结构

团队型组织结构（team-based structure）是指以自我管理团队作为基本构成单元的组织形式。这种组织形态的特点是打破部门界限，把决策权下放到自我管理团队。

团队型组织结构的特点如下：

① 淡化对团队的控制，从高层到基层的命令链淡化甚至消失；

② 给团队更多的授权，团队成员自己决定和安排工作方式、工作时间。

团队型组织结构的优缺点如表3-7所示。

表3-7 团队型组织结构的优缺点

优　点	缺　点
① 团队成员了解团队目标、工作要求并愿意承担责任 ② 团队成员愿意接受新思想、新工作方法，适应性强	① 团队的有效性很大程度上受团队领导的能力和动机影响 ② 可能会出现群体惰性、群体盲思和群体转移等群体消极效应

在小型组织，可以把团队型组织结构作为整个组织形式。在大型组织，团队型组织结构是与职能制或者其他组织结构结合在一起应用，如职能-团队混合型、事业部-团队混合型组织结构。这样的组织结构既能因传统标准化结构而提高运营效率，又能因团队的存在而增强灵活性。

（二）组织结构设计的原则

组织结构并不是一成不变的，不同组织会有不同的结构，同一组织在不同阶段也会由于组织目标和特点不同而选择不同的组织结构。组织结构设计就是针对组织的目标

和特点,划分其管理层次,确定各个系统和要素,并合理组合的过程。

具体来说,组织结构设计需要遵循以下基本原则。

1. 匹配目标原则

组织结构设计的目的是实现组织目标。组织结构设计必须以此作为出发点和归宿点,并将是否利于目标实现作为衡量组织结构设计优劣的最终标准。同时,当组织目标发生重大变化时,需要及时调整组织结构设计,来匹配目标的变化。

2. 分工协作原则

一方面,组织结构设计需要将复杂的管理目标,分解成各项专业具体工作和部门,以此来提高管理的效率。另一方面,各专业之间又存在相互的配合和衔接,使得整个组织能有效形成一个整体,而不是彼此割裂的个体,这样才能保证组织的有序运转。

3. 管理幅度原则

组织结构设计的横向和纵向,并不是越多越好,往往管理幅度的大小和管理层次的多少呈反比关系。由于受个人能力、知识、经验等条件的限制,管理者有效管理的下属人数是有限的。因此组织结构设计时,必须考虑将其设计在一个合理水平,以保证管理工作的有效性。

4. 统分结合原则

集权管理的目的是保证组织的统一领导,集中力量实现组织目标;分权管理的目的是为了调动组织各方能动性,同时为组织后续发展提供持续的人才输送。组织结构设计时因充分考虑两者的结合,从而调动各方力量实现组织目标。

5. 稳定适应原则

组织结构设计既要保证在一定阶段内组织能相对稳定的有序运转,又要提前考虑到外部环境和阶段目标调整时组织的弹性。这样设计出来的组织结构,才能既具备稳定性,又能良好适应外部的变化。

二、部门职能说明书

部门是指具有独立职能的工作单元的组合。部门职能说明书是在组织结构设计的基础上形成的本部门职能和权责的规范。在一定程度上,它反映了本部门在整个组织结构中所承担的职责,组织赋予此部门的权限范围。因此部门职责说明书是组织结构设计的重要内容之一。

(一)部门职能说明书构成要素

部门职能说明书一般包括部门名称、上下级隶属关系、协作部门、部门本职、部门宗旨、主要职能、主要责任、部门权力、岗位设置等内容。

1. 基本信息

基本信息包含了需要告诉他人的基本内容。其中,"部门名称""直接领导""上级领导""下辖机构"描述了此部门在组织中所处的位置以及部门工作的汇报关系;"部门本职"描述了部门主要工作;"部门宗旨"描述了部门设置的意义和目标。

2. 职能概述

"职能概述"概括了部门的总体职能,其下是详细的职能描述。部门职能可以分为主要职能和一般职能。与组织发展战略密切相关、对业务发展起重要作用的职能为主要职能;操作性的、维持公司日常运作的职能为一般职能。

实际编写部门职能时,需要从组织的战略目标出发,根据现状和未来发展,先将职能划分为几个模块(一级职能),再具体分解每个模块的职能内容(二级职能,更复杂的职能甚至可以分解三级职能)。如表3-8中的"人力资源规划""招聘管理""薪酬管理"等,就是部门的一级职能,其后则是每个模块的具体二级职能。每个模块会同时包含主要职能和一般职能。如"培训开发"中,培训体系的建立就是主要职能,年度培训计划的实施就是一般职能。

3. 部门责任

这是部门职能完成的结果,是部门宗旨的具体表现。在实际应用中往往体现为部门的关键业绩指标(key performance indicators,KPI)。通过这些指标的结果和目标的差异,我们可以看到部门职能履行的结果是否到位,进一步检验部门负责人是否称职。但需要指出的是,KPI列举的是整个部门的关键结果,而非全部结果。部门的实际责任往往会比KPI多得多,需要做好平衡。

4. 部门权限

部门权限指与责任对等的权力。这些"权限"本质上是部门在一定范围内为了完成其各项职能所必须具备的支配力。因此部门权力对应于部门职能,不能超越其职责范围,这也就是我们常说的权责对等。

5. 岗位设置

岗位设置描述整个部门内部的具体岗位和人员定编情况。一般会附上部门的二级架构图,以及人员定编数量。通过此描述,部门的整体情况一目了然。

表3-8是一个中小企业人力资源部门职能说明书的样表。

表3-8 部门职能说明书举例

基本信息	部门名称	人力资源部	上级领导	总经理
	直接领导	人力资源经理	下辖机构	招聘组、薪酬组、培训组
	部门本职	负责人力资源的管理,为各部门提供合适的人才		
	部门宗旨	吸引人才、培养人才、留住人才		
职能概述	建立和健全公司组织结构,负责公司整体人力资源规划和管理,保证部门人力资源供给和高效			
人力资源规划	① 根据公司战略编制组织结构和人力资源规划 ② 制定、完善和执行人力资源管理制度及流程 ……			

续 表

招聘管理	① 制定和执行年度招聘计划,确保满足用人部门人员需求 ② 配合用人部门对新进人员试用期跟踪,合理评估人员 ……
薪酬管理	① 根据业务发展需要,制定和完善公司薪酬和福利政策 ② 每月定期核算人员薪资,确保准时、准确发放到位 ……
绩效管理	① 建立和完善公司绩效考核体系,并组织监督实施 ② 定期对考核结果进行评估和改进 ……
培训开发	① 建立和完善公司培训体系,指导各部门培训开展 ② 制定和执行年度培训计划,保证培训工作具体开展 ……
员工关系	① 负责员工劳动合同管理,建立员工档案 ② 负责处理劳动争议和纠纷 ……
其他	① 负责公司文化建设项目的推进工作 ……
部门责任 (KPI)	① 各部门招聘及时率100% ② 离职率 ③ 培训计划完成率100% ……
权限	① 战略参与和建议权 ② 制度修订和解释权 ③ 薪酬、岗位调整建议权 ④ 人员任免建议权 ……
部门架构	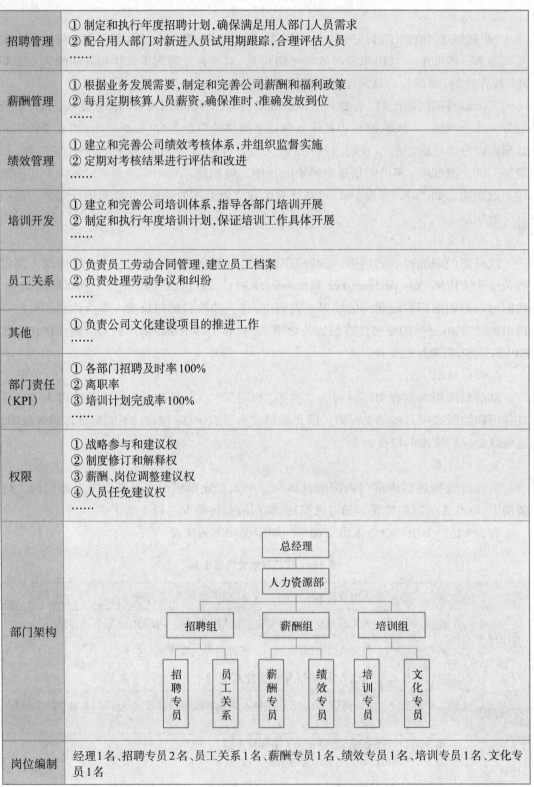
岗位编制	经理1名、招聘专员2名、员工关系1名、薪酬专员1名、绩效专员1名、培训专员1名、文化专员1名

(二)部门职能说明书和岗位说明书的区别

部门职能说明书是描述整个部门业务职责和权责界限的管理文件。它和我们经常提到的岗位(工作)说明书是两份不同的文件。前者关注整个部门,后者关注岗位具体工作。两者区别如表3-9所示。

表3-9 部门职能说明书和岗位说明书的区别

方 面	部门职能说明书	岗位说明书
形成依据	公司战略和长远发展	岗位具体工作
成文先后	先形成	后形成
指导范围	指导整个部门业务开展	指导岗位具体工作实践
内容	描述部门业务职能、权责、组织构成	描述岗位要求、工作内容、沟通关系
描述程度	宏观、高度概括	微观、尽量详尽

在实际操作中,岗位说明书会依据部门职能的分解,同时结合岗位包含的其他工作内容共同形成。而作为部门负责人的岗位说明书在"工作内容和职责"部分,往往和部门职能说明书的"职能描述"会大致相同。

三、岗位设置

岗位是指组织为完成某些任务而设立的工作位置,它是落实组织目标的具体承担者。它所要解决的主要问题是本组织向其成员分配工作任务和职责的方式。岗位设置就是根据组织目标和部门职能,在工作分析的基础上,确定岗位名称、工作内容、人员数量、汇报关系等方面,以确保组织正常运转。

组织结构设计和岗位设置的关系为:组织结构设计帮助组织确定清晰的组织结构,划分了管理层次,明确了各部门的职能和权责;岗位设置则在工作分析的基础上,明确岗位内容。因此两者之间是表里关系。首先,岗位设置以组织结构设计为前提和基础。组织结构设计明确了组织策略、管理模式、部门职责、汇报关系等。岗位设置必须以此为基础,进一步厘清部门定位,并梳理每个岗位在部门中的职责,以此来匹配对应的岗位类别和数量。其次,组织结构设计最终反映和落实到岗位设置。岗位是构成组织结构的基本单位,每一个岗位职责汇集形成对应的部门职责,而最终所有岗位的设置反映了整个组织的共同目标。

(一)岗位设置的原则

1. 因岗设事原则

岗位设置应当从"厘清该做的事"开始,贯彻"以事定岗,以岗定人"。其设置既要着眼现实,更要着眼于组织未来的发展。设置时应当按照组织各部门职能范围划定岗位,而不应局限于现有人员。岗位和人的关系是"设置"和"配置"的关系,即设定对应的岗位,然后配备相应的人员,这也是我们常说的"定岗定编"。

2. 整分合原则

岗位设置既要在组织整体规划下应实现明确分工，又要在分工基础上有效地综合。这样既能保证各岗位分工明确、工作内容不发生重叠，又能有效保障相互之间的配合，从而形成协同效应，以最大化发挥组织效能。

3. 最少岗位数原则

岗位设置应当充分衡量各岗位的具体工作，在保障部门职能全部履行的前提下，最大限度地节约人力成本，同时尽可能缩短岗位之间的信息传递时间，减少"滤波"效应，从而提高组织的战斗力和市场竞争力。

4. 一般性原则

岗位设置应当基于普遍情况去考虑，而不是例外情况。综合考量大部分情况下岗位的工作内容、工作量、工作强度等因素，来拟定岗位的权责和工作范围。特殊情况下的内容，不在优先考虑范围内，可以预留一定的空间，或设立对应的应急机制。

（二）分解部门职能

岗位设置应当以部门职能为基础，逐步分解，从而形成对应岗位的岗位设置。

1. 厘清部门定位

可以从战略、流程、人员、日常等维度去描述部门岗位的定位。形成不同的岗位角色。

2. 明确部门职能

将部门的职能按照流程进行切分，保证所有职能都能完整、准确地呈现出来。

3. 确定岗位在部门职能中的角色

将切分后的职能对照不同的岗位进行填充，进一步明确岗位的在每项职能中的角色。

第二节　工作分析的经典架构

一、工作分析的概念界定

工作分析（job analysis）是组织的一项管理活动，旨在通过收集、分析、综合整理有关工作方面的信息，为组织设计、人力资源管理及其他职能提供基础性服务。一般而言，工作分析是指运用系统性的方法收集有关工作的各种信息（如任务、职权、职责、任职条件、工作强度等相关特征），清晰描述工作本身以及对任职者的要求。工作分析的基本框架如图3-8所示。

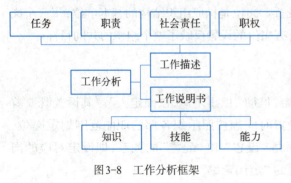

图3-8　工作分析框架

（一）工作描述

工作描述（job description）是指用书面形式对组织中各种工作的任务（task）、

职责(duty)、社会责任(responsibility)、职权(authority)等所做的要求。

1. 任务

任务是为达到一定的工作目标而进行的劳动活动。任务分析的目的就是明确规定工作行为,如工作的中心内容、工作的独立性和多样化程度、完成工作的方法和步骤、使用的设备和材料等。

2. 职责

职责是根据劳动分工与协作的要求,规定员工在本职位范围内所承担的各种责任,即员工完成本职位各项任务时应达到的数量要求和质量标准。

3. 社会责任

社会责任是组织赋予的、与职位相关的、对社会应负的责任,具体涉及环境保护、社会道德以及公共利益等内容。

4. 职权

职权与组织内的一定职位相关,是为确保工作正常开展而必须赋予职位的权力。

(二) 工作说明

工作说明(job specification)是对特定工作角色所需的知识、技能和能力的详细描述。它概述了雇主对候选人成功完成工作的具体要求和期望。

1. 知识

知识是指员工所掌握的关于事物、现象、规律、技能等方面的信息和理解。员工必须掌握的知识可分为公共知识、专业知识和其他相关知识三大类。公共知识是指广泛传播、被大多数人所了解和理解的知识,包括科学常识、历史知识、文化知识等。公共知识是社会共享的,每个人都可以通过各种途径获得。专业知识是指某个领域或学科内的具体、深入的知识。这些知识通常是由专业学习和实践所获得的,需要一定的专业背景和专业术语的理解。例如医学、法律、工程等领域的知识。其他相关知识是指完成岗位工作所需要的,但不属于公共知识和专业知识中任何一类的知识。

2. 技能

技能是指员工在特定领域或活动中所具备的能力、知识和经验。技能按其熟练程度可分为初级技能和技巧性技能。初级技能是指在某项技能上初步掌握了基本的操作方法和理论知识,能够完成简单的任务,但在应对复杂情况时可能需要他人的指导或帮助。技巧性技能则是指在某项技能上经过长时间的学习和实践,已经具备了较高的熟练程度和专业水平,能够独立解决复杂问题并提供有效的解决方案。

3. 能力

能力是指一个人或物体完成某项任务或活动的潜在能力。它是一个广泛的概念,可以指涉各种不同的能力,比如身体能力(如力量、速度、灵活性)、智力能力(如逻辑思维、解决问题的能力)、情感能力(如情绪管理、同理心)等。它可以是天生具备的或通过学习和训练可以获得的。

二、工作分析的历史沿革

（一）工作分析的早期发展

1. 百科全书编撰者狄德罗与第一次大规模工作分析

1747年，丹尼斯·狄德罗（Denis Diderot）为法国一家翻译协会编撰一部百科全书，内容涉及哲学、贸易、艺术、文学、工艺和科技等各个方面。由于初始资料不足，狄德罗决定对贸易、艺术等资料重新进行调查分析，并简化了工作流程中一些不必要的环节。狄德罗的工作为后续的工作分析提供了很好的借鉴。

2. 泰勒的工作研究

泰勒的时间动作研究被认为是科学工作分析的开始。他将一项工作分解为若干组成部分，然后用秒表精确测量完成每部分工作所需的时间，以进行工作时间和工作效率的调查。泰勒认为，通过对工作时间进行调查分析，并以此为基础确定适当的工作绩效标准，可以大大提高工作效率。

1911年，泰勒在《科学管理原理》一书中提出，管理者必须对工作的各部分进行研究，以此为基础对工人进行选拔和培训，这样才能充分发挥工人的潜能。《科学管理原理》中还提出了其他管理方法，如定额管理、差别计件工资、工具标准化和操作标准化、计划和执行职能分离等。泰勒倡导的科学管理思想对工作分析理论与方法的创立和发展起到了巨大的推动作用。

3. 吉尔布莱斯夫妇的运动研究

吉尔布雷斯夫妇，即丈夫弗兰克·吉尔布莱斯（Frank Gilbreth）和妻子丽莲·吉尔布莱斯（Lillian Gilbreth），通过对动作的分解研究，提出了"动素"这个概念，如拿工具这一动作可以分解成17个基本动素：寻找、选择、抓取、移动、定位、装备、使用、拆卸、检验、预对、放手、运空、延迟（不可避免）、故延（可避免）、休息、计划、夹持等。动素是不可再分解的。所有的作业可分解成一些动素的和。对每个动素做了定量研究之后，就可以分析每个作业需要花多少时间。

他们提出了动作的经济原则，包括关于人体的运用原则、关于操作场所的布置原则、以及关于工具设备的原则。这三类原则可归纳为四项要求：(1)两手应尽量同时使用，并取对称反向路线。(2)动作单元要尽量减少。例如，删除不必要的动作；设法将两种或两种以上动作结合起来，将两种以上工具合并起来；将材料、工具及零件按操作顺序排列在适当位置；将装配用的材料与零件装在特殊设计的容器里。(3)动作距离要尽量缩短。(4)尽量使工作舒适化。

他们还将动作研究扩展到疲劳研究。他们建议在工作中播放音乐来减轻疲劳，并向社会呼吁把消除疲劳放在头等重要的地位。

4. 闵斯特伯格的工作效率研究

雨果·闵斯特伯格（Hugo Munsterberg, 1863—1916）被誉为"工业心理学之父"，他认为心理学的原理和方法可以应用于工业组织和管理中,以提高工作效率和生产力。他主张通过了解和应用心理学的原理,可以更好地理解员工的行为和动机,从而提供更有效的管理和工作环境。闵斯特伯格强调个体差异对工作效率的重要性。他认为每个人的心理特征和能力不同,因此在工作中表现和适应能力也不同。根据个体的特点和能力,可以进行有效的工作分配和角色安排,以提高整体的工作效率。闵斯特伯格认为,个体的动机和激励是影响工作效率的重要因素。他提出了"动机理论",认为个体的工作动机由内在因素和外在因素共同驱动。通过了解和满足个体的工作动机,可以提高员工的工作满意度和工作效率。

(二)工作分析的形成阶段

第一次世界大战的爆发极大地推动了工业心理学的发展,尤其促进了心理学在人员分类、甄选、配置中的应用。在此期间工作分析的主要成果如表3-10所示。

表3-10 工作分析形成阶段的主要成果

领衔人物及关键事件	主要观点及成果
宾汉（W. V. Bingham）与大规模工作分析	完成了以解决人员配置为目的的工作分析方法论的研究； 推动社会科学研究会和国家研究会开展为大众就业服务而开展的大型工作分析项目
斯科特（W. D. Scott）对军衔资格的研究	制定军衔资格标准； 提出了基于量化实验的科学方法测评和选拔员工的方法； 斯科特与克洛西尔（R. C. Clothier）将在军队中的研究成果应用到工业生产经营中,合著《人事管理》一书,对工作任务、工作内容、就业途径等内容进行了阐述
巴鲁斯（Ismar Baruch）与薪资等级划分	收集有关政府机构职位任务资料,评定工作等级与工资水平的关系； 分析结果应用于《工薪划分法案》； 着眼于工作的普遍因素,而忽略偶然的个别因素
美国社会科学研究会与职业技能标准	研究经济大萧条对就业的影响； 制定各种工作所需要的工作技能标准
美国职位研究会的职位分析研究	编写就业指导辞典； 编制职位编码表； 完成职业大辞典； 设计人员配置表,以反映某一工作所需的工作经验、知识量及在岗经验

(三)工作分析的进一步发展

第二次世界大战后,工作分析研究得到进一步重视,工作分析的理论和方法逐渐成熟。20世纪70年代,工作分析开始被视为人力资源管理的基本职能。在这个阶段,各种工作分析工具开始形成,如职位分析问卷（position analysis questionnaire, PAQ）、关键事件技术（critical incident technique, CIT）、功能性工作分析问卷法（functional job analysis, FJA）、工作要素法（job element method, JEM）、临界特质分析（threshold traits analysis, TTA）、工作执行调查系统（work perform survey system, WPSS）、职业测定系统（occupational measurement system, OMS）等工作分析方法逐渐形成。

（四）法律因素对工作分析的影响

法律因素也促进了工作分析的发展。1964年美国《民权法》出台后，均等就业机会成为人力资源管理者必须面对的法律问题。此外，《公平劳动标准法》《同工同酬法》《职业安全与健康法》等法律客观上都要求企业必须进行有效的工作分析，通过工作分析为人员选聘、绩效考核、人事调整、薪酬福利提供依据，以使人力资源管理符合法律规定。

三、工作分析的方法

不同的企业具有不同的发展战略和组织架构，工作分析的侧重点也会不同。企业应结合经营环境、发展战略和组织实际选择科学的工作分析方法。工作分析方法一般可分为定性方法和定量方法两大类。

（一）定性方法

定性研究方法是采用观察、访谈等方式来进行工作分析的方法。

1. 观察法

观察法是指由分析人员在不影响被观察人员工作的情况下实地观察员工的工作过程，记录并分析有关数据。通常运用感觉器官、观察仪器或其他工具记录工作的内容、方法、程序等实际工作，并用文字、图表等形式表现出来。

观察法实施步骤如下：

① 确定研究的目的。一般来说，观察的对象有个体、部门、组织三个层面，针对不同的目的，观察的视角、内容各不相同。因此，在进行观察之前应先确定观察目标。

② 选择拟观察的对象组。选择的样本应具有代表性，一般从目标职位任职者中选择3～5个典型的任职者。

③ 拟定一个观察提纲。明确观察的具体内容，并设计便于记录、分析的结构化表格。

④ 实施观察。观察中要注意细节，并与对象保持友善关系，做好现场记录。

⑤ 观察结束后及时对收集的信息进行分类整理。对数据进行分析，根据分析结果完成分析报告。

观察法特别适用于分析在一段时间内工作内容、工作程序、对工作人员的要求不会发生明显变化的职位，它在搜集非语言行为资料方面明显优于问卷调查法。分析人员通过直接观察工作所获得的资料比通过工人自己描述更能深入和全面了解职务信息。

观察法的不足之处是：分析人员难以控制可能影响职务活动的外部变量，造成观察的结果不准确；适用对象有局限，它容易观察以体力为主的工作特征，对以智力活动为主的工作则难以观察；观察的样本数通常较小，而且现场观察耗时较多，因此观察法的研究成本较高。

2. 访谈法

访谈是最常用的定性信息收集方法之一，通过访谈可以从不同的来源收集信息，从而获得比较全面的资料。同时，访谈也有助于深入挖掘有价值的信息。访谈的效果取决于采访者访谈的态度和对技巧的运用。

访谈的步骤如下：

① 明确访谈目的。如需要了解什么情况、掌握什么信息等。
② 开发访谈指南。采用结构化方法设计访谈提纲，确定访谈的侧重点。
③ 设计抽样计划。根据统计理论确定访谈对象的人数、人员分布、年龄结构等。
④ 建立访谈团队。二人组合最佳，一个问问题，一个作记录。
⑤ 确定访谈时间进度。根据访谈提纲合理控制访谈的时间。
⑥ 安排访谈。事先联系人员并安排访谈，确认与其他安排没有冲突。
⑦ 与被访者确认信息。避免记录中可能产生的理解偏差。
⑧ 及时对访谈记录进行分析研究，撰写研究报告。

访谈常用以下一些技巧（SOLAR模型）。

S：从日常话题（social）开始，让被访者能够轻松起来（如讨论天气、社会新闻等），借以消除被访者的戒备心理。

O：解释访谈、讨论的目标（objective），如告诉被采访者为什么会参加访谈、访谈的内容有哪些等，避免员工产生心理恐惧。

L：仔细倾听（listen），访谈过程中要充分引导被采访者的谈话兴趣，访谈者以倾听和记录为主。

A：建议（advise）或询问（ask）。为了获得更多的了解，访谈者可以使用建议、询问等方式提出更多问题，以便更深入地了解关键内容。

R：记录（record），确认并详细记录被访者回答或讨论的内容，并保证记录是客观、真实的。

主要的访谈方法如表3-11所示。

表3-11 主要的访谈方法

访谈方法	说明	优点	缺点
个别访谈（individual interview）	与被访者进行一对一的面谈	可以涉及非常复杂的问题	需要花费很长的时间来完成
小组访谈（group interview）	访谈者同时与一组人员进行面谈	可在同一时间从多个被访者那里收集数据，信息范围很大	小组会产生趋向效应，有时人们可能不愿意真实地回答问题
聚焦小组（focus group）	由被访者根据提纲进行小组讨论，访谈者在一旁观察并作适当引导	组内的互动能使访谈者得到在其他地方难以获取的信息，也可以观察到更多的深层反应	访谈者需要有很强的协助技能，聚焦小组访谈难以组织并且花费高

访谈法的优点是简便易行，通过面对面的沟通可以及时对信息进行确认、对过程进行有效的控制和引导，且有利于对信息缺陷进行修正。缺点是对访谈者的要求较高，访谈者必须具备较强的人际交往能力和沟通技巧，且大规模访谈需要耗费很多时间。

3. 问卷调查法

问卷调查法是以问卷的形式来获得与工作有关的信息。调查问卷可分为开放式问卷和非开放式问卷两大类。

开放式问卷又叫无结构型问卷，是问卷设计者提供问题由被调查者自行构思自由发挥，按自己意愿回答问题的问卷。其特点是项目的设置和安排没有严格的结构形式，所调查的问题是开放式的，被调查者可以根据自己的意愿发表意见和观点。非开放式问卷又称为封闭式问卷，是指答案已经确定，由调查者从中选择答案的调查问卷。一般的工作问卷调查表介于这两者之间，问卷中既包含开放式问题也包含非开放式问题。

问卷调查法基本步骤：

① 准备调查。包括了解工作分析的范围及目的，组建工作分析团队，获取有关人员的支持。

② 设计调查问卷。根据所要调查的工作岗位、流程、工作内容及职责等，设计符合组织和岗位实际的问卷。

③ 问卷填写。向样本员工阐释工作分析的意义，说明填写问卷的注意事项，让员工客观、真实地填写问卷。

④ 问卷回收及分析。检查问卷填写情况，及时对回收的问卷进行整理分析，形成分析报告。

问卷调查法的适用面相当广，适合对各种工作的分析。其主要优点是获得信息的速度快，能在短时间内同时调查许多员工。难点是如何设计问卷的结构及事先提出的问题。另外，在问卷调查过程中可控性较差，不容易了解被调查者的态度、动机等深层次的信息。

4. 关键事件法

关键事件法（critical incident technique，CIT）是由美国学者弗拉纳根（J. Flanagan）和贝勒斯（R. Baras）在1954年共同创立，它由工作分析专家、管理者或工作人员在大量收集与工作相关信息的基础上记录员工平时工作中的关键事件，其主要原则是确定员工与职务有关的行为，并选择其中最重要、最关键的部分来评定结果。它对每一事件的描述内容包括四个方面：① 情境（situation），即导致事件发生的原因和背景；② 任务（task），员工要完成的任务、达成的目标；③ 行动（action），员工采取的行动；④ 结果（result），员工关键行为的结果、员工自己能否支配或控制上述结果。

关键事件法的优点是将注意力集中在员工行为上，为解释员工绩效结果提供了一些确切的事实证据。关键事件法有利于主管对员工的绩效进行考察时，能够依据员工在整个年度中的表现，而不仅仅是依靠员工近期的表现。关键事件法的缺点是费时，需要花大量的时间去搜集关键事件，并加以概括和分类。

（二）定量方法

定量方法是采用统计学方法分析相关数据来完成工作分析的方法。常用的方法有职业分析问卷法、功能性工作分析法和临界特质分析法。

1. 职位分析问卷法

职位分析问卷法（position analysis questionnaire，PAQ）是20世纪70年代美国普渡大学麦克米克（E. J. McComick）、詹纳雷特（P. R. Jeanneret）和米查姆（R. C. Mecham）设计开发的。PAQ方法认为，各种职位的工作都是任职者意志行为的表现，存在着内在的行为秩序、结构和模式。PAQ通过标准化、结构化的问卷形式收集包含在工作中的感觉、知觉、智力、体力等。PAQ包含194个标准化项目,其中187项用来分析完成工作过程中员工活动的特征(工作元素),另外七项涉及薪酬问题。所有的项目被划分为信息输入、思考过程、工作产出、人际关系、工作环境、其他特征共六大类(如表3-12所示)。

表3-12　PAQ问卷工作元素的分类

类别	内容	例子	工作元素数目
信息输入	员工在工作中从何处、如何得到信息?	如何获得文字和视觉信息	35
思考过程	在工作中如何推理、决策、规划、处理信息	解决问题的推理难度	14
工作产出	工作需要的体力活动、工具与仪器设备	使用键盘式仪器、装配线	49
人际关系	工作与其他人员的关系	指导他人或与公众、顾客接触	36
工作环境	工作的自然环境与社会环境	是否在高温环境或与内部其他人员冲突的环境下工作	19
其他特征	与工作相关的其他活动、条件或特征	工作时间安排、报酬方法、职务要求	41

PAQ给出了六个评分标准:信息使用度、耗费时间、适用性、对工作的重要程度、发生的可能性以及特殊计分,对每一个工作元素用以上六个标准之一进行衡量。

通过对这六大类194个工作元素的定量化描述,决定职位在五个方面的性质:决策、沟通、社会责任、熟练工作的绩效、体能活动及相关条件。表3-13—15是职位分析问卷示例。

表3-13　工作信息视觉来源书面材料

序号	内容	释义	尺度	等级	评分标准
1	书面材料	书本、报告、文件、文档	通用		使用的深度 N:无运用 1:少量 2:偶尔 3:一般 4:较重要 5:非常重要
2	图形材料	图片或类似图片的信息材料,如地图、照片等	通用		

表3-14　口头交流

序号	内容	释义	尺度	等级	评分标准
99	劝导	对于有关财务、法律、技术、精神以及各种专业方面的问题向他人提供咨询和指导	通用		重要性 N:无运用 1:微小 2:低 3:平均 4:高 5:极度
100	谈判	与他人就某项问题达成一致所进行的交流沟通,如劳动谈判、合同谈判	通用		

表 3-15 工作关系数量

序号	内容	释义	尺度	等级	评分标准
112	工作关系	与组织或他人发生工作联系的深度,如与客户、员工、供应商、公众等;仅考虑与工作的联系	通用		联系时间 1：几乎不 2：不经常 3：偶尔 4：经常 5：非常频繁

PAQ同时考虑了员工与工作两个变量因素,并将工作所需要的基础技能与基础行为以标准化的方式罗列出来,从而为人事调查、薪酬标准制定等提供了依据。PAQ可得出每一(或每一类)工作的技能数值与等级,因此它可以用来进行工作评估及人员甄选。另外,PAQ法无须修改就可用于不同组织,不同的工作,使得比较各组织间的工作更加容易,也使得工作分析更加准确与合理。

2. 功能性工作分析法

功能性工作分析法(functional job analysis, FJA)是一类以全面完整的描述目标职位的功能性要素为立足点的职位分析方法的总称,它包括工作特点分析和员工特点分析。

FJA法的基本前提：

① 应明确区分"完成什么工作"与"员工应如何完成工作"；

② 每个工作均在一定程度上与人、事、信息相关(如表3-16所示)；

③ 尽管执行任务的方法很多,但要完成的职能是有限的；

④ 每一种职能依赖于员工的特性与资格来达到预期的绩效。

表 3-16 员工的基本职能

序号	人	事	信息
0	监控	创建	综合
1	协调	精密作业	协调
2	指示	运行的监控	分析
3	监督	运行的启动	编辑
4	引导	操作	计算
5	劝说	供应	复制
6	交流	进料及取货	比较
7	服务	处理	
8	接受指示		

- FJA对工作的分类还考虑以下四个因素：① 在执行工作时需要得到多大程度的指导；② 执行工作时需要运用的推理和判断能力应达到什么程度；③ 完成工作所要求具备的数学能力有多高；④ 执行工作时所要求的口头及语言表达能力如何。

FJA还要确定工作的绩效标准以及工作对任职者的培训要求。

FJA法的一般程序：

① 回顾当前工作信息（如工作描述、培训资料、组织描述等）；

② 小组访谈；

③ 确定任务描述方向；

④ 列出工作的产出；

⑤ 列出任务；

⑥ 建立任务库；

⑦ 产生绩效标准。

以任务代号为GR-08的工作为例，它的FJA工作分析明细表如表3-17所示。

表3-17　任务代号为GR-08的FJA工作分析明细表

工作承担者的功能及定位						需要得到的指导	总体教育开发		
事	%	信息	%	人	%		逻辑推理	数学	语言
3	65	3	25	1	10	3	2	1	3
目标：操作平路机							工作中心：覆土、翻松路面、铺平、构筑防火隔离带、维修运输路面、清除路面积雪		
任务：为了完成平路机的日常工作任务，如回填土方、路面维护、路面积雪清除等，操纵平路机的控制系统，将定位轮和机片置于正确的角度，前后、上下、左右移动机片；按照工作程序，借助知识和经验，监督设备的运行，根据情况的变化不断地做出调整，时刻注意其他工人和设备的位置及安全。									
（要完成这些任务）									
绩效标准						培训内容			
描述性标准： ① 正确操作设备 ② 警觉、留心 数据性标准： ① 所有工作都符合程序的要求 ② 没有出现因技术上误操作而造成的事故或损害						功能性培训： ① 如何操作平路机 ② 如何完成常规的平路机工作 特殊培训： ① 特定的平路机知识 ② 工作要求方面的知识 ③ 特殊的工作场地知识（例如土层、土壤状况、环境等）			
（要达到这些绩效标准）						（工人需要这类培训）			

3. 临界特质分析法

临界特质分析法（threshold traits analysis，TTA）是完全以个人特质为导向的职位分析方法，它从身体技能、智力特质、学识特质、动机特质、社交特质五个工作范畴中提炼定义了12种工作职能及33种特质因素，以对职位及有关特质的资料进行因素分析，如表3-18所示。

表 3-18　TTA 特质表举例

工作范畴	工作职能	特质因素	描　述
身体特质	体力	力量	能举、拉和推较重的物体
		耐力	能长时间持续地耗费体力
	身体活动性	敏捷性	反应迅速、灵巧、协调性好
	感官	视力	视觉和色觉
		听力	能够辨别各种声响
智力特质	感知能力	感觉、知觉	能观察、辨别细微的事物
		注意力	在精力不集中的情况下仍能观察入微
		记忆力	能持久记忆需要的信息
	信息处理能力	理解力	能理解口头表达或书面表达的各种信息
		解决问题的能力	能演绎和分析各种抽象信息
		创造力	能产生新的想法或开发新的事物

临界特质分析法已被广泛应用于各种类型的企业中。实践证明，临界特质分析法的分析结果比较准确，能为企业带来一定收益，但也有一些缺点，如需要耗费大量的人力、财力，过于精确、复杂等。

四、工作分析的程序

中国有句古话："凡事预则立，不预则废。"为了保证工作分析的顺利开展，须得经过缜密的思考，制定周密的实施计划。工作分析需要把握以下一些关键点。

（一）明确工作分析的目的

不同的组织或者同一组织的不同阶段，工作分析的目的有所不同。有的是为了使现有工作内容与要求更加明确或合理化；有的由于有了新的工作内容。当然在现实中，也有些企业仅仅为了工作分析而做工作分析，使之流于形式，没有达到其应有的目的。

因此，开展工作分析首先要明确工作分析的目的，特别是在 VUCA 时代，必须考虑外部环境因素对企业人力资源管理的影响。工作分析可以有效帮助员工重新理解 VUCA 时代资本、技术、信息、人才等各种生产要素的特点及工作的价值和标准，从而为企业人力资源规划、人员招聘、员工培训和开发、职业生涯规划、绩效管理、薪酬管理等工作提供依据。

（二）把握主要内容

做好工作分析，必须把握工作分析的主要内容。工作分析的主要内容包括工作分析要素、工作说明书、工作规范三个部分。

工作分析要素有七个：责任者（who）、工作内容（what）、工作时间（when）、工作岗位（where）、如何操作（how）、为什么这样做（why）、为谁做（for whom）。

工作说明书是有关工作范围、任务、责任、方法、技能、工作环境、工作联系及所需要人员种类的详细描述。

为了使员工更详细地了解其工作的内容和要求，提高工作效率，在实际工作中还需要有比工作说明书更详细的文字说明，规定执行一个工作的各项任务、程序、所需的具体技能和知识等其他条件，即工作规范。

（三）制定详细的工作计划

工作分析是对工作的全面评价过程，有效开展工作分析，须得制定明确、具体、可操作的工作计划，每项工作的开展都必须明确责任人、时间节点及工作成果。

工作分析过程可以分为五个阶段。

1. 准备阶段

准备阶段要做以下几件事：① 确定工作分析目的，明确工作职责、工作权限和工作关系等。② 确定工作分析团队。工作分析涉及范围广、内容多且需要专门的技术，所以在开展工作分析之前要先组建工作分析团队。③ 明确团队成员分工。工作分析团队的主要任务有收集各项资料，调查问卷的下发与回收，和工作分析对象的联络和确认工作，资料回收后的汇总、整理、分析，工作说明书的编写等。因此必须明确团队成员的分工和责任。④ 讨论确定岗位样本。需要分析的工作有很多，但如果逐一进行分析非常耗费时间、耗费成本，因此，只能选择典型和关键的岗位进行工作分析。⑤ 争取公司高层和全体员工的理解和支持。工作分析不是人力资源一个部门的事，因此，工作分析活动需要得到组织高层及每位员工的理解、支持和参与，需要和各方进行积极的沟通。

2. 调查阶段

工作分析的方法。工作分析的方法有很多，如问卷法、面谈法、现场观察法、工作日志法、工作实践法、关键事件法等，但企业在进行具体分析时需要根据工作分析的目的、不同工作分析方法的利弊，针对不同人员的不同职位选择不同的工作方法，也可以采取多种方法相结合的方式。

3. 分析阶段

核对收集的资料。通过各种方法收集到的信息，必须与任职者、任职者的主管和人力资源部门的人员共同审查、核对和确认。这样可以修正初步收集来的信息中的不准确之处，便于各级管理者对工作分析结果的理解和认可，也可以让任职者和任职者的上级发现他们对待工作的不一致之处，使他们有深入沟通的机会，为今后更协调地开展工作奠定基础。

提炼所需要的材料和要素。将所得的资料进行加工整理分析，归纳和总结出编写工作描述、工作说明书所需要的材料和要素。

4. 完成阶段

制定职位描述，确定工作规范等。草拟工作说明书，包括：职位的基本情况，如名称、职级、所属部门、编制等；职位要素；任职者的职责、职权；工作环境和地点；工作中的协作关系；任职者的知识、技能和能力等基本条件。

修改定稿。通过多轮的反馈、修改，最后确定详细的工作说明书。

五、工作分析在人力资源管理中的应用

人力资源管理的重要性已经被越来越多的企业所认同，"以人为本"的理念已经深入到企业经营管理的各个领域，很多企业在人力资源管理体系建设上可谓不遗余力，投入大量的人力物力，从"员工招聘"到"员工培训开发"，从"绩效管理"到"薪酬设计"，从"素质模型"到"职业生涯规划"等，然而却收效甚微。究其原因，很多企业在没有进行系统的工作分析前就开始进行人力资源管理各模块的制度体系设计，方案设计出来后发现与企业的实际状况是脱节的，方案执行非常困难或者流于形式，最后只能草草了事。

事实上，工作分析是人力资源管理体系建设的基础，是所有人力资源管理活动的起点。工作分析与人力资源管理各种活动的关系如图3-9所示。

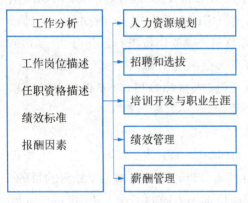

图3-9 工作分析与人力资源管理的关系

工作分析确定了组织中各个职位的职责和任务范围，明确了与职位相关的权力界限及任职资格，为组织各个职位职、责、权、利的相互统一奠定了制度基础。

系统的工作分析为管理者制定绩效标准提供了依据，为塑造公平薪酬、同工同酬的组织文化奠定了基础。

工作分析形成了岗位编制设定的标准，并为组织诊断、发现人力资源配置存在的问题奠定了基础。

工作分析是组织人力资源规划、人员招聘与配置、绩效考核、薪酬管理、培训开发与职业生涯规划等所有人力资源管理活动的起点。

工作分析有助于组织加强精细化管理，促进部门间、职位间职能的平滑衔接。

第三节 工作设计的发展趋势

工作设计是在工作分析的信息基础上，根据组织需要，规定每个工作岗位的任务、责任、权力以及组织中与其他岗位关系的过程。工作设计的中心任务是要为组织的人力资

源管理提供依据,保证事得其人、人尽其才、人事相宜。工作设计主要包含工作内容、工作职责、工作关系、工作结果、工作结果的反馈等几个方面。

工作内容主要解决工作范畴的问题,如工作种类、自主性、复杂性、工作难度与工作整体性等。

工作职责涉及职位的责任、与职责相联系的工作权限、信息沟通方式、工作方法以及协作配合等方面。

工作关系指个人在组织中工作需要发生的联系,包括在工作中与其他人相互联系、交往的范围,以及在工作中的相互协作和配合等方面。

工作结果指工作绩效的高低,包括工作完成所要达到的具体标准(如产品的产量、质量和效益等),以及工作者的感受与反应(如满意感、出勤率、缺勤率和离职率等)。工作结果的反馈包括两个方面:一是对工作本身的客观反馈;二是别人对工作结果的反馈(如同事、上级和下级对工作的评价)。

工作分析和设计的最新研究成果主要体现在工作再设计上,包括工作丰富化、工作扩大化、工作—生活平衡以及工作流程设计等。

一、工作丰富化

(一) 工作丰富化的理论基础

工作丰富化是以员工为中心的工作再设计,理论基础是赫茨伯格的双因素理论。工作丰富化的核心是体现激励因素的作用,而工作丰富化的重点则在于提高工作的挑战性和意义,以及工作任务的同一性和工作中的自主性。工作丰富化使工作向纵深方向扩展,可以增强员工对工作的计划、执行、控制和评估的程度。

(二) 工作丰富化的基本原则

1. 赋予员工更多的责任

不仅要增加员工生产的责任,还要增加其控制产品质量,保持生产的计划性、连续性及节奏性的责任,使员工感到自己有责任完成一个完整工作,而不仅仅是一个小小的组成部分。

2. 赋予员工一定的工作自主权和自由度,给员工充分表现自己的机会

当员工感到所做的工作要依靠他的努力和控制,工作的成败与其个人职责息息相关时,工作对员工就有了重要的意义。实现这一良好心理状态的主要方法是给予员工工作自主权。

3. 对员工进行相应的培训

要为员工提供学习的机会,以满足员工成长和发展的需要。

4. 培养员工成就感

通过提高员工的责任心和决策的自主权,来提高其工作的成就感。

(三) 工作丰富化的方法实践

1. 组合工作任务

将现有细分的、零碎的任务组合起来,形成新的、内容广泛的工作,从而提高工作任

务的技能多样性和任务完整性。

2. 构筑自然工作单元

让员工独立负责一个有机工作的整体，而不是只负责工作中的某个环节。要求员工对工作进行全面的计划、执行和监控，从而看到工作的成果、意义和重要性，增加员工的归属感。

3. 建立与客户的联系

让员工与客户建立直接的联系，这样，员工可以直接从客户那里得到关于产品和服务的反馈信息，从而提高员工的责任意识。

4. 纵向扩展任务

赋予员工一些原本属于上级管理者的职责和控制权，从而缩短管理者与员工的距离，提高员工对工作重要性的认识。

5. 建立信息反馈渠道

将有关员工工作绩效的数据及时地反馈给员工。工作绩效是形成员工工作满足感的重要因素，如果一个员工看不到自己的劳动成果，就很难得到高层次的满足感。反馈可以来自工作本身，来自管理者、同事或顾客等。例如，销售人员可以从设备的正常运转以及生产管理人员和设备操作人员那里得到反馈。通过反馈可以增加员工工作的自主性，减少被监督意识。

二、工作扩大化

（一）工作扩大化的基本内容

工作扩大化是对工作进行横向扩展，增加员工的工作内容，使工作本身变得更加多样化，以消除职位工作中的单调重复。

（二）工作扩大化的作用

工作扩大化能提高员工工作效率。由于不必再把产品从一个人手中传给另一个人，减少了过程中的衔接，因而节约了流程时间。此外，由于工作内容增加，员工要掌握更多的知识和技能，员工的工作兴趣也提高了。

工作扩大化具有以下优点：可以提高工作效率；提高员工的工作满意度，改善工作质量；克服专业化过强、工作多样性不足的缺陷。

工作扩大化的缺点：在激发员工的激情和培养挑战意识方面没有太大意义。

三、工作—生活平衡

（一）"富者愈富"理论带给我们的思考

如何找到个人工作与生活的平衡点已经越来越成为人们关切的课题。彼得·圣吉曾用"富者愈富"（success to the successful）理论形象地描绘了工作与生活之间的不均衡现象:它包括生活与工作两个增强反馈,分开来看,每一个反馈都倾向于逐渐成长,却竞争着同一个有限资源。成功的一方,因为其具有优势,可以得到更多的资源,而竞争的另一方,资源则相对地减少。这种现象在现实生活中比比皆是。如果一个人在工作上所投入的时间和承诺不断增加,则在工作中的表现会更好,进而产生更多的成就和机会,而想要获得更大的成就,工作时间就会更长。同样的道理,如果一个人在生活方面投入的时间与承诺增加,就会提高个人生活的质量(如满意的家庭关系、健康的子女、家庭的欢乐等),而要想个人生活质量有更大的提高,又要投入更多的时间。然而,当这两个增强反馈被安排到一个系统里,冲突就出现了,用在工作上的时间增加,则用在个人生活上的时间必然减少;反之亦然。

如何实现工作与生活的平衡,提高工作与生活的质量,从而使员工享受这一平衡所带来的愉悦感,是人力资源管理者正在探索的新命题。

(二)工作—生活冲突对员工个人和组织的影响

工作—生活冲突可能对员工的健康状况造成负面影响,有研究资料表明,工作—生活冲突会导致员工情绪低落、消沉,甚至影响员工的生理健康。同时,工作—生活冲突还可能影响员工的幸福感、生活满意度和家庭归属感等。

工作—生活冲突也会对组织产生影响,如可能导致员工的工作满意度、工作效率降低,缺勤率增高,从而导致员工士气和组织劳动生产率的下降。

(三)工作—生活平衡——工作与个人生活的双赢

工作—家庭边界理论指出,人们每天在工作和家庭的边界中徘徊(Sue Campbell Clark, 2000)。当有限的资源难以同时满足工作和家庭的需要时,冲突就会发生,它将对个人和组织乃至整个社会产生不容忽视的消极影响。为此,员工和组织应努力创造出平衡,调整两个领域的边界,增强个人调配资源的主动性。

工作—生活平衡策略可以分为正式和非正式的组织支持策略。

1. 正式的组织支持策略

(1)组织的价值观

组织应将健康的身心、较好的工作—生活调控能力纳入组织的人才观,确立符合组织使命和愿景的价值观,并传递给全体员工。

(2)建立支持网

组织利用企业内部网或其他工具在内部建立一种信息共享机制,鼓励员工就工作—生活平衡问题开展经常性的沟通,并以组织倡导的价值观念来客观地看待问题本身,采用具体的支持策略帮助员工达到工作—生活平衡。

(3)支持性的薪酬体系

员工在职业生涯的每个阶段都有其独特的生理、心理和家庭特征,为了有针对性地帮助员工解决工作—生活冲突,组织应建立一个与员工个人职业生涯发展相适应的支持性薪酬体系,使报酬个性化,从而提高激励的效价。如可以采用菜单式福利,允许员工在众多福利项目中自由选择适合他们需要和情况的福利组合。

（4）弹性工作制

弹性工作制是指在固定工作时间长度的前提下，灵活地选择工作时间的方式。弹性工作制的主要形式有：缩短每周工作天数、弹性工作时间等。

（5）支持性服务

组织可以考虑实施的支持性服务主要有：对管理者进行培训、父母假、帮助解决孩子的照料问题、解决老人的照料问题等。

2. 非正式的组织支持策略

（1）领导的风格

支持关系理论的提出者卡尔·罗杰斯（Carl Rogers）认为积极关系对个体很重要。他认为一个支持性、理解和尊重个体的关系，可以促进个体的自我实现和成长。如果员工感觉到领导支持和重视他们，那么就可能对领导做出积极的反应。

（2）对非正式群体加以引导

非正式群体和正式群体一样，具有自己的群体规范，因此，组织对于非正式群体应该进行正确的引导，有的放矢地设计工作—生活平衡计划，运用关键事件和示范效应引导和塑造群体规范，采用有效的激励手段强化组织倡导的价值观和行为方式，使非正式群体与组织目标达成一致，从而在群体和组织之间建立支持性关系。

总之，均衡的生活和工作能为企业和员工带来双赢的局面。工作为员工提供了收入并使员工获得成就感；生活使员工获得与家庭的亲密关系和爱，员工在两者的平衡中不断提高生活质量，从而以更加饱满的热情投入到工作中去，实现个人的人生价值。

四、通过工作设计提升员工内在动机

随着经济全球化的发展，企业员工的多元化成为一种必然趋势，这给人力资源管理带来了巨大挑战。

由于员工的差异性越来越大，价值观和行为标准难以趋同，员工间冲突的增加在所难免。多元化带来了员工心理、行为、需求及期望等多方面的变化，这必然影响到组织结构与组织文化。因此，如何为单个员工设计工作以提升绩效成为管理者共同关心的话题。

哈佛大学教授理查德·哈德曼（Richard Hackman）和伊利诺依大学教授格雷格·奥尔德汉姆（Greg Oldham）通过分析核心工作特征以及工作者的关键心理状态促成组织目标达成的过程，并结合前人的研究成果，于1968年提出了五因子工作特征模型（Job Characteristics Model，JCM），成为员工工作设计的有效模型。

（一）五因子工作特征模型

五因子工作特征模型认为好的工作应该具有五种核心特征：

技能多样性（Skill Variety）：是指在完成工作中要求多种技能的程度。

任务完整性（Task Identity）：是指工作要求完成完整任务单元的程度，也就是说，个人可以从头到尾完成一项任务的程度。

任务重要性（Task Significance）：是指该项工作对组织内外其他人的工作和生活产生重大影响的程度。

工作自主性（Autonomy）：是指个人能够自主地安排自己完成任务进度的程度。

工作反馈（Feedback）：是指个人能够得到自己工作效果的明确信息的程度。

理查德·哈德曼和格雷格·奥尔德汉姆提出了一个任职者的激励潜在分数，这个分数与五因子的关系为：

$$MPS = \left(\frac{SV+TI+TS}{3}\right) \times A \times F$$

注：MPS是指任职者的激励潜在分数；SV是指技能多样性；TI是指任务完整性；TS是指任务重要性；A是指工作自主性；F是指工作反馈。

根据这一模型，一个工作岗位可以让员工产生三种心理状态，即：体验到工作的意义、感受到工作的责任和了解到工作的结果，这些心理状态又直接影响到个人和工作的结果，即：内在工作动机、绩效水平、工作满意度、缺勤率和离职率等。

（二）改善工作的五项核心因素，重塑员工主人翁精神

五因子工作特征模型强调员工与工作岗位之间心理上的相互作用，并且强调最好的岗位设计应该给员工内在激励，使员工以自我激励为基础产生积极循环。

技能多样性、任务完整性和任务重要性与员工对工作意义的体验联系在一起。完成工作所需的技能越多，任务越完整，工作对组织内外其他人的影响程度越大，员工越可能会觉得自己的工作有意义。员工的自主性、工作的自主性越大，员工越能够体验到自己对工作的责任感。还有工作结果的反馈，如果员工体验到工作是有意义的、值得干的或很重要的，就会有很高的工作动机，这是成就动机的需要。如果在工作中能够得到积极的反馈，员工对自己工作的结果有了更多的了解和把握，员工将产生积极的心理反应。这三种心理状态体现得越明显，员工的激励程度、绩效水平和满意度就越高，旷工率和离职率就越低。

大量的实证资料证明，工作特征对员工及其工作绩效的影响通过关键心理状态间接产生作用。因此，JCM模型提供了一个定义跨行业工作的核心特征的有效衡量架构。

根据JCM中的建议，通过工作结合、建立人性化工作单元、建立客户关系、工作垂直化扩张、广开反馈渠道等工作丰富化的过程，可以改善工作的五项核心因素，从而大大提高员工的内在工作动机、高绩效的工作表现及工作的成就感，重塑员工的主人翁精神。

五、信息技术发展和组织柔性化带来的新挑战

（一）信息技术的发展

由于信息技术的飞速发展，人工智能和大数据技术在工作中得到广泛应用，这对工作方式产生了重要影响。例如，某项任务到底是由人还是机器来完成，在新的系统中员工角色会如何变化等，这些都是未来的工作中需要考虑的问题。有研究指出，现代计算机

技术对办公室人员的工作产生了许多不利影响。例如，对工作的细分导致了员工技能丧失，广泛采用新技术增加了员工的心理压力，计算机的使用给员工带来了许多健康问题。

(二) 组织柔性化给工作分析带来的新挑战

组织柔性化是新形势下对组织结构的必然要求。环境的高度不确定性，信息传播由传统的不对称走向全面开放，信息技术的迅速发展使社会组织各层面的活动量显著增加，知识流动大大加快，市场瞬息万变、机遇转瞬即逝、时间效率倍增，这些压力迫使企业组织做出快速反应和迅速决策，以保持企业的核心竞争力。

彼得·德鲁克曾预言："未来的企业组织将不再是一种金字塔式的等级制结构，而会逐步向柔性式结构演进。"旧式的由规则确定的机械性组织正逐渐被灵活的、适应性更强的有机性组织所取代。美国《财富》杂志在1995年对美国1 000家大公司所做的调查显示，几乎一半的企业改变了"命令—控制"型的组织架构，转向弹性化的内部组织结构，即动态调整企业内部的部门结构、人员职责和工作职位，以利于信息流通、决策迅速、运转高效。

组织柔性化对工作分析和设计带来了新要求，在瞬息万变的内外部环境中，工作稳定性的前提假设是不合时宜的，需要形成一种能够确定变动环境中工作所需要的关键任务以及知识、技能和能力的技术方法，这是人力资源工作者面临的一大难题。

组织所处的内外部环境在剧烈变化，使得组织的结构、工作模式、工作性质、工作对员工的要求等都随之发生剧变；组织结构从等级化逐渐趋于扁平化与弹性化；工作本身从确定性向不确定性、从重复性向创新性转变；跨专业的自我管理团队盛行，团队成员之间出现工作交叉和职能互动；企业越来越重视对复合型、知识型和创新型员工的吸引、培养和使用；职位之间从强调明确的职责、权限边界转变为允许，甚至鼓励职位之间的职责与权限的重叠，打破了组织内部的本位主义与局限思考。工作越来越庞杂，工作职责也变得越来越模糊，这些都使得工作说明书越来越难以体现岗位的真正特征和需求。面对新的形势，弹性工作说明书成为首选。弹性工作说明书一般只规定岗位工作任务的性质以及对任职者的知识、技能、能力、经验等要求，而不具体规定任职者的工作职责和范围，这样就可以使工作说明书保持充分的灵活性和适应性。

本章重点名词

组织设计（organizational design） 岗位设计（position design）
组织结构（organizational structure） 直线制组织结构（line structure）
职能制组织结构（functional structure）
直线职能制组织结构（line and functional structure）
事业部制组织结构（multidivisional structure） 矩阵制组织结构（matrix structure）
多维立体型组织结构（multidimensional structure） 团队结构（team-based structure）
工作分析（job analysis） 工作描述（job description）

工作说明（job specification） 工作丰富化（job enrichment）
工作扩大化（Job enlargement） 工作—生活平衡（work-life balance）
流程再造（reengineering）

 本章练习

1. 工作分析与组织结构设计、部门职责设置之间是什么关系？
2. 如何理解工作分析对人力资源管理体系建设的意义和价值？
3. 一个完整的工作分析包括哪些过程？
4. 工作分析中的定性方法和定量方法各有哪些？它们各有什么优缺点？
5. 工作分析中有哪些陷阱和误区？应如何应对？
6. 工作分析在开展过程中经常受到有意、无意的阻碍，采取何种措施才能保障工作分析的顺利开展？
7. 数智化时代工作分析面临着哪些新挑战？又如何有效面对这些挑战？
8. 企业应如何为员工实现工作—生活平衡创造条件？

 **课后案例**

X公司柔性化岗位再设计

一、X公司基本情况

X公司成立于20世纪80年代，是某市最早从事燃气输配经营的企业。公司在岗员工1279名，其中，878人属于操作岗，385人属于管理岗（另有16名员工由于临时设岗等原因属于技术岗和服务岗），中层及以上干部管理人员有118名，拥有副高级及以上职称的有51人。公司专业技术职称类别共有五类，分别是：工程师系列、经济师系列、政工师系列、会计师系列、统计师系列。

二、X公司现有岗位设计缺陷

1. 特有的"AB角"岗位设计

基于X公司服务用户的企业特点，为了避免某一岗位员工由于各种原因不能正常工作而造成的业务停止，故设置了"AB角"。AB角是将同一部门最相关、相近或工作流程上互为连续的两个岗位定为AB角岗位，两个岗位互为对方岗位的B角。当一个岗位的员工临时缺岗，另一个岗位上的员工将自动负责A角工作中急需完成的工作，以保证工作的顺利进行。

2. 职业通道转换设计

X公司职业通道转换设计是在公司职务通道和技术职称通道之间建立一种转换机制，来激励员工向上发展。员工根据个人未来发展倾向，结合实际各个通道状况，可以在关联岗位类别间进行转换,专业职称技术类与管理职务类之间也可以相互转换。此种转换设计,目的是缓解员工因为缺乏职业发展通道而产生的低落、懈怠,甚至流失的情况。同时也能有效防止人才梯队僵化,保持内部"血液流动"从而增强活力。

X公司职业通道转换设计的实际情况如图3-10所示,虚线部分表示最初设计时有此通道,但实际过程中从未实现。

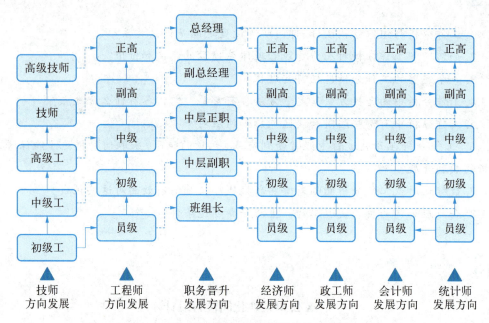

图3-10　X公司员工职业通道转换的实际情况

三、X公司柔性化岗位再设计

以自动化管理员岗位为例,该岗位隶属于X公司网络信息部,其主要职责是为其他部门提供网络信息技术支持,保证各部门能正常使用各类OA办公系统,并对办公自动化设备进行安装、更新、维修维护。原有岗位说明书如表3-19所示。

表3-19　自动化管理员原岗位说明书

① 协助部门领导开展工作,按照职责范围或根据部门领导授权,负责编制科技发展规划和科技信息计划。 ② 协助与本公司合作的信息技术公司进行科技项目技术攻关,完成成果转化的组织协调工作。 ③ 负责通信技术管理和保障工作。 ④ 负责企业信息化管理和监督工作。 ⑤ 协助部门领导完成归口企业标准化管理工作。 ⑥ 完成领导交给的其他工作任务。

该岗位实行"AB角"制度,实际执行过程中经常出现交接不明、无人值守的现象。员工参与度不高。同时该岗位对专业要求较高,所有在岗人员学历均在大专以上,副高级职称人数已经超出标准,中级职称也仅剩余1个名额。

X公司对此岗位设计了以下改进方案。

1. 工作任务和职责的改进

"AB角"不再强制指定,而由员工自愿结对,签订合作意向书,约定互相职责。

当月考核中没有影响部门工作的,"B角"员工将获得"A角"员工由于缺岗应该扣发的奖金待遇。

当月考核中影响部门工作的,约定将应该核减的奖金作为"互助基金",以季度、半年或年度为周期,在小组内根据代岗时间、工作量大小等因素,合理分配。

意向书签订期1年,1年后可根据合作情况,选择解除合作或继续合作。

人力资源部门仅提供意向书模板和合作框架,具体合作的工作范畴、奖金分配、核算周期等条款,由"AB角"合作双方自行确定,人力资源部门按其确定的内容每月收集考核和发放薪资。

2. 工作结果反馈和关系的改进

设定岗位工作结果评判指标,从提供技术支持的速度、效率、稳定度三个方面来考察。

结合主观考察和量化考察两方面。例如,速度的评判标准为:迅速到达(出现问题1小时内到);按时到达(出现问题3小时内到达);拖延到达(出现问题3小时以上才到达);未曾到达。

评价结果由派单任务执行者、服务对象部门、与公司合作的专业技术服务公司三方获取。

3. 发展通道设计改进

该岗位的最低职称设定为初级或中级,比照其个人资历及工作表现。

岗位、职务、职称优先聘任的标准调整为:参与"AB角"2年以上,"B角"代岗次数20次以上,月度考核没有影响部门工作完成次数大于90%。

在职务、职称通道之外,可参与竞聘公司提供企业信誉担保的其他公司岗位(需要同步满足优先聘任标准),通过此途径离职的员工,离职后依旧享有公司对幼儿园子女优先入学、职业培训课程、就职推荐平台等员工福利,同时享受未来规定的优秀离职员工可享受的其他福利。

改进后的岗位说明书和发展通道如表3-20和图3-11所示。

表3-20 改进后的岗位说明书

一、岗位基本信息	
岗位名称:自动化管理员 所属部门:网络信息部 直属上级:网络信息部部长 直属下级:无	岗位代码: 职务等级:无 所辖员工人数:无
二、岗位工作概况	
负责公司本部各部室计算机、办公自动化设备、OA网络的安装、调试、维修、维护和状态控制,同时是公司信息安全的主要监控人员	

续 表

三、岗位工作职责
① 协助领导开展工作,按职责范围或授权负责编制科技发展规划和信息计划 ② 协助合作方信息技术公司进行科技项目技术攻关,完成成果转化的协调工作 ③ 负责通信技术管理和保障工作 ④ 负责企业信息化管理和监督工作 ⑤ "AB角"职责内容:自愿原则签订意向书,约定一名员工由于个人员工临时缺岗,缺岗期间由另一员工代为执行其岗位职责 ⑥ 绩效标准:代岗工作完成情况(计算单位:工作日) ⑦ 考核周期及方式:季度,领导打分
四、岗位工作权限
1. 对本部办公自动化设备的更换期限、更换标准有执行权 2. 向使用部门提出设备维护、保养合理建议 3. 监督本部所有员工自觉维护信息安全,上报违反信息安全行为
五、岗位关系示意图

六、岗位调整选择(见图3-11)
七、外部工作关系
1. 其他部室电话或OA报单,接到申请技术支持并记录 2. 到达现场维护工作,请报单部室填单 3. 返回,任务负责人填单并统一归档
八、内部工作关系
部长每周开派单分析会,全员参加,此作为月度考核季度评分的依据
九、任职条件
① 教育水平:大专及以上,计算机、网络工程及相关专业 ② 工作经验:无硬性要求 ③ 其他:是否愿意参加"AB角"计划
十、其他
岗位分析人:　　　　　　　　　　　　　　日期: 审批人: 版本号:

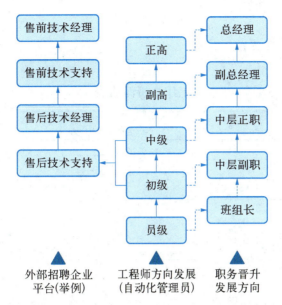

图3-11 自动化管理员岗位发展通道柔性化改进方案

(资料来源:张竞.X公司基于柔性管理视角的岗位设计研究[D].太原:山西大学,2017.)

1. X公司通过这种柔性化的岗位设计,本质上要解决什么问题?值得借鉴的地方在哪里?

2. 以"供气营销员"作为操作岗的典型,尝试设计岗位改进方案。供气营销员原岗位说明书,如表3-21所示。实际上,供气营销员没有"营销"任务,仅仅只是负责抄表和收费,也没有对应的考核设计。其工作结果反馈主要集中在用气的抄核收、燃气盗用稽查、安全用气检查三个方面,反馈对象是派出机构的信息收集岗位,主要面对的是燃气用户。由于工作枯燥乏味,私自雇佣他人代岗现象严重。随着智能远程控制表的推广,未来此岗位有可能会被智能化所替代。目前该岗位技术级别认定水平极低,在岗职工中最高级别为中级工,晋升通道为营销小组组长。

表3-21 供气营销员原岗位说明书

① 负责用所营业和燃气价格规章制度和办法的具体执行。 ② 完成公司规定计费周期的用气计量和燃气费回收。 ③ 负责营销稽查和安全用气检查和上报。

测量工具

工作分析面谈表

职位名称_____ 主管部门_____
所属部门_____ 工作地点_____
间接主管_____ 监督者_____
直接主管_____

一、职位设置的目的
_____

二、职责
按顺序举例说明本职位的工作责任及其重要性。
（分为每日必做的、一定时期内的与偶尔要做的三种类型）

  1. 每日必做的　　　　　　　　完成该任务花费的时间比
    （1）_____　　_____
    （2）_____　　_____
    （3）_____　　_____

  2. 一定时间内的工作（季、月、周）　完成该任务的时间百分比
    （1）_____　　_____
    （2）_____　　_____
    （3）_____　　_____

  3. 偶尔要做的工作　　　　　　完成该任务的时间百分比
    （1）_____　　_____
    （2）_____　　_____
    （3）_____　　_____

三、教育要求
对于本职位的工作来说，哪些教育或知识是必需的？这些教育与知识可以从学校获得，也可以通过自学、在职培训或工作实践获得。（在横线上打钩）
  _____ 任职者能够读写并理解基本的口头或书面指令。
  _____ 任职者能够理解并执行工作程序，以及理解上下级的隶属关系，能够进行简单的数学运算和办公室设备的操作。
  _____ 任职者能够理解并完成交给的任务，具备每分钟打50个文字的能力。
  _____ 具备相近专业领域的一般知识。
  _____ 具备商业管理与财政方面的高级知识与技能。
  _____ 其他方面要求。

四、经验

本职位要求任职者具备哪些经验？（在横线上打勾）

_____ 只需要1个月的相关实习期或在职培训期。
_____ 只需要1～3个月的相关实习期或在职培训期。
_____ 只需要4～6个月的相关实习期或在职培训期。
_____ 只需要7～12个月的相关实习期或在职培训期。
_____ 只需要1～3年的相关实习期或在职培训期。
_____ 只需要3～5年的相关实习期或在职培训期。
_____ 只需要5～8年的相关实习期或在职培训期。
_____ 需要8年以上的相关实习期或在职培训期。
_____ 其他方面的经验要求。

五、担负的管理职责

任职者担负的管理责任有哪些？下列每项工作所花费时间的百分比是多少？

1. 工作指导 _____   _____
2. 布置工作 _____   _____
3. 检查工作 _____   _____
4. 制定计划 _____   _____
5. 目标管理 _____   _____
6. 协调活动 _____   _____
7. 解决雇员问题 _____   _____
8. 评价下属 _____   _____

任职者直接管理的职工人数 _____   _____

六、工作关系

本职位的工作者有哪些关系？在描述这些联系时，要考虑这些联系是怎样建立的？在部门内部还是部门外部？联系次数是否频繁？联系中包括信息搜集判断，还是仅仅作为一种服务形式？哪些联系对部门有用？这里的联系对象包括本部门与外部的所有人员。

七、本职位所受到的监督与管理

本职位需要接受哪些监督和管理？接受的程度如何？（在横线上打钩）

_____ 直接。任职者的工作简单重复进行，工作处于明确、具体的指导下，基本上每天都接受指导。

_____ 严密性。任职者要求按程序工作，从上级部门接受任务安排。

_____ 一般性。任职者要有计划安排自己的工作但需要不定期地与上级商讨例外的、复杂的问题。

_____ 有限性。任职者在一定目标与指导下，计划自己一定时期(每月)内的工作。

_____ 宏观指导。任职者可以独立地计划与实施自己的主要工作，只需要在目标方向上与主管者要求一致。

_____ 自主性。任职者可以自主地确定工作目标，绩效标准只需与他人协商即可，不需要征得上级同意。

八、决策责任
　　任职者独立决策的权限与范围有多大？他做出的决定是否要由他人审核？如果要，那么由谁审核？
_____

九、错误分析
　　1. 最容易犯的错误有哪些？举例说明，并指出它们是操作上的，还是观念上的，还是两者皆有。
_____

　　2. 这些错误多长时间能被发现？谁能发现？常在哪些工作环节上被发现？
_____

　　3. 这些错误存在哪些障碍？在纠正错误过程中可能出现什么枝节问题？
_____

十、数据保密
　　任职者是否要对一些数据加以保密？保密的程度如何？保密对公司的得益有无影响？（在横线上打钩）
　　_____ 不保密。工作中没有任何数据需要保密。
　　_____ 有一点保密。偶尔有些数据需要保密。
　　_____ 一般保密。一般情况下，需要保密，泄密将对公司起负作用。
　　_____ 绝大部分工作需要保密。泄密将对公司有重大影响。
　　_____ 完全保密。稍有泄露，便会有损公司的名声和地位。

十一、工作条件
　　描述工作顺利进行时必需的生理条件、物理条件，如任职者工作期间站、走、负荷的时间各是多少等。
_____

十二、心理要求
　　为了使工作顺利进行，对任职者在心理方面有哪些要求？
_____

十三、列出工作中所使用的机械和设备
　　一直使用：_____　　_____　　_____
　　经常使用：_____　　_____　　_____
　　偶尔使用：_____　　_____　　_____

十四、附加说明
　　本职位还有哪些方面需要补充说明，请列出。

第四章　人力资源规划

1. 了解人力资源规划的发展阶段。
2. 掌握人力资源规划的含义、内容、意义和作用。
3. 掌握人力资源规划的基本要求和步骤。
4. 厘清人力资源规划与企业发展战略、人力资源战略的关系。
5. 掌握人力资源需求分析的步骤和方法。
6. 掌握人才盘点的原则、工具、步骤以及相应的技巧。
7. 掌握人力资源供给预测的各种方法。
8. 掌握编制人力资源规划的各种模型和工具。

看守人为什么会被解雇？

一家大公司在荒漠的中央有一片巨大的废弃场地。

一天,经理对大家说:"有些人可能会在夜晚到那里偷东西。"于是,他们赶紧设立了一个看守人的岗位,并为这个岗位招聘了一个人。

经理说:"看守人怎么可能在没人指挥的状态下盲目工作呢?"于是,他们成立了一个部门,并为这个部门设立了两个职位,同时招聘了两个人:一个负责写工作流程,另一个负责实时调研。

经理说:"我们怎么知道看守人是不是正确地履行了工作职责呢?"于是,他们成立了质检部门,并为这个部门设立了两个职业,同时招聘了两个人:一个做检查研究,另一个写质检报告。

经理说:"可是,这些人到哪里领取工资呢?"于是,他们设立了两个职位——工时记录员与薪资福利员,同时招聘了多名员工负责这项工作。

经理说:"那由谁来管理这些人呢?"于是,他们成立了行政部门,同时招聘了三个人:一名办公室主任、一名办公室主任助理和一名法律秘书。最后经理说:"我们这个机构运转了快一年了,预算已经超过了1.8万美元了,我们必须精简机构,压缩开支了。"于是,他们解雇了看守人。

资料来源:看守人为什么会被解雇[N].中国经营报,2007-05-21.

1. 企业依据什么来招人和裁人?
2. 企业如何做好对的事情?

第一节　人力资源规划概述

一、人力资源规划的发展阶段、界定和目标

(一) 人力资源规划的发展阶段

人力资源规划(human resource planning)大致经历了四个发展阶段,即萌芽阶段、发展阶段、成熟阶段和战略化阶段。

1. 萌芽阶段

19世纪末是人力资源规划的萌芽和初步发展时期。由于生产规模扩大、组织扩张,以及劳动分工和专业化生产的普及,加剧了对各类熟练工人的需求。工厂主开始探索获取熟练工人从而提高生产效率的方法,由此人力资源规划应运而生。这个时期的人力资源规划只是个别企业的前瞻性管理活动,是零星的、临时的管理活动,没有形成一种真正意义上的人力资源规划。

2. 发展阶段

到了20世纪60年代,人力资源规划拥有了扎实的理论基础。巴塞洛缪(Bartholomew, 1973)在《社会过程的随机模型》(Stochastic Models for Social Processes)一书中谈到了人力资源规划。他的思想被英国雇佣学会吸纳和发展。随后,很多学者和实践者开展了人力资源规划研究和实践的探索。例如,英国公民服务学会开发的更加有效利用和开发技术人员的分析技术,用新开发的软件来进行复杂的人力资源结构分析(Bartholomew & Forbes, 1979)。这个阶段的人力资源规划探索活动是把人力资源规划当作一种线性过程,通过这个过程可以确定现有人才存量,预测未来人才需求,根据两者比较的结果调整人力资源管理其他模块的政策,实现人力资源的供需平衡。

3. 成熟阶段

20世纪70年代,是人力资源规划正式走向企业并且广泛普及的时期。人力资源规划

被越来越多的企业、公共部门、非营利组织重视和应用。进入20世纪80年代,人力资源规划有了新的特点和发展趋势。格里尔、杰克逊和菲奥里托(Greer, Jackson, Fiorito, 1989)对人力资源规划在80年代的新发展做了比较全面的分析。这三位学者着眼于美国市场,从70年代到80年代社会经济环境的变化入手,分析人力资源规划发生转变的原因以及新的特点,并预测了人力资源规划今后可能的发展方向。

4. 战略化阶段

20世纪90年代以来,企业所处外部环境的竞争更加激烈,新技术发展更加迅速,经济全球化趋势和世界范围内的企业重组,这些宏观环境因素给企业人力资源规划提出了更高的要求。20世纪七八十年代形成的人力资源规划体系和方法受到了质疑,认为原有的人力资源规划方法缺乏规范性、过于集权以及缺乏灵活性。人力资源规划开始与战略接轨。无论是学者还是实践者,都认识到人力资源规划与企业发展战略整合的必要性和紧迫性,战略性人力资源规划逐步被接受和普及。这标志着人力资源规划战略化的到来。

(二) 人力资源规划的界定

人力资源规划,又称人力资源计划,是指企业从战略规划和发展目标出发,根据其内外部环境的变化,预测企业未来发展对人力资源的需求,以及为满足这种需要所提供人力资源的活动过程。

具体来讲,第一,人力资源规划是企业经营战略规划的重要组成部分,它是为了达到企业的战略目标和战术目标而从事的活动。第二,它根据企业目前的人力资源状况,为了满足未来一段时间内企业的人力资源质量和数量方面的需要,决定引进、保持、提高、流出人力资源的可作的预测和相关事宜。

(三) 人力资源规划的目标

人力资源规划的目标是确保企业在适当的时间和适当的岗位获得适当的人员(包括数量、质量、层次和结构等),实现人力资源的最佳配置,最大限度地开发利用人力资源潜力,使企业和员工的需要得到充分满足。

人力资源规划来源于人力资源战略,而人力资源战略又支持和服务于企业战略。人力资源规划与人力资源战略、企业战略之间的关系,如图4-1所示。

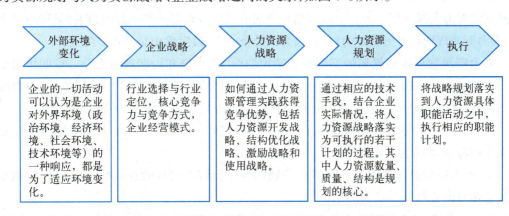

图4-1 人力资源规划与企业战略、人力资源战略的关系

企业战略是对处于不断变化竞争环境中企业的过去运行情况及未来将准备如何运行的一种总体表述。它要回答的根本性问题是：企业的业务（business）是什么以及应该是什么？它要思考选择什么行业、在行业中的定位、核心竞争力与竞争方式以及企业经营模式等。企业战略既包括竞争战略，也包括各职能战略，例如技术开发战略、人力资源战略、品牌战略、营销战略、融资战略等。

人力资源规划是企业战略规划的一部分，是指为了达到企业的战略目标和战术目标，根据企业目前的人力资源状况，为了满足未来一段时间内企业的人力资源质量和数量方面的需要，决定引进、保持、提高、流出人力资源的可作的预测和相关事宜。

人力资源战略是指根据企业总体战略的要求，为适应企业生存和发展的需要，对企业人力资源进行开发，提高职工队伍的整体素质，从中发现和培养出一大批优秀人才所进行的长远性谋划和方略。人力资源战略决定了人力资源规划的方针、重点和基本政策，决定了人力资源数量、结构和素质要求。人力资源规划是运作人力资源管理系统的前提，是人力资源管理各子系统重大关系决策的依据。

人力资源战略是企业战略不可或缺的有机组成部分。企业战略与组织所拥有的人力资源具有高度的相关性。企业战略的成功实施，取决于研发、营销、生产、财务管理等多种因素，但最终都要落实到人力资源上。由此可见，企业绩效的提高，企业战略目标的实现，首先是人力资源管理的成功。

总之，人力资源规划是实现企业战略的基础规划之一。企业战略一旦确定后，就要有人去执行和完成。人力资源计划的首要目的就是有系统、有组织地规划人员的数量、质量与结构，并通过职位设计、人员补充、教育培训和人员配置等方案，保证选派最佳人选完成预定目标。

二、人力资源规划的内容、基本要求和步骤

（一）人力资源规划的内容

企业所要制定的规划是多种多样的，既要制定全公司的战略规划（包括明确宗旨、建立目标、评价优劣势、确立机构、制定战略和制定方案等），也要制定战术规划或经营计划，更要制定人力资源规划。人力资源规划与公司的其他规划是并列平行的，但在某种意义上讲，人力资源规划具有更重要的意义，因为人是企业中，最宝贵也是最重要的资源。

人力资源规划按照规划的期限有长期规划、中期规划和短期规划之分。短期规划通常为1年规划，中期规划一般为3～5年规划，长期规划一般为5年以上规划。人力资源规划期限长短，主要取决于企业所处外部环境的不确定性以及对人力资源的要求。

从人力资源规划涉及的范围来看，人力资源规划包括两个层次：人力资源总体规划和人力资源业务规划。

① 人力资源总体规划。它是指在计划期内人力资源管理的总目标、总政策、实施步骤及总预算的安排。

② 人力资源业务计划。它包括人员补充计划、人员配置计划、人员接替和提升计划、

教育培训计划、薪酬激励计划、退休解聘计划、劳动关系计划等。这些业务计划是总体规划的展开和具体化，每一项业务计划都由目标、任务、政策、步骤及预算等部分组成。这些业务计划的执行结果应能保证人力资源总体规划目标的实现。

人力资源规划的内容由事先确定的规划范围来决定，可以针对一方面或几方面，也可以全方位开展（表4-1）。

表4-1 人力资源规划的内容

规划名称	目标	政策	预算
总规划	总目标：绩效、人力资源总量、结构、素质、员工满意度	基本政策：人员队伍扩大、收缩或者保持稳定	总预算
人员补充计划	类型、数量、层次及人力资源结构的改善	任职资格、人员的来源、人员的起薪	招聘选拔费用
人员配置计划	部门编制、人力资源结构优化、岗位匹配、岗位轮换	任职资格、岗位轮换的范围及时间	按使用规模、类别和人员状况决定薪酬预算
人员接替与提升计划	后备人员数量保持、人员结构改善	选拔标准、试用期、提升比例、未提升人员的安置	职务变动引起的工资变动
人员培训与开发计划	培训的类型与数量、转变员工的工作态度、提高工作效率	培训计划的安排、培训时间的保证、培训效果的保证	培训与开发的总投入、脱产损失
薪酬激励计划	离职率降低、士气提高、绩效改善	工资政策、奖励政策、激励方式	增加工资和奖金的金额
员工关系计划	减少非期望离职率、雇佣关系改善、减少员工投诉与不满	参与管理、加强沟通	法律诉讼费用
退休解聘计划	劳动成本降低、生产率提高	退休政策及解聘程序	安置费用

人力资源规划内容涉及人员补充、培训、配置使用、晋升、工资等具体方面及其内在联系，因此在制定各项业务计划时应注意相互之间的平衡与协调。若人员通过培训提高了素质，在使用及报酬方面却无相应政策，就容易挫伤员工接受培训的积极性。另外，还要做好每一项业务计划的配套平衡。

（二）人力资源规划的基本要求

1. 人力资源规划必须与企业的经营目标相结合

企业的经营目标是指企业在一定时期内的经营方向和经营计划，企业的各项活动必须围绕着经营目标的实现而进行。人力资源管理同样必须以此为基础，企业的人员配置、培训和教育必须与经营目标决定的岗位设置、人员素质要求及各种协作、合作关系配合。而且对企业员工的激励必须与工作目标相结合。只有这样，才能充分调动员工的积极性、主动性和创造性，从而保证企业目标的实现。

2. 人力资源规划必须与企业的发展相结合

员工的智慧和创造性是促进企业发展的根本源泉，而企业的发展也必须以一定数量和质量的人员为基础。企业人员的招聘、培养等都必须考虑到企业长期发展的要求。

3. 人力资源规划必须有利于吸引外部人才

现代化企业的竞争是人才的竞争，但对一个企业来说，单从企业内部很难配齐企业竞争和发展所需的各种人才，因此必须向外招聘优秀人才。企业只有招进所需的各种优秀人才，才能在激烈的市场竞争中立于不败之地。

4. 人力资源规划必须有利于增强企业员工的凝聚力

人是企业的主体，能否把员工团结在企业总目标的周围，是人力资源管理的关键。这就要求企业必须建立"以人为中心"的企业文化，真正关心人、爱护人，充分挖掘人的潜能，使企业总体目标和个人目标同企业文化紧密结合在一起，增强企业员工的凝聚力。

（三）人力资源规划的基本步骤

人力资源规划是人力资源管理的一项重要职能，起着统一和协调的作用。在制定人力资源规划时，需要确定完成组织目标所需要的人员数量和类型，因而需要收集和分析各种信息并且预测人力资源的有效供给和未来的需求。在确定所需人员类型和数量以后，人力资源管理人员就可以着手制定战略计划和采取各种措施以获得所需要的人力资源。人力资源规划包括四个阶段：准备阶段、预测阶段、实施阶段和评估阶段（图4-2）。

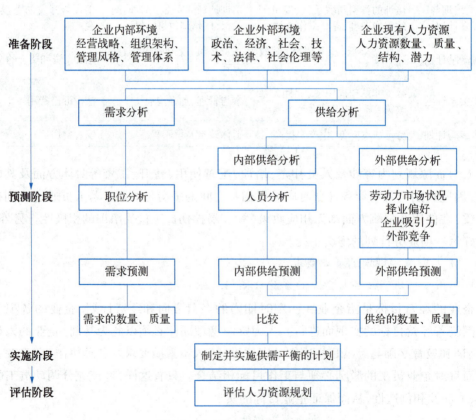

图4-2 人力资源规划的基本步骤

（资料来源：董克用，李超平. 人力资源管理概论[M]. 5版. 北京：中国人民大学出版社，2019：154.）

1. 准备阶段

影响企业人力资源供给和需求的因素很多,为了做好人力资源规划,能够比较准确地做出预测,需要收集和掌握企业所处内外部环境信息和企业人力资源信息。

(1) 外部环境信息

一是有关经营环境的信息,如社会的政治、经济、文化、法律环境信息。由于人力资源规划同企业的生产经营活动是紧密联系在一起的,因此这些影响企业生产经营的因素都会对人力资源的供给和需求产生作用。二是直接影响人力资源供给和需求的信息,如外部劳动力市场的供求状况、政府的职业培训政策、国家的教育政策、竞争对手的人力资源管理政策等。

(2) 内部环境信息

一是组织环境的信息,如企业的发展战略、经营规划、生产技术、产品结构等。二是管理环境的信息,如公司的组织结构、企业文化、管理风格、管理结构(管理层次与跨度)、人力资源管理政策等。这些因素都对企业人力资源的供给和需求有直接影响。

(3) 企业现有人力资源信息

这是指对企业现有人力资源的数量、质量、结构和潜力等进行的"盘点"。"盘点"的资料包括员工的基本情况、受教育情况、工作经历、工作业绩记录、工作能力和态度等方面的信息。只有及时准确地掌握企业人力资源现况,人力资源规划才有意义。为此,需要借助完善的人力资源信息系统,以便能够及时更新、修正和提供相关的信息。

2. 预测阶段

这一阶段的主要任务就是要在充分掌握信息的基础上,采用有效的预测方法,对企业在未来某一时期的人力资源供给和需求做出预测。在整个人力资源规划中,这是最关键的阶段,也是难度最大的阶段,直接决定了人力资源规划的准确性。只有准确地预测出供给和需求,才能采取有效的措施进行平衡。如何预测供给和需求,我们会在第二节和第三节中详细介绍。

3. 实施阶段

在供给和需求预测出来以后,就要根据两者之间的比较结果,通过人力资源的总体规划和业务规划,制定并实施平衡供需的措施,满足企业的人力资源需求。人力资源的供需达到平衡,是人力资源规划的最终目的,进行人力资源供给和需求预测就是为了实现这一目的。

人力资源供给和需求预测之间的比较,会有平衡和不平衡两种结果。

人力资源供给和需求预测平衡,具体来讲还可分为两种情况:① 供给和需求总量预测平衡,人力资源结构平衡。这种情况不需要采取干预措施。② 供给和需求总量预测平衡,人力资源结构不平衡。企业可以采取人员内部重新配置,包括晋升、调动、降职措施,将员工配置到合适的岗位;企业也可能通过辞退不合适的员工并招聘合适员工,或者通过培训员工,达到人力资源结构平衡。

人力资源供给和需要不平衡也存在以下两种情况:① 供给大于需求。当预测的供给大于需求时,企业可以采取扩大经营规模或者开拓新增长点,以增加对人力资源的需求；企业也可以通过裁员、鼓励提前退休、停止招聘、缩减员工的工作时间，以达到降低人力资源供给的目的。② 供给小于需求。当预测的供给小于需求时，企业可以通过招聘包括返聘退休员工、延长工作时间、降低员工离职率、提升员工工作效率，以增加人力资源供给；企业也可以将部分业务进行外包，以达到减少人力资源需求的目的。

另外，企业在制定相关的措施时，应当使人力资源的总体规划和业务规划与企业的其他计划相互协调。只有这样，制定的措施才能有效实施，例如，如果财务预算没有增加相应的经费预算，那么人员的招聘计划就无法开展。

4. 评估阶段

对人力资源规划实施的效果进行评估是整个规划过程的最后一步。由于预测不可能做到完全准确，因此人力资源规划也不是一成不变的，它是一个开放的动态系统。人力资源规划的评估包括两层含义：一是指在实施的过程中，要随时根据内外部环境的变化修正供给和需求的预测结果，并对平衡供需的措施进行调整；二是指要对预测的结果以及制定的措施进行分析，对预测的准确性和措施的有效性做出评价，找出存在的问题以及有益的经验，为今后的规划提供借鉴和帮助。

三、人力资源规划的意义与作用

（一）人力资源规划的意义

任何一个企业，要想有合格的、高效的人员结构，就必须进行人力资源规划。人力资源规划的意义主要表现在以下几个方面：

任何一个企业都处在一定外部环境中，而外部环境的各种因素均处于不断地变化和运动状态。其中一些因素对企业影响甚大，并且有些因素直接影响到企业的人力情况。所以，变动的外部环境需要企业对人力资源的数量、质量及人员结构做出相应调整和规划。

企业内部的变化会对人员产生影响。企业内部各种因素在不断地运动和变化，人力因素也处于不断的变化之中。例如，离退休、自然减员、辞职、停薪留职、开除等会导致员工的减少；新招聘的人员会导致员工的增加；工作岗位的调动、提升、免职、处罚等现象则导致人员结构的改变。为此，要通过人力资源规划等手段预先采取相应的措施，适时引导和恰当调整。

在市场经济体制下，企业内外部各种因素的变化更加激烈。例如，各种资源，包括人力资源靠市场机制的作用进行合理配置，所以企业倒闭、新企业的诞生、劳动力市场的建立、人才的大量流动都会习以为常。为保证企业效率，内部也必然要进行人员结构的调整和优化。若不进行人力资源规划企业就难以生存和发展。

企业人力资源分布可能存在不合理。例如，年龄结构、资历结构、知识结构等，需要进行有计划地调整。如果一个企业中经验丰富与缺乏经验的人很多，而中间人员很少，待这批有经验的人退休之后老资历人员将出现缺乏。

（二）人力资源规划的作用

一般来说，一个理想的人力资源规划应能发挥以下的作用：

① 有助于管理人员预测员工短缺或过剩的情况,仍能维持员工人数的稳定。
② 充分利用已有的人力资源,最大限度地实现人尽其才,才尽其用。
③ 集中注意劳动力供应的来源,吸收人才,提供足够人力,以达到企业预定目标。
④ 有效地分配人力资源,使各个部门在从事生产经营活动时不致缺乏适当人员。
⑤ 避免新进人员在接受在职培训后,因缺乏挑战性的工作机会而离开企业。
⑥ 事先做好人力替换计划,防止主要管理人员离开所引起的经营继续问题。

人力资源规划对个人和企业都是极其重要的,因为它可以使人力资源得到最合理的使用。对个人来说,人力资源规划可以帮助员工改进自己的工作技巧,使他的能力和潜能得到充分发挥。同时,认识工作发展的机会,可以满足个人的期望,从而提高员工的工作效率和劳动生产率。对企业来说,人力资源规划可以确保有足够的管理和技术人力的供应,以应对不断变化的需求与经济环境。

在企业经营过程中,人力资源规划的重要性不言而喻,而且必须要系统地、科学地进行,了解企业需要的人力资源,特别是管理人员的供应,是企业管理现代化的必备条件。人力资源规划主要是从人力资源供应与人力资源需求两个方面去预测在未来一段时间企业所需人力资源的数量,希望达到人力资源供应与需求之间的平衡。

第二节　人力资源需求预测方法

人力资源需求预测主要是通过分析组织未来发展规划,运用一定的预测方式,对未来组织所需人力资源的数量、质量等进行分析。由于组织在不同阶段会面临不同的经营问题和战略选择,过于前瞻或者过于保守都是不切实际的,因此人力资源的需求预测必须紧紧围绕组织目标去分析。人力资源需求预测的一般流程如图4-3所示。

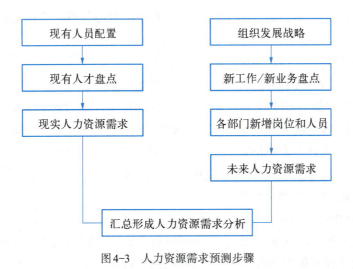

图4-3　人力资源需求预测步骤

一、人力资源需求预测方法

人力资源需求预测方法有很多,可以分为定性分析和定量分析两种,下面我们介绍一些常用的预测方法。

(一)定性分析

定性分析相对易理解、易操作,使用范围较广,主要有以下几种方法。

1. 现状预测法

现状预测法是最简单的预测方法。根据组织现状,在假设保持原有生产技术、生产条件的基础上,组织的各类人员比例和总数总是相对稳定的。我们只需要预估出晋升、降职、退休和调动人员的数量,再对应调整人员去弥补即可。这种方法仅适用于短期预测。

2. 经验预测法

经验预测法是根据以往经验来预测人员变动,因此使用简单。但由于管理者个体能力和经验差异的影响,结果往往受经验影响因素较大。可以增加过往数据和历史档案的数量,或通过多人/多轮预测的方式,来尽可能减少误差。这种方法一般适用于业务和环境相对稳定的小型组织,通常用于短期预测。

3. 分合预测法

分合预测法先是各部门根据各自未来业务和技术的变化,对本部门的人员需求情况进行预测,然后由人力资源部门汇总,综合平衡调整后,形成组织的总体预测。所有部门的预测需要在人力资源专业人士指导下进行,这样能保证部门在理解上没有太大偏差。这种预测方式使用起来比较直观,而且能形成各部门和人力资源部门的互动,因此在实际应用中较为广泛。但此预测也仅适用于经营稳定的组织。

4. 德尔菲法

德尔菲法(Delphi)又称专家会议预测法,是20世纪40年代末在美国兰德公司的"思想库"中发展出来的一种主观预测方法。德尔菲法是定性分析法中相对较复杂的一种预测方式,其基本步骤如下:

① 设定预测的具体目标、范围、内容;
② 整理组织及各部门的背景资料,并设计调查问卷;
③ 确定参与的专家人员,专家之间彼此并不知晓,且不能互相讨论和交换意见;
④ 发放资料和问卷,并向专家解释资料和问卷的内容,避免产生偏差;
⑤ 回收问卷,统计专家们的预测结果,并反馈给专家;
⑥ 进行第二轮预测,同样将预测结果反馈给专家;
⑦ 以此往复,直至预测结果趋同。

从上述步骤中可以看出德尔菲法主要有以下特点。

① **匿名性**:德尔菲法是一种背靠背的预测方法,各专家之间并不能对问题进行交流,这样就避免了权威影响,保证了各自结果的独立性。

② **反馈性**：在每轮问卷之前，都要求将上一轮的结果反馈给各位专家，经过多轮反馈来逐渐修正预测结果，这样使得结果能充分表达专家的想法。

③ **科学性**：由于是众多专家的意见，因此避免了片面性；同时对每次的结果进行反馈，最终得以趋同，使得德尔菲法的结果准确性较高。

实际应用过程中还要注意以下几点：

① 资料的提供需要尽可能详尽，问卷的描述尽量使用专业术语，让专家们获得尽量全面的信息，使得判断的偏差尽量减少。

② 专家的选择应当根据组织的规模、业务的复杂性、专家的特点等实际情况，综合考量；大型组织，业务相对较复杂的，专家数量一般不少于30人，问卷回收率不低于60%，以保障结果的广泛性和科学性。

③ 由于德尔菲法相对耗时耗力，因此需要和组织高层和专家充分沟通，获得双方的支持，以此保证专家参与的有效性和预测的顺利推进。

5. 情景分析法

情景分析法又叫情景描述法或者脚本法。20世纪60年代末，荷兰皇家壳牌集团（Royal Dutch Shell）使用基于脚本的战略规划并取得成功。1971年，该公司的皮埃尔·瓦克（Pierre Wack）正式提出情景分析法。此方法根据发展趋势的多样性，对系统内外的相关问题进行分析，把事物在一定阶段的发展情景生动鲜明地描绘出来，以期达到正确预测目的的一种预测方法。

情景分析法应用于人力资源预测时，一般是由组织的人力资源部门根据未来的组织目标，结合当下情况，进行假设性描述。综合分析相关因素的变化，制定出多种人力资源需求的备选方案，以适应和应对环境和因素的变化。此种方法一般用于环境变化较大或组织处于变革期的人力资源需求预测分析。

6. 工作研究法

工作研究法是根据组织具体的岗位及其工作内容，在假定人员完全适合岗位的前提下，通过科学的工作分析，确定岗位工作量，计算所需人数。此种方法的基础是工作分析，需要编写出准确的工作说明书，制定出科学的用人标准。因此此类方法比较适用于组织结构相对简单，部门职责容易界定，岗位工作分析较简单的组织。

（二）定量分析

定量分析一般利用数学方法。主要的定量分析方法有以下几种。

1. 趋势预测法

趋势预测法是根据组织历史数据，设定变化因素，以此来预测人力资源需求。一般有以下两种。

（1）散点图法

根据历史数据绘制散点图，用数学方法修正成平滑曲线。

（2）幂函数法

$$R(t) = at^b$$

其中 $R(t)$ 为 t 年的员工人数，a,b 为模型参数。

a,b 的值由员工人数历史数据确定，用非线性最小二乘法拟合幂函数曲线模型算出。

例 4-1： 某公司过去 5 年人员情况如表 4-2 所示，预测 2021 年度人力资源需求多少？

表 4-2　某公司过去 5 年人员情况表

年　度	2016	2017	2018	2019	2020
人　数	318	347	380	404	430

我们用幂函数法，假定人数为 $R(t)$，年度为 $t(1,2,3,4,5)$，根据上述数据，用 $R(t)=at^b$ 模型可得：

$$a \approx 312.53, b \approx 0.1866, 公式为 y = 312.53x^{0.1866}$$

根据此，计算 2021 年（第 6 年）的人员需求为：$y = 312.53.8 \times 6^{0.1866} = 436.6 \approx 437$（人）

2. 统计预测法

统计预测法根据组织过往数据，建立统计模型，以此预测未来需求。

一般有以下三种。

（1）比例趋势法

研究组织过往各类人员之间的比率、人员和机器之间的比率等，模拟未来人员的需求。

例 4-2： 某公司去年员工总数 500 人，服务 100 家客户；在其他条件不变的情况下预计今年客户数量会增加到 200 家。则今年其员工总数为：

$$所需人员总数 =（去年员工总数 \div 去年客户数）\times 今年客户总数$$
$$=（500 \div 100）\times 200 = 1\,000（人）$$

（2）一元线性回归法

假设一种因素影响人员需求，忽略其他因素影响，以此构建模型；如 2 个以上因素影响，则采用多元线性回归法；影响因素如果和人员需求无线性关系，则采用非线性回归法。

例 4-3： 某商场管理人员数量和入驻商场的租户数量存在线性关系，在不考虑其他因素情况下，其过去 5 年商场的管理人员和租户数量如表 4-3 所示，今年预计客户数量将达到 500，计算今年需要的管理人员数量。

表 4-3　过去 5 年管理人员和租户数量表

租户数量	100	150	200	250	300
管理员人数	10	20	30	40	50

我们假定管理员人数为 x，租户数量为 y，根据上述数据，用 $y = a + bx$ 模型可得：

$$a = 5, b = 50, 公式为 y = 5x + 50$$

根据此，计算今年的管理人员需求为：$500 = 5x + 50$，计算得 $x = 90$（人）

（3）经济计量模型法

将影响组织人员需求的所有因素与人员需求变化之间，用数学模型的方式进行表达，然后根据当下和未来的因素变化，形成对应的人力资源需求预测。此方法首先需要识别组织内部影响人员需求变化的所有因素，其次需要有较强的数学和建模能力，因此对于基础管理要求较高。

3. 工作负荷法

工作负荷法根据历史数据和工作分析的结果，计算单位时间单位个体满负荷的工作产出（如产量），再根据目标计算完成目标所需要的工作总量，以此计算出未来人员需求。

其计算公式如下：

$$未来员工需求总数 = 未来工作总量 \div 单位员工工作量$$

或者

$$未来员工需求总数 = 未来总工时 \div 单位员工工作时数$$

当组织环境和产品相对稳定时，用此方法比较方便。

例 4-4：某制造型企业有 A、B、C、D 四类产品，对应的单位工时分别为 1、2、3、4（小时），该公司产线员工平均每年度工作小时数约为 2 000 小时，其未来 3 年每种产品的目标产量见表 4-4，预测该企业未来 3 年产线员工的需求数量。

表 4-4 未来 3 年每种产品目标产量表

时间 产品	第一年	第二年	第三年
A 产品	10 000	20 000	30 000
B 产品	9 000	15 000	40 000
C 产品	8 000	10 000	12 000
D 产品	3 000	2 000	4 000

根据上述条件，我们首先可以计算出未来 3 年每年的总工时数，如表 4-5 所示。

表 4-5　未来 3 年总工时数

产品总工时数＼时间	第一年	第二年	第三年
A 产品总工时数	10 000	20 000	30 000
B 产品总工时数	18 000	30 000	80 000
C 产品总工时数	24 000	30 000	36 000
D 产品总工时数	12 000	8 000	16 000
合计总工时数	64 000	88 000	162 000

用未来 3 年每年的总工时数，除以产线员工平均每年度工作小时数（2 000 小时），我们可以得出未来 3 年所需要的产线员工总数分别是：第一年 32 人，第二年 44 人，第三年 81 人。

4. 劳动定额法

劳动定额法是指劳动者在单位时间内完成的一定工作量。它受组织的整体效率和个体的能力改变而影响。

在已知总体工作量的情况下，未来人员需求可以用以下公式表示：

$$N = \frac{W}{Q(1+R)}$$

其中，N 表示未来人力资源需求总数，W 表示未来工作总量，Q 表示组织劳动定额，R 表示生产效率变动系数。

R 的变动一般受以下因素影响：组织技术进步引起效率的提高（如自动化），经验和能力提升引起效率的提高（如培训熟练工），个体机能衰退引起效率的下降（如员工老龄化）。

例 4-5：某零件生产企业年度生产量为 1 000 000 个，每个车间工人产量定额为 18 个，由于其员工相对稳定，技能熟练度均匀；去年引入新设备，预期可以给车间工人提升效率 20%；部分工人由于年龄偏大，对整体效率可能影响 2%。该企业工人平均出勤天数为 232 天，计算预期车间员工需求人数。

根据上述公式：

$N = 1\ 000\ 000 \div [18 \times (1+20\%-2\%) \times 232] = 1\ 000\ 000 \div [21.24 \times 232] \approx 203（人）$

此处应当注意当产量为年度产量时，定额也需要换算成年度定额。

5. 柯布-道格拉斯生产函数法

柯布-道格拉斯生产函数是美国数学家 C. W. 柯布和经济学家保罗·H. 道格拉斯用以预测工业系统或大型组织的生产和发展时的一种经济数学模型。其公式如下：

$$Y = A(t)L^\alpha K^\beta \mu$$

其中，Y代表总产值，$A(t)$为综合技术水平（一般为常数），L代表投入的劳动力人数，K代表投入的资本数量，α和β分别代表劳动力和资本的产出系数（$|\alpha|+|\beta| \leq 1$），μ表示随机影响（$\mu \leq 1$）。

此模型一般应用在大型工业组织的预测，其对组织的技术水平、劳动力投入和资产的投入，都有着一定的规模要求。

（三）各自优点和局限

定性分析和定量分析都有各自的优点，也有相对的局限，如表4-6所示。

表4-6　定性和定量分析的优点和局限

分析方式	优　　点	局　　限
定性分析	①分析方式相对简单，易理解、易操作 ②普遍适用于组织规模不大的情况下预测 ③较适合于中短期的需求预测	①要求组织环境相对稳定 ②受个体和经验影响因素较大 ③准确性需要反复验证
定量分析	①需要有一定量的历史数据作为基础 ②普遍使用数据模型，考虑组织发展过程中多个影响因素，相对科学 ③可借助计算机等手段，加快预测速度	①每个模型都有其应用的背景，存在各自的局限 ②由于建立模型需要大量的数据和验证，因此不太适合于小组织

因此组织在做人力资源需求预测时，需要结合自身特点，多方验证历史数据和模型参数，灵活结合定性分析和定量分析，选取适合组织阶段和实际情况的预测方法，切忌过度复杂化，从而增加组织不必要的负担。

二、人才盘点

人才盘点是指组织通过一定的工具，对其人力资源状况进行评估调查，从而汇总出现有人力资源的绩效水平、优势方面和不足之处。其目的是识别组织的人力资源现状（数量、质量、效率等），并且对核心岗位、有潜力的人才、未来规划等做好铺垫，以便后续做出更好的决策。

人才盘点在实施过程中，需要遵循一定的原则展开。第一，要遵循科学性的原则。对人才的衡量需要基于统一的标准，避免在盘点过程中加入个人喜恶、个人偏见和裙带关系。人才盘点需要采用科学的方法和工具。第二，在实际执行过程中要坚持客观公正的原则。第三，在企业中形成一种良性的人才盘点文化，从而能持续了解员工的潜能、及时发现组织中的问题，促进企业有效管理和健康发展。第四，人才盘点的结果视企业文化决定是否告知被盘点者个人，但需要保证盘点结果的运用与落地。无论是基于共性的集体发展计划还是基于个性的个人发展计划，人才盘点都可以帮助团队或个人取得进步，对组织产生正收益。

（一）人才盘点的工具

实施人才盘点采用的两个基本工具是胜任力模型和人才九宫格。

1. 胜任力模型

胜任力或胜任特征是人才盘点过程中划分人才非常重要的参考标准和依据。

20世纪初，科学管理之父泰勒（Taylor）通过研究得出，优秀员工和后进员工在完成任务时存在明显差异，进而建议工厂所有者采取动作时间分析的方式来划分胜任特征，同时通过训练提高工人胜任力，进而改善工作绩效。胜任力是指能够将某岗位上优秀绩效员工与普通绩效员工区分开的潜在的能被衡量或计量的个体特征，包括但不限于动机、个性特征、价值观、某领域的知识技能、综合能力等。

在同一组织里，不同岗位需要员工具备的胜任力内容和水准是不同的；在不同行业不同组织里，同一岗位对员工的胜任力需求也不尽相同。

2. 人才九宫格

人才九宫格在开展人才盘点时应用得较为广泛。人才九宫格对企业中的人才进行较为直观的区分和识别，根据九宫格内不同人才的分类为对应区域的人才制定适合的策略。经典的人才九宫格有绩效-能力九宫格及绩效-潜力九宫格。

以绩效-能力九宫格为例，可根据企业整体战略目标制定人才的区分识别维度，确定出横轴和纵轴代表的维度，在每个维度中可设置高、中、低三个评价等级。通常可以根据绩效和能力维度将企业中的人才分为9个类别并分至九宫格中的对应区域。企业管理者可以通过九宫格辨析企业整体人才分布现状，找到企业发展所需要的人才。同时也是审视当前人才问题、辨析企业中的高潜力员工的有效工具，可以更方便有效地开展企业中的人才管理。

对于九宫格中各区域的人才，可以根据其特点，结合目前企业和各部门的发展需要，配合所在部门通过员工面谈及问卷调研等方式，初步制定出人才发展策略，促进人才管理的落地实施。企业可以针对不同情况，采取合理对策。例如，对于企业中工作绩效高、关键能力强的员工，企业应及时关注。在实践操作过程中，可以结合组织现状，在短时间内为该员工规划出适应其发展的职业发展路径，或赋予员工更重要的职责，或采用加薪、晋升等激励措施，以留住并发展员工，使其个人发展跟上企业发展。对于能力或绩效不足的员工，直线主管可以通过面谈的方式，与员工本人共同找出其在绩效、能力方面尚待提升之处，对其提出组织期望和改善方向，通过制定针对性的培养方案，结合发展目标对员工进行个性化的培养，通过定期考核等方式激励员工不断发展以满足组织要求。若能力、绩效等都不达标的员工经企业培训后仍不能适应岗位发展需求，企业需考虑是否对其采取调整岗位等措施，以保证每个员工都能适应岗位发展需求。在实施过程中要注意与员工保持充分沟通，在企业中形成良性的人才管理文化和管理习惯。

（二）人才盘点步骤

人才盘点的大致步骤如图4-4所示。

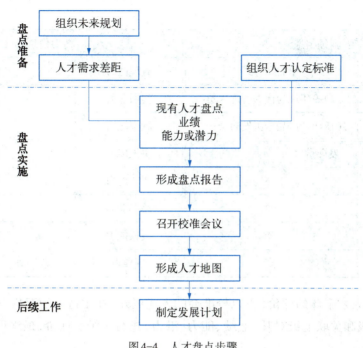

图4-4 人才盘点步骤

1. 盘点准备

在盘点准备阶段,组织应当根据未来的规划,来合理估计未来人力资源需求,在此过程中,比照现有人才情况,确定在数量、质量方面的差距,并且评估内外部获得的可能;同时,组织需要制定符合自身实际情况的人才认定标准(评价体系),以此作为盘点的依据。

2. 盘点实施

在盘点实施阶段,需要选择不同的评估工具,通过业绩、能力或潜力两个维度来展开人才盘点。

企业可以采用关键绩效指标法(key performance indicators,KPIs)、平衡计分卡法(Balance Score Card,BSC)等来考察其业绩;通过360°评估、评鉴中心等方式来评估其能力;通过学习敏锐度、心理测评等方式来评价其潜力。

经过上述评估,形成初步的个人盘点报告,如表4-7所示。

表4-7 个人盘点报告样表

个人信息		岗位信息	
姓名	张小二	岗位名称	销售大区经理
性别	男	入职日期	2016年1月
年龄	28	对应职级	S5
婚姻	已	上级岗位	销售总监
教育状况	硕士	对应职级	S7

续 表

业绩信息		能力信息	
过去3年业绩	88、96、95	管理能力	优
重大奖惩事迹	2019年评为优秀管理人员	沟通能力	优
重大项目表现	2018年新产品全国发布会……	凝聚能力	优
发展潜力		决策能力	良
发展意愿	95	团队能力	优
学习能力	92	培养能力	优
综合素质	98	授权能力	良
潜力评级	高	领导力	良

之后对于人才个体的评价，再以校准会的方式展开，在主持人的召集下，邀请其直接上级、间接上级和关联上级对其（业绩、能力、潜力）进行多维度评价，最终形成人才地图，如图4-5所示。

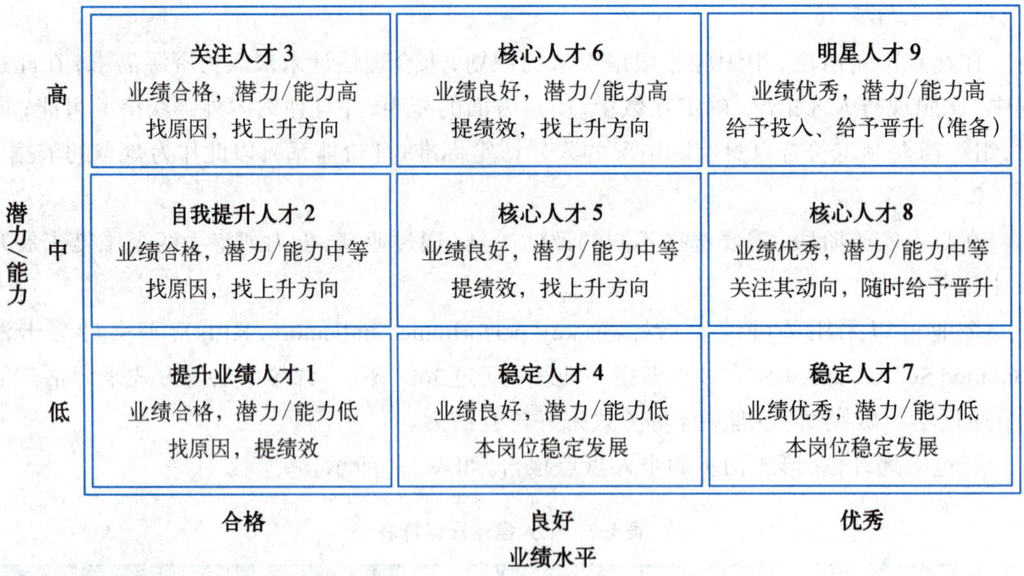

潜力/能力	合格	良好	优秀
高	关注人才 3 业绩合格，潜力/能力高 找原因，找上升方向	核心人才 6 业绩良好，潜力/能力高 提绩效，找上升方向	明星人才 9 业绩优秀，潜力/能力高 给予投入、给予晋升（准备）
中	自我提升人才 2 业绩合格，潜力/能力中等 找原因，找上升方向	核心人才 5 业绩良好，潜力/能力中等 提绩效，找上升方向	核心人才 8 业绩优秀，潜力/能力中等 关注其动向，随时给予晋升
低	提升业绩人才 1 业绩合格，潜力/能力低 找原因，提绩效	稳定人才 4 业绩良好，潜力/能力低 本岗位稳定发展	稳定人才 7 业绩优秀，潜力/能力低 本岗位稳定发展

业绩水平

图4-5 人才地图

3. 后续工作阶段

组织完成对人才的盘点并不意味着此项工作的结束，相反，它意味着另外一项工作的开始，即员工个人发展计划IDP（Individual Development Plan, IDP）。针对不同的人才个体，组织应当设计不同的IDP来辅导员工进行提升，从而能为今后的人才储备打下基础。个人提升计划表如表4-8所示。

表 4-8　个人提升计划表

个人信息		职业目标	
姓名	张小二	晋升意愿	高
职位	销售区域经理	轮岗意愿	期望尝试市场工作
人才类别	明星人才 9	绩效目标	
离职风险	高	提升业绩方式	维持年度绩效为优秀……
可能原因	个人有更高目标	能力目标	
是否有储备	有，李大三	提升能力方式	提升高阶管理能力……
学习计划			
学习方式	课程内容	需要资源	完成时间
委外培训 在岗培训 ……	领导力课程 ……	外部机构 ……	第一季度结束前 ……

（三）人才盘点结果的应用

人才盘点的结果可应用于组织结构设计和人员配置、绘制组织人才地图、建立组织人才库、输出人才盘点报告以及制订个人发展计划。人才盘点的结果及其应用如表 4-9 所示。

表 4-9　人才盘点的结果和应用

结果名称	内　　容	后续应用
组织结构图	基于未来组织发展目标的组织结构和人员配置	① 根据配置拟定人员供需配置 ② 根据业务发展调整部门/岗位/人员的结构
组织人才地图	将不同的人才个体，放入不同的九宫格内，形成人才地图	① 识别高潜力人才 ② 针对不同人才，有针对性地制定未来发展规划
组织人才库	按照不同的类别，将所有人才分类管理，明确其未来发展路线	① 梳理/更新组织人才数据库 ② 形成人才梯队管理的共识 ③ 便于继任者计划的开展
人才盘点报告	基于人才个体的详细记录（业绩、能力、潜力）	
IDP	人才后续发展计划	① 制定详尽的培训发展计划 ② 制定适合企业的人员保留计划

总之，人才盘点不但在数量和结构上梳理了组织的人力资源，更为组织后续的发展提供了持续的保障，其意义不仅仅限于人员预测。它应当作为人力资源部门重要内容之一，长期、连续去实施和推进。

第三节 人力资源供给预测方法

人力资源供给预测主要是通过衡量组织在未来一段时间内,能够提供的外部和内部的人力资源总量,以此作为未来人力资源规划的重要内容。

外部预测由于受政策环境、人口流动、产业结构等因素的影响较大,因此在实际操作中,一般会结合公开资料进行态势分析和评估。例如,结合院校毕业生人数统计、企业用工状况、行业公开报告等,来预测未来本科生人才供给状况。另外,常用的宏观环境分析模型(如PEST、SWOT等)也可以作为补充,对外部人才供给环境进行评估。此类评估一般以定性为主,多以趋势作为结果呈现。

内部预测主要是衡量组织内部的供给状况。它在评估组织内部人员变动可能性的情况下,预测未来的供给能力。内部预测有多种方式,下面我们介绍两种应用相对广泛的供给预测方式。

一、马尔科夫预测法

马尔科夫预测法(Markov prediction method)是以俄国数学家马尔科夫(Markov)命名的一种预测方式。它主要应用于市场占有预测和销售预测。现在越来越广泛应用于包括人力资源预测在内的各个预测领域。

(一) 马尔科夫预测法的基本原理

假设一个系统随着时间的变化其状态都是离散的,也就是说其过程的"将来"与"过去"的情况无关,这种"无后效性"就是马尔科夫过程。而马尔科夫链就是时间和状态都是离散的马尔科夫过程。

假定系统有n(i=1,2,…,n)种状态,每次只能处于一种状态,而每种状态都有n种不同转移方向,即从一种状态i变化成另外一种状态j(j=1,2,…,n)。

由于状态变化是随机的,我们用概率来描述这种变化的可能性大小,这个就是状态转移概率。假定X_n为时刻t_n时系统所处状态,那么其概率

$$P(X_{n+1}=j \mid X_n=i)=P_{ij} \qquad i,j=1,2,\cdots,n$$

表示在t_n时刻在i状态,下一时刻t_{n+1}处于j状态的可能性,又称一步转移概率。

将上述P_{ij}按序列构成矩阵,则形成转移概率矩阵。

$$P=\begin{vmatrix} P_{11}, P_{12}, P_{13}, \cdots, P_{1n} \\ P_{21}, P_{22}, P_{23}, \cdots, P_{2n} \\ P_{n1}, P_{n2}, P_{n3}, \cdots, P_{nn} \end{vmatrix}$$

其中,P_{ij} 满足以下条件:

$0 \leq P_{ij} \leq 1$

$\sum_{j=1}^{n} P_{ij} = 1, i = 1, 2, \cdots, n$

(二)马尔科夫预测法的实际应用

我们用一个组织的案例来具体描述马尔科夫预测在人力资源供给预测方面的方便性。

假设某公司按照从低到高有 A、B、C、D 四类岗位,在过去的 5 年历史数据中,其每年的平均状态如下:

A 岗位 70% 的员工保持不动,10% 晋升到 B 岗位,5% 晋升到 C 岗位,15% 离职;

B 岗位 60% 的员工保持不动,5% 晋升到 C 岗位,10% 晋升到 D 岗位,15% 降级到 A 岗位,10% 离职;

C 岗位 80% 的员工保持不动,5% 晋升到 D 岗位,15% 离职;

D 岗位 85% 的员工保持不动,5% 降级到 C 岗位,10% 离职。

岗位流动的可能性矩阵如表 4-10 所示。

表 4-10 岗位流动可能性矩阵

岗 位	流动去向				
	岗位 A	岗位 B	岗位 C	岗位 D	离 职
岗位 A	0.70	0.10	0.05	0.00	0.15
岗位 B	0.15	0.60	0.05	0.10	0.10
岗位 C	0.00	0.00	0.80	0.05	0.15
岗位 D	0.00	0.00	0.05	0.85	0.10

已知其各岗位本期期初人数分别为:A 岗位 62 人,B 岗位 75 人,C 岗位 50 人,D 岗位 45 人。那么根据马尔科夫预测,期末数如表 4-11 所示。

表 4-11 根据马尔科夫预测的期末数

岗 位	期初数	流动去向				
		岗位 A	岗位 B	岗位 C	岗位 D	离 职
岗位 A	62	43	6	3	0	9
岗位 B	75	11	45	4	8	7
岗位 C	50	0	0	40	2	8
岗位 D	45	0	0	2	38	5
预测期末数		55	51	49	48	29

我们可以看到：较之期初人数，期末的预测人数中，岗位A和B下降最多（A下降7人，B下降24人），岗位C几乎没有变动，岗位D反而有可能增长。这多少反映出组织现存人力资源机制的一些情况。同时，对于预测缺口较大的岗位，根据既定目标，制定合理的增补计划。

（三）马尔科夫预测法的局限性

第一，马尔科夫模型是基于统计原理来预测未来发生的情况的，因此样本数量的多少会直接影响其结果的精确性。在做人力资源预测时，要收集一定数量的过往历史数据。但实际组织发展过程中，不同阶段的人力资源战略本身就会有所侧重，因此此模型适合短期的预测，而在中长期预测中需要做出一定的调整和修正。

第二，适合环境相对稳定的大中型组织。使用马尔科夫模型做人力资源预测，每一级别的员工人数需要达到一定的数量，一般不小于50人，这样得出的概率数据相对有效。同时，组织环境相对要稳定，有明确的职业通道。因此此类预测最好运用于具有一定规模，环境相对稳定的组织。

第三，结果应用时需要考虑现实因素。使用马尔科夫模型计算得出的结果，需要结合现实情况来具体分析。如上述案例中的岗位D，作为组织较高的岗位，其岗位数量往往应当是有所限制的，而根据预测得出的结果可能会超出其原有的岗位数量，在这个时候，就需要结合组织实际情况，去综合考虑该岗位的配置，以及内部配套的晋升机制等因素。

二、档案资料分析

档案资料分析法主要是通过对员工的职业档案、技能清单等资料进行分析，以此作为人力资源供给预测的依据。

员工的档案一般涵盖员工的各类信息，包括：个人基本信息（姓名、性别、年龄、教育情况、家庭状况等）、入职信息（入职日期、岗位、职级、汇报关系、薪酬等）、过往经历（学习经历、工作经历、项目经验等）、主要技能（获得证书、语言能力、计算机能力等）、岗位能力（操作能力、管理能力、沟通能力等）等。这些信息有的是在员工入职时，以"入职登记表"（或员工履历表）的形式登记备案；有些则是伴随员工加入组织后，以"技能清单"的形式不断滚动更新的。

技能清单是指记录员工与工作相关技能和经历的清单。它跟踪记录员工在组织中的经验成长和能力提升，反映的是员工对于组织岗位的匹配程度，并且用以评估对其岗位变动（晋升、平调、降级、特殊任命等）的可能性的重要依据。

除了个人基本信息之外，技能清单内容如表4-12所示。

表4-12 技能清单内容

方　面	内　容
个人技能	教育情况、语言能力、通用技能、岗位技能、特殊技能
资质获得	证书获得、重大成果、奖惩情况

续 表

方　面	内　容
工作经历	过去在本岗位承担的各类工作、业绩水平、考核结果
薪酬状况	过去在本岗位的薪酬变动情况
培训经历	参加过的培训,以及获得对应技能的评估
发展规划	个人未来职业目标和对组织的期望,上级的评价和期望
其　他	组织重点关注的其他方面(如品行、性格、兴趣爱好、地理爱好)

　　档案资料分析法由于记录了员工相对全面的信息,因此能快速有效的对其做出评价,从而能为决策提供便利。同时其应用范围广泛,适合各个级别的人员使用。

　　档案的更新是一个持续的过程,需要投入很多时间去做,即使我们可以借助电脑,也只是工具上的便捷,一旦由于疏忽而导致资料的缺失,就会使得评估缺乏对应依据。由于档案资料记录的是员工过往的能力和经历,因此其仅适用于人力资源供给预测中涉及内部人员变动的预测部分。在实际应用中,还存在个体意愿的选择问题,因此使得此方法只能作为评估的依据之一。

三、管理者继任计划

　　管理者继任计划,也称接班人计划,指组织为保障内部重要岗位有一批优秀的人才能够继任而采取的相应的人力资源开发培训、晋升与管理等方面的制度和措施。接班人计划是为企业和组织的战略服务的,它服从并服务于公司的长远目标。

(一) 管理者继任计划的必要性

　　组织在长期发展中必然都会面临企业的管理者新旧更替的问题。如果没有在平时就建立好人才梯队,储备足够的管理人才,在新老交替时不能顺利过渡,就可能给企业带来致命的伤害。因此,管理者继任计划对于组织来说意义重大。

　　首先,管理者继任计划可以确保组织内有足够的训练有素、经验丰富、善于自我激励的优秀人才接任未来的重要岗位。从而有效地调整组织的未来需要和现有资源。

　　其次,管理者继任计划通过为组织的关键员工订立更高的目标,确保重要岗位都有称职的人可以继任。同时也提高了组织对高端人才的吸引力和凝聚力,也有助于组织吸引并留住人才。

　　综上所述,管理者继任计划应是企业战略的重要组成部分,它应建立在公司发展战略的基础上,并贯穿企业战略发展的全过程。

(二) 管理者继任计划的目标

管理者继任计划的目标主要包括以下三个方面:
① 把高潜能的员工培训成组织所需的中层管理者或执行总裁;

②是组织在吸引和招聘高潜能员工上具有竞争优势；

③帮助组织留住人才。

（三）管理者继任计划的实施

有效实施管理者继任计划，必须考虑以下几个问题：①组织的长期发展方向是什么？②组织在哪些主要领域和环节需要不断补充和发展高素质的人力资源？③组织未来管理者必须具备哪些能力？④什么样的人符合管理者继任计划要求，可以加以重点培养？⑤这些人应该走怎样的职业发展道路？

管理继任计划具体的实施可分为以下几个方面。

1. 高潜能人才的选拔

选拔的方式有两种，一种是外部招聘，另一种是内部培养。校园招聘是比较常用的一种外部招聘方式，由于大学毕业生在工作的态度和行为具有极大的可塑性，很多企业热衷于将大学毕业生纳入管理者继任计划选拔高潜能人才的范围。选拔的重点是考核候选人的学习能力、态度、性格、道德上等方面考察，找出适合组织文化的候选人。例如，通用电气（GE）每年招聘4 000多人参加管理培训项目，包括金融方面、人力资源方面、工程和制造以及信息科技方面的发展培训，招聘强调智商以及进取心的高水平。

2. 技能培养

未来的组织要求的领导者是综合性人才，对多个领域的知识和技能掌握了解，才能支持企业在多变复杂的环境中做出正确的战略决策。因此，对于继任人的培养要注重跨领域的知识技能培养，可以采用轮岗、导师等培养方式。例如，GE制定了两年轮训计划，在四个不同的工作岗位工作。他们边学习，边在不同的业务集团工作，同时还有机会与一些GE的领导人共事。

3. 习惯培养

人的成功20%来源于知识，构建成功的关键因素可以概括成三种能力和四种态度。三种能力是指沟通能力、领导力与合作能力。四种态度是自信、抗压、宽容、热诚。因此，对于继任者的培训，更应注重三种能力和四种态度的养成。可以借助养成良好的习惯来获得。例如，通过导师的引导监督，养成终身学习、热爱生活、优良的行为特征等习惯。

组织在实施管理者继任计划时所需关注的要点有以下几个方面。

①未雨绸缪：组织应当积极主动地实施继任计划。

②因地制宜：根据组织的具体情况，对不同的职位采取不同的继任方式和路线。对不同的继任者采用不同的开发计划。

③及时调整：要意识到继任计划的复杂性和长期性。它需要审视组织的资源，确定需要接班人的岗位，培养的所需的时间，并为每个人定出达到目标该走的职业生涯路线。由于这条路线会因为需要而改变，因此，组织的监控和更新世每一个继任计划的重要组成部分。

第四节　人力资源规划编制模型和方法

人力资源规划的编制就是将组织未来各个单元人力资源的新增、减少、变动等计划,通过一系列模型或计算,最终汇总形成文件,供组织后续实施。

一、人力资源规划模型

目前实际运用过程中,从不同角度出发衍生出各种人力资源规划的模型,以下是几种较为常见的规划模型。

（一）基于业务的人力资源规划模型

基于业务的人力资源规划模型,在预测现有业务和新业务的基础上,通过对工作量的增减,来预测人力资源的变化,从而形成阶段性的人力资源规划。其编制方式见图4-6。

（二）基于供需的人力资源规划模型

基于供需的人力资源规划模型,强调供需平衡,以此来控制组织的人力资源规划。其编制方式见图4-7。

（三）基于战略的人力资源规划模型

基于战略的人力资源规划模型一般运用于大型组织,有着清晰的组织战略和与之匹配的人力资源战略。其从人力资源的角度思考企业未来的目标,并用专业、系统的方式进行人力资源规划,主要适用于组织顶层的规划。其编制方式见图4-8。

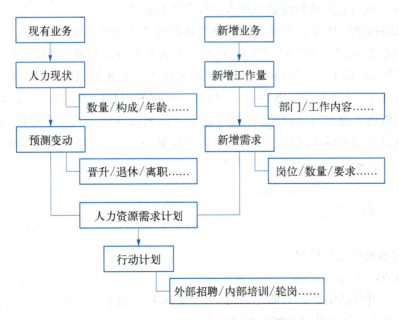

图4-6　基于业务的人力资源规划模型

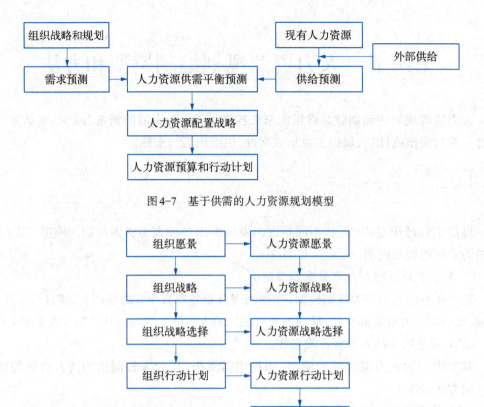

图4-7 基于供需的人力资源规划模型

图4-8 基于战略的人力资源规划模型

（四）基于战略和企业特征的系统人力资源规划模型

基于战略和企业特征的系统人力资源规划模型是从企业整体战略出发，评估人力资源的现状和需求，梳理企业的各类机制，从而对企业的人力资源进行系统的整体规划。

图4-9所示的基于企业战略与企业特征的系统人力资源规划模型以理解企业战略和企业特征为基础，通过探讨企业在能力、机制上存在的问题以及在某一个阶段面临的特殊挑战来分析企业能力与机制缺口；通过能力评估来确认核心人力资源（包括数量和能力规划）；通过机制评估来确认企业的人力资源政策缺口；通过特殊挑战分析来认定企业的策略性应对措施。

二、定编的方法

（一）定编的定义和原则

1. 定编的定义

定编在这里包括定员。所谓定编定员，就是采取一定的程序和科学的方法，对确定的岗位进行各类人员的数量及素质配备。

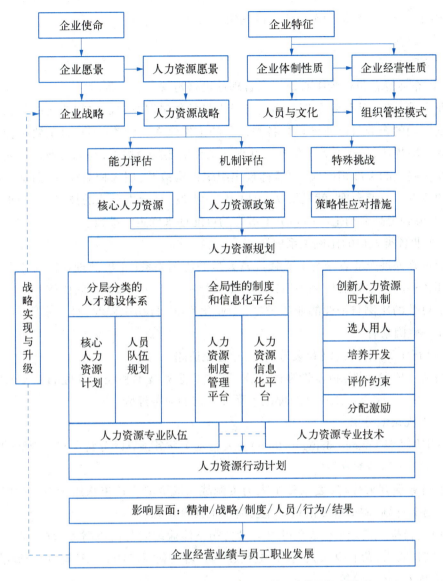

图 4-9 基于企业战略与企业特征的系统人力资源规划模型

定编定员是一种科学的用人标准。它要求根据企业当时的业务方向和规模，在一定的时间和一定的技术条件下，本着精简结构，节约用人，提高工作效率的原则，规定各类人员必须配备的数量。它所要解决的问题是企业各工作岗位配备什么素质的人员，以及配备多少人员。

定编定员的主要特征在于：① 必须在企业有一定的业务规模基础上进行；② 必须在企业业务发展方向已定的基础上进行；③ 具有一定的时效性，即有一个发生、发展的过程；④ 不仅要从数量上解决好人力资源的配置，而且还要从质量上确定使用人员的标准，从素质结构上实现人力资源的合理配备。

定编定员与岗位是密切相关的，岗位确定过程本身就包括工作量的确定，也就包括了对基本的上岗人员数量和素质要求的确定。

2. 定编原则。

定编原则如下：

（1）以企业经营目标为中心，科学、合理地进行定编

企业定编工作，就是要合理地确定各类人员的数量以及它们之间的比例关系。其依据是计划期内的企业目标业务量和各类人员的工作效率。所谓科学，就是要符合人力资源管理的一般规律，做到"精简有效"，在保证工作需要的前提下，与同行业标准或条件相同的企业所确立的标准相比较，要能体现出组织机构精干、用人相对较少、劳动生产率相对较高的特点。所谓合理，就是要从企业的实际出发，结合本企业的技术、管理水平和员工素质，考虑到提高劳动生产率和员工潜力的可能性来确定定员数。

（2）企业各类人员的比例关系要协调

包括正确处理企业直接与非直接经营人员的比例关系；正确处理直接与非直接经营人员内部各种岗位之间的比例关系；合理安排管理人员与全部员工的比例关系。管理人员占员工总数的比例与企业的业务类型、专业化程度、自动化程度、员工素质、企业文化以及其他一些因素有关。

（3）进行定编工作时，以专家为主，走专业化道路

定编是一项专业性、技术性强的工作，它涉及业务技术和经营管理的方方面面。从事这项工作的人，应具备比较高的理论水平和丰富的业务经验。

（二）宏观定编方法

宏观定编方法（marco sizing method）主要是基于财务预算的分解和基于效能的分解。

1. 基于财务预算的分解

基于财务预算来分解，要求整个人力资源战略既要能支撑未来组织发展战略，又要符合整体财务计划，避免过度浪费。主要有以下几个步骤。

① 设立目标。确定2～3个可以衡量公司整体业绩的公司级财务指标，诸如：收入（销售额、销售收入、营业收入）、利润（毛利、净利、营业利润、EBIT）、现金（现金流量比率、应收应付、库存周转率）等。

② 分解目标。根据各业务单元，将财务指标从上往下分解。这里要注意的是，除了业务部门外，职能部门也同样需要分解。

③ 汇总目标。指标分解后汇总每一层财务指标，同步优化每一层的编制计划。

2. 基于效能的分解

基于效能来分解，本质是根据组织战略目标，明确各级效能目标，以此保证人力资源既满足每一级需要，又能有效保证整体人力资源水平。主要有以下几个步骤。

① 选取指标。确定若干合适的效能指标，作为衡量标准，如人均收入（=销售收入÷人数）、人均利润（=净利÷人数）、人均产出（=产出÷人数）等。

② 确定标准。确定公司级效能指标的目标值。一般来说，有三种方式确定：外部标杆法（通过对竞争对手或行业内标杆企业的对标来确定目标值）、内部标杆法（通过辨识

组织内部最优秀的部门来确定目标值)、设定竞争性发展目标(根据组织发展战略设定具有竞争性的目标)。

③ 计算总编制。为了满足公司既定的效能目标,计算所需要匹配的总体人力资源的编制。

④ 设定各业务单元/职能部门效能目标值。根据总体目标值,自上而下逐层分解编制。

⑤ 计算各业务单元/职能部门编制。根据各业务单元和职能部门的效能目标,计算所需匹配的各级编制。

(三)微观定编方法

微观定编方法(micro sizing method)主要是从各模块衡量预算和编制,在此基础上汇总形成整体编制。这样就能保证人力资源规划始终具备业务思维,从业务角度出发审视人员的匹配;同时在预算的框架内,又能有效保证资源的可支出性和产出的高效性得以平衡,从而达到最优化的编制水平。

在实际应用中微观定编的方法很多,根据其方式偏重于定性还是定量、适用于业务还是适用于职能部门来看,主要有以下几种,如图4-10所示。

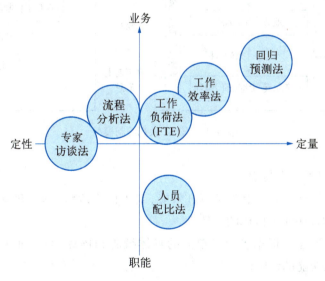

图4-10 主要微观定编方法

专家访谈法是指通过与专家进行访谈,来评估岗位的工作量,从而确定人数。

流程分析法是指根据业务流程衔接,分析各岗位工作量,确定各个岗位单个员工单位时间工作量,并根据企业总的业务目标,确定各个岗位人员配置。

工作负荷法(full-time equivalents,FTE)是指通过对工作职责,以及工作量饱和程度进行分析确定人员数量的方法。

工作效率法是指根据工作量和员工的劳动效率以及出勤等因素来计算岗位人数。

人员配比法是指根据不同类型员工总量之间的比例关系确定人员数量。

回归预测法是指根据企业的历史数据和战略目标,确定企业在未来一定时期内的岗位人数。

其中,专家访谈法属于定性分析,工作负荷法、工作效率法、回归预测法属于定量分析方法。人员配比法适合职能岗位人员编制;流程分析法、工作负荷法、工作效率法和回归预测法适合业务岗位人员编制;专家访谈法既可应用于业务岗位也可应用于职能岗位的人员编制。

(四)宏观—微观综合定编模型

宏观-微观综合定编模型以预算作为手段,从宏观和微观两个层面出发,自上而下定宏观总量,自下而上定微观数量、结构等,两者相互校验,最终使人员需求和总成本目标达成平衡。其编制方式如图4-11所示。

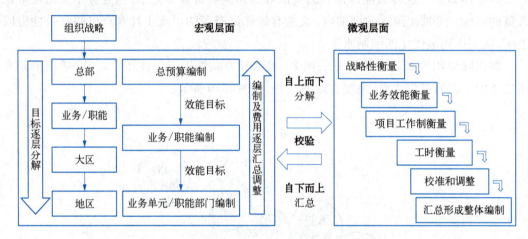

图4-11 宏观-微观编制模型

这个模型有以下几个特点。

① 自上而下分解。基于财务预算和效能,自上而下逐级分解,确保每一级都在上一级的目标范围之内,保证了目标的一致性。

② 自下而上汇总。根据各业务单元的具体编制和预算,自下而上汇总形成整体编制,确保每个单元功能的保障。

③ 上下相互校验。上下形成相互校验,在目标和人力资源支出之间获得最大平衡。

本章重点名词

人力资源规划(human resource planning)

人力资源需求预测(human resource demand forecasting)

人力资源供给预测(human resource supply forecast)

人才盘点(talent review)

人才九宫格(nine palaces of talent)

马尔科夫预测法（markov prediction method）
档案资料分析法（archival data analysis）
技能清单（skill inventory）
管理者继任计划（executive succession plan）
宏观定编方法（macro sizing method）
微观定编方法（micro sizing method）

本章练习

1. 什么是人力资源规划？人力资源规划的意义与作用？
2. 人力资源规划与企业发展战略、人力资源战略之间是什么关系？
3. 实施人力资源规划有哪些基本要求？
4. 人力资源规划包括哪些基本步骤？
5. 如何做人力资源需求分析？每种需求分析的优缺点是什么？
6. 人才盘点要遵循哪些基本原则？人才盘点包括哪些基本步骤？为什么说胜任力模型和人才九宫格是人才盘点的基本工具？
7. 如何做人力资源供给预测？
8. 编制人力资源规划有哪些经典模型？企业如何进行定编定员？

课后案例

千岛湖旅游集团人力资源规划

一、千岛湖旅游旅游集团发展沿革

千岛湖位于浙江杭州淳安县境内，是1959年我国建造的第一座自行设计、自制设备的大型水力发电站——新安江水力发电站拦坝蓄水形成的人工湖，国家一级水体千岛湖景区总面积982 km²，其中湖区面积573 km²，因湖内拥有星罗棋布的1 078个岛屿而得名。千岛湖景区是首批国家级重点风景名胜区和国家5A级旅游景区。

为了使千岛湖旅游业快速发展，实现国有企业做大做强，2010年，千岛湖旅游集团组建，属于全国资控股企业。2010年底千岛湖旅游集团注册总资产17亿元，净资产6.4亿元，注册资本5亿元，员工650余名（含下属子公司）。千岛湖旅游集团由8个部门6家子公司组成，形成以千岛湖旅游景区为核心，涵盖千岛湖旅游客运站、名湖酒店、旅游码头、秀水街、旅行社、会展、游艇等各类旅游企业，构建了食、住、行、游、购、娱的完整产业链。

千岛湖旅游业的蓬勃发展是千岛湖旅游集团人力资源规划的稳定根基。2002—2011年的十年间，千岛湖所在的淳安县旅游人次和旅游收入分别增长了4倍和7倍多（见图4-12），其年均增长率分别是17.28%和25.07%，同期浙江省旅游人次和旅游收入年均增

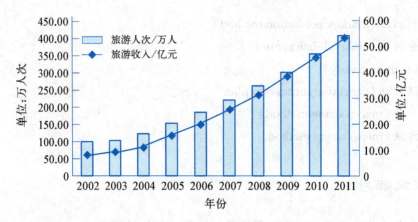

图4-12　2002—2011年千岛湖旅游接待总量

长率分别是4.86%和3.96%。千岛湖旅游业呈现快速增长势头。

2010年成立之初的千岛湖旅游集团人力资源状况如下。

① 男女性别比1∶0.9，比例适中。

② 劳动力以壮年为主。2010年初员工总数581人，其中31～50岁367人，占了员工总数的63%。

③ 学历层次适中，大专以上学历209人，占员工总量的36%。

④ 专业技术人才较少，仅83人，占员工总量的14%。

⑤ 薪酬结构不合理。2009年人均工资2 600元，2010年人均工资2 200元，薪酬呈现负增长。旅游集团内保洁、保安、票务、游船等基层员工的工作时间长，工作条件相对较差，已经严重影响了员工工作积极性以及忠诚度。

由此可见，千岛湖旅游集团人力资源规划总目标是总量增加和素质提升，即员工数量扩张、平均年龄下降、专业技能提升、受教育深度提高、薪酬制度改革。

二、千岛湖旅游人力资源总量预测

2011—2015年，千岛湖旅游集团设定的营业收入分别为1.3亿元、1.52亿元、2.13亿元、2.99亿元、4.18亿元。2010年，千岛湖旅游集团的人均营业收入为15.17万元/人。为提高千岛湖旅游集团经济效益，集团设定人均营业收入年均增长目标为10%～15%。根据表4-13，淳安县千岛湖旅游年均收入增长率25%，预定人均营业收入目标位10%～15%，是较为保守易于实现的目标。

应用劳动定额法来预测规划期内人力资源的需求总量，公式如下：

$$NHR = \frac{W}{q(1+R)}$$

其中，NHR是人力资源需求量；W是营业收入预测值；q是目前人均生产效率，可用人均营业收入表示；R是在计划期内生产变化率，可用该行业的劳动生产率的增长率表示。

依据劳动定额法，千岛湖旅游集团人力资源总量预测结果如表1所示。

表4-13　千岛湖旅游集团2011—2015年员工人力资源总量规划

年　份	2011	2012	2013	2014	2015
营业收入W预测（亿元）	1.30	1.52	2.13	2.99	4.18
人均营业收入q（万元/人）	16.69	18.35	20.19	23.22	26.70
旅游行业生产率增长率R（%）	0	1	2	4	5
人力资源总量NHR预测（人）	779	822	1 036	1 243	1 491

注：员工总量预测是假设旅游业蓬勃发展的乐观估计，因此员工总量预测值是最大值，实际中可能向下浮动10%，1 500人左右都算正常值。

三、千岛湖旅游人力资源结构规划

（一）学历结构

大专以上学历员工占人力资源总量的比例，黄山旅游集团为9.04%，华侨城为37%，宋城集团为45%，千岛湖旅游集团为36%。千岛湖旅游集团员工受教育程度在我国旅游集团中处于中等地位，这与千岛湖在长三角地区的地域优势有关。在未来招聘和培养人力资源的同时，千岛湖旅游集团更要重视高学历人才的引进和留用，逐年提高千岛湖集团内部人力资源的受教育程度，2011—2015年大专以上学历期望值分别为292人、321人、419人、522人、649人，分别占总数的37.5%、39.0%、40.5%、42.0%和43.5%，如图4-13所示。

图4-13　千岛湖旅游集团人力资源的学历结构规划

（二）专业技术结构

参考旅游上市公司专业技术人力资源结构的平均值，即生产人员、销售人员、技术人员、财务人员、行政人员五种专业技术人才结构的比例，结合千岛湖旅游集团人员需求预测情况与发展需求规划2011—2015年千岛湖旅游集团人力资源专业技术结构，如表4-14所示。

表4-14 千岛湖旅游集团人力资源的专业技术结构规划

各专业人员类型	2010年各旅游集团专业技术人员比例（%）					2011—2015年千岛湖旅游集团各类专业人员预测数量（人）				
	旅游上市公司桂林旅游	黄山旅游	华侨城	宋城股份	均值（调整①）	2011	2012	2013	2014	2015
生产人员	76.72	63.00	76.17	41.89	64.45	502②	530	667	801	961
销售人员	3.13	8.72	1.83	9.62	10.82	84	89	112	134	161
技术人员	5.85	12.01	8.71	11.02	9.40	73	77	97	117	140
财务人员	4.09	7.23	0.24	7.01	4.64	36	38	48	58	69
行政人员	10.21	9.04	13.05	30.46	10.69	83	88	111	133	159
合　计	100.00	100.00	100.00	100.00	100.00	779	822	1 036	1 243	1 491

资料来源：各旅游上市公司2010年年报。

注：① 调整说明：当千岛湖旅游集团进入成熟期后，要适当节省行政费用，并增强销售能力，才能提高利润率。基于此，将原旅游上市公司销售人员比例均值5.82%，上调5%，调整后千岛湖旅游集团销售人员占员工总量的10.82%；将原旅游上市公司行政人员比例均值15.69%，下调5%，调整后千岛湖旅游集团行政人员占员工总量的10.69%，改善人力资源结构以期增强企业效益。

② 502=779×64.45%，其他以此类推。

千岛湖旅游集团根据各子公司目前具体人才紧缺情况再进行调节。例如，交通公司紧缺技术人员，特别急需引进和培养持有海事上岗证的船长和驾驶员。营销公司紧缺高级职称的管理人员。西南景区公司由于成立伊始，对技术人员和管理人员比较缺乏，预计数量在20～35名。以上人员缺口都将在未来五年中得到补充和调整。

（三）绩效结构

桂林旅游、黄山旅游、华侨城、宋城股份（按人均利润排序）、千岛湖旅游集团五家旅游集团2010年人力资源绩效值如表4-15所示。

表4-15 旅游上市公司和千岛湖旅游集团人力资源绩效值

项目旅游	2010年各旅游集团绩效参考值						2011—2015年千岛湖旅游集团人力绩效期望值				
	桂林旅游	黄山旅游	华侨城	宋城股份	旅游上市公司均值	千岛湖旅游集团	2011	2012	2013	2014	2015
人事费用率	0.48	0.12	0.07	0.19	0.21	0.38	0.36	0.34	0.32	0.30	0.28
人均费用（万元/人）	4.04	4.52	5.84	6.36	5.19	1.68	1.80	1.90	2.00	2.10	2.20
人均利润（万元/人）	1.00	8.42	22.47	26.62	14.63	0.79	0.85	0.90	0.95	1.00	1.05

资料来源：四家旅游上市公司的《2010年度报告》。

注：人事费用率取值"应付职工薪酬"，包括工资、奖金、津贴、补贴，职工福利费，社会保险费，住房公积金，工会经费和职工教育费，非货币性福利，因解除劳动关系给予的补偿共七项内容。

2010年旅游上市公司人事费用率的平均值是0.21，千岛湖旅游集团人事费用率是0.38，这表明千岛湖旅游集团人事费用率指标高于行业水平，主要原因是千岛湖营业收入偏低。

2010年旅游上市公司人均费用5.19万元/人，千岛湖旅游集团人均费用1.68万元/人，这表明后者人均费用偏低，薪酬水平明显低于行业平均水平，不利于旅游从业人员队伍的稳定。

2010年旅游上市公司人均利润14.63万元/人，千岛湖旅游集团人均利润0.80万元/人，这表明后者人均利润较低。总体而言，千岛湖的人力绩效指标呈现"一高两低"的不理想局面，即人事费用率偏高、人均费用和人均利润偏低。

人力资源规划要改善这种"一高两低"的不理想局面，提高人力资源绩效，缩小与旅游上市公司之间的差距。为此，2011—2015年千岛湖旅游集团人力资源绩效改善的措施是：激发员工积极性，提高千岛湖旅游集团营业收入额，降低人事费用率，争取到2015年人事费用率降至28%；开源节流的同时，提高员工薪酬水平，使人事费用额显著提高，到2015年人事费用率和人均利润比2010年提高30%左右。具体如下：

① 降低人事费用率。2010年千岛湖旅游集团人事费用率是0.38，按每年2个百分点的速度递减，2011—2015年年人事费用率从0.36下降为0.28。主要举措是提高营业收入。

② 增加人均费用。2010年千岛湖旅游集团人均费用是16 827.50元/人，按每年1 000元/人的速度递增，2011—2015年年人均费用从17 000元增长到21 000元。营业收入增加，依靠员工的积极性，要通过培训、奖金、福利等形式对员工进行必要的激励。

③ 增加人均利润。2010年千岛湖旅游集团人均利润是7 995.00元/人，按每年500元/人的速度递增，2011—2015年年人均利润从8 500元增加到10 500元。员工收入增加，还要依靠员工降低营业成本，提高利润额，因此主要举措是开源节流。

资料来源：丘萍.旅游业人力资源规划方法及实证研究——以千岛湖旅游集团为例[J].鲁东大学学报(自然科学版),2012(4).

思考题

1. 千岛湖旅游集团人力资源规划更接近本章中提到的哪种人力资源规划模型？其侧重点是什么？

2. 你认为千岛湖旅游集团人力资源规划的优缺点是什么？

3. 千岛湖旅游集团要实现它的人力资源规划需要提供什么样的组织保障措施？

测量工具

员工流动成本核算

成本类别	主要科目	参数或说明
离职成本 （separation cost）	公司在离职雇员任职期间为其培训、教育等方面投入的成本以及参加培训期间的差旅费等	如IT岗位、管理岗位、产品经理岗位的内训和外训等
	知识产权的流失成本（重要的资料文件、知识和技能等）	一年工龄，知识产权的流失成本为离职雇员全年工资的50%，每增加一年，流失成本增加10%
	有关客户、供应商因雇员离职而中断，及维持和恢复成本	采购、物流和销售岗位建立一个新客户的成本要比留住一个老客户的成本高5倍
	有关联络和政府关系因雇员离职而中断，及恢复成本	如公关经理岗位
	离职的经济补偿成本	一般为离职雇员2~5个月工资
	离职面谈成本	前后至少2次，每次1小时
	雇员辞职引发的连锁流动成本	"磁铁效应"：离职雇员同时带走其他雇员或其他雇员受离职雇员的影响后提出辞职
	与离职雇员有关的劳动仲裁和法律诉讼成本	一个完整的过程需要100小时左右
岗位空缺成本 （vacancy cost）	内部雇员填补空缺成本岗位	岗位一般空缺周期为45~60天
	需要额外临时工的成本	按实际计算
替换成本 （replacement cost）	内部招聘专员就招聘选录用等工作的准备成本	整个过程需要招聘专员30~100个工作小时
	广告、猎头和网上招聘成本	2 000~100 000元
	笔试和测试成本	100~500元/人/次
	面试成本	一般前后要2~3次面试，3~5人参与面试每次1~2个小时
培训成本 （training cost）	各部门培训师的成本	累计40~80小时不等
	专门或一对一的培训成本	20~50小时
	培训资料成本	100~500元/套
	培训学员的工资和福利成本	按100小时计算
	培训管理（考试、记录）跟踪	人力部负责，约需2~5小时

续 表

成本类别	主要科目	参数或说明
损失的生产率成本 （lost productivity cost）	离职雇员提出辞职后1～2个月内损失的生产率成本	只有平时生产率的50%～70%
	损失的销售成本	销售员：将销售区域内的预算销售分解成每周销量，然后用得出的每周销量乘以该销售岗位的空缺周数 非销售员：将全年销售除以员工数，得出年人均销量，然后算出每位员工的周销量，用周销量乘以岗位空缺的周数
	空缺岗位损失的生产率成本	无人替补：损失相当于离职雇员工资收入和福利的100% 有人替补：损失相当于离职雇员工资收入和福利的50%
	人力部门生产率成本	生产率下降10%～40%
	离职雇员影响其他部门雇员士气而导致他们的生产率下降的成本	生产率下降10%～40%
	新雇员损失的生产率成本	按每月获得20%～25%生产率计算，平均需要5～6个月才能达到100%的生产率
节省的成本 （saved cost）	新雇员工资与原雇员工资差异	新雇员工资低于原雇员
	岗位空缺后节省的工资和福利	没有招聘
	新雇员的绩效优于离职雇员	上岗后6个月以内
	新雇员在企业内产生的短期和长期的积极效应	上岗后6个月以内
总 计	员工流动成本（employee turnover cost）＝离职成本（separation cost）＋岗位空缺成本（vacancy cost）＋替换成本（replacement cost）＋培训成本（training cost）＋损失的生产率成本（lost productivity cost）－节省的成本（saved cost）	

第五章　员工招聘

 学习目标

1. 掌握面试的基本方法。
2. 掌握内部招聘和外部招聘的优缺点。
3. 掌握甄选的基本流程。
4. 掌握胜任力模型在人力资源招聘中的应用。
5. 掌握招聘测试的常见方法。
6. 了解新技术驱动下的招聘变革趋势。

 开篇案例

耐顿公司的招聘哪里出了错？

耐顿公司是纳尔科化学公司在中国的子公司，属于中型企业，主要生产、销售医疗药品。随着生产业务的扩大，为了对生产部门的人力资源进行更为有效的管理开发，2000年，分公司决定在生产部门设立一个新的职位，主要职责是负责生产部与人力资源部的协调工作。部门经理希望从外部招聘合适的人员。

根据公司安排，人力资源部经理设计了两个方案。方案一是在本行业专业媒体中做专业人员招聘，费用为3 500元。好处是对口的人才比例会高些，招聘成本低；不利条件是企业宣传力度小。方案二为在大众媒体上招聘，费用为8 500元。好处是企业影响力度很大；不利条件是非专业人才的比例很高，前期筛选工作量大，招聘成本高。初步选用方案一。总经理看过招聘计划后，认为公司处于初期发展阶段，不应放过任何一个宣传企业的机会，于是选择了方案二。

在一周内的时间里，人力资源部收到了800多份简历。人力资源部的人员从中筛选出70份有效简历，最终选出5份简历。看了简历后，生产部门经理决定选出两人进行面试——李楚和王智勇。

李楚和王智勇的基本资料相当，但是人力资源部注意到，王智勇的工作简历中没有上一家公司主管的评价。公司通知两人一周后等待通知。在此期间，李楚静待佳音；而王智勇打过几次电话给人力资源部经理，第一次表示感谢，第二次表示非常想得到这份工作。

人力资源部和生产部门的负责人对这两位候选人的情况都比较满意，虽然王智勇简历中没有前主管的评价，但是生产部经理认为这并不能说明他一定有什么不好的背景。虽然感觉他有些圆滑，但还是相信可以管理好他，再加上他在面试后主动与公司联系，生产部经理认为其工作比较积极主动，所以最后决定录用王智勇。

王智勇来到公司工作了六个月，表现都不如期望的好，指定的工作也经常不能按时完成，有时甚至表现出不能胜任。这引起了管理层的抱怨，认为他不适合此职位。

然而王智勇也很委屈，工作一段时间后，他认为招聘所描述的公司环境和各方面情况与实际情况并不太一样；原来谈好的薪酬待遇在进入公司后又有所减少；工作的性质和面试时所描述的也有所不同；也没有正规的工作说明书作为岗位工作的基础依据。

资料来源：吴冬梅等，《人力资源管理案例分析》（第2版），机械工业出版社，2011，第231—234页。

思考题

耐顿公司的招聘到底哪里出了错？

第一节 员工招聘概述

一、招聘的定义

企业为了适应经营环境的变化，提高竞争能力，需要不同的人员，招聘是补充人员的主要方法，也是保持组织活力的重要手段。成功和有效的招聘意味着组织将拥有更多的人力资源优势。如果不能及时引入所需的人员，组织则可能会面临严重的危机。

招聘（recruitment）是指在人力资源战略和人力资源规划的指导下，制定相应的岗位空缺计划，吸引大量候选人并从中挑选出符合雇用要求的候选人的过程。

招聘有时也称人员配置（saffing）。狭义的人员配置就是招聘。广义的人员配置不仅包括招聘，还包括员工在组织内的岗位调整、员工保留等内容。

二、招聘的原则

为了真正选到企业所需要的人员，招聘需要遵循科学的原则。

（一）人岗匹配原则

人岗匹配（person-job fit）的思想是20世纪初由弗雷德里克·泰勒提出的。泰勒提出，在招聘的过程中，科学地选择合适的且技术熟练的工人，有助于工人在岗位上的成长，并提高劳动效率。人岗匹配强调个人的能力、需求与工作属性的契合。从应聘方来看，有过求职经历的人都会有所感触，看上去招聘网站上的职位空缺非常多，但适合自己的职位空缺并不多。考虑工作地点、岗位级别、行业领域、工作内容的匹配度后，则适合申请的岗位数量并不多。从招聘方来看，招聘人员看到人才库里的候选人数量很多，有些空缺岗位甚至收到几百、几千份求职申请，但经过各种条件筛选，真正能够安排面试的候选人也并不多。

（二）双向选择原则

传统上认为招聘是以组织为中心的单向过程，是组织向候选人提供工作的过程。组织在招聘中占主动地位，应聘人员只能被动等待组织的挑选，组织在人员选拔中占有主导地位。然而，现代人力资源管理的观点是，招聘是组织和应聘人员之间双向选择的过程。应聘人员对组织也有选择权，在组织挑选员工的同时，应聘人员也在挑选组织。招聘工作实际上是组织向应聘者推销岗位或职务的过程，招聘成功的前提是组织和应聘人员双方对应聘的岗位或职务达成共识。

（三）宁缺毋滥原则

确定招聘需求时，一定要遵循宁缺毋滥原则。可招可不招时尽量不招，可少招可多招时尽量少招。

三、招聘的方法

招聘的基本方法为内部招聘和外部招聘。内部招聘有晋升、内部调动、内部招标等。外部招聘主要有组织内部员工推荐、利用外部的职业中介机构、到大学和研究所招聘（校招）、广告招聘等。

（一）内部招聘

内部招聘的主要来源是提拔本部门的员工、接受组织内其他部门的员工申请、重新聘用过去的员工等。内部招聘有利于节约成本，提高招聘效率，同时对在岗人员有激励作用，使他们看到晋升的机会，对自己在组织内的职业生涯的发展更加明晰。

内部招聘的方法有以下两种：

① 公告栏。公告栏通常位于企业较为醒目的位置，面向组织中的所有员工，企业通过在公告栏内张贴招聘广告为求职者提供空缺职位的信息。

② 员工推荐计划。由于公司需要员工为其做宣传，所以一旦员工主动为公司推荐了一名优秀的求职人员，公司可以对其进行嘉奖。

（二）外部招聘

外部招聘是按照一定的标准和程序，从企业外部的劳动力市场中吸引和选拔符合空缺职位要求的人员。外部招聘作为人力资源配置的主要方法，招聘渠道和方式多种多样，主要有媒体广告、就业服务机构、猎头公司、校园招聘、人才交流市场或招聘洽谈会、网络招聘平台。

1. 媒体广告

媒体广告可以通过广播电视、报纸、杂志和互联网进行投放。这四种媒体的优势和劣势如表5-1所示。

表5-1 四种媒体类型的招聘广告的优劣势

媒体种类	优 势	劣 势
广播电视	招聘信息让人难以忽略 可传达到一些并不很想找工作的人 创造的余地大,有利于增强吸引力 自我形象宣传	昂贵 只能传送简短的信息 缺乏永久性 为无用的传播付钱
报纸	广告大小弹性可变 传播周期短 可以限定特定的招募区域 分类广告为求职者与供职者提供方便 有专门的人才市场报	竞争较激烈 容易被人忽略 没有特定的读者群 印刷质量不理想
杂志	印刷质量好 保存期长,可不断重读 广告大小弹性可变 有许多专业性杂志,可将信息传递到特定的职业领域	传播周期较长 难以在短时间里达到招募的效果 地域传播较广
互联网	广告制作效果好 信息容量大,传递速度快 可统计浏览人数 可单独发布招募信息,也可以集中发布	地域传播广 信息过多容易被忽略 有一些人不具备上网条件,或没有电脑使用能力

2. 就业服务机构

借助就业服务机构完成招聘工作的四种情况:企业内没有自己的人力资源管理部门;企业内虽然有人力资源管理部门或专职人员,但是他们由于种种原因不能从事招聘和录用工作;企业的人力资源管理部门过去的招聘经验显示,它通常很难招聘到足够而且合格的工作申请人;有一个或一些职位空缺需要马上填补,企业自身根本来不及进行准备。

3. 猎头公司

高级管理人员和高级技术人员的招聘多会借助猎头公司的帮助。企业采用猎头公司收罗人才的优势在于:猎头公司同许多高级人才都保持着联系;特殊要求下,能够对企业的名称保守秘密;可以替企业的高层管理人员节约时间;可以帮助企业快速接触到高素质的应聘者。缺点在于:由于猎头公司是一个盈利结构,有可能会倾向于说服企业雇用某人,而不是去寻找一个真正适合职位要求的;同时,猎头公司收费昂贵,增加了招聘的成本。

企业选择猎头公司要坚持做到以下几点：① 确信自己所找的这家猎头公司能够自始至终完成整个招聘过程；② 了解该猎头公司中直接负责自己企业业务的人；③ 了解该猎头公司的收费情况；④ 选择可靠的猎头公司；⑤ 对招聘进程进行监督。

4. 校园招聘

校园招聘的优势：找到数量很多的具有较高素质的合格申请者；招聘录用手续相对简便；年轻的毕业生充满活力，富有工作热情，可塑性强，具有较强的敬业精神。

校园招聘的不足：应聘者对工作和职位容易产生一种不现实的期望；应聘者缺乏解决具体问题的经验，需要大量的培训与企业文化的融合；成本比较高，花费的时间也较长，因此必须提前相当长的时间进行准备工作。

5. 人才交流市场、招聘洽谈会

在洽谈会中，用人企业和应聘者可以直接进行接洽和交流，节省双方的时间。洽谈会上应聘者集中，企业的选择余地较大，但招聘高级人才比较困难，效果得不到保证。招聘洽谈会是比较传统的招聘形式，是随着制造业在中国的兴起而发展起来的一种招聘形式。它适用于大量的、同质化的招聘需求，如操作工、技术工人等。随着经济的发展和知识经济的到来，对人才的需求呈现出"千岗千面"的特点。招聘洽谈会、人才交流市场作为一种招聘模式仍然存在，但其发挥的作用在逐步减弱。

6. 网络招聘

企业可以在主页或者专业人才网站上进行招聘。网络招聘的优劣势如表5-2所示。

表5-2　网络招聘的优劣势

优　势	劣　势
速度快、效率高 成本低、费用省 覆盖面广及互动性 企业可以获得更大规模的求职者储备库 比较公平公正	网络招聘的人才层次有局限性 信息处理的复杂性 虚假信息的大量存在

7. 海外招聘

海外招聘主要用于招聘高级管理人才或一些尖端技术的专业人才。候选人的数量和质量较高，但背景调查存在着一定的困难，聘用手续上很烦琐，人才是否能融入国内企业文化也会是一个问题。

8. 社交网络

知识经济时代的来临、科技的发展，以及90后、00后逐渐进入人才市场，使得社交网络成为一种新兴的招聘方式。社交网络招聘平台在美国发展得更为成熟，领英（LinkedIn）在美国拥有近4亿用户。在中国，社交网络的招聘形式也在逐步发展进来。社交网络招聘比较适用于信息技术、金融、咨询等行业。相较于其他招聘方式，社交网络招聘更多用于吸引被动求职者。

（三）内部招聘和外部招聘的比较

内部招聘和外部招聘各有其优劣势，如表5-3所示。

表5-3 内部招聘和外部招聘的优劣势

优劣势	招聘方式	
	内部招聘	外部招聘
优势	组织对候选人的能力有清晰的认识 候选人了解工作要求和组织 鼓励高绩效、有利于鼓舞员工士气 组织仅仅需要在基本水平上雇用 成本更低	候选人选择空间更大 会把新的技能和想法带入组织 比培训内部员工成本低 降低徇私的可能性 激励老员工保持竞争力，发展技能
劣势	会导致"近亲"繁殖状态 会导致为了提升的"政治性行为" 需要有效的培训和评估系统 可能会因操作不公或心理因素导致内部矛盾	增加与招聘和甄选相关的难度和风险 需要更长的培训和适应阶段 内部的员工可能感到自己被忽略 新的候选人可能并不适应企业文化 增加搜寻成本

第二节　建立招聘体系

有效招聘体系的建立需要符合前瞻性、战略性、务实性及最低成本等要求。如果缺乏招聘体系和招聘战略支撑，招聘行为只能算是一种很基础的招聘。科学、完善的招聘体系需要以组织的经营战略为中心，围绕组织的中短期经营目标，结合整个社会经济、技术环境来开展工作。一般来讲，招聘体系包括招聘战略的制定、招聘费用的预算、科学的招聘流程设计，以及面试官培训等内容。

一、制定招聘战略

招聘战略是人力资源战略的一部分，以组织经营战略为中心，以实现生产经营目标为根本目的，通过实施科学有效的招聘满足组织中长期的人才需求与发展需要。

制定招聘战略的前提是，深入且准确地了解组织的战略目标及人力资源规划，进而将招聘选拔行为与之有机地结合起来。

企业在招聘前通常会思考以下问题：

① 组织的招聘文化是什么？
② 组织处在什么发展阶段？会经历怎么样的发展？各个阶段分别需要什么样的人？
③ 组织需要的人才在市场上如何分布？组织具备何种优势进行吸引？
④ 选择何种招聘渠道？

⑤ 如何挑选面试官？
⑥ 如何甄别人才？

上述问题，是招聘实施前必须要回答的，而招聘战略的制定就是逐一解决上述问题的过程。

二、确定招聘预算

组织对未来一定时期内的人员招募行为在各个环节所产生的费用预估被称为招聘预算。广义的招聘预算包含了人工费用（如招聘人员的薪资、加班费等）、业务费用（如招聘洽谈会议费、差旅费、代理费、渠道费、宣传材料费）和其他费用（如行政管理费、临时场地及设备使用费、办公费、水电费）。狭义的招聘预算主要是指业务费用（如渠道费用、差旅费、宣传费用、材料费）。

在计算招聘预算的时候要仔细分析费用产生的来源，分门别类地进行统计，并报批生效，便于之后招聘工作的实施开展。此外，评估招聘效果的重要指标之一就是对招聘成本的把控。通常在招聘结束后，需要将实际发生的费用与预算费用比较分析，便于之后更精准地确定预算。

三、确定招聘流程

招聘的流程通常由人力资源部门负责制定，规范了招聘实施过程中各个环节工作要求。确定招聘流程的意义在于规范招聘行为，职责明晰。

招聘是个连续的过程，招聘流程包括确定招聘需求、制定招聘计划、发布招聘信息、接待和甄别应聘人员、发出录取通知书、评价招聘效益六个环节。

（一）确定招聘需求

招聘需求的提出与确认是招聘工作的起始点。企业产生空缺职位常见的原因是人员离职的补充、新增的岗位需求、原岗位编制的扩张等。通常用人部门根据实际的生产经营需要，提出人员的增补需求，通常包括岗位名称、工作部门（或汇报对象）编制数目、增补原因、空缺职位的人员数量、到岗时间、具体的职务描述、任职资格与胜任素质要求、薪资福利待遇等。用人需求由需求部门提出后经相应的流程审批，正式生效，进入招聘环节。

根据组织形式的不同，招聘需求的收集方式也有所不同。一种是自上而下分配人员岗位预算；另一种是自下而上提出岗位预算申请。两种方式各有利弊。自上而下的人员预算方式更有利于组织高层根据组织的战略目标做出全盘的计划和统筹。将组织的目标根据部门进行拆解，将目标层层下放到各个部门去。部门的人员配置随之进行调整，或增加或减少。自上而下的缺点是部门的主动性不高，将部门的目标实现直接推给高层。自下而上的方式的优点是以部门为中心，将主动权放给部门，部门需要对自己的目标进行拆解,并对自己的人员招聘计划负责。确定是个部门从自身角度出发,无法站到更高更全面的角度来全盘规划。因此有可能提出不切实际的人员增补计划和招聘需求。大多数企业或组织采取综合的方式来审核和确定招聘需求。先自下而上提出需求,再自上而下进行全盘考虑。

(二)制定招聘计划

招聘计划是将招聘需求"具象化",即将招聘需求分析、拆解,最终形成对于招聘工作的具体部署。具体内容包括:为实现招聘需求,应该采用哪些招募渠道?由谁担任面试官?要考察候选人哪些方面的技能和素质?通过哪些方式对候选人是否具备所需的技能和素质进行考察和评价?招聘预算是多少?录用者何时到岗?由谁来担任新进员工在组织中的引领者的角色等等。招聘计划是以人力资源计划为基础,结合具体的招聘需求来制定的。企业发现某些职位空缺需要有人来填补时,就会提出人员招聘的要求。人员招聘计划的主要内容应该包含此项招聘的目的、应聘职务描述和人员的标准和条件、招聘对象的来源、传播招聘信息的方式、招聘组织人员、参与面试人员、招聘的时间、新员工进入企业的时间、招聘经费预算等。

(三)发布招聘信息

发布招聘信息是利用合适的传播工具发布岗位信息,吸引和鼓励人员参加应聘。企业根据面向内部或外部的不同招聘对象,选择最有效的发布媒体和渠道传播信息。发布招聘信息时要有明确的潜在应聘对象,招聘内容要求有企业背景信息、具体工作内容及要求、应聘者必备的条件和有关应聘的方法,需要提供的应聘资料等。

(四)甄选应聘人员

甄选阶段是对应聘者进行选拔的过程。招聘人员首先要审查申请表、简历,初步筛选出那些满足最低应聘条件的人员;然后安排面试官与候选人面谈,让候选人参加各种必要的测验;接着对通过面试和测试的应聘者进行背景调查;最后通知合格人员进行体检。这个阶段对应聘者的评估必须客观且公正,这是控制招聘有效性的关键环节。

(五)发放录取通知书

企业将向合格的应聘者发放录取通知书,通知中会写明岗位名称、入职时间、试用期与合同期限、需携带的材料等。通常应聘者需要在要求时间内,书面接受录用通知书,方视为生效。生效后,应聘者要携带相应的资料在约定时间来企业报到并办理入职手续。

(六)评估招聘效益

招聘完成后,组织将会对招聘过程及效果进行复盘与评估。这个过程可以帮助组织发现招聘活动中存在的问题,对招聘计划及实施过程进行优化,便于提升日后的工作方法与效率。评估应主要围绕时间与经济成本、应聘与录取比例进行分析。招聘效果可以通过一些数据来体现,便于我们对招聘效果有一个更加直观且较为清晰的认识。

1. 招聘成本

招聘工作要求面试官和人力资源部门在时间、预算等方面付出成本,但招聘的成本很难进行量化评估。一般可以从一个侧面来观察招聘成本。招聘成本的观测指标包括全年度的招聘费用使用情况，如招聘网站的使用费用、猎头费用、广告费用、候选人交通、住宿费用等。每个岗位的平均招聘费用的计算如下：

$$岗位平均招聘费用 = \frac{年度招聘总费用}{年度招聘岗位总数}$$

平均岗位的招聘费用有可能存在偏差。比如，某一个年份的招聘岗位中有一个高层管理岗位，产生了远高于其他岗位的猎头费用，则当年度的平均岗位招聘费用就会较高。更为科学的评估方式是将岗位进行分类，针对不同类型的岗位做招聘平均费用的预算，如高层岗位的平均招聘费用、中层岗位的平均招聘费用、基层岗位的平均招聘费用等。

2. 应聘比率

应聘比率是从岗位吸引到的候选人的数量，来评估招聘效果的差异。其计算公式为：

$$应聘比率 = \frac{应聘人数}{计划招聘人数}$$

在其他条件都相同的情况下，应聘比例越高，则招聘效果越好。应聘比例也可以从吸引候选人的数量上来评估招聘渠道的有效性。比如，A招聘渠道的应聘比率高于B招聘渠道，则从吸引候选人数量的角度来讲，A招聘渠道比B招聘渠道有效。

3. 录用比率

录用比率是从最终的录用效果上来评估招聘的有效性。其计算公式为：

$$录用比率 = \frac{录用人数}{应聘人数}$$

录用比率是通过最终岗位的录用情况来评估招聘效果，在其他条件都相同的情况下，录用比率越高，说明招聘效果越好。同样，可以借助录用比率来评估招聘渠道的有效性。

四、全面培训面试官

有研究表明，面试技能的重要性被大大地低估了。在一些组织中，对面试官几乎没有筛选和培训。只要用人需求部门出现招聘需求，该部门的负责人就理所当然地成为该岗位的面试官。事实上，面试绝不仅仅是聊天、谈话、问答。面试是一个复杂的相互展现自身、有时甚至是个互相博弈的过程。面试对于企业来说不仅仅是人才甄选的过程，而且是一个企业品牌的营销渠道。优秀的面试官在面试过程中除了为组织选拔出适配的人才，也会充分地展示企业的文化、传播企业品牌，吸引更多的潜在员工。因此，面试培训非常必要，尤其是对于没有过面试经验的新上任的主管。通常培训的基本内容为：
① 清晰了解公司招聘面试流程，清楚个人角色与职能；
② 了解基础的面试技巧，提高面试效果；
③ 了解常用的面试方法，可以进行运用；
④ 学习面试礼仪，在面试过程中提升候选人的体验感，传递公司招聘品牌形象。

第三节　胜任力模型在招聘中的应用

一、胜任力的起源和定义

20世纪70年代初，美国国务院选拔外交官主要考查三方面内容：① 智商；② 学历、文凭和成绩；③ 人文常识与文化背景知识，包括美国历史、西方文明史、英文、政治和经济知识等。通过这些测试选拔出来的外交官，都是"学霸"型人才，智商高、出身于名校。然而，这些外交官在工作中的表现却并不尽如人意。因此，美国国务院邀请哈佛大学心理学教授戴维·麦克里兰来帮助选拔外交官，希望麦克里兰教授能够找到有效地预测实际工作业绩的一套人员选拔方法。麦克里兰所带领的研究团队在关键事件技术方法基础上开发了行为事件访谈法，他们对绩优的外交官和一般称职的外交官进行访谈后发现，前者在行为和思维方式方面的特点主要体现为：跨文化的人际敏感性、快速进入当地政治网络、对他人抱有积极期望。

1973年，麦克里兰在《测量胜任力而不是智力》(Testing for Competence Rather Than Intelligence)一书中提出，采用智力测验的方式预测未来工作的成败是不可靠的，他主张使用胜任力(competency)来预测一个人在未来的绩效。

1993年，莱尔斯·斯宾塞(Lyle M. Spencer)和塞尼·斯宾塞(Signe M. Spencer)在《工作中的胜任力：高绩效模型》(Competence at Work: Models for Superior Performance)一书中指出，胜任力是在工作或特定情境中产生高效率或高绩效所必需的人的潜在特征，同时，只有当这种特征能够在现实中带来可衡量的成果时，才能被称为胜任力。胜任力包括知识与技能、社会角色、自我形象、个性与动机。

美国薪酬协会(The American Compensation Association)对于胜任力的定义是："胜任力是个体为了达到成功的绩效水平所表现出来的工作行为，这些行为是可观测的、可衡量的、可分级的。"

合益集团(Hay Group)认为，胜任力是在既定的工作、任务、组织或文化中区分绩效水平的个人特征。胜任力是驱使一个人产生优秀表现的个体特征。

彭剑锋(2018)认为，胜任力是驱动员工产生优秀工作绩效的、可预测、可测量的各种个性特征的集合，是可以通过不同方式表现出来的知识、技能、个性与内驱力等。胜任力是判断一个人能否胜任某项工作的起点，是决定并区别绩效好坏差异的个人特征。

综上所述，本书认为胜任力是指在特定工作岗位、组织环境和文化氛围中绩优者所具备的可以客观衡量的个体特征及由此产生的可预测的、指向绩效的行为特征。

胜任力有四个特点：

① 相关性：胜任力与工作任务情景和岗位相联系，具有动态性。

② 鉴别性：胜任力是绩效平平与绩效卓越的原因，能够区分优秀员工和一般员工。

③ 预测性：胜任力与工作绩效密切相关，甚至可以预测员工未来的绩效。

④ 可测量性：胜任力可以通过行为表现出来，因此可以用一些特定的标准来对胜任力进行测量。

二、胜任力模型

一个组织中不同岗位要求员工具备的胜任力构成内容和水平是不同的；不同组织和不同行业中，相同的或类似工作岗位上，员工的胜任力要求也不尽相同。因此，我们把担任某一个特定的岗位角色所必具备的胜任力总和称为胜任力模型（competency model）。

莱尔斯·斯宾塞和塞尼·斯宾塞提出了胜任力的冰山模型，由"水面上"和"水面下"两部分内容构成（见图5-1）。"水面上"的胜任素质包括技能和知识这些相对比较容易观察和评价的，较为表层的个人特征；"水面下"的胜任素质包括社会角色、自我概念、特质和动机等相对不容易观察到的，但可以通过行为加以预测的，较为隐蔽、深层的个人特征。这些胜任素质的具体内涵如下。

图5-1 胜任力冰山模型

① 技能（skills）：个体结构化地运用知识完成某项具体工作的能力。

② 知识（knowledge）：个体在某一个特定领域所拥有的事实型与经验型信息。

③ 社会角色（social roles）：在社会系统中与一定社会位置相关联的符合社会要求的一套个人行为模式，或个体在社会群体中被赋予的身份及该身份应发挥的功能。

④ 自我概念（self concept）：个体的态度、价值观和自我形象，对其自身的看法与评价。

⑤ 特质（traits）：个体对外部环境及各种信息的反应方式、倾向与特性。

⑥ 动机（motives）：个体行为的内在动力。

麦克里兰认为，水上冰山部分（知识和技能）是基准性特征，是对胜任者基础素质的要求，但它不能把表现优异者与表现平平者准确区别开来；水下冰山部分可以统称为鉴别性特征，是区分业绩优异者和业绩平平者的关键因素。不同层次的个人特质之间存在相互作用的关系。水上冰山部分的知识和技能相对容易改变，可以通过培训实现其发展；水下冰山部分的社会角色、态度、价值观和自我形象也可通过培训实现改变，但这种培训比对知识和技能的培训要困难；核心的动机和人格特质处于人格结构的最深处，难以对它进行培训和发展。

三、构建胜任力模型

（一）胜任力建模的流程

构建胜任力模型的过程被称为胜任力建模（competency modeling）。胜任力建模通常包含以下几个关键环节。

1. 选取目标岗位

首先，要选定建立模型的目标岗位。通常会优先选择对组织发展起关键作用的核心岗位，对其进行一系列的分析，建立相应的胜任模型，以便于后期在人力资源领域应用。

2. 确定绩效标准

对目标岗位的各项构成要素进行评估，区分绩效优秀员工、绩效一般员工、绩效不达标员工的行为表现，进而确定绩效的考核标准，再将其分解细化到各种实际任务中，帮助识别绩效优秀员工的行为特征。

3. 样本数据的选定、取得与分析

对确定岗位上的员工进行绩效优秀员工、绩效一般员工、绩效不达标员工的样本选定，通常每组可在10人以上（具体依据实际情况而定）。样本数据的获取方法通常有行为事件访谈法、问卷调查法、专家小组评议法等，其中，行为事件访谈法最为常用。最终，还要对收集到的数据进行分析（编码分析、数据分析等），区分优异表现者和绩效一般者的胜任素质。

4. 建立初步的胜任力模型

根据分析后的数据资料，重点对员工思想动机、关键行为等方面有重要影响的行为过程或片段进行分析，分析不同绩效表现的员工在关键行为中的差异，识别出对行为结构有关键影响的能力因素，并对其进行规范性定义、等级划分及具体描述，进而初步确定岗位的胜任力模型。

5. 完善胜任力模型

胜任力模型建立后需要进行不断地验证以及完善，才能更好地实际指导组织中人力资源工作的开展，为选拔能够符合组织长期绩效目标的人员做支撑。

（二）胜任力建模的主要方法

胜任力建模的主要方法包括行为事件访谈法、专家小组讨论法、观察法、标杆研究法以及胜任力清单法等。不同的组织根据自身的需要选择不同的胜任力建模方法，有时也会将多种方法结合起来使用。

1. 行为事件访谈法

行为事件访谈法是应用最广泛的一种方法。行为事件访谈法采用结构化的访谈提

纲对被访谈者进行采访。根据预先设定好的采访提纲，引导被访谈者谈论体现个人特质的关键事件，并针对具体的谈话内容进行追问，直到获得所需要的信息。进而演绎成为特定岗位任职者所应具备的胜任力特征。

行为事件访谈法的特点在于要求被访谈者详细描述他们在例如沟通、客户服务、团队合作、发现问题、分析问题、解决问题等方面遇到的若干成功或者失败的典型案例，并从中总结归纳出被访谈者的想法、情感和行为，进而评价对方的能力水平，了解、发掘其动机、个性、价值观等能力特征。最后通过汇总、分析、编码形成胜任力模型。

行为事件访谈法对于访谈组织者的能力要求很高，访谈者需要对胜任力模型具有较高程度的了解，也需要有很强的访谈技巧和总结能力。三者缺一不可。对胜任力的了解是基础，没有这个基础，访谈者的问题无从而来。访谈技巧也非常重要。一位优秀的员工，可能仅知道工作该怎么做，但并不了解使其具有优秀绩效水平的深层原因是什么。因此，在访谈中可能谈不到点子上。这时，需要具有较强访谈技巧的专业人士帮助员工抽丝剥茧，找到关键性信息。在组织中，合适进行行为事件访谈的人并不多。因此，行为事件访谈法的成本是比较高的。

2. 专家小组讨论法

专家小组讨论法是通过收集对胜任力模型有充分了解的专家或者特定行业、企业的专家进行讨论的建模方式。专家既可以是外部专家也可以是内部的资深员工或者领导。主要方法是集中专家的集体智慧，采取头脑风暴、座谈会等方式来获取有关胜任力模型的信息。

3. 观察法

观察法是通过观察提纲、观察表或者记录性描述等方式了解任职者的水平、技能等，从而形成胜任力模型。主要缺点是非常耗时、观察样本少会影响可信度和准确度下降。也有可能过滤掉有用的信息。

4. 标杆研究法

标杆研究法是主要通过分析、研究其他同行或者同发展阶段的类似组织的胜任力模型，通过小组讨论或者研讨会的方式，从中选择出适合与自己组织的胜任力模型。

5. 胜任力清单法

胜任力清单法主要是参考现行的胜任力辞典，或者咨询公司帮助组织制定的胜任力清单，综合组织自身的特点建立模型。这种方法成本低、灵活性强。缺点是精度较差，需要通过实践来检验是否适合组织的需要。

四、胜任力模型在人力资源管理各职能中的应用

胜任力模型在人力资源管理的各项职能都有相应的应用场景，它就像是组织中的岗位指南，搭建起岗位和任职者之间的桥梁。胜任力模型在招聘、培训、绩效考核、明星员工评选等人力资源管理各职能中，发挥着"奠基石"的作用。

胜任力模型在招聘的应用起步于岗位说明书的分析和拆解。岗位说明书由岗位名

称、岗位职责、任职条件等部分组成。岗位职责设计和定义清楚后,应根据职责进行任职条件的分析。分析完成岗位的工作内容和任务需要什么样的任职条件,是一个复杂的过程。尤其是新岗位的胜任力分析,没有以前的岗位作为参照,更需要详细细致的分析工作。胜任力分析往往需要较长的建模过程,在建模完成后,也不是一劳永逸的,而是需要根据组织或者团队目标的变化而定时进行调整。"磨刀不误砍柴工",在胜任力分析上多花一些时间和功夫,能够一定程度上避免错误招聘,事半功倍。

胜任力模型在绩效考核工作中也有广泛的应用。绩效考核的核心是帮助员工获得个人成长和发展。胜任力模型能够帮助员工和主管分析员工在目前的岗位上,胜任的是哪些工作技能,不胜任的是哪些。从而客观地得出员工的工作表现。并且,对不胜任的技能和素质进行强化的、针对性的培训,从而帮助员工补足短板,不断地提升自我,实现个人的能力发展。

总之,胜任力建模是一项系统性工程。通过胜任力模型,组织的人力资源各个模块被打通,在招聘、绩效考核、人选内部选拔、人才盘点、培训与发展等各个方面都能够得到运用。胜任力模型的搭建需要组织高层管理团队的支持,这是胜任力模型建模能否成功的最重要的因素之一。胜任力建模虽然重要,但属于重要但不紧急的事项之列。如果没有良好的规划,以及高层管理团队的大力支持和推动,只有人力资源部门单打独斗,很难推动各个部门,将胜任力建模工作完成。因此,胜任力模型的初次搭建需要良好的设计和规划,在高层管理团队的支持下,发动各部门加以重视、通力合作。在初次搭建之后,胜任力模型主要由人力资源部门定期进行小规模的修改和更新,从而与时俱进,始终与组织的战略规划、发展目标、文化理念相契合。

第四节　员工甄选

甄选就是根据空缺岗位的要求,运用一定的工具和方法,将一个或者多个候选者从众多候选者中间挑选出来的过程。员工的甄选包括以下步骤:初步筛选、招聘面试、招聘测试、背景和证明检查、录用决策、身体检查等。甄选的基本流程如图5-2所示。

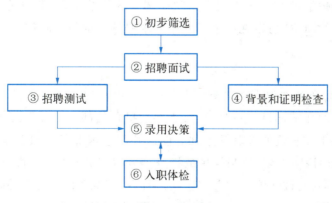

图5-2　员工甄选的基本流程

一、候选人的初步甄选

候选人的初步甄选是指根据岗位说明对于岗位任职者的基本要求,对于从各种招聘渠道收到的申请进行初步筛选的过程。通常情况下,初步甄选由人力资源部门完成,人力资源部门会将通过初步筛选的简历发送至用人需求部门。人才的初步筛选是招聘流程中很重要的一步。只有有效的人选初步筛选,才能将符合组织要求的候选人送入到用人需求部门。人才初筛是招聘工作人员的基本功。招聘工作人员需要对组织和岗位都有一定的了解,才能有效地匹配岗位和候选人,从而在大量的简历当中筛选出基本符合组织和岗位要求的候选人。

候选人的初步筛选主要审核以下几个申请资料,是对书面信息进行分析。

(一) 简历

简历是申请岗位的必备材料。简历应包含候选人的基本信息,包括姓名、联系方式(电话、邮箱地址)、学历背景信息、工作经历、项目经历、志愿者经历、主要技能等。简历不应过长,一般1～2页的简历足以体现候选人的基本情况。因此,简历应该体现出候选人最大的特点,对候选人的总结和归纳能力有一定的要求。在人才初步筛选的过程中,简历起到至关重要的作用。对简历的内容进行分析是人才筛选的第一步。为了能够获得进一步的面试机会,有些候选人会在简历中加入一些"水分",掺杂一些虚假的或者不够确切的信息,从而对进行简历筛选的人造成一定的误导。简历中应重点关注的信息包括:学历学位信息、教育形式(如统招或者自考)、工作经历中的断档阶段等。

(二) 求职信

求职信是简历的一个有益的补充。受篇幅的限制,简历需要简明扼要,并且有相对固定的格式和信息,信息量有限。求职信在应聘工作的过程中,是对简历的一个有效补充。通常情况下,求职信没有固定的书写格式和内容要求。候选人可以个性化写作自己的求职信,从而加深面试官对于候选人的印象。求职信也可以展现候选人对于所申请的组织或者岗位的理解、为何对于该组织或者岗位感兴趣等在简历中无法体现出来的信息。求职信也能够在一定程度上反映候选人的总结能力、归纳能力、书写能力等。对一些一定要求的岗位,可以在申请材料中要求候选人提供求职信,以便组织更有效率地筛选候选人。

(三) 推荐信

推荐信是由既熟识被测者又与测评者(雇主)有密切关系的第三者,以书信形式向测评者介绍被测者的文字材料。一般而言,大多数推荐信都过于肯定被测者,所以推荐信被认为与求职者工作表现的关联性不强。但这并不意味着所有的推荐信都对被测者的未来表现没有任何说明效果,一封简单的推荐信可能有很大的预测性。关注推荐信的具体内容,而非推荐者对被评价者的肯定程度,可以提高推荐信作为一种测评工具的效度。根据推荐者对应聘人个性特征的描述,有时就可以做出录用判断了。

(四)申请表

要求申请人如实填写申请表,然后分析申请表内的各项内容所提供的信息,并在此基础上做出挑选决定,这是人事测评中最常用的方法之一。申请表是否在人事测评中发挥重要作用,关键在其形式与内容的设计上。要保证表格中每个项目均与胜任某项工作有一定的关系,而且比较客观,其他人容易理解与检核。申请表的优点是不显示评价倾向,只说明事实、反映信息,因此被测者或申请人不会有所警惕,加上许多情况可以通过调查与查阅档案证实,故申请人一般也不会作假。但是其缺点是由于申请表项目多,申请人所填情况差异不一,所以较难对不同的申请人做出比较与选择。

(五)履历表

履历表实际上是一种有关被测者背景情况描述的材料,其项目内容与申请表类似,但又有所不同。从项目与内容上来说,履历表比申请表更详细、全面,从实效上来说,履历表反映的是被测者过去的情况,而申请表反映的是当前的情况。履历表项目选择与申请表格一样,也是以职位要求或工作绩效的相关性为标准,常见的是选择那些与生产效率、人事变动率、出勤率显著相关的项目。履历表项目一般包括两部分内容。一部分是测评者能够核实的项目,如家庭住址、家庭状况、工龄、学历、年龄等;另一部分是难以具体核实的项目,如述职报告、自我工作总结等。

二、面试

面试是为了直接获得来自应聘者的信息而进行的面对面交流活动。面试的构成要素有十个,即面试目的、内容、方法、考官、考生、试题、时间、考场、信息和评定。面试的内容主要包括:个人信息,仪表、仪态和风度,工作经验,知识的广度与深度,工作态度与求职动机,事业进取心,反应能力与应变能力,分析判断与综合概括能力,兴趣爱好与活动,自我控制能力与情绪稳定性,口头表达能力。

面试的类型多种多样。比如,从面试的题目设计来划分,可以分为结构化面试和非结构化面试。从候选人或者面试官的数量角度来划分,可以分为单独面试和小组面试。从面试的形式来划分,可以分为现场面试和视频面试。针对不同的岗位需求和组织文化特点,可以采取不同的面试方式。

三、招聘测试

(一)心理测试

应用心理测试进行人员选拔,是一个系统的过程,是一个针对岗位编制或选择有效的心理测试题,还要对它不断地修正。首先要了解岗位需要什么样素质的人,这可以从工作说明书上得到。我们可以从已有的心理测试题库里去寻找和选择与这些因素相关的试题,也可以委托心理学家针对这些因素去编制试题,甚至也可以自己制作。不管采取什么方式,应当注意的是,单单编制完试题还不够,还要确定试题的信度和效度。

在实施测试的过程中,要注意做到客观化、标准化,保证收集到的测试结果能够公平、真实地反映应试者的状况。通常要求测试环境舒适、安静、没有外界干扰。而每个测试者则应该拥有足够的空间,尤其避免多个被测者同时应试时相互影响、干扰。同时还要进行鉴定测试,主要是根据新员工的工作绩效对测量结果和聘用加以检验,有条件的话,也可以对未聘用者进行跟踪检验。

(二)职业能力测试

职业能力测试是最早被用于人事测评中,且作为人才心理素质测评的最基本的技术之一,在测评领域发挥着极为重要的作用。我们将职业能力分为一般能力与特殊能力。一般能力通常是指在不同种类活动中表现出来的共同能力,如观察能力、注意能力、记忆能力、思维能力、想象能力、操作能力等。我们常说的智力就属于一般能力的范畴。特殊能力是指在某些特殊专业活动中表现出来的能力。而创造能力是指一个人在解决新问题时所表现出的新颖、独创能力。这种能力是一个人创造性的指标。对于职业能力,我们更多地将其看成一种现有的水平。而职业能力倾向是一种未来的发展潜能。

四、背景调查

背景调查的目的是获得求职者更全面的信息。进行背景调查有几个关键环节要把握住:一是何时进行调查,二是调查内容的设计,三是调查如何操作。

背景调查的时机:背景调查最好安排在面试结束后与上岗前的间隙。

背景调查的原则:应取得被调查人的同意,并尽量多维度地调取其过往工作经历中相关人员的评价。

内容设计:应以简明、实用为原则。例如,学位的真实性、任职资格证书的有效性、与岗位说明书要求相关的工作经验、技能和业绩等。

如何操作:可以委托中介机构进行,选择一家具有良好声誉的咨询公司,提出需要调查的项目和时限要求即可。如果工作量小,也可以由人力资源部操作。

五、录用决策

人力资源选拔经过审查、测试、面试等一系列环节,最后需要做出正式录用决策。首先,要汇总各个环节中获得的应聘者信息;然后,密切联系组织战略目标和需要,做出录用决策。

(一)汇总应聘者信息

在做出录用决策之前,要汇总应聘者的信息。汇总时,要注意区分两类信息:一类是能力信息,另一类是动力信息。能力信息包括知识、技能和能力,是关于应聘者获得了什么和有可能做什么的信息;动力信息包括动机、兴趣、个性等,是关于应聘者是否愿意把工作做好的信息。有动力没能力,只能获得好高骛远、纸上谈兵的评价,结果很可能是碌碌无为;有能力没动力,只会导致目标混乱、人心涣散,结果只能是无所作为。

(二)做出录用决策

人力资源招聘从组织战略目标实现的需求开始,也要以组织战略任务的有效完成结束。在做出录用决策时,首先要考虑的因素是应聘者成为组织正式成员之后,对落实组织战略目标、完成组织战略任务的贡献有多大。实施不同战略或发展到不同阶段的组织,在做出录用决策时,一般会有不同的考虑。实施收缩战略的组织,重点在提高运营效率,很少会大规模变动技术、结构或工艺,人力资源管理的重点在于更好地利用现有员工的价值,而不是引进更高层次的人才。重要的工作是培训现有员工,不断提高绩效水平。即使有招聘,一般也仅限于初级岗位。与此相反,实施扩张战略的组织,急需有技术创新能力和市场开拓能力的高层次人才,录用决策自然要依据创新和开拓这两项战略能力。

六、体检

体检是录用时不可忽视的一个环节。不同的职位对健康的要求有所不同,一些对健康状况有特殊要求的职位在招聘时尤其要对应聘者进行严格的体检,否则有可能给企业带来许多麻烦。体检这一环节的执行相对比较简单,一般企业会指定一个有信誉的或长期来往的医疗机构,要求应聘者在一定时期内进行体检。在很大的企业组织中,体检通常在招聘者的医疗部门进行。体检的费用由招聘者支付,体检的结果也交给招聘者。

第五节 招聘面试

一、面试的类型

面试通常是指应聘者和面试官之间通过面对面的沟通与交流,进而评估应聘者能力与素质与组织空缺岗位匹配性的方法。面试是企业甄选员工最常用的方法。

根据不同的划分依据,面试分为不同类型。根据面试的结构化程度,可以将面试分为结构化面试(structured interview)、非结构化面试(non-structured Interview)和半结构化面试(semi-structured interview);根据同时参加面试的候选人多少,分为小组面试(group interview)和单独面试(one-on-one interview);根据面试的过程场次,可以分为一次性面试和阶段性面试;根据面试的氛围,分为压力面试(pressure interview)和非压力面试(non-stress interview)。

(一)结构化面试、非结构化面试和半结构化面试

1. 结构化面试

结构化面试是指面试过程采用固定的程序、固定的题目、固定的评价标准与评价方

法，通过面试官与应聘者的交流，来对应聘者进行评价。结构化面试是根据岗位的胜任因素来设计固定的面试题目，遵循固定的面试流程，所有的候选人使用同一套面试题目，面试中不会出现没有经过设计的题目，因此，能够较为公平地观察候选人，得到不同候选人关于同一个问题的想法和观点。在候选人数量较多的情况下，比较适合使用结构化面试，从而有效地评估大量的候选人。使用结构化面试具有一定的挑战，主要体现在结构化面试的设计是一个复杂且需要专业化的过程。结构化面试的重头戏在于前期的题目设计。结构化面试的题目是统一的，因此面试官的主观因素干扰较少。为了利用结构化面试准确地识别出最佳胜任者，就要在题目设计阶段将某一特定岗位最重要的胜任力模型挑选出来，并精心设计出能够对胜任力因素进行识别的问题。如果结构化面试的问题设计得当，有效性强，对于面试官的面试能力和识别人才的能力要求就会相对较低。结构化面试能够在最大程度上降低面试官对于人才评估的影响，因此比较适合大规模的面试，如管理培训生的面试等。结构化面试也有一定的缺点，主要体现在面试整体比较僵化，难以实现面试官和候选者的互动。遇到优秀的候选人，面试官无法在面试当中进一步追问，或者有针对性地吸引候选人，只能够按照设计好的题目来提问。遇到不合适的候选人，可能在问到几个问题时，面试官就可以肯定这不是理想的人选了，但也不能终止面试，而是必须依照设计好的问题，将整个结构化面试的流程走完。

2. 非结构化面试

与结构化面试相对应，非结构化面试是指没有固定的面试程序，没有事先设计好的面试题目，而是以比较随机的方式来对候选人发问。面试的题目也以候选人的背景，或者不同面试人对面试问题的反馈而进行调整，也可以追问。面试的时间、形式、内容，甚至地点都可以根据岗位和候选人的情况作出调整，比较随机。非结构化面试的特点是灵活度更高，与候选人的沟通更为深入。互动性更强，针对优秀的候选人，可以在面试的同时，介绍组织和岗位的情况，让候选人来利用面试的机会更加了解组织的情况。非结构化面试的缺点是结构性比较差，没有统一的标准，因此较大程度地依赖于面试官的能力和提问技巧。非结构化面试适合面试对于数量较小，面试官能力较强，需要考量候选人综合能力的岗位面试。比如组织的高层管理者等。

3. 半结构化面试

半结构化面试则是结合了结构化面试和非结构化面试的一种类型，对题目一部分进行了固定，另外一部分则是灵活处理方式，较好地避免了结构化面试和非结构化面试的弊端。

（二）小组面试和单独面试

1. 小组面试

在一轮面试，或者初步筛选面试中，小组面试的效率更高。小组面试的优点是可以在同一个时间段内，观察多位候选人的面试表现，因而可以迅速筛选出基本符合组织要求的候选人，并且推送到第二轮面试（通常为单独面试）中去。在岗位的需求数量较多的情况下，小组面试的优势明显。小组面试的不足在于候选人的表现在某种程度上受到同组其他候选人的影响，可能不是最真实的能力体现。因此，小组面试的适用场景为对于沟通能力、影响他人的能力、应变能力有要求的岗位。对于偏于技术型的岗位，小组面试的效率不高。

小组面试能够在大量的候选人中间，筛选出满足基本任职要求，或者契合组织文化的候选人。如果岗位的招聘数量很大，一般小组面试的结果即最终结果。更加精细的招聘流程中，通常会再增加一轮单独面试。

2. 单独面试

单独面试即面试官与候选人进行一对一面谈，没有第三人参加。招聘工作不仅仅是雇主对于候选人的选拔，而是双向的选择。优秀的候选人在就业市场上处于更为主动的地位。他们在面试环节中也在挑选和考察雇主。所谓"良禽择木而栖"。组织在关键岗位的招聘过程中，不仅仅是观察和评估候选人，也要在面试中适时、适当地去吸引候选人。单独面试是实现吸引候选人较为有效的一种方式。不同于小组面试，单独面试通常是所招聘岗位的直接领导，或者人力资源代表单独与候选人交谈，面试的问题更为深入。可以针对不同的候选人，提出个性化问题。同时，候选人在单独面试中表现得更为轻松、随意，相比于小组面试，候选人更容易呈现出非职场化的个人状态，有利于面试官观察候选人的性格、交际能力，也能够一定程度上预测双方在未来工作和合作中的契合度。对于对组织产生较大影响的关键性岗位，通常都会安排一场单独的面试。其形式也更为灵活，可以安排在会议室以传统的面试方式进行，也可以在工作地点之外，比如共同就餐、参加行业会议等。

（三）一次性面试和阶段性面试

1. 一次性面试

一次性面试是指一次面试后，便可以对应聘者做出是否录用的结论。

2. 阶段性面试

阶段性面试需要对应聘者进行两次以上的几轮面试才能做出最终决定。

（四）压力面试和非压力面试

1. 压力面试

压力面试是指在面试中故意为候选人营造一种压迫性的氛围，故意提出看似刁钻的问题，甚至是带有一定的攻击性和敌意，用以观察在这样的情形下，候选人将做出怎样的反应，从而观察候选人的抗压能力、反应能力、处理紧急的棘手问题的能力。在一些需要承担较大压力的岗位面试中，会运用到压力面试，如销售、客服、公关、管理等岗位。

2. 非压力面试

非压力面试是在没有人为制造压力情境下的面试。

二、面试的方法

（一）行为描述面试

行为描述面试（behavior description，BD）是一种特殊的结构化面试。与一般的结构

化面试区别在于,它采用的面试问题都是基于胜任力的行为性问题。这种面试方法在对目标岗位进行充分而深入分析的基础上,对岗位所需的关键胜任特质进行清晰的界定,然后在应聘者过去的经历中探测与这些要求相关的行为样本,在胜任特质的层次上对应聘者做出评价。

1. 行为描述面试的实质

一般来说,面试考官通过行为描述面试要了解两方面的信息。一是应聘者过去的工作经历,判断他选择本企业发展的原因,预测他未来在本组织中发展所采取的行为模式;二是应聘者对特定行为所采取的行为模式,并将其行为模式与空缺岗位所期望的行为模式进行比较分析。行为描述面试的实质为:

① 用过去的行为预测未来的行为;
② 识别关键性的工作要求;
③ 探测行为样本。

2. 行为描述面试的假设前提

一个人过去的行为最能预示其未来的行为。一个人的行为是具有连贯性的。例如,一个经常迟到而名声不佳的人,下次开会又迟到,没人会感到惊讶。作为面试考官,提出的问题应该让应聘者用其言行实例来回答,通过了解应聘者过去工作经历中的一些关键细节,来判断应聘者的能力,而不要轻信应聘者自己的评价。

"说"和"做"是截然不同的两码事。与应聘者自称"通常在做的""老在做的""能够做的""可能会做的""应该做的"事情相比,其过去实际行为的实例更为重要。即行为描述面试要注意了解应聘者过去的实际表现,而不是对未来表现的承诺。例如,一名应聘者说:"我总是主持预算庞大的项目。"这番话能说明该应聘者确实做了些什么吗?什么也说明不了,直到应聘者能举出某个项目的具体例子,能详细说明他所负的责任,并说明项目效果,面试官才能明白这一回答是什么意思。

3. 行为描述面试的要素

行为描述面试时,面试官应把握住STAR原则。

首先,面试官要了解应聘者以前的工作背景,尽可能多地了解他先前供职公司的经营管理状况、所在行业的特点、该行业的市场情况,即所谓的背景调查(situation),然后着重了解该应聘者具体的工作任务(task),每一项工作任务都是怎么做的,采取了哪些行动(action),行动的结果如何(result)。通过这四个步骤,面试官可对应聘者的工作经历与所拥有的知识和技能做出相应判断。

(二)情境模拟面试

情境模拟面试属于结构化面试的一种,主要是根据岗位在实际工作中会遇到的情境进行问题设置,答案的回答标准事先由面试小组成员或专家准备好,主要是预测应聘者在未来岗位上解决问题的能力。

1. 情境模拟法的题目

情境模拟法通常提问的场景都是工作中已经实际发生或者可能会发生的事件,提问方式是假设，通常的提问句式都是：如果工作中发生某种情况，请问你将怎样处理？

2. 情境模拟法的题目设置技巧

重点考察的是应聘者解决问题的思路，以及处理冲突的能力。通常都是冲突越多问题难度越大，越是能够看得出应聘者的反应能力、工作能力、发现和解决问题的能力。想要提升面试中的问题设计，要点就在于在平时多观察总结岗位上实际发生的问题及冲突，将其归纳整合成假设性情境提问，当然，也要注意的是不是情境设置的冲突越多越好，过多的冲突会导致题目本身变得无解。

三、面试中常犯的错误

面试官是人，因此难以避免地受到主观因素影响。即使是对面试官的能力和评估水平要求较低的结构化面试，仍然无法百分百保证正确招聘。了解面试中常见的错误，有助于在面试中有目的、有技巧地规避这些"雷区"。

（一）面试官的认知偏差

1. 晕轮效应

晕轮效应又称光圈效应，是面试过程中最容易出现的认知错误之一。晕轮效应就是仅关注候选人"闪光"的某一点特质，从而主动地无视候选人的其他方面特质。例如，一个顶级名校毕业的候选人身上也有其他方面的不足，但是面试官受名校光环影响看不到这个候选人身上其他方面的不足。

2. 首因效应

首因效应，也叫第一印象效应。候选人留给面试官的第一印象重要且不容易改变。即使之后有种种证据与这个第一印象相悖，面试官也容易倾向于第一印象才是最真实的，进而忽视与第一印象不相符的表现。首因效应在面试中经常出现。例如，无领导小组面试中，第一个发表观点的候选人，容易给面试官留下印象。如果第一位发言的候选人的观点很好，则进入第二轮面试的概率比其他候选人大；相反，如果第一位发言的候选人失误，出现的错误也会让面试官尤为印象深刻，以致后面的良好表现也可能被第一印象所遮掩。

3. 近因效应

近因效应是指在众多候选人中，最后出现的候选人比中间出现的候选人更加令人印象深刻。近因效应在生活中也常常出现，只是人们不太注意到自己无意中有近因效应的倾向。比如，在一句话中，无论前半句是怎么样的赞扬，只要有一个"但是"做转折，人们往往只将注意力放在"但是"后面的部分。这一部分是人们听到的一个长句子中，最后出现的那一段，往往更容易令人记住。为了避免近因效应，面试的安排要张弛有度。太密集的面试会使面试官产生疲劳。短视记忆可能会使面试官在长时间的面试后，已经对中间出现的候选人印象模糊。张弛有度的面试节奏，或者在每一场面试后立即打分，会在一定程度上减少由于近因效应产生错误招聘的概率。

（二）面试官犯错的其他原因

1. 工作分析不到位

面试的基础是工作分析。面试官对组织和岗位的理解不到位，会产生一系列问题。例如，在简历筛选环节，没有对岗位需求的准确理解，会迷失在成百上千个简历当中，无法快速有效地筛选简历。人力资源部将简历全部发送到用人部门，则没有达到简历筛选的目的，增加了用人部门的工作量。人力资源部门在筛选简历时可能存在这样的错误，将真正适合岗位的候选人在初选阶段就筛掉了。

2. 以为面试是企业对应聘者的单向选择

有的企业会认为面试完全是一个选择应聘者的过程，在面试过程中显得非常强势，忽略了应聘者也是同样在众多企业中为自己选择最为匹配的组织。所以在面试过程中，对应聘者的面试体验度关注就显得尤为重要。这样，即使应聘者没有成为组织的成员，也可以给组织留下很好的印象，对于企业的招聘口碑具有极大的正面作用，便于扩展知名度及吸引更多潜在应聘者。

3. 过于依赖简历的全部内容

简历的信息是可以经过加工和美化的，是无法客观地反映应聘者全部真实信息的。应聘者会选择突出自己优势的背景信息，弱化对自己不利的信息，有经验的面试官需要能够甄别出简历的有效信息，并针对存疑的或者重要的信息在面试过程中进行有效验证。

4. 忽视应聘者工作能力之外的软条件

根据本章前面所述的胜任力模型，一个优秀的组织成员应该具备的能力不仅局限于专业能力，应聘者的求职动机、稳定性、团队意识、做事风格等都同样重要。

第六节　招聘测试

一、心理测试

心理测试是招聘测试中的重要构成部分。心理测试是指通过一系列的心理学方法来衡量应聘者智力水平和个性特征的一种科学方法。

人格（personality），也称个性，来自拉丁文persona，意为面具，是演员演出时佩戴的用来表示人物性格和身份的脸谱。人格是指影响个体行为的、相对稳定的一系列心理特征和行为模式，由遗传、社会、文化以及环境因素共同作用而形成。心理学认为，"人格"是一种个体内部的行为倾向，它具有整体性、结构性、持久稳定性等特点，是每个人特有的，可以对个人外显的行为、态度提供统一的、内在的解释。

（一）卡特尔16项人格测试

雷蒙德·卡特尔（Raymond B. Cattell）将人格特质区分为表面特质和根源特质。表面特质是指外部行为能直接观察到的特质。根源特质是内在的、稳定的，是决定表面特质的最基本的人格特质。卡特尔一共找到了16项根源特质,并编制出"16项人格因素问卷"(sixteen personality factor questionnaire,16PF)。应用卡特尔16项人格因素问卷实施的测试又称为卡特尔16项人格测试,其测试结果不仅在临床医学中被广泛应用于心理障碍、行为障碍、心身疾病的个性特征诊断,而且对人才选拔和培养也很有应用参考价值。卡特尔16项根源特质如表5-4所示。

表5-4 卡特尔16项根源特质

心理特质	低分者特征	高分者特征
A. 乐群性	缄默、孤独、冷漠	乐群、外向、热情
B. 聪慧性	思维迟钝、学识浅薄	聪慧、富有才识
C. 稳定性	情绪激动	情绪稳定
E. 恃强性	谦虚、顺从、通融、恭顺	好强固执、独立积极
F. 兴奋性	严肃、审慎、冷静、寡言	轻松兴奋、随遇而安
G. 有恒性	权宜敷衍、缺乏奉公守法的精神	有恒负责、做事尽职
H. 敢为性	退缩、畏怯、缺乏信心	冒险敢为、少有顾忌
I. 敏感性	理智、着重现实	敏感、感情用事
L. 怀疑性	依赖随和、易与人相处	怀疑、刚愎、固执己见
M. 幻想性	现实、合乎成规	幻想的、狂放不羁
N. 世故性	坦白、直率、天真	精明能干、世故
O. 忧虑性	安详、沉着、有自信心	忧虑抑郁、烦恼多端
Q1. 实验性	保守、服从传统	自由的、批评激进、不拘泥于现实
Q2. 独立性	依赖、随群附众	自主、果断
Q3. 自律性	矛盾冲突、不识大体	知己知彼、自律严谨
Q4. 紧张性	心平气和、闲散宁静	紧张困扰、激动挣扎

(二)MBTI人格测试

迈尔斯-布里格斯类型指标(Myers-Briggs type indicator,MBTI)是凯瑟琳·C.布里格斯(Katherine C. Briggs)和伊莎贝尔·布里格斯·迈尔斯(Isabel Briggs Myers)母女以瑞士心理学家卡尔·荣格(Carl Jung)的人格类型理论为基础,共同研制开发出来的。MBTI是一种迫选型、自我报告式的性格评估工具,用以衡量和描述人们的精力来源、获取信息偏好、决策风格偏好以及生活方式偏好四个方面的心理规律。MBTI主要应用于职业发展、团队建设、教育等方面,也是目前国际上应用较广的人才甄别工具。

MBTI将人区分为:外向型—内向型(extraverted—introverted,E—I)、感觉—直觉(sensing—intuitive,S—N)、思维—情感(thinking—feeling,T—F)、判断—知觉(judging—perceiving,J—P)。

1. 外向型—内向型（E—I）：个体精力来源

外向与内向倾向组合描述了个人的能量和精力来源。外向的人倾向于将注意力和精力投注在外部的世界，如外在的人、外在的物、外在的环境等；内向的人则相反，较为关注自我的内部状况，如内心情感、思想。两种类型的个体在自己偏好的世界里会感觉自在、充满活力，而到相反的世界里则会不安、疲惫。他们的具体特征如表5-5所示。

表5-5 外向型和内向型的具体特征

外向型E	内向型I
与他人相处精力充沛	独自度过时光精力充沛
希望成为注意的焦点	避免成为注意的焦点
行动，之后思考	思考，之后行动
喜欢边想边说出声	在心中思考问题不善于表露
易于"读"和了解；随意地分享个人信息	相对封闭，更愿意在经挑选过的小群体中分享个人的信息
说的比听的多	听的比说的多
高度热情地社交	不把热情表现出来
反应快，喜欢快节奏	仔细考虑后，才有所反应，喜欢慢节奏
重于广度而不是深度	喜欢深度而不是广度

2. 感觉—直觉（S—N）：获取信息偏好

感觉与直觉倾向组合界定了人获取信息的不同方式。面对同样的情境，两者的注意重心不同，依赖的信息通道也不同。感觉型的人关注的是事实本身，注重细节，而直觉型的人注重的是基于事实的含义、关系和结论；感觉型的人信赖五官听到、看到、闻到、感觉到、尝到的实实在在、有形有据的事实和信息，而直觉型的人注重"第六感觉"，注重"弦外之音"。他们的具体特征如表5-6所示。

表5-6 感觉型和直觉型的具体特征

感觉型S	直觉型N
相信确定和有型的事物	相信灵感和推断
喜欢有实际意义的新想法	喜欢符合自己意愿的想法
重视现实性和常识性	重视想象力和独创力
喜欢使用和琢磨已知的技能	喜欢学习新技能，但掌握之后很容易就厌倦了
留心具体的和特殊的；进行细节描述	留心普遍的和有象征性的；使用隐喻和类比
循序渐进地讲述有关情况	跳跃性地展现事实以一种绕圈子的方式
着眼于现实或现在	着眼于未来

3. 理性型—感性型（T—F）：决策风格偏好

理性与感性倾向组合反映了人处理信息及决策的不同方式。一般而言，理性型的人通过逻辑分析得出合理的结果和决定，而感性型的人则更多考虑个人价值观以及决定对于他人的影响。他们的具体特征如表5-7所示。

表5-7 理性型和感性型的具体特征

理性型T	感性型F
退后一步思考，对问题进行客观的分析	超前思考，考虑行为对他人的影响
重视符合逻辑、公正、公平的价值；一视同仁	重视同情与和睦、准则的例外性
容易发现缺点，有吹毛求疵的倾向，倾向于批评	给人快乐，容易理解别人
被认为冷酷、麻木、漠不关心	被认为感情过多，缺少逻辑性，软弱
认为圆通比坦率更重要	认为圆通与坦率同样重要
只有情感符合逻辑时，才是正确的、可取的	无论是否有意义，认为任何感情都可取
渴望成就而激励	为了获得欣赏而激励

4. 判断型—认知型（J—P）：生活方式偏好

判断与认知型倾向组合描述了人安排时间和生活的不同方式。一般而言，判断型的人决断，喜欢掌控，井然有序，而认知型的人则随时抱有开放的态度，个性灵活，喜欢即兴。他们的具体特征如表5-8所示。

表5-8 判断型和认知型的具体特征

判断型J	认知型P
做了决定后感到快乐	当各种选择都存在时，感到快乐
"工作原则"：先工作再玩（如果有时间的话）	"玩的原则"：先玩再完成工作（如果有时间的话）
建立目标，并准时地完成	随着新信息的获取，不断改变目标
愿意知道它们将面对的情况	喜欢适应新情况
着重结果（重点在于完成任务）	着重过程（重点在于如何完成工作）
满足感来源于完成计划	满足感来源于计划的开始
把时间看作有限的资源，认真地对待最后期限	认为时间是可更新的资源，最后期限也是可收缩的

四个维度的不同偏好两两组合，组成了16种人格类型。这16种人格类型的特点，如表5-9所示。

表5-9　MBTI16项人格类型的特征

人格类型	特　征
ISTJ	沉静、认真,贯彻始终,得人信赖而取得成功。讲求实际,注重事实,实事求是和有责任感。能够合情合理地去决定应做的事情,而且坚定不移地把它完成,不会因外界事物而分散精神。以做事有次序、有条理为乐,不论在工作上、家庭上或者生活上。传统和忠诚。
ISFJ	沉静、友善,有责任感和谨慎。能坚定不移地承担责任。做事贯彻始终、不辞劳苦和准确无误。忠诚,替人着想,细心;往往记着他所重视的人的种种微小事情,关心别人的感受。努力创造一个有秩序、和谐的工作和家居环境。
INFJ	探索意念、人际关系和物资拥有欲的意义和它们之间的关系。希望了解什么可以激发人们的推动力,对别人有洞察力。尽责,能够履行他们坚持的价值观念。有一个清晰的理念以谋取大众的最佳利益。能够有条理地、果断地去实践他们的理念。
INTJ	具有创意的头脑、有很大的冲动去实践他们的理念和达到目标。能够很快地掌握事情发展的规律,从而想出长远的发展方向。一旦作出承诺,便会有条理地开展工作,直到完成为止。有怀疑精神,独立自主;无论为自己或为他人,有高水准的工作能力和表现。
ISTP	容忍、有弹性,是冷静的观察者,但当有问题出现,便迅速行动,提出可行的解决方法。能够分析哪些东西可以使事情进行顺利,又能够从大量资料中找出实际问题的重心。很重视事件的前因后果,能够以理性的原则把事实组织起来,重视效率。
ISFP	沉静、友善,敏感和仁慈。欣赏目前和他们周遭所发生的事情。喜欢有自己的空间,做事又能把握自己的时间。忠于自己的价值观,忠于自己所重视的人。不喜欢争论和冲突,不会强迫别人接受自己的意见或价值观。
INFP	理想主义者,忠于自己的价值观及自己所重视的人。外在的生活与内在的价值观配合。有好奇心,很快看到事情的可能与否,能够加速对理念的实践。试图了解别人、协助别人发展潜能。适应力强、有弹性。如果和他们的价值观没有抵触,往往能包容他人。
INTP	对任何感兴趣的事物,都要探索一个合理的解释。喜欢理论和抽象的事情,喜欢理念思维多于社交活动。沉静,满足,有弹性,适应力强。在他们感兴趣的范畴内,有非凡的能力去专注而深入地解决问题。有怀疑精神,有时喜欢批评,常常善于分析。
ESTP	有弹性、容忍,讲求实际,专注即时的效益。对理论和概念上的解释感到不耐烦,希望以积极的行动去解决问题。专注于此时、此地,喜欢主动与别人交往。喜欢物质享受的生活方式。能够通过实践达到最佳的学习效果。
ESFP	外向、友善、包容。热爱生命,热爱人,爱物质享受。喜欢与别人共事。在工作上,能用常识、注意现实的情况,使工作富趣味性。富灵活性、即兴性,易接受新朋友和适应新环境。与别人一起学习新技能可以达到最佳的学习效果。
ENFP	热情而热心,富于想象力。认为生活充满很多可能性。能够很快地找出事件和资料之间的关联性,而且有信心地按照他们所看到的模式去做。很需要别人的肯定,又乐于欣赏和支持别人。即兴而富于弹性,时常信赖自己的临场表现和流畅的语言能力。
ENTP	思维敏捷、机灵,能激励他人,警觉性高,勇于发言。能随机应变地去应对新的和富于挑战性的问题。善于引出在概念上可能发生的问题,然后有策略地分析。善于洞察别人。厌倦日常例行事务。甚少以相同方法处理同一事情,能够灵活地处理接二连三的新事物。
ESTJ	讲求实际,注重现实、事实。果断,很快作出实际可行的决定。能够安排计划和组织人员以完成工作,尽可能以最有效率的方法达到目的。能够注意日常例行工作的细节。有一套清晰的逻辑标准,会有系统地跟着去做,也想别人跟着去做,会以强硬的态度去执行计划。

续 表

人格类型	特 征
ESFJ	有爱心,尽责,合作。渴望有和谐的环境,而且有决心营造这样的环境。喜欢与别人共事以能准确地、准时地完成工作。忠诚,即使在细微的事情上也如此。能够注意别人在日常生活中的需要而努力供应他们。渴望别人赞赏他们和欣赏他们所作的贡献。
ENFJ	温情有同情心,反应敏捷有责任感。高度关顾别人的情绪、需要和动机。能看到每个人的潜质,要帮别人发挥自己的潜能。能够积极地协助个人和组别的成长。忠诚,对赞美和批评都能作出很快的回应。社交活跃,在一组人当中能够惠及别人,有启发别人的领导才能。
ENTJ	坦率、果断、乐于作为领导者。很容易看到不合逻辑缺乏效率的程序和政策,从而开展和实施一个能够顾及全面的制度去解决一些组织上的问题。喜欢有长远计划和一套制定的目标。喜欢追求知识,又能把知识传给别人。能够有力地提出自己的主张。

(三) 大五人格测试

大五人格模型(the big five model)包含五个人格因素:神经质(neuroticism, N)、外向性(extraversion, E)、开放性(openness, O)、宜人性(agreeableness, A)和责任心(conscientiousness, C)。神经质描述个体面对压力的反应和能力;外倾性描述的是个体对关系的舒适感程度;经验开放性描述个体对新鲜事物的接收和喜爱程度;宜人性描述个体服从他人的倾向性;责任心描述细心、可靠和自律的人格维度。

这五个人格因素的相关特征如表5-10所示。

表5-10 人格五因素及其相关特征

特质量表	高分者特征	低分者特征
神经质(N) 识别那些容易有心理压力、不现实的想法、过分的要求、消极情绪的个体	烦恼、紧张、情绪化、不安全、不准确、忧郁	平静、放松、不情绪化、果敢、安全、自我陶醉
外向性(E) 人际互动的数量和强度、刺激需求程度、获得快乐的能力	好社交、活跃、健谈、乐群、乐观、好玩乐、重感情	谨慎、冷静、无精打采、冷淡、厌于做事、退让、话少
开放性(O) 是否对经验积极寻求和欣赏,是否喜欢接受并探索不熟悉的经验	好奇、兴趣广泛、有创造力、有创新性、富于想象、非传统的	习俗化、讲实际、兴趣少、无艺术性、非分析性
宜人性(A) 个体对他人从同情至敌对的人际取向	心肠软、脾气好、信任人、助人、宽宏大量、易轻信、直率	愤世嫉俗、粗鲁、多疑、不合作、报复心重、残忍、易怒、好操纵别人
责任心(C) 个体在目标导向行为上的组织性、持久性和动力,把可靠的、严谨的人与那些懒散的、邋遢的人作对照	有条理、可靠、勤奋、自律、准时、细心、整洁、有抱负、有毅力	无目标、不可靠、懒惰、粗心、松懈、不检点、意志弱、享乐

二、评价中心

评价中心是人才选拔的重要方式之一,它不仅运用于人才招聘工作,也应用于人才晋升、继任者计划、内部竞岗等多种人力资源管理场景。

(一) 评价中心的定义

评价中心(assessment center)起源于1929年德国心理学家建立的一套选拔评价程序,最早是用于军方选拔具有领导才能的军官。其具体操作方式是让测评者指挥士兵,从而观察测评者如何发布指令、向士兵解释指令。在第二次世界大战中,美国战略情报局使用小组讨论和情境模拟成功地选拔出优秀的情报人员。第二次世界大战后,评价中心在企业人才选拔中得到了快速应用。1956年,美国电话电报公司(AT&T)应用评估中心来评估具备怎样素质的年轻员工能够从低级岗位成功晋升到中高级岗位。这项持续4年的研究表明,在被提升到中级管理岗位的员工中,有78%与评价中心的评价结果一致;在未被提升的员工中,有95%与评价中心的评价结果一致。此后,很多知名公司都使用评价中心来选拔人才,如通用电气、福特、IBM等。

评价中心技术是指应用现代心理学、管理学、计算机科学等相关学科的研究成果,通过心理测验、能力、个性和情境测试对人员进行测量,并根据工作岗位要求及企业组织特性进行评价,从而实现对人个性、动机和能力等较为准确的把握,做到人职匹配,确保人员达到最佳工作绩效。

(二) 评价中心采用的方法

评价中心技术不同于传统的纸笔测验、面试等测试工具,它主要通过无领导小组讨论、公文筐、角色扮演、案例分析、即兴演讲、管理游戏等情境模拟技术,从而可以在动态环境中提供多方面有价值的评价信息。

评价中心技术通过设计特定的工作状态(如群体互动、一对一的单向或书面沟通的环境),运用多种测评手段,整合多位测评师的评价结果,对候选人现有能力,更对其潜在能力提供客观、公正的评估,解决了过去难以对候选人工作能力及潜能进行测评这一人才测评难题。

1. 无领导小组讨论

无领导小组讨论(leaderless group discussion)是应用较为广泛的一种测评方式。它将测评者组成一个小组,针对一个话题进行讨论,测评者在小组讨论的过程中不特意指定领导者或者主持人。无领导小组技术不仅可以考察出候选人对于特定问题的观点和看法,还可以观察到候选人的其他能力,如计划组织的能力、人际交往能力、影响他人的能力、应变能力等。无领导小组讨论的题目设计发挥着至关重要的作用。好的题目能够帮助观测者观察到岗位需要的能力;反之,则无法通过无领导小组实现人才识别和筛选的目的。无领导小组的题目设计要遵循以下几个原则。一是题目应具有一定的"争论性",有争论性的题目能够引发小组之间的充分的讨论,给予候选人较为充分的空间去分析和表达个人的看法。因此，题目最好是具有一些"双难"的设置。二是题目最好不要过于敏感。如果问题所涉及的话题过于敏感，候选人则容易产生防备和警觉的心态，隐藏自己的看法，从而导致观测者无法观察到候选人的真实表现。

2. 文件筐测试

文件筐测试（in-basket test）是模拟候选人所应聘的环境，将该岗位需要处理的问题以文件的形式呈现出来，在限定的一段时间内，请候选人将分配到的一篮子文件进行处理。文件可以有各种各样的形式，比如邮件、函件、通知、报告、请示、电话、会议记录等。候选人在拿到一篮子文件后，可以有一段时间（通常为2～3个小时）来阅读和思考文件中所展现的各种任务和情况。文件筐的阅读内容很多，根据岗位的胜任力要求，可能会涉及组织运行的财务、运营、人事管理、高层会议等方面的内容。没有过该岗位的实际工作经验，仅凭阅读文件筐是很难在规定的时间完成测试的。只有确实亲身处理过文件筐中所述工作内容的候选人，才能够在有限的时间内，在纷繁复杂的资料中，找到关键性线索，找出主要的利益相关人员，合理地分清事务的轻重缓急，为任务分类并有效地安排工作。文件筐不仅仅是工作的分配和罗列，还需要候选人简要解释处理的原因，这可以帮助观测者了解候选人工作安排背后的逻辑。文件筐是成本比较低的一种评估方式。和无领导小组讨论一样，文件筐技术的基础在于对于工作岗位进行合理、充分的分析。

3. 案例分析

案例分析（case study）一般是结合组织特点和行业特征来设计相应领域的案例，通过案例分析，来考察候选人对于所在行业和企业相关问题的深度思考。案例分析一般采取书面形式，如企划书、市场策划书、项目计划方案等。候选人在给定时间内对案例进行全面的理解、分析和思考。案例分析的优点在于给予候选人在岗位的实际工作中可能会遇到的情境，可以观察候选人的专业知识储备和工作技能。案例的设计对于整个测评能否有效有着重要的影响。在案例的设计阶段，应尽可能地在题目中设计与岗位胜任力有关的考察点。比如，针对销售人员的测评，应在案例中体现出被测评人员对于销售技巧、销售策略、对于销售产品的理解等方面的内容。案例分析考察的内容既要有通过案例阅读和理解能够快速掌握的信息，如所销售产品的信息；也需要有一定的专业积累和沉淀，即无法通过短时间学习就掌握的技能。合理的案例设计能够最大程度地发挥出案例分析的测评作用。

4. 即兴演讲

即兴演讲（impromptu speech）是指在测评现场给予候选人一个话题，邀请候选人在较短的时间内对题目进行分析，并进行一段简短的演讲。即兴演讲可以观察候选人在公共场合演讲的能力、反应能力、快速处理信息的能力，以及与人交往和互动的能力。对于公共演讲能力有要求的岗位（如销售人员、招生人员、教学人员），可以尝试即兴演讲的测评方式，用以观察候选人如何与听众互动，如何将听众代入到演讲情境中。即兴演讲也有助于观察候选人的逻辑思维能力。在评估现场拿到题目后，在较短的时间内对题目进行解读，并理出演讲的思路，是一件很有挑战的任务。需要候选人在相对紧张的状态下，

迅速沉浸到思考和分析中去，快速整理出演讲的逻辑链条。即兴演讲能够在一定程度上观测候选人的思维过程。即兴演讲需要精心设计和策划，在使用即兴演讲之前，应首先判断其是否能够有效地帮助测评者观察到其想要观察的能力。对于一些不需要演讲能力的岗位，即兴演讲则未必是一种有效的观察方式。比如，对于工程师、编程员等对于技术能力要求更高的岗位，则即兴演讲不是最佳的测评方式。工程师或者编程员也许未必是一个优秀的演讲者，但不妨碍其成为一名合格的技术人员。

5. 管理游戏

管理游戏（management game）既是一个人才测评的工具，也能够为管理者提供管理能力的培训。管理游戏的方式多种多样，它通过模拟企业真实的经营场景，来观察个体在管理游戏中的表现。管理游戏适用于对于战略规划能力的测评、对团队影响力的测评，不适合对于具体工作内容的考核。它的关注点不是现在手头的工作应该怎么做，而是该如何达成既定目标，以及将大的既定目标拆解为小的目标的能力。管理游戏还可以考察个人在一个团队中的作用。管理游戏能够观察候选人如何让团队合作更加有效，如何有效影响他人，以及如何整合不同的观点。管理游戏通常会模拟真实的市场竞争，因此具有明显的竞争性和博弈性，用结果说话。管理游戏的实施成本比较高，包括组织管理游戏的费用以及参加测评的管理者的时间成本等。管理游戏除了可在内部晋升、人才梯队建设等方面使用外，也是一种很好的领导力培训方法。

第七节　新技术推动下的招聘变革

一、招聘变革的技术背景

改革开放以来，人力资源招聘工作经历了由计划体制向市场体制转化的过程。除了由传统的统包分配到劳动力市场扩大后的双向选择外，技术的发展也对招聘方式产生了很大影响。从传统的劳动力市场，到报纸刊登招聘广告，再到现在的招聘网络平台百花齐放，技术发展无时无刻不在带动着企业招聘方法的升级。5G的快速普及、大数据技术和人工智能的应用、区块链被列为重要战略发展方向，人才管理智能时代已经开启，更多的组织和平台开始将这些新的技术手段应用到提升人力资源工作过程中。精准地获取应聘者来源、快速地进行人才和需求匹配，将会越来越多依赖人工智能、大数据以及区块链技术。

在人力资源管理的各大职能中，招聘与科技发展的结合更加紧密。例如，招聘中如何实现人岗匹配？随着科技的发展，人岗匹配方法将不断迭代。从企业招聘信息传播来讲，从最早的口口相传，到通过纸媒（报纸、杂志）传播岗位招聘信息，再到通过互联网将招聘信息的传播范围进一步扩大，招聘信息的传播范围已经很广了。但是很多企业还是被动地等待候选人来投递简历，而且对行业、人才市场供给、候选人的胜任素质等都不是很了解。另一方面,求职者对自己所处人才市场的位置、级别、竞争优势、合适公司的合适岗位也不了解。因此,传统招聘没有实现人(应聘者)与岗(企业空缺岗位)的自动、精准匹配。随着AI、大数据技术、知识图谱和区块链技术的发展,将有可能实现人岗的自动、精准匹配。大数据收集全网信息,提供给知识图谱来构建行业认知模型、人才模型、市场模型、岗位需求模型、人选行为模型、性格模型等;AI技术进行人才智能匹配;区块链技术确保数据安全、可靠。

二、招聘现状和瓶颈

(一)招聘工作的现状

目前,网络招聘是主流的招聘渠道。国内知名的招聘平台有前程无忧、智联招聘、针对高端人才的猎聘网,以及BOSS直聘、脉脉等新兴平台。这些网络平台初期主要与合作企业签订付费协议,为其提供职位发布及推广服务,个人用户则可以免费注册及投递简历,投递后企业会主动联系合适的应聘者进行电话或线下交流。发展一段时间后,平台的业务逐步多元化,应聘者与企业可以在平台直接发起对话进行职位沟通。此外,很多平台开启了在线猎头和背景调查服务。同时,针对个人用户也开通了一些付费的升级体验,如查看浏览记录、优先得到关注企业职位提醒等。

(二)招聘面临的瓶颈

1. 人才匹配度偏低

企业从各渠道获取的简历需要人工进行筛选,即使部分网站平台可以进行一些标签或关键词的选择,但是仍然不够精准,效率低。

2. 渠道同质化且不兼容

虽然目前招聘渠道众多,但是各个招聘平台发布的信息重复率很高,接收到的简历也会存在重叠。虽然有北森这样的公司提供专业的招聘后台服务,可以将不同网站的简历进行关联及筛选,但是平台选择性仍然不足且后台服务不够发达。

3. 人才测评相关工具信息化低

人才测评作为人才甄别的重要工具,尚未普及。人才测评工具的应用还是集中在外资企业、国企或大型民营企业。专业的测评平台较少且收费较高。

4. 招聘成本高

企业招聘到合适的人选所花费的时间及经济成本都很大。通过企业自身寻找人才或者寻求猎头资源的帮助,都要支付很高的费用,然而招录到的人才质量和稳定性还无法得到保证。

5. 信息安全存在隐患

例如,部分高端或特殊岗位,企业不便于透露全部信息,这样会为寻才带来一些困难。目前市场上,缺乏既能全面保护应聘者隐私又能为企业关键信息进行授权保护的技术平台。

三、新技术下招聘变革的方向

移动互联网、人工智能、区块链和大数据技术为招聘变革带来了机遇,将大大提升招聘的效率和效益。以下几点是基于技术发展的招聘变革方向。

(一)构建动态云人才库

在移动互联网时代,人们在社交网站、购物网站、学术论坛等留下很多个人信息,这些信息没有被聚合、归类和提炼。爬虫技术可以对互联网上的各类日常信息进行聚合、归类,便于后续对信息的使用。同样,在招聘领域,利用爬虫技术对人才的碎片化信息进行抓取、整合、转换和清洗,可形成人才的多维数据库。例如,从知乎、微博、领英、博客以及一些专业技术问答社区获得大量有关求职者的个人数据,爬虫技术对其中的高频词、包含情感色彩的文字等信息加以整理、分析,就能够形成一份生动立体的求职者社交简历。比如,一家工作强度很大的创业公司发现求职者整天在网上抱怨加班、工作压力大,那么这个求职者或许就不适合这家公司。

企业通过爬虫技术获取求职者个人信息,可能会涉嫌违法。一是未经求职者同意擅自收集其个人信息,违反了个人信息保护的相关法律法规;二是使用这些信息进行不当用途,例如进行商业推销或者泄露给第三方,违反了个人信息的使用规定。为了避免违法,企业要遵循以下几点做法:(1)合法合规:遵守国家和地区的相关法律法规,了解个人信息保护的规定,确保企业的行为符合法律要求。(2)明确目的:明确个人信息收集的目的,并且只收集与招聘相关的必要信息。不得擅自收集与招聘无关的个人信息。(3)获得同意:在收集个人信息之前,必须获得求职者的明确同意。企业可以通过明示同意、点击同意或签署相关协议等方式获得同意。(4)保护安全:采取合理的安全措施,确保个人信息的安全性,防止信息泄露、丢失或被非法访问。(5)限制使用:严格限制个人信息的使用范围,确保仅在招聘和人力资源管理的需要范围内使用,不得用于其他商业用途。(6)删除和销毁:在个人信息不再需要的情况下,及时删除或销毁,确保不再被滥用。(7)合作伙伴选择:选择合作伙伴时,确保其也遵守个人信息保护的法律和规定,避免因合作伙伴的违法行为而导致企业承担法律责任。

(二)大数据分析与智能推荐

大数据分析模式主要是将数据按照特有的行为、偏好、习惯、时间、空间、地理位置等进行分类、归类、聚合、打标签,形成固定又可拓展重构更新的一种数据存储方式。通过对人才进行自动化标签设置,便于更精准地识别所需人才。大数据也能够实时地检测到数据,并进行主动匹配,提升选拔效率。例如,在一些社交类招聘网站,注册用户的个人基本履历中的一些关键信息可以被识别并抓取,如行业背景、专业领域、地区、证书等。这类信息将与雇主端的招聘需求进行匹配。在算法认定符合岗位基本信息的注册用户,将主动收到系统推送的岗位需求信息,而不需要注册用户主动申请。比如,个人职业档案介绍信息包括人力资源管理、培训、薪酬等字段的注册用户,将有可能收到人力资源经理、培训经理、薪酬福利经理等类岗位的招聘需求提醒。通过这种方式，实现候选人和岗位的自动匹配。不需要注册用户主动搜索工作机会，就能够得到系统关于岗位的推荐。目前，有些职业社交公司提供这类人才自动匹配服务。按照定义的字节收费。定义的字节越多、越具体，越能够触达目标群体，相应收费越高。

（三）机器学习和人才画像

根据人才数据库的内容，通过机器深度学习，可以有效地构建出人才画像引擎。机器学习是人工智能的一个子领域。机器学习主要是应用算法对数据进行统计和分析，无需专门编程，即可"自主"学习。机器学习正在成为招聘的一个有效手段，帮助企业做更加有效的人才智能匹配。首先，计算机通过对候选人简历中的教育经历、工作经历、技能等的数据进行抓取和分析，形成精准的维度，从而构建出人才画像。人才画像可以涵盖从人才的基本信息到行为习惯、工作经历，甚至心理需求方面的信息。通过智能分析的人才画像，数据量更大、更精准，为企业节约了大量信息收集时间成本。

（四）人才测评手段的丰富化

随着AI技术广泛应用到各个行业，在面试过程中也可以通过人像识别，对应聘者的面部表情与肢体动作进行分析，评估应聘者的内心活动与情绪，辅助组织进行决策。

HireVue是一个AI面试平台公司。应聘者录制面试视频并将其上传至平台数据库，HireVue借助AI来分析应聘者在面试视频中的措辞、语调和面部活动。HireVue结合了专利语音识别软件以及获得许可的面部识别软件，并协同排名算法，确定哪些候选人最接近理想人选。排名算法会让表现好的候选人脱颖而出，招聘者就可以着重了解这些候选人的答案，并确定谁可以进入下一轮面对面的面试。

（五）云招聘平台的兴起

2020年在疫情的影响下，众多企业都经历了线下面试向线上转型的过程，但是主要只是指将面对面的沟通方式改为通过视频软件进行线上的沟通。云招聘平台在不久的将来会经历一次重大改革。目前已经有个别公司推出了智能简历匹配、机器人面试的相关产品，精确性还需要得到市场的验证，但是这为未来的招聘改革指明了一种新的可能性。

本章重点名词

招聘（recruitment）	人员配置（staffing）
内部招聘（internal recruitment）	外部招聘（external recruitment）
胜任力模型（competency model）	行为事件访谈法（behavioral events interview）
面试（interview）	结构化面试（structured interview）
人格测试（personality test）	卡特尔16项人格测试（Cattell's 16 personality test）
MBTI人格理论（MBTI Personality Theory）	大五人格模型（the big five model）
评价中心（assessment center）	无领导小组讨论（leaderless group discuss）

本章练习

1. 如何理解招聘中人岗匹配和双向选择原则的意义和必要性？
2. 如何选择招聘方法可以提升招聘效率？
3. 内部招聘与外部招聘的优缺点各有哪些？
4. 如何应用招聘测试最大程度帮助找到合适的候选人？
5. 胜任力模型如何与甄选结合？
6. 如何避免在面试中出现的常见误差？
7. 面试的类型有哪些？
8. 在新技术变革下招聘还可以有哪些突破？

猎聘网的网络招聘模式

一、猎聘网基本情况

猎聘网是一个职业经理人与猎头实名制的互动网站，成立于2011年，在全国15个城市设有分公司，在职员工已经超过2千人，也覆盖了包括美国、加拿大等国家和地区的华人华侨。基于创新的招聘模式，猎聘网已经发展成为中国最大的专业中高端人才职业发展平台，帮助数万人解决了职业生涯再发展问题。

2013年，猎聘网建设了国内首家聚焦构建单位与职业经理人间桥梁的服务平台——全球职业发展中心（GCDC），该中心的成立将猎聘网打造成一个针对C端（求职者）求职咨询平台，全方位地为中国职业经理人职业生涯服务，致力于中高端职场群体的职业价值提升。猎聘网一直秉承为C端服务的理念，也为众多企业解决了招聘问题，多年来获得了行业内的认可，2013年被《21世纪商业评论》评为"最佳人才招聘网站"，2014年被多牛传媒（DoNews）评为"互联网行业最佳人力资源服务平台"。众多荣誉是对猎聘网服务精神和理念的认可，也是对其独有的商业模式和招聘模式的认可。

二、猎聘网的招聘模式：多重互动式社会化网络招聘模式

早在2006年，猎聘网创始人兼CEO戴科彬就察觉到传统招聘及网络招聘渠道不能解决中高端职业经理人员职业生涯瓶颈的问题，即便在互联网情境中，那些推动中高层职业经理人员职业转化的中坚力量——猎头也是潜藏于传统招聘渠道之下。这就造成三个主体的困境：企业通过猎头找不到合适的人才；求职者无法从传统招聘渠道中获取信息和职业转换的路径；猎头不能得到求职群体的真实信息和资源。戴科彬意识到社会化招聘在未来会是一个网络招聘的发展趋势，但是如何打造适应于中国情境的社会化招聘模式却是另外一个问题。

猎聘网在两个方面对传统社会化招聘进行了改善：一是求职群体定位，二是引入猎头

参与互动。猎聘网将目标用户锁定到中高端的职业经理人群体，原因是：一方面，这一群体往往会对自身职业生涯和目前的职业发展现状有着更为清晰的认知，而且在遇到职业发展瓶颈时他们往往会表现出更强的"跳槽"意向，他们往往有着更为迫切的求职需求。另一方面，传统社会化网络招聘往往局限于企业与平台、求职者与平台的互动，而中国文化中的内敛和含蓄让很多求职者羞于需求表达。因此，猎头的作用被突显出来，但猎头并不能浮于传统社会化招聘模式框架下，猎聘网将猎头引入了企业、求职者的互动过程中。猎头在搜寻人才和资源分享上有着巨大的需求，猎聘网一方面能够通过提供大量求职信息来满足他们的资源信息需求，另一方面还能通过让猎头在猎聘网进行职位推广来提升自身的品牌，因此也得到了猎头的认可。

互联网时代下猎聘网的招聘模式体现了具有多重互动式社会化网络招聘的特点（见图5-3）。与传统社会化网络招聘相比，在引入猎头作为关系互动过程中重要环节后，招聘过程中多了三种互动关系。

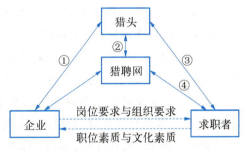

图5-3 猎聘网的多重互动式社会化网络招聘模式

关系①代表了猎头与企业的互动。在这个关系互动过程中，一方面，猎头会对企业的招聘诉求进行分析，从而积累大量的企业客户，它们可能会涉及各个行业与领域；另一方面，企业会从猎头方得到其掌握到的大批求职者信息和资源，可就素质与文化匹配性进行员工的筛选，从而降低了其进行中高层职业经理人员招聘的成本，这一互动关系使得猎头方与企业方共赢互利。

关系②代表了猎头方与社交平台的互动。在这个关系互动过程中，一方面，猎头可以凭借其高水准的搜寻人才和资源分享上的能力在社交平台进行职位和人才信息的分享；另一方面，猎聘网借助猎头的信息分享可以更好地贯彻其服务于C端的理念，为求职者提供更为便捷的求职信息。

关系③则代表了猎头方与求职者的互动。由于猎聘网聚焦于中高端人才的求职，因此在这个关系互动过程中，一方面，猎头可以通过互动来精准的获得求职者的求职诉求和所具备的价值；另一方面，求职者可以通过猎头来表达自己的职业发展诉求，而不必拘泥于"名声"和内敛式的文化。

通过三种关系的互动，猎头方顺利将自己打造成为企业、求职者、社交平台的链接方，在配之以求职信息保密等相关制度，猎头方就能够充分发挥其独特的优势游走于三者之间，实现多重互动式的社会化网络招聘模式。

值得注意的是，猎聘网积极构建社交平台与求职者的互动，在2013年建设了GCDC服务中心，其宗旨就是为求职者进行职业生涯发展和转换的咨询服务，这真正贯彻了猎聘网服务于C端的理念。关系④所体现出的就是猎聘网作为一个职业生涯咨询平台为求职者所提供的服务，通过关系④的互动，求职者能够更为清晰地认知自己的职业生涯发展阶段和转化路径，能够更为精准的进行职业生涯发展定位和诉求表达，从而为关系③

的畅通打下基础,进一步完善这种多重互动式的社会化网络招聘模式。

如何评价这种多重互动式招聘模式的有效性,从"人—岗匹配"和"人—组织匹配"的视角不难看出,在多重互动关系的构建过程中,求职者的职位素质和文化素质通过猎头能够清晰地表达给企业,并与用人单位的岗位要求和文化要求进行匹配,猎头方的双重数据库资料在信息资源共享的基础上能够实现最佳的匹配和契合,因此这种招聘模式下往往能够实现最为精准的"价值—需求契合"。

三、猎聘网的挑战

尽管猎聘网所构建起来的多重互动式社会化招聘模式能够提升招聘的有效性和效率,我们依旧要清晰地认识其所面临的挑战,猎聘网的根基并不牢靠。

首先,聚焦某一群体所带来的优势是能够深挖这一群体的职业生涯需求,但另一方面,当市场被足够细分时,新的机遇又会出现,从而给猎聘网的招聘模式带来挑战。在资金充足的情况下,深挖细分招聘需求往往能够产生类似的招聘模式,且高级管理人才市场特有的高流动性往往也会给猎聘网的持续经营带来挑战。

其次,关系互动在这个招聘模式中是非常关键,但如何把握关系互动的"度"则是更高的哲学。尽管目前猎聘网已经建立起对注册用户的推荐和隐私保护体系,但是否还存在保护的"漏洞"无人可知,通过"漏洞",猎头的作用可能会被进一步放大,从而可能会产生架空社交平台的后果,这也是猎聘网及相似网站应当加以考虑的地方。

最后,不论是服务于猎头、企业,还是服务于C端的求职者,高质量服务是该种招聘模式持续运作的根本保障。在关系互动的过程中,往往会涉及更多的服务细节问题,如简历下载、信息披露、与猎头的对接等,这些服务细节往往会对招聘有效性产生直接的影响。

资料来源:张博,杨婷婷,韩飞.互联网时代下多重互动式社会化网络招聘模式研究——以猎聘网为案例[J].中国人力资源开发,2016(18).

1. 猎聘网如何有效实现"人—岗匹配"和"人—组织匹配"?
2. 互联网情境中的员工招聘将呈现出哪些特点和趋势?

MBTI职业人格测试

说明:请在符合你心意(最能贴切地描绘你一般的感受或行为)的答案前打√。

第一部分(E—I)

1. 在社交聚会中,你
   □ 常常乐在其中   □ 有时感到烦闷

2. 大多数人会说你是一个
　　□ 非常坦率开放的人　　　　　□ 重视自我私隐的人
3. 在社交场合中,你经常会感到
　　□ 与多数人都能从容地长谈　　□ 与某些人很难打开话匣儿和保持对话
4. 你能否滔滔不绝地与人聊天?
　　□ 几乎跟任何人都可以　　　　□ 只限于跟你有共同兴趣的人
5. 你通常
　　□ 与人容易混熟　　　　　　　□ 比较沉静和矜持
6. 在一大群人当中,通常是
　　□ 你介绍大家认识　　　　　　□ 别人介绍你
7. 你通常
　　□ 和别人容易混熟　　　　　　□ 趋向自处一隅
8. 你刚认识的朋友能否说出你的兴趣
　　□ 马上可以　　　　　　　　　□ 要待他们真正了解你之后才可以
9. 你喜欢花很多的时间
　　□ 和别人在一起　　　　　　　□ 一个人独处
10. 你认为别人一般
　　□ 用很短的时间便认识你　　　□ 要花很长时间才认识你
11. 和一群人在一起,你通常会选
　　□ 参与大伙儿的谈话　　　　　□ 跟你很熟络的人个别谈话
12. 你是否
　　□ 容易让人了解　　　　　　　□ 难以让人了解
13. 与很多人一起会
　　□ 常常令你活力倍增　　　　　□ 常常令你心力交瘁
14. 在社交聚会中,你会
　　□ 是说话很多的一个　　　　　□ 让别人多说话
15. 你通常
　　□ 可以与任何人按需要从容地交谈
　　□ 只是对某些人或在某种情况下才可以畅所欲言

下列每一组词中,你更倾向于哪个:
16. □ 坦率开放　　　　　　　　　□ 注重隐私
17. □ 外向　　　　　　　　　　　□ 文静
18. □ 健谈　　　　　　　　　　　□ 矜持
19. □ 朋友众多　　　　　　　　　□ 朋友不多
20. □ 合群　　　　　　　　　　　□ 文静
21. □ 热衷　　　　　　　　　　　□ 文静

第五章　员工招聘

第二部分(S—N)

1. 假如你是一位老师,你会选教
   - ☐ 以事实为主的课程
   - ☐ 涉及理论的课程
2. 你宁愿被人认为是一个
   - ☐ 实事求是的人
   - ☐ 机灵的人
3. 要做许多人也做的事,你比较喜欢
   - ☐ 按照一般认可的方法去做
   - ☐ 构想一个自己的方法
4. 你会
   - ☐ 采用一些被证明有效的方法
   - ☐ 分析还有什么毛病,针对尚未解决的难题
5. 一般来说,你和哪些人比较合得来?
   - ☐ 现实的人
   - ☐ 富于想象力的人
6. 你会跟哪些人做朋友?
   - ☐ 脚踏实地的
   - ☐ 常提出新主意的
7. 哪些人会更吸引你?
   - ☐ 实事求是、常识丰富的人
   - ☐ 思维敏捷、非常聪颖的人
8. 你通常较喜欢的科目是
   - ☐ 讲授事实和数据的
   - ☐ 讲授概念和原则的
9. 为乐趣而阅读时,你会
   - ☐ 喜欢作者直话直说
   - ☐ 喜欢奇特或创新的表达方式

下列每一组词中,你更倾向于哪个:

10. ☐ 具体　　☐ 抽象
11. ☐ 肯定　　☐ 理论
12. ☐ 实况　　☐ 意念
13. ☐ 以事论事　　☐ 富想象的
14. ☐ 事实　　☐ 理论
15. ☐ 真实的　　☐ 想象的
16. ☐ 必然性　　☐ 可能性
17. ☐ 已知的　　☐ 新颖的
18. ☐ 事实　　☐ 意念
19. ☐ 声明　　☐ 概念
20. ☐ 务实的　　☐ 理论的
21. ☐ 建造　　☐ 发明
22. ☐ 合情合理　　☐ 令人着迷
23. ☐ 制作　　☐ 设计
24. ☐ 制造　　☐ 创造
25. ☐ 具体的　　☐ 抽象的

26. ☐ 实际 ☐ 创新

第三部分(T—F)

1. 你是否经常让
   ☐ 理智主宰情感 ☐ 情感支配理智
2. 你
   ☐ 重视逻辑多于感情 ☐ 重视感情多于逻辑
3. 哪个是较高的赞誉?
   ☐ 一贯理性的人 ☐ 一贯感性的人
4. 你愿意哪一类上司工作?
   ☐ 言辞尖锐但永远合逻辑的 ☐ 天性淳良,但常常前后不一的
5. 哪个是较高的赞誉?
   ☐ 能干的 ☐ 富有同情心的
6. 要作决定时,你认为比较重要的是
   ☐ 据事实衡量 ☐ 考虑他人的感受和意见

下列每一组词中,你更倾向于哪个:

7. ☐ 坚定 ☐ 温柔
8. ☐ 公正 ☐ 敏感
9. ☐ 远见 ☐ 同情怜悯
10. ☐ 客观的 ☐ 亲切的
11. ☐ 合逻辑 ☐ 富同情
12. ☐ 意志坚定的 ☐ 仁慈慷慨的
13. ☐ 力量 ☐ 温柔
14. ☐ 分析 ☐ 同情
15. ☐ 有决心的 ☐ 全心投入
16. ☐ 思考 ☐ 感受
17. ☐ 令人信服 ☐ 感人的
18. ☐ 利益 ☐ 祝福
19. ☐ 客观的 ☐ 热情的
20. ☐ 具分析力 ☐ 多愁善感
21. ☐ 公正的 ☐ 有关怀心
22. ☐ 实际 ☐ 多愁善感
23. ☐ 坚持己见 ☐ 温柔有爱心
24. ☐ 能干 ☐ 仁慈

第四部分(J—P)

1. 当你要出外一整天,你会
   ☐ 计划你要做什么和在什么时候做 ☐ 说去就去

2. 当你有一份特别的任务,你会喜欢
　　□ 开始前小心组织计划　　　□ 边做边找须做什么
3. 你比较喜欢
　　□ 很早便把约会、社交聚集等事情安排妥当
　　□ 无拘无束,看当时有什么好玩就做什么
4. 当你要在一个星期内完成一个大项目,你在开始的时候会
　　□ 把要做的不同工作依次列出　　□ 马上动工
5. 你通常喜欢
　　□ 事先安排你的社交约会　　□ 随兴之所至做事
6. 你认为自己是一个
　　□ 较为有条理的人　　□ 较为随兴所至的人
7. 在大多数情况下,你会选择
　　□ 按程序表做事　　□ 顺其自然
8. 总的来说,要做一个大型作业时,你会选
　　□ 首先把工作按步细分　　□ 边做边想该做什么
9. 计划一个旅程时,你较喜欢
　　□ 事先知道大部分的日子会做什么　　□ 大部分时间都是跟当天的感觉行事
10. 处理许多事情上,你会喜欢
　　□ 按照计划行事　　□ 凭兴所至行事
11. 你比较喜欢
　　□ 很早就作计划　　□ 坐观事情发展才作计划
12. 在日常工作中,你会
　　□ 通常预先计划,以免要在压力下工作
　　□ 喜欢处理迫使你分秒必争的突发事件
13. 你认为按照程序表做事
　　□ 大多数情况下是有帮助而且是你喜欢做的
　　□ 有时是需要的,但一般来说你不大喜欢这样做
14. 你做事多数是
　　□ 照拟好的程序表去做　　□ 按当天心情去做
15. 按照程序表做事
　　□ 合你心意　　□ 令你感到束缚
16. 把在周末期间要完成的事列成清单,这个主意会
　　□ 合你意　　□ 使你提不起劲

下列每一组词中,你更倾向于哪个:
17. □ 预先安排的　　□ 无计划的
18. □ 有系统　　□ 随意

19. ☐ 有条不紊　　　　　　☐ 不拘小节
20. ☐ 有系统　　　　　　　☐ 即兴
21. ☐ 预先安排　　　　　　☐ 不受约束
22. ☐ 决定　　　　　　　　☐ 冲动

评分规则

请将4个部分小方格内的√纵向加起来，然后将总数填入下表：

每项总分				
外向	E ☐	内向	☐	I
感觉	S ☐	直觉	☐	N
思考	T ☐	情感	☐	F
判断	J ☐	认知	☐	P

第六章 培训和开发

 学习目标

1. 了解为什么人力资源开发比管理更重要。
2. 掌握培训的系统模型以及在培训不同环节的主要内容。
3. 了解人力资源开发的有效途径和现代培训方法。
4. 了解人力资源开发的载体是学习型组织。
5. 掌握学习型组织的创建方法。
6. 掌握培训数字化转型的必要性以及成功转型的关键影响因素。

 开篇案例

瑞安房地产的新经理领导力培训

瑞安房地产有限公司是一家总部位于上海,以商业地产为主的房地产开发商。2020年,瑞安与DDI智睿咨询合作,将"新经理领导力培训项目"全面改版至线上模式。DDI咨询顾问帮助企业从行为模式出发,甄选出了切合新经理需求的课程主题,并精心打造了四个阶段的学习旅程。

阶段一:自我察觉。基于情境判断技术,识别了学员的领导力现状,并提供后续学习建议。

阶段二:体系提升。根据"行为模式"的异同,将学员依据人才聚类分成三个班级。为了构架知识体系、重塑管理认知,每个班级都设置了针对性的微课学习和分组练习,形成"学"与"练"的融合。学员间的分享交流、知识竞赛,促进了同伴间的学习热情,也形成了社群学习的良好氛围。而平台提供的数据,高效地支持了学习进度追踪和即时反馈,让培训运营更敏捷、更细致。

阶段三:实战模拟。通过学习前后在自身行为层面的比对,培训效果显得有迹可循。在线上平台完成的案例分享和实战演练,让学员清晰而及时地把握自己前两个阶段学习

的质量，从而巩固正确的行为，改进自己不足之处，规避"因为没有用，所以没有用"的培训项目之常见弊端。

阶段四：深化演练。学员化身为讲师，在空中翻转课堂中用"输出"促进知识的内化和沉淀。这一角色的切换，激发了他们探索领导力这一主题的热情和动力。与此同时，学员也需让所学所得进一步落地，要在真实工作情境中自如地应用所学理论。在这一阶段中，结合具体商业场景的能力测评，将切实考察新经理们在这段旅程中的收获。

资料来源：DDI英跃.2020领导力学习数据赋能指南[R].2010-10-29.

 思考题

1. 你觉得开发这一培训项目的目标是什么？
2. 在设计培训流程中，你认为有哪些措施能促进目标的实现？
3. 在这个案例中，你认为项目设计的重点有哪些？

第一节　基于KSAIBs的人力资源开发系统

一、人力资源开发的概念界定

狭义的人力资源开发是指把人的智慧、知识、经验、技能、创造性、积极性当作一种资源加以发掘、培养、发展和利用的一系列活动，是一个复杂的系统工程。人力资源开发的目标，一是通过开发活动提高人的才能，二是通过开发活动增强人的活力或积极性。

人力资源开发包括以下四方面含义：① 开发的对象是人的智力、才能，即人的聪明才智。② 人力资源开发要借助于教育培训、激发鼓励、科学管理等手段来进行。③ 人力资源开发活动是无止境的。④ 人力资源开发是一项复杂的系统工程。人既是开发的主体，又是被开发的客体。同时开发过程既受到主观因素的影响，又受到客观因素的影响。

人力资源开发的职能随着组织管理的外部环境变化在不断扩展。最初的开发主要是指针对组织内个人的培训。培训与开发的大致区分在于：培训针对的是员工当前的职务所需要的知识、技能、能力、态度和积极性等进行的教育，而开发是针对组织所需要的员工在未来的职务需要的知识、技能、能力、态度的教育。随着管理的深入和前进，现在的开发已经被细分为职业生涯开发、管理开发和组织开发。管理开发是组织主动为其管理者（或潜在的管理者）所提供的学习、成长和变化的机会，从而让他们具备肩负有效的管理职能所需的知识、技能、能力、态度和积极性。组织开发是组织变革的一种形式，同时是一种更符合人性的变革方式。

因此，广义的人力资源开发包括：综合利用培训开发、职业生涯开发、组织开发手段来改进个人的、群体的和组织的效率（美国培训学会，American Society of Training and Development，ASTD）。

二、基于KSAIBs的人力资源开发系统

人力资源开发的最终目的是提供一种活动或作用机制，帮助员工和组织实现其目标。这一类活动的实质就是改变员工的知识（knowledge，K）、技能（skills，S）和能力（abilities，A），这就是通常所说的KSAs。

但是，仅有知识、技能和能力的改变通常是不够的，知识、技能、能力（KSAs）要转变成行为（behavior，B），还需要一系列的中介变量（intervening variables，I）的作用，这些中介变量包括动机、态度、个性等。

动机是指作用于或者存在于员工身上的一种力，这种力引发员工以他认为正确的方式做事。能力解释的是我们是否能做好一件事，动机解释的是我们是否愿意做好一件事。帮助员工获得他们满足特定需求的知识、技能，不仅能促使他们产生新的动力，而且也能帮助他们实现需求。了解动机对人力资源开发活动具有重要意义，许多成功的人力资源开发项目都刺激了参与者学习和使用新知识、技能。

态度是将个体通过学习对一定客体所产生的相对稳定的心理反应倾向，它可以看作是一种行为准备或者行为的发端。态度的三个基本要素是：认知要素（cognitive component）、感情要素（affecting component）、意向要素（conative component）。以管理者对下属的态度为例，认知要素是指管理者对员工的个人能力、外貌、工作习惯等的了解；感情要素是指管理者对员工产生好感或厌恶；意向要素是指管理者对下属意欲采取的行为倾向。态度一旦形成，在较短的时间内难以改变。

态度和行为的关系是人力资源开发特别关注的。人力资源重视了解态度，更关注如何改变态度。动机和态度的变化带来组织承诺、组织满意和组织忠诚度的提高，而这种提高的直接结果就是员工的绩效行为和他作为组织公民的行为的改善。

行为是组织绩效表现的基础。行为既受态度、感知、学习、个性、需求、情感和价值观等体系的影响，又受个体所处的文化、家庭、组织氛围影响。所有这些都产生一个结果——员工在组织中的行为。态度因素很难衡量，但行为比较容易测量。因此可将态度行为化，通过观察行为来了解这些因素。知识、技能的变化只有转变为员工的行为，即改变了他做事方式时，才能给组织带来绩效。某些行为对组织绩效具有重大意义，这些行为正是人力资源开发需要观察和鉴别的。

员工知识、技能和行为的变化，尤其是行为的变化，会带来组织的变化，组织变化直接体现为企业战略和竞争优势。通过知识、技能和行为的改变来贯彻和执行战略，与在没有这种变化的情况下推行战略有截然不同的效果。图6-1显示了基于KSAIBs改变的人力资源开发与组织竞争优势的关系。

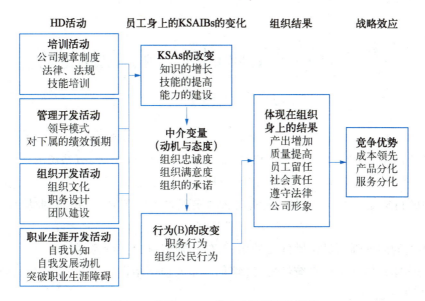

图 6-1 基于 KSAIBs 的人力资源开发模型

三、人力资源开发活动的分类

随着组织管理环境的不断扩展和变化,人力资源开发既包括个人开发(培训),也包括职业生涯开发、管理开发和组织开发。个人开发关注的是个人短期能力和业绩的提升。短期而言,企业需要提供合适的培训来提升员工的知识、技能、态度和行为,获得更高的绩效。职业生涯开发关注的是个人长期能力和业绩的提升。从组织角度出发,根据关注时间的长短,人力资源开发又分为管理开发和组织开发。管理开发是指通过传授知识、改变观念、提高技能等多种方式来改善管理工作绩效,并提高组织效率的活动。它关注组织当前的表现。组织开发是为了组织能够适应外部环境的变化,对组织架构进行调整,改变组织团队的知识、技能、态度和行为所进行的重要活动。图 6-2 展示了各项人力资源开发活动之间的关系。

图 6-2 人力资源开发活动

第二节　员工培训的一般系统模型

一、培训的概念界定

培训指企业为了提高员工绩效和对组织贡献所做的有计划、有系统的使得员工获得或改进与工作有关的知识、技能、动机、行为和态度的行为。

培训的目标是提高员工的工作绩效从而实现组织的盈利。因此企业培训要强调以下三方面：

① 培训的内容强调员工胜任力的培养，包括知识、技能、行为等。

② 培训体系构建强调系统性思考，培训体系要包括培训需求评估、培训实施，对培训的评估和有效性分析。

③ 培训目标强调服务于企业战略目标。

二、培训的系统模型

培训系统通过对需求评估、培训实施和培训评估，从而实现既定的培训目标。需求评估决定是否需要培训和需要哪种培训，需求评估的结果决定了培训计划和设计。如果评估和计划经过了仔细选择和设计，则培训和开发就可以被检测和评估，如图6-3所示。

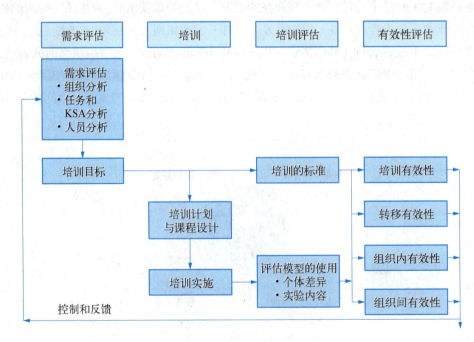

图6-3　培训的一般系统模型

基于系统性思考,培训绝不是一个简单的培训课程,也不是多个培训课程的简单叠加,它是一个循环并不断上升的过程,在此过程中,少了任何一个环节,都可能导致培训的结果与既定的培训目标之间谬以千里。

(一) 需求评估

需求评估指在规划与设计培训活动之前,由企业或组织的有关部门负责人收集企业战略、组织与员工的相关资料和信息,并采用一定的分析方法和技术,依据这些资料和信息对组织、员工个人和任务进行分析,确定企业是否要进行培训活动,为什么要进行这些活动,需要什么内容的活动的过程。简而言之,就是了解组织期望发生的事情和实际发生的事情之间的差距。

需求评估分三个层次:组织分析、任务和KSAOs(knowledge, skills, abilities and others)分析、人员分析。

组织分析是指通过对组织的目标、战略、资源环境、组织的培训氛围、组织对培训的态度等方面进行分析,从而准确地找出组织中存在的问题,同时确定培训是否是最好的解决方式。

任务和KSA分析是指系统收集职务或职务系列的相关信息,以决定员工需要什么培训来提高职务效率,同时需要掌握哪些KSAs(知识、技能、能力)。它是用来确定绩效标准的尺度。

人员分析是指通过分析工作人员个体现有状况和标准之间的差距,在此基础上寻找员工培训需求的产生点,确定谁应接受培训以及培训的内容。值得注意的是,人员分析应该建立在个人成长的分析的基础上,帮助员工树立职业目标,使个人的目标和企业目标最大程度地结合,从而促发对培训的需要、培养对学习的兴趣,树立胜任学习的信心,促进员工的个人成长。只有实现企业和个人的双赢,才能达到绩效最大化。

需求评估应该有以下参与者:人力资源部、员工本人、上级、同事、下属、有关项目专家、客户及其他相关人员。

需求评估的方法包括个人面谈、小组面谈、问卷、操作测试、评价中心、观察法、关键事件、工作分析等。同时对于企业的现有记录,也必须要有客观透彻的分析。

在需求评估中,我们确定了需要哪些方面知识、技能、行为方式或其他能力。下一步就是要确立能够指导项目实施的、具体的、可测量的培训目标。培训目标为培训提供了方向和框架。

培训目标需要从人力资源和企业业务战略两个角度来考量。培训的战略目标包括以下六个方面:① 实现企业战略目标;② 提升与统一企业文化;③ 实现与招人、用人、育人、留人的有机结合;④ 提高团队绩效;⑤ 分享最佳实践,创建学习型组织;⑥ 培养人才梯队和继承人,提供员工职业发展平台,与企业实现双赢。

在企业发展的不同阶段培训的侧重点是不一样的。例如,在企业初创时期需要注重一线员工的培训,保证产品质量,提高生产效益,使一线员工忠诚于企业,全面提升一线员工的素质;在企业快速发展时期应当注重专业技术人员的培训,注重技术创新,开发新产品，提高产品的科技含量，从而占领市场；在企业发展成熟时期则应注重管理人员的培训，提高管理人员的创新能力，培育企业文化，重视员工激励，强化岗位轮换；在企业组织变动时期应该重视对全体员工进行培训，促进组织变革，认识危机并应对危机。

在培训目标的设定中，还要注意一次不要设定太多目标，目标要定得尽量具体，从而使其具有很强的操作性。

（二）培训计划和实施

培训计划与课程设计要将培训目标变为现实，必须制定适合的培训计划。计划应注意投入与产出的分析，并要求直线管理层参与培训计划的制定，这样可以帮助培训部门更准确地定位培训的重点，同时，直线经理对培训计划与目标的理解，能有效保证今后培训活动的开展获得积极的支持。

一次具体的培训计划主要包括以下几个方面。

第一，要确定培训目标。培训目标应该包含三个层次：① 企业层面总体培训目标；② 培训项目的目标，一个培训项目可以包含若干个课程；③ 单个课程的培训目标。

第二，确定培训项目的内容以及项目需要包含哪些课程。

第三，制定详细的课程计划，包括培训对象确定和选择、培训时间安排、培训的具体活动等。第四，编制预算。

培训实施包括以下六个步骤：

① 选择培训场地；
② 准备培训设施，使培训场地和指导有利于学习；
③ 选择适合的培训师；
④ 选择适合的学习者；
⑤ 准备培训内容；
⑥ 创造学习环境、教室管理、吸引学习者和团队的动态管理等。

培训实施过程中，应注意以下四点：

① 培训实施中一定要通过多种途径清晰地传达培训的目的和期望；
② 培训应和实践有效结合，培训项目应包含实际运用成分；
③ 寻求高级管理层对培训的支持，要求直线管理层参与，确保培训成果；
④ 领导是最有效的教练资源，应充分利用，实现教学相长。

（三）培训效果评估

培训效果评估是整个培训系统的一个重要环节。但由于培训效果评估较难执行，所以常常没有得到应有的重视，结果大大降低了培训的有效性。培训评估帮助企业了解培训的效果和产生的效益，更为未来改进培训提供基础，对进一步的人力资源开发有重要意义。简单来说，培训评估可以帮助企业获得以下信息：

① 体现人力资源管理的有效性；
② 决定是否继续进行或停止某个培训项目；
③ 如何改进某个培训项目；

④ 确定将来谁来参加培训；

⑤ 建立数据管理库支持决策。

大体而言，评估的内容分为两大类：一类是对培训过程进行的评估，为了确保培训组织良好、顺利实施，同时学习者满意并从中有所收获。另一类是综合评估，指学习者将所学内容运用于工作的知识、技能、态度和行为的变化，以及培训的经济收益和投资回报分析。

很多学者研究过如何进行分层次的评估，形成不同的评估模型，如表6-1所示。

表6-1 培训评估模型

模　　型	培训评估标准
柯氏四级评估模型（Kirkpatrick，1967，1987，1994）	包括四个层次的评估：反应评估、学习评估、行为评估和结果评估
CIPP评估模型（Stufflebeam，D. L.，1967）	CIPP评估模型将培训评估活动分为：① 背景评估（context evaluation）；② 输入评估（input evaluation）；③ 过程评估（process evaluation）；④ 成果评估（product evaluation）。这四种评价为决策的不同方面提供信息，所以，CIPP模型亦称决策导向型评价模型
CIRO评估模型（Warr. P，Bird. M & Rackham，1970）	CIRO评估模型将培训评估活动分为：① 背景评估（context evaluation）；② 输入评估（input evaluation）；③ 反应评估（reaction evaluation）；④ 输出评估（output evaluation）
Kraiger，Ford，& Salas（1993）	将学习结果细分为认知的、基于技能的、情感的三类，并针对每种结果给出了评估标准
Kaufman & Keller（1994）	将培训评估分为五个层次：启动和反应、获取、应用、组织输出和社会成果
Phillips（1996）	将培训评估分为五个层次：反应和有计划的行动、学习、将学习应用于工作、商业结果、投资回报率

威斯康星大学的唐纳德·柯克帕特里克（Donald L. Kirkpatrick）教授于1959年提出的柯氏四级培训评估模型（Kirkpatrick Model），是世界上应用最广泛的培训评估工具。

1. 柯氏四级培训评估模型的内容

（1）第一层的反应评估（reaction）：评估被培训者对培训项目的满意程度

反应评估的核心问题是："受训者对培训满意吗？"在培训结束时，向学员发放满意度调查表，征求学员对培训的反应和感受。问题主要包括：对讲师培训技巧的反应；对课程内容设计的反应；对教材挑选及内容、质量的反应；对课程组织的反应；是否在将来的工作中，能够用到所培训的知识和技能。

反应评估可以作为改进培训内容、培训方式、教学进度等方面的参考。这一阶段的评估还未涉及培训的效果，学员是否能将学到的知识技能应用到工作中去还不能确定，但这一阶段的评估是必要的。

（2）第二层的学习评估（learning）：测定被培训者的学习获得程度

学习评估的核心问题是："参加者学到东西了吗？"从而确定学员在培训结束时，

是否在知识、技能、态度等方面得到了提高。评估可以比较学员参加培训前和培训结束后知识技能测试的结果,也可以与培训设定的培训目标进行比较。学习评估可以采用笔试、实地操作和工作模拟等方法来考查。培训组织者可以通过书面考试、操作测试等方法来了解受训人员在培训前后,知识以及技能的掌握方面有多大程度的提高。但此时,我们仍无法确定参加培训的人员是否能将他们学到的知识与技能应用到工作中去。

(3) 第三层的行为评估(behavior):考察被培训者的知识运用程度

行为评估的核心问题是:"受训者在工作中使用了他们所学到的知识、技能和态度了吗?"行为的评估指在培训结束后的一段时间里,由受训人员的上级、同事、下属或者客户观察他们的行为在培训前后是否发生变化,是否在工作中运用了培训中学到的知识。这个层次的评估可以包括受训人员的主观感觉、下属和同事对其培训前后行为变化的对比,以及受训人员本人的自评。行为评估是考查培训效果的最重要的指标。尽管这一阶段的评估数据较难获得,但意义重大,只有受训者真正将所学的东西应用到工作中,才达到了培训的目的。

(4) 第四层的成果评估(result):评估接受培训后受训者创造的效益

成果评估的核心问题是:"培训为企业带来了什么影响?"可以是经济上的效益,也可以是精神上的收获。成果评估可以通过一系列指标来衡量,如事故率、生产率、员工离职率、次品率、员工士气以及客户满意度等。成果评估的跨时长、难度大,但对企业的意义也是最大的。

以上培训评估的四个层次,实施从易到难,费用从低到高。企业最常用的评估方法是第一层的学员反应评估。而对企业最有用的评估是第四层的成果评估。企业培训评估执行到第几层,应根据培训的重要性决定。

2. 柯氏四级培训评估模式的改进

考夫曼和凯勒(Kaufman & Keller, 1994)对柯氏四级培训评估模型做了一些修正,形成了表6-2中的五级评估模型。

表6-2 五级评估模型

评估层次	评估的内容	举 例	作 用	方 法
反应	学习者对培训项目的评价	如培训材料、培训师、设备、方法等	提供改进培训的建议,让员工感到组织者对他们意见的尊重,帮助管理者了解培训情况,为培训者的绩效提供参考	课后培训评估表、与学习者面谈、电话调查、焦点小组
学习	对培训的内容的获取程度(知识、技能、态度、行为)	财务知识、操作某个软件、沟通技能、企业文化	帮助企业了解培训效果	测验、技能实践、角色表演、情境模拟、前后比较,设置控制组

续 表

评估层次	评估的内容	举 例	作 用	方 法
行为	所学知识在工作中运用（培训成果转化程度）	熟练操作软件，运用所学沟通技能，降低缺勤率	帮助企业了解培训导致了哪些变化，评估培训对公司的价值，帮助直线经理了解员工的变化和培训项目	360度反馈、跟踪调查和跟踪问卷、在职观察、跟踪面谈、跟踪群组访谈和培训课程相关的作业、表现约定和监督
结果	工作中导致的结果（组织层面的评估）	产量增加、成本下降、缺勤率下降、员工建议数增加、销售量、订单准确率、客户投诉率等	帮助企业了解培训对企业盈利的作用	成本收益分析法
社会产出	社会和客户的反应	社会反响	帮助企业立足更高的出发点评价培训	问卷调查、焦点小组

（四）有效性评估

培训有效性是指在培训中，学习者是否学到了技能、知识。而基于不同的参照标准，可具体分为以下四个方面：转移有效性、组织内有效性、组织间有效性。

转移有效性是指在培训中学到的技能、知识是否导致了工作中绩效的改进。

组织内的有效性是指在同一组织内，学习者在新小组的工作绩效与原来小组的工作绩效相比是否提升。

组织间的有效性是指在一个组织内被证明是有效的培训计划在另一个企业是否能成功。

三、培训方法选择

培训方法形式多样而且经常推陈出新。培训方法受技术的影响很大，按照方法依赖的技术的不同，我们将不依赖新技术支持（网络和计算机技术）的称为传统培训方法，而以计算机和网络为基础发展起来的培训方法，我们称之为现代培训方法。

（一）传统培训方法

1. 演示法

演示法是指培训者将培训信息（事实、过程、解决问题的方法等）演示出来，学习者被动接受信息。演示法包括讲座法和视听法。

（1）讲座法

讲座法通过语音和文字书写的方式将学习信息和材料传达给学习者。讲座法有团队讲座（两个以上的培训者就同一个主题进行讲授）、客座发言（事先安排多个发言人，然后让发言人按照事先确定的时间依次出席并讲解）、座谈小组和研讨法。讲座法应用最为广泛，也最简便、成本最低，也是最受欢迎的培训方法。它能在短时间内将信息传递给一个大规模的学习群体。缺点在于它是一种单向的交流，学习者缺乏主动性，也不能提供学习者互相交流和分享经验的机会。

（2）视听法

视听法指利用幻灯片、照相、录像、录音等设备来传递信息。视听法能很好地复制一个情境，将学习者带入到具体的环境中去，也可以重复播放，提高学习的效果。但它的缺点是开发难度大，容易失去学习重心。这种方法很少单独使用，通常会与讲座法结合使用。

2. 体验法

体验法就是要求学习者积极参与培训过程的方法。让学习者通过亲身体验学会在工作中可能用到的某些技能和知识。企业中常用的体验方法包括商业游戏、案例分析、角色扮演、仿真学习、行为示范法。

（1）商业游戏

商业游戏是由两个或更多的参与者在遵守一定规则的前提下相互竞争者达到预期目标或者是众多参与者通过合作克服某一困难共同实现目标，要求学习者在游戏中收集信息、进行分析和进行决策。例如，沙盘演练（又叫沙盘模拟培训、沙盘推演）通过将学习者分组模拟若干个公司，围绕沙盘教具，模拟3～4年企业的经营管理与市场竞争，在此过程中提高战略管理和经营决策能力。沙盘模拟培训具有互动、趣味、竞争性等特点，能最大限度地调动学员的学习兴趣，对所学内容形成深度记忆，并能够将学到的管理思路和方法很快实践与运用于工作中。

（2）案例分析

案例分析是通过描述一个成功或失败的事件，让学习者分析，并提出其他可能的处理方法的学习方式。这是利用书或影片，将实际或想象的情况，用相当详细的方式描述出来。它的重点是对过去所发生的事情作诊断或解决特别的问题，比较适合静态地解决问题。

案例分析的优点包括：它提供了一个系统的思考模式；在个案研究的学习过程中，接受培训可得到另一些有关管理方面的知识与原则；有利于使接受培训者参与企业实际问题的解决；正规案例分析使学生得到经验和锻炼机会；容易养成积极参与和向他人学习的习惯；直观。

案例分析的缺点有：案例过于概念化并带有明显的倾向性；案例的来源往往不能满足培训的需要；需时较长，对受训者和培训师要求较高。

（3）角色扮演

角色扮演是指在一个模拟的工作环境中，指定参加者扮演某种角色，借助角色的演练来理解角色的内容，模拟性地处理工作事务，从而提高其处理各种问题的能力。这种方法比较适用于训练态度仪容和言谈举止等人际关系技能，如询问、电话应对、销售技术、业务会谈等基本技能。角色扮演适用于新员工、岗位轮换和职位晋升的员工，主要目的是尽快适应新岗位和新环境。在角色扮演中，教师要为角色扮演准备好材料以及一些必要的场景工具，确保每一事项均能代表培训计划中所教导的行为。为了激励演练者的士气，在演出开始之前及结束之后，全体学员应鼓掌表示感谢。演出结束，教员针对各演示者存在的问题进行分析和评论。角色扮演法应和授课法、讨论法结合使用，才能产生更好的效果。

角色扮演的优点是学员参与性强，学员与教员之间的互动交流充分，可以提高学员培训的积极性；特定的模拟环境和主题有利于增强培训的效果；通过扮演和观察其他学员的扮演行为，可以学习各种交流技能；通过模拟后的指导，可以及时认识自身存在的问题并进行改正。

3. 实地培训法

实地培训法是为了避免所学知识与实际工作相脱节的问题，在工作场地进行培训的一种方法，通常称为辅导（coaching）。实地培训将工作和学习融为一体。它与体验法的不同之处在于它是实践中真实的体验，容易将所学的知识转化成行为。实地培训法包括师徒制、在职培训、调查法，也包括实习法、职务指导培训、职务轮换、教练法。

（1）师徒制

师徒制是一种既有在职培训又有课堂学习的，兼顾工作和学习的培训方法。现代师徒制要求根据学习的技术程度，制定学习计划，并指定专人负责，采用在职培训和课堂培训相结合的方式分阶段进行培训，并有系统的执行和评估模式，效率大大提高。师徒制可以将理论和实践完美的结合，并利用企业现有的设备和技术，节省了人力、物力和成本。同时，学习者可以在学习的同时根据技术水平的提高而获得更高的收入，有很好的动力。

（2）在职培训

在职培训是一种新员工或者没有经验的员工通过观察或模仿有经验的员工或老员工在实际工作中的操作来进行学习的过程。有效的在职培训要求培训者是有经验的、接受过如何进行正确的指导技术培训的员工。

（3）调查法

调查法是让学习者亲自到工作现场对实际事物进行观察、研究，从生动具体的实践中开阔视野，接受形象化的启迪，从而验证并掌握所学知识的一种培训方法。

（4）实习

实习是指充分利用现有的工作条件，让学习者接触与将来工作岗位完全相同的环境、条件，促进学习者所学理论向实践转化的培训方法。

（5）职务指导培训

职务指导培训是指当学习者在职务岗位上进行工作时，对他们完成的任务的某一部分进行程序化的指导。

（二）现代培训方法

1. E-learning

E-learning 即在线学习，是指在由通信技术、微电脑技术、计算机技术、人工智能、网络技术和多媒体技术等所构成的电子环境中进行的学习，是基于技术的学习。美国教育部2000年度《教育技术白皮书》中指出 E-learning 通过互联网进行教育及相关服务，采用了诸如计算机网络、多媒体、专业内容网站、信息搜索、电子图书馆、远程学习与网上课堂等新的沟通和人与人之间的交互模式。企业的 E-learning 是通过深入到企业内部的互联网络为企业员工提供个性化、没有时间与地域限制的持续教育培训方式，其教学内容是已经规划的、关系到企业未来的、关系到员工当前工作业绩及未来职业发展目标的革新性教程。

2. 自我学习

自我学习是指学习者自己全权负责的学习，什么时候开始学习、学习什么、谁参与到学习中来等都由自己决定。随着信息爆炸和快速的增值、新社会网络和工作地点的变化使得自我学习越来越必要。终身学习才有可能使个人永远不被时代抛弃。而自我学习使得学习者不需要任何传统意义的指导者，只需按照自己的学习进度预先向培训的教师订购学习材料即可。传统的自我学习的一种形式是成人教育，而今天，在现代技术（如网络、计算机）支持下，自我学习已经成为全球性竞争和经济发展关键部分。互联网可能是现存的最有力的和最重要的自我学习工具。

3. 计算机辅助教学

计算机辅助教学是指，由计算机给出培训的要求，学习者回答后，计算机，将分析结果反馈给学习者并提出建议的一种互动性培训方式。主要分为计算机辅助教学和智能化的计算机教学。

（三）培训方法的选择

培训采用何种方式进行，首先要考虑培训的目标，确定培训的期望效果，其次结合开发和使用已选择的培训方法的成本，再次，培训要根据学习者的不同特点，以及培训的便捷性来做出最佳选择。

对于内容固定的全员性培训（如职业操守和行为规范的培训），由于培训的内容不容易改变，并且每个员工都需要完成，用 E-learning 来实现，既能够方便员工参与，提高学习效率，又实现了成本控制。同时，E-learning 还可以通过测试完成对其培训成的果评估以便实施进一步的培训计划。

事实上，培训的选择往往不囿于单一的特定形式的方法，而是多种方法结合使用。例如新员工培训就可以是演示法、体验法、E-learning 结合的培训。

领先的企业都十分注重培训方法的选择。例如，麦当劳根据其战略确定培训的要点是工作态度的3C（沟通、协调、合作）、清洁、快速和标准化。又根据培训对象的不同将培训划分为两大类：一线员工培训、管理层培训。对一线员工的培训，一般设计10天的模块课程，主要采用师徒制和视听法来实现。

第三节　创建学习型组织

一、学习型组织的理论发展

学习型组织最早是杰伊·佛瑞斯特（Jay Forrester）在1965年写的一篇文章"一种新

型的公司设计"中提出的。他运用系统动力学的原理,非常具体地勾画出未来理想的管理组织:① 层次扁平化。管理系统不断从上下从属关系转向工作伙伴关系。② 组织咨询化。管理机构相互咨询,组织对外不断学习。③ 系统开放化。管理结构在适应环境和任务中不断地调整和改变。彼得·圣吉(Peter M. Senge)师从佛瑞斯特攻读博士学位,他在老师的指导下,融合了老师创建的系统动力学方法,潜心钻研,十年磨一剑,终于在其博士论文的基础上完成了《第五项修炼》一书。《第五项修炼》的出版是学习型组织理论发展的重要里程碑。

学习型组织理论按照其形成的时间顺序,分别有以下四个主要理论:杰伊·佛瑞斯特的系统动力学、保罗·沃尔纳(Paul Woolner)的五阶段模型、约翰·瑞定(John Redding)的学习模型以及彼得·圣吉的第五项修炼。

(一) 杰伊·佛瑞斯特的系统动力学

系统动力学(system dynamics,SD)出现于1956年,创始人为美国麻省理工学院的福瑞斯特(J. W. Forrester)教授。系统动力学是利用系统学原理对企业组织形态进行描述。系统动力学运用"凡系统必有结构,系统结构决定系统功能"的系统科学思想,根据系统内部组成要素互为因果的反馈特点,从系统的内部结构来寻找问题发生的根源,而不是用外部的干扰或随机事件来说明系统的行为性质。

系统动力学将组织中的运作以六种流来加以表示:订单(order)流、人员(people)流、资金(money)流、设备(equipment)流、物料(material)流、信息(information)流。这六种流归纳了组织运作所包含的基本结构。

系统动力学模型中有三类变量:积量、率量、辅助变量。积量表示真实世界中,可随时间递移而累积或减少的事物,其中包含可见的(如存货水平、人员数)与不可见的(如认知负荷的水平或压力等),它代表了某一时点环境变量的状态,是模式中信息的来源。率量表示某一个积量,在单位时间内量的变化速率,它可以是单纯地表示增加、减少或是净增加率,是信息处理与转换成行动的地方。辅助变量在模式中有三种含义,信息处理的中间过程、参数值、模式的输入测试函数。其中,前两种含义都可视为率量变量的一部分。

系统动力学的建模基本单位是信息回馈环路(information feedback loops)。环路是由现况、目标以及现况(积量)与目标间差距所产生的调节行动(率量)所构成的,环路行为的特性在消弭目标与现况间的差距。除了目标追寻的负回馈环路外,还有一种具有自我增强(self-reinforced)的正回馈环路,即因果彼此相互增强的影响关系。系统的行为则是环路间彼此力量消长的过程。除此之外结构还须包括时间滞延的过程。组织中不论是实体的过程(如生产、运输、传递过程),还是无形的过程(如决策过程认知过程),都存在着或长或短的时间延迟。

系统动力学的建模过程,主要就是通过观察系统内六种流的交互运作过程,讨论不同流中其积量的变化与影响积量的各种率量行为。

(二) 保罗·沃尔纳的五阶段模型

沃尔纳通过对许多企业的教育和培训活动进行观察与分析后,提出了创建学习型组织的"五阶段"模式。他认为,企业学习活动的发展一般经历五个阶段。

第一阶段,是无意识学习阶段。在这一阶段,组织本身尚处于初期发展阶段,组织中的学习活动一般是自发的、非正规的,组织也还没有安排学习项目的意识。

第二阶段,称为消费性学习阶段。为响应企业业务发展的需求,营造企业的竞争优势,组织开始投入资金,安排雇员前往第三培训机构学习专业知识,而组织内部的自发学习活动亦同时存在。

第三阶段,从非正式的学习进化到了主动设计内部培训项目,组织挖掘出了自身特定的培训需求,开始策划能满足自己当前业务需求的教育项目,也会建设学习基地以促进培训的开展,但还不够系统化,尚不能很好支撑企业的长期战略。

第四阶段,组织倾向于策划、设计能够有效支持企业战略的培训项目,并已将学习融合于现有工作流程中。组织从企业自身战略出发,或引入外部培训资源,或对课程进行内部开发,以更具独创性的方式、使培训更贴合企业运营目标和员工个人发展的规划。在此阶段,组织设立衡量各职能部门员工胜任能力的标准。本阶段的特点是组织学习与企业的战略经营目标的紧密结合。这并不是说每项学习都完美契合经营目标,培训部门仍然主导着大多数学习项目,而业务部门的负责人还未视其为自己的职责。这一认知制约了组织的学习能力。

第五阶段,组织内的学习与工作已经完全契合。该阶段呈现出以下鲜明特点:① 学习融入组织的管理、运营系统的每个环节中,各级管理者、项目团队、员工以及人力资源部共同承担学习开发的职责。② 学习已成为员工工作的有机组成部分,员工对学习与发展项目有充分的兴趣和热情。③ 组织学习以绩效的改进程度为反馈,通过这一反馈,组织、团队和个人可优化之后的学习项目。④ 团队的学习不仅限于自上而下的安排,而是以自主自发的学习和分享为主,团队管理者不再是学习与发展项目的发起者和组织者,而是赋能者和促进者。员工通过相互协作,同修共进,提升能力,挖掘潜能,成就更出色的个人和组织绩效。

根据沃尔纳的"五阶段"模型,组织学习一旦发展到第五阶段,其组织系统、结构和过程就十分利于组织真正成为学习型组织。

(三)约翰·瑞定的学习型组织模型

约翰·瑞定从战略规划的角度分析实现快速变革的学习方式。他认为组织能否实现系统的快速变革决定了企业能否在未来生存。根据实施战略变革的不同运行机制,他归纳出组织的三种传统变革模型,并在此基础上提出第四种变革模型,即学习型组织。

1. 强调"计划"的模型

在这一模型中,高层管理人员的计划能力至关重要,它与传统的命令—控制型管理模型相一致。

2. 强调"执行计划"的模型

此种模型下的运行机制是"计划—执行计划",也即在计划阶段更加强调与中层经理的沟通,以保证变革计划的顺利推行。

3. 强调变革前的一系列"准备"工作

这种模型的运行机制为"准备—计划—实施"。这一模型的重点在于关注变革前的策划、组织和协同,而组织变革的成败直接取决于种种准备工作的充分与否。准备工作包括:厘清趋势、充分和利益相关方沟通、产生共识并构建协作关系;梳理企业文化、进一步优化适应变革发展的环境因素,创建"变革友好"的氛围;识别变革所需的技能组合、为企业员工培训、优化关键技能。显然,第三种模型已将企业战略变革视为一个比较完整的框架,更具有前瞻性和实操性。其不足之处是把变革看成是某个固定项目,忽视了变革与企业战略、组织架构和信息系统之间的相互关系。

4. 学习型组织

这种模型的运行机制为:持续准备—不断计划—即兴推行—行动学习。

（1）持续准备

组织长期为战略变革做筹划和铺垫,这些工作并不针对某项特定的变革项目,而是广泛地关注组织与环境的协调,不断挑战当前经营行为,时时为变革做准备,使组织对于环境的风云变幻能应对裕如。

（2）不断计划

这就是说,计划是动态的、开放的,依据战略方向不断加以调整和优化。同时,一线员工以共创的方式参与到计划的制定中。

（3）即兴推行

学习型组织在推行变革计划的过程中,鼓励员工积极投入、展示自身的智慧和才华,发挥自己的潜能,而并不是循规蹈矩、按部就班。员工得到充分的赋能和授权,可以采用"即兴创作"的原则,创造性地实施变革计划。

（4）行动学习

在执行中允许试错、也支持快速迭代。学习型组织秉持敏捷管理的思维方式,随时检验变革的成效,并可以及时做出调整,而不是通过一年一度的评估体系来衡量变革的成败,这样变革的风险更可控、成本更优化、从而提升了变革的有效性。行动学习贯穿变革的准备、计划和实施的每一个阶段。学习型组织通过持续准备、不断计划和即兴实施,完成一次又一次的变革,同时又在为下一次变革做准备。学习型组织就是这样循环不断地获得创新发展。

（四）彼得·圣吉的第五项修炼

1990年,彼得·圣吉出版了《第五项修炼——学习型组织的艺术与实务》。1994年,该书的配套实用手册《第五项修炼·实践篇》出版,圣吉在书中提出了学习型组织构架的概念。1999年,圣吉和他的伙伴出版了《变革之舞》(The Dance of Change: The Challenges of Sustaining Momentum in Learning Organizations),从深层次探讨持续性变革与学习型组织。

圣吉认为,组织演变成学习型组织并保持持久的竞争优势,必须进行五项修炼:自我超越、改善心智模式、建立共同愿景、团队学习、系统思考。

自我超越(personal mastery)强调员工向自我极限挑战,实现内心深处最想实现的愿望,它是建立学习型组织的精神基础。学习型组织只有通过学习和展示高水平的自我超越才能存在,也就是说,组织成员创造性地(而不是被动地)生活,并通过能力、技能、精神成长等方面的提高不断地重塑自己。

改善心智模式(improving mental models)是指组织成员的思维方式。心智模式描述了影响人们行为的假设和概括。让人们改变心理模式的第一步是使其反思自己的行为和信念。官方等级制度是每个组织的思维模式之一。个人价值观可以克服等级权力的缺点。圣吉所描述的一个重要价值是开放性。开放的一部分是停止玩"权力游戏",对真正的需求保持开放和诚实。个体心智模式影响着人们看世界和对待事物的态度;组织心智模式则会影响组织的行为与发展。

建立共同愿景要求组织成员拥有共同的目标、价值观和使命感。共同愿景为学习提供了动力。它把组织成员凝聚在一起,为了共同的目标而开展创造性学习。一个共同的愿景意味着一个公司的所有员工对组织的发展方向有相同的愿景(而不仅仅是管理层写的愿景宣言)。只有当愿景是真实和共享的,员工才会自动参与到改进过程中,使公司更接近实现愿景。圣吉这样描述一个共同的愿景:人们不是根据游戏规则玩游戏,而是为游戏负责。

团队学习是指发展团体成员整体配合能力来实现共同目标的过程。当团体真正学习时,不仅团队绩效高,而且团队成员成长速度快。团队深度会谈可以让每个成员自由交流,发现远比个人思考更深入的见解,从而克服有碍于学习的自我防卫。在现代组织中,学习的基本单位是团体而不是个人,团体学习显得尤为重要。

系统思考强调运用系统的观点看待组织发展,在创建学习型组织中具有核心地位的作用。系统思考引导人们从局部思考到综观整体,从看事物的表面到洞察其背后变化的规律,从静态的分析到认识各种因素的相互影响,进而寻找到最有效的方法,产生以小搏大的作用,解决组织面临的各种困境,使组织达到一种动态平衡。圣吉采用了大象的比喻来描述这一整体性的理念:当你把一头大象一分为二时,你并没有两只你可以照顾的小象。你只能照顾一只完整的大象。一个组织就像一个活的有机体,按照圣吉的观点,实际也应该作为一个有机体来管理。这项原则是对之前四项的集成。

学习型组织理论于20世纪90年代中期前后传入中国。2001年5月15日,江泽民主席在亚太经合组织人力资源高峰会议上号召"构筑终身教育体系,创立学习型社会"。党的十六届五中全会在深入分析了今后一个时期我国经济社会发展面临的国际国内形势后,又进一步强调了建设学习型社会的紧迫性,2006年初,全国科技大会又把中国要建设成为创新型国家提升到极其重要的战略位置,可见学习型组织在中国越来越得到重视。

二、学习型组织的重要意义

学习型组织是一个有持续学习能力及创新能力、能不断创造未来的组织。它就像具有生命力的有机体,能在组织内部建立起完善的自我学习机制,将员工的工作和学习有机结合起来,使个人、团队和整个组织得到共同发展。

学习型组织是企业取得持续发展的基础。圣吉研究发现:20世纪70年代名列《财富》杂志500强排行榜的大公司,到了80年代已有1/3销声匿迹了。一个重要原因就是组织的发展没有顺应环境的变化,进行及时的调整。学习型组织则具有持续学习和创新的能力使得企业能够不断适应外部环境,及时做出调整,从而取得持续的发展。

学习型组织具有强大的凝聚力,组织成员忠诚度更高。学习型组织中多采用深度沟通方式,并用系统思考的方式来解决问题,不再像传统组织一样更关注个人或团队利益,从而有更高效的决策能力,使组织更具凝聚力,提高组织成员的忠诚度。

学习型组织中的成员保持高度的热诚。学习、变革和创新的组织文化使得学习型组织有源源不断的资源和动力,成员将保持高度的热忱投入工作和变革之中。

学习型组织将产生符合组织需求的人才梯队,为组织的变革和发展输送符合组织文化,具有学习和创新能力的成员。

毫无疑问,学习型组织是知识不断更替、环境不断变化的今天的企业为长久持续的发展的必经之路。

三、学习型组织的构成要素和五大子系统

构成组织的五大基本要素是主体、客体、目的、工具和平台。学习型组织的这五大要素分别表现为:人、知识、学习、技术、组织。学习型组织由五大子系统构成:人员子系统、知识子系统、学习子系统、技术子系统、组织子系统。学习型组织的构成要素和五大子系统如表6-3所示。

表6-3 学习型组织的构成要素和五大子系统

五大构成要素		五大子系统	
主体	人	人员子系统	员工、管理者、顾客、合作伙伴
客体	知识	知识子系统	知识识别、知识创造、知识传播、知识储备、知识储存、知识利用
目的	学习	学习子系统	学习的层次:个人学习、群体学习、组织学习 学习的类型:适应性学习、期望式学习 学习的技能:系统思考、改善心智模式、自我超越、团队学习、建立共同愿景
工具	技术	技术子系统	信息基础设施、电化教育设备、学习软件
平台	组织	组织子系统	文化、愿景、战略、组织结构

四、创建学习型组织的步骤

建立学习型组织的原则是:以学习型组织愿景为中心,组织有很强的灵活性,层级最少,可塑性高,知识价值化。

学习型组织的架构更柔性化，有适应变化的能力和特性，组织扁平化，团队结构模块化，决策权分散到各团队，员工横向流动更加频繁。同时，边界虚拟化，团队间不再有分明的职责界限，上下级、团队间甚至与外部都能互通，组织能更好地适应快速变革，并使员工与合作伙伴进行自我重塑。

创建学习型组织的核心工作之一是建立知识库，其目的是使组织获得不同团队的技能和能力，并让不同团队在合作中创造新的能力。

学习型组织建设参与者的范围可以非常广泛，既有组织内部的团队，也包括外部的顾客、供应商、政府部门、学术机构之间。知识库具有更大的战略潜能，它能够帮助公司扩展和改善它的基本功能。

学习型组织架构是以团队为运作模式，在现代信息技术的基础上，学习型组织的运作应采用并行工程的方式，将工作分解成模块，以并行的方式进行。各模块之间的合作是平等的。学习型组织架构对员工的激励，除了来自内部不同团队的互补性核心能力以外，还来自有效的激励机制。

建立学习型组织包括八个步骤：树立危机意识、组建无边界学习团队、建立团队和组织愿景、有效沟通愿景、管理下移、培育亮点树立标杆、坚持不懈勇于挑战以及总结创建过程巩固创建成果。

（一）树立危机意识

足够的危机感能够促使组织谨慎察觉面临的机遇和挑战，因此应当激励员工，培育出一种"快速反应，立即行动"的氛围。

（二）组建无边界学习团队

先组建核心团队，负责在重大问题的决策程序上立项、调查、研讨、决策。再由核心人物找到更多具有紧迫感和责任感，并且具有相应技能、领导能力、组织可信度和关系来处理某种具体形式的组织变革的人，共同组建一个有协作精神的、高效的指导团队。

（三）建立团队和组织愿景

愿景应该兼具挑战性和可行性。愿景在组织内要形成体系，且组织、团队和个人的愿景必须相容。要结合企业战略规划建立学习型组织的目标和实施细则。同时，共同愿景要转化成组织成员的使命。

（四）有效沟通愿景

经过多种途径和方式宣传愿景和组织目标，让所有员工知晓，全面接受组织愿景。愿景的沟通需要三个环节过程：目睹（指导团队用精心准备的发言，介绍将要进行的变革）—感受（人们原来的恐惧、不信任和悲观转化成对变革的信心和对未来的希望）—改变（员工接受新的愿景，开始采取步骤去实现愿景）。

（五）管理下移

管理者努力扫清创建道路上的种种障碍，厘清人们的思想意识，完善绩效评估和奖励系统，在组织中培养自信、共赢、自主管理的意识，创造一种积极的富有创新氛围的环境。保证组织的信息畅通无阻,尤其是信息反馈的及时有效。

为管理下移制定好目标体系:使团队工作的目标明确清晰,每一位组织成员清楚自己的职责和目标,从而实现自我管理,做到自我约束、自我实现、自我超越。

(六) 培育亮点,树立标杆

锁定工作重点,把精力集中在容易发生良好转变的方面,在最短的时间内做出显著的成绩,使人们看到改变是可以发生的,从而让组织成员坚信学习型组织的有效性。

选择亮点,即要选择成效显著、成员认同程度、感知程度以及关切度高的方面大力进行培育。它具有更大的推动力和说服力,使人们在更深的层次上达成共识。

此外,要避免一次启动多个项目、夸大事实,应快速取得第一个成功。

(七) 坚持不懈,勇于挑战

随着时间的推移,初期的成功已经不再具有推动力,组织变革团队会感到茫然,不知下一个工作重点在哪儿,如何进一步开展工作。跨越这个阶段性障碍非常重要。首先要保持紧迫感,以全球化的视角来看待自己的成绩,也可以借助外力的刺激引发组织中人们的紧迫感。其次,深化创建的勇气和策略。通过深度会谈明确地阐明进一步深化创建所要解决的问题,包括组织的深层次的变革。最后要最大限度地利用新的环境所带来的机遇,及时发动新一轮的变革。要让人们也不断地看到创建过程中的阶段性成果。

(八) 总结创建过程,巩固创建成果

传统的力量和人的惯性思维在很多时候会使已有的变革退回到起点,因此要将创建成果延续,巩固创建成果非常重要。其中一个有效的途径就是将创建成果和运作模式转化成为组织文化的一部分,创建过程着重激励人们采取积极的行动,并从这些变化之中体现和领悟到理想的组织文化,使组织文化氛围更好地为实现共同愿景服务。

第四节 培训数字化和构建 E-learning 系统

一、培训数字化

培训的数字化转型覆盖企业全员的学习管理体系建设,是打造智能化时代的学习型组织的必由之路。

伴随智能化技术的发展,VR技术、AI平台等先进工具正在有效促进体验式学习方式,帮助员工还原真实的应用场景、加速特定项目冲刺效率,甚至突破现有业务模式。与此同时,借助先进工具实现的体验式学习需要更强的平台运营、知识管理、组织服务等能力,对开展学习活动提出了更高要求。目前,大企业除自建学习体系外,也在积极通过采购外部知识服务的方式提升知识管理和平台运营能力。而对于中小企业而言,充分利用高质量的第三方学习平台将有助于缩小和大企业的差距。

根据《2020中国企业数字化转型研究报告》,美国电话电报公司(AT&T)为培育具备

软件和网络工程、数据科学、人工智能、增强现实、自动化等新数字化技能的员工,对其25万名员工开展了新技能培训。AT&T不仅在Coursera和Udacity开设线上课程,还运用AI技术搭建职业情报(career intelligence)平台,员工可以获得岗位趋势、职位技能要求以及薪酬数据等相关信息,明智地决定自己要发展哪些技能,并将其添加到自己的能力档案中,自由开放的学习环境帮助员工更好地规划职业成长。

宝马公司在新车型的开发阶段应用VR技术进行沉浸式学习,并确保全球各地的员工协同参与设计工作。埃森哲应用AI技术对员工进行转型、转岗培训,将员工培训时间增加50%的同时,使培训时间成本降低25%。

案例链接

中国石化销售企业员工培训数字化转型[①]

一、夯实培训数字化转型基础

一是构建数字化学习系统。依托中国石化网络学院搭建数字化的学习环境,确保学习系统的定位和内容符合企业发展的需要,同时覆盖全体员工。

二是教学资源数字化建设。对原有资源进行梳理和数字化,同时根据岗位胜任模型进行系统规划,灵活运用统筹组织、众筹众包、征集选拔等多种方式组织课程开发,搭建核心资源库。

三是加强数字化学习管理。强化学习档案管理,逐步实现学习行为的全面记录,同时制定相关配套措施,如积分激励、岗位认证、绩效管理与职业生涯规划相结合等,以便激活员工的学习动力。

二、构建"双驱动"培训数字化转型模式

建立覆盖企业全员的销售企业网上大学,完善学习平台功能,健全以岗位课程为核心的学习内容体系,建立学习社区、社群等学习生态圈,打造"双驱动"的培训数字化转型模式(图6-4)。

一是数据驱动。使用数字技术收集企业和员工维度数据并与学习内容集成,最终形成针对每个员工的学习决策模型,向员工推送学习内容和要求。

二是员工的自我驱动。在新型学习生态环境下,通过职业生涯发展、学习激励系统等使员工实现从"要我学"到"我要学"的过渡。

三是实现员工学习与内容开发之间的互动。在岗位课程学习的基础上员工针对各类工作场景进行分享和反馈,形成全面覆盖各业务环节且快速迭代的学习资源,并有效推动组织的学习氛围和文化建设。

---

① 资料来源:汪珺.中国石化销售企业员工培训数字化转型实践与思考[J].石油化工管理干部学院学报,2020(4).

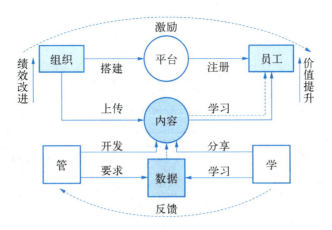

图6-4 中国石化销售企业培训数字化转型模式（双驱动模式）

三、加强数字化人才队伍建设

伴随着数字经济的快速发展，数字技术与传统产业的深度融合即将成为引领经济发展的强劲动力，数字人才日益成为企业驱动发展、转型升级的核心竞争力。数字化转型时代所需的人才包括数字化领导者、数字化应用人才和数字化专业人才。数字化领导者不一定是数字化专家，但需要具有数字化素养，能够正确引领业务模式的数字化转型，为企业带来价值；数字化应用人才是具备数字技术与行业经验的跨界人才，能够将数字技术与专业对接，促进业务领域内的数字化转型；数字化专业人才包括传统的信息与通信技术（ICT）人员和掌握新型数字技能的专业人才，是数字化转型的核心技术力量。

二、构建E-learning系统

（一）E-learning的特点

E-learning是指通过在线计算机和互联网开展教学和传递培训课程。包括基于网络的培训、远程学习、虚拟课堂、任务支持、仿真模拟培训以及学习入门等多种方式。E-learning不仅为学习者提供培训内容，还教授他们管理学习内容、学习进度、训练强度甚至学习实践的能力。另外，E-learning还允许学习者之间以及和专家相互合作和交流，并为学习者提供其他学习资源（如参考资料、公司网页及其他培训项目）的链接。课程内容可以通过文本、录像、图片或者声音等形式传递给学习者。E-learning也包括培训管理的多个方面，例如课程登记、测试并评价学习者以及监控学习者的学习进度。它的特征如图6-5所示。

（二）E-learning的优缺点

1. 优点

E-learning具有很多传统培训方法无法达到的优点。

E-learning能更好地为企业经营战略目标和使命服务。培训的对象更广阔，不仅包括企业内部的员工，也可以是企业的客户和合作伙伴。这有助于组织间协同效应的产生。

由于它可以随时、随地进行，节省了培训时间，同时由于可以面向更多的员工提供培

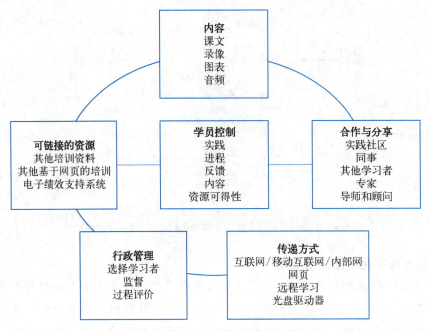

图 6-5　E-learning 的特征

训，也大大节约了成本。

由于培训内容使用了多种媒介（图片、声音、文本等），培训过程更容易营造环境，从而达到更好的学习效果。

E-learning 使得培训实践、反馈、目标、评估以及其他有利的学习特征，培训的内容也更容易更新，并大大减少了培训管理有关的文案工作。

2. 缺点

（1）缺乏人性化的沟通

网络拉大了人与人之间的距离，为直接的情感交流设置了障碍。缺乏员工间、讲师与员工之间的情感交流、情绪沟通，学习的效果可能大打折扣。

（2）实践功能薄弱

要真正获得和掌握知识、技术，仅仅通过 E-learning 的讲解还不够，必须亲自参与练习，在现实环境中运用。

（3）教学内容传输上的局限

传统的培训是在讲师完全可以控制的学习环境——随时需要重新安排和变更，有许多因素影响教学的状况如讲师的努力和个人的能力、技巧、适应教学的环境和提供的课件。但在 E-learning 情况下，由于与被培训者的网络的隔离，这种变更就不可能，就产生内容的关键的阻隔。

（4）学习内容的局限

在学习的内容上，国内比较缺乏高质量、多媒体互动的 E-learning 课件和平台。使用者面临界面不同、重复注册、没有标准的软件、很多在线课程格式不同等问题。这样不仅不易管理,而且耗费很大,结果是在公司内难以建立良好的沟通体系,信息传递极其不顺畅。

(三) 开发有效的 E-learning

开展有效的 E-learning,必须重点关注需求评估、设计和方法、评估三个方面。在整个 E-learning 培训设计的过程中,技术人员的参与设计过程非常重要。对任何形式的 E-learning 进行需求评估时,都要评估公司的技术能力和学员所必须具备的技能。需求评估还包括获得领导层支持的程度。在实施的过程中,公司必须向员工解释培训内容和对实际工作的重要意义,以使雇员承担起完成培训的责任,并用有效激励的手段来奖励完成 E-learning 项目的员工。表 6-4 是建立有效的 E-learning 的相关技巧。在开发 E-learning 系统的初期,也可以考虑和面对面培训相结合的模式,更容易实现 E-learning 的过渡。

表 6-4 建立有效 E-learning 的相关技巧

方面	技巧
需求评估	确认 E-learning 和企业经营需要之间的联系
	取得管理层支持
	确保员工有机会利用技术
	向信息技术专家咨询系统需求
	确认具体的培训需求(KSAB)
设计和方法	结合学习原则(实践,反馈,提供有意义的资料,吸引学员主动参与,激发多种感官兴趣)
	保持学习模块简短
	根据网络带宽设计课程或增加带宽
	避免使用插件
	提供网络或实地场所以供学员之间交流与合作
	考虑混合指导法
	使用游戏和仿真模拟,以增强学员兴趣
	合理组织学习材料
评估	确保学习者和管理者共同承担完成课程和学习的责任
	在大规模开展网络学习前,开展一次正规的评估(试验性测试)

三、数字化学习的成功因素和发展趋势

(一) 数字化学习的成功因素

数字化学习的成功因素一方面来源于传统学习环境中的实践,而另一方面则与数字化交付方法有关(CIPD,2021)。前一类成功因素包括:提供及时的反馈、确保学习满足未来劳动力市场的需要、根据雇主的需要量身定做以及根据学习者的需求进行定制。通

过数字媒体进行学习的成功因素可以分为三个方面：在线学习课程的设计、在线课程提供的支持水平和性质和提高学习者参与度的行动。

1. 在线学习课程的设计

成功设计在线学习课程，重要的因素包括：提供易于使用的数字平台、提供可搜索的内容和跨设备兼容性、确保在学习中以某种形式的社交互动元素以及并提供实际的学习经验。

2. 在线课程提供的支持水平和性质

在线课程提供的支持水平和性质，包括：提供定期的教师和同伴支持、构建一个学习者社区、高级管理/领导支持、支持学习的专业人士以及职业建议和支持。

3. 提高学习者参与度的行动

这些行动包括：推广在线学习的益处、培养和增强学习者的能力、建立可实现的目标、以学习者重视的方式认可学习行动以及量身定制培训内容。

（二）数字化学习的趋势

目前，人们更快、更广泛地转向数字化学习。数字化学习机会和产品供应的数量似乎已经迅速增加（ILO国际劳工组织，2020）。这一发展趋势最初是由优先考虑安全、降低风险的防疫要求推动的，随后，疫情导致不少人在家工作，在上述环境中产生了学习和支持的新要求，维持了这一趋势。

特许人事与发展协会（CPID）的研究发现，1 000多家雇主中有54%报告称在封锁期间为员工使用了数字和在线学习渠道。此外，对社交距离的持续要求很可能会在未来几个月维持这种刺激。在那些能够使用数字学习的雇主中，约80%的人还报告称，在未来12个月里，他们可能会增加对数字/在线学习的使用。超过50%的雇主认为，该方式适合在家工作、性价比高，也适应员工灵活学习的偏好，是该方式增长的原因；而缺乏预算和内部设计、提供数字化学习的能力是最常见的障碍。

麦肯锡（Kshirsagar，2020）注意到，除了促进现有数字化学习产品的应用，一些组织正试图将现有的现场培训全面转移到数字平台。顾问指出：这些努力不仅仅是应用现有的技术解决方案来提供虚拟教室，更确切地说，它们代表了对学习体验的一种更加根本性的反思，促使学习者群体拥有相互协作、互动的社会学习体验。

欧莱雅在疫情封锁期间将其学习和发展项目重点转向全面在线供应，这是该组织学习方式更广泛转变的一部分。在疫情流行之前，欧莱雅约90%的内部培训是面对面的，约10%是在线培训（Jacquet，2020）。欧莱雅将新的重点放在了在线学习上，包括：

① 制定了一个名为"永不停止的学习"的方案，认识到需要提高员工的技能——这突出了"持续学习的重要性"（Jacquet，2020），并将重点放在电子商务和新冠疫情后消费者习惯的改变上。

② 实施"我的学习平台"，包括各种短学习模块和与专家的实时在线研讨会，定期更新内容。

③ 计划创建在线课堂，未来的学习课程将结合现场培训和新的在线平台。

④ 改变了学习与发展部门的组织方式，确定了四种独立的学习与发展角色：建筑师

（创建学习路径）、策展人（为员工个人寻找并创造最好的内容）、制作人（开发在线学习活动）、激活器（让员工参与内容）。

全球信息、数据和测量公司尼尔森（Nielsen）也报告称，疫情推动了数字学习的根本转变。它通过提供学习挑战和完成徽章作为激励手段来奖励参与在线学习的员工。公司管理者也举办了简短的讲座。

微软于2020年4月宣布，将启动面向4 000多名实习生的虚拟实习计划，并表示将举办远程活动，专注于建立联系，促进学习，并授权实习生实现他们的目标和发现他们的激情。该项目的参与者将相互联系，在他们的团队中建立社区，并通过各种虚拟活动与公司的高级领导人进行接触（Hogan, 2020；Christie, 2020）。

本章重点名词

人力资源开发（human resource development）　　培训（training）
职业生涯开发（career development）　　管理开发（management development）
组织开发（organizational development）
柯氏四级培训评估模型（Kirkpatrick's model of training evaluation）
学习型组织（learning organization）　　系统动力学（system dynamics）
沃尔纳五阶段模型（Werner's five-stage model）　　瑞定学习模型（Redding's learning model）
第五项修炼（the fifth discipline）　　培训数字化（digitalization of training）

本章练习

1. 人力资源开发的意义是什么？
2. 什么是基于KSAIBs的人力资源开发系统？如何对组织绩效产生作用？
3. 人力资源开发各活动之间的有怎样的关系？
4. 员工培训与开发的区别何在？培训包括哪四个步骤？每一步把握的重点是什么？
5. 培训有哪些主要方法？各自具有哪些优缺点？应该如何选择？
6. 传统企业培训如何实现数字化转型？
7. 如何设计有效的在线培训课程？

字节跳动新员工培训体系

创办于2012年的字节跳动（Byte Dance）在2020年业务已覆盖全球150个国家和地区，拥有6万余名雇员。经历飞速增长的企业HR描述自己的任务犹如"一面开飞机一面换引擎"。大量新鲜血液不断涌入，如何保证企业的文化认同和高效协作？企业搭建了三层级的培训体系，力求使员工从入职伊始就开启学习旅程，激发这个超大型组织中每位成员的潜能和创造力，服务全球客户。

一、公司级培训

新员工首先会从公司级培训中了解企业历史、企业文化、职业道德制度、目标管理体系，并可以从"学习资源推荐"文件中查询到新人成长攻略以及往期双月一次的"CEO面对面"活动的精彩内容总结。应届生可以参加为他们量身定制的、游戏式的线下体验式培训，学习如何融入组织、如何用新思维、新心态去完成团队目标、并在团队任务挑战赛中理解如何与其他职能和序列的伙伴协同合作。CEO和员工直接对话时分享过哪些理念和洞见？新人成长有何攻略？公司周边如何租房？如何找到有共同兴趣爱好的同事？新同事可以从一份堪称"宝藏"的文档中获取丰富详尽的讯息。

2020年，上述培训计划中嵌入了"深度访谈"环节，课程中运用的案例均挖掘于新人实际遭遇的难点，场景化的设计令学员更能将所学知识和经验直接应用到工作，体验更真切、转化更顺畅。

二、业务部门特色培训

各职能部门依据自己的属性和对人才的需求，独立设计自己的特色培训课。以技术新人培训Bootcamp为例，借助字节跳动技术学院平台，Bootcamp为新同事提供持续一至两月的"通用技术"以及"业务专业"的课程，全程配备导师，助力学员理解研发流程、应用开发工具、并与所在技术团队深度融合。除了Bootcamp这个"升级打怪"的培训任务外，wiki、docs、learning、头条圈、KM……都是内部分享的平台，可以从"飞书"一键接入。

三、日常课程学习

字节跳动内部知识管理系统是基于文档创建的知识库，通过持续沉淀信息，形成字节跳动的知识架构，确保企业内部高价值信息妥善留存、并产生新知识。例如字节跳动的"大中台"——研发团队，像一款插座，给抖音、今日头条、西瓜视频这些前台的产品提供工具和技术，以便一个优秀的创意能迅速孵化出产品，投放市场。上万名技术人员共同学习、工作，积攒了海量的知识，而这些成果复用性高的知识，能在集中管理的研发中心被迅速分享。

新同事入职后，会发现字节跳动的知识管理系统如同一处令人目眩神迷的宝库。经过大量同事数年创建、导入、分享，形成全员共同享有的丰富宝藏。例如，字节跳动曾在一年内创建2 000万篇文档，假设以A4纸打印成纸质版，叠放的高度接近于珠穆朗玛峰。当知识可以快捷简便地分类存储、无形中提高了知识利用率，为这间飞速发展的企业降低了不少成本，也为人员能力提升、快速推出优质产品提供了肥沃的土壤。

在面向所有员工的交流平台ByteTalk大讲堂上，企业内外部的科技、商业、艺术专业人士将奉上前沿而多元的主题分享：例如抖音技术演进路线、用户研究实战案例、AI最新研究成果、数据分析经验等。对于员工而言，相当于每周都有一次用90分钟展示自己的机会。员工可以讲述自己的创意、分享行业趋势。而全球的ByteDancer，可前往现场或通过直播听讲并互动。

字节跳动最大的线上学习系统，不仅收录了上述ByteTalk的课程，也汇集了各职能部门的视频学习资料,员工们在碎片时间可以自主安排学习。

作为一家预计拥有全球200余间办公室、雇员数将达到10万的全球化企业,字节跳动推出种类繁多的线上线下英语学习资源和跨文化沟通课程,比如"英文面试官""邮件协作"和"英文会议"等,让字节的同学们的语言技能和跨文化协作能力如虎添翼,进而能飞速推进企业的国际化进程。

一支30多人的专门从事英语培训的团队,在线上和线下展开英语培训,覆盖了千余名同事。更有特色的是,"字节跳动君"这一英语学习机器人驻扎在字节跳动的400多个群里,推送了近600期内容,帮助员工提升跨语言工作能力。

四、企业文化学习

企业文化被亲切地称为"字节范",是全员共同遵循的行为准则。新人入职第一天培训,就开始宣导字节范,餐厅里用餐,可以欣赏字节范短片,洗手间隔间门上也张贴字节范四格漫画。员工可参加字节范的专场问答,一旦回答满分可斩获各类奖品。公司可谓不遗余力地在持续强调企业文化的意义和价值。

字节跳动的使命:激发创新、丰富人生(inspire creativity, enrich life)。

字节范主要体现在以下维度:

① 追求极致(aim for the highest):积极进取,延迟满足感;在更大范围里找最优解,不放过问题,思考本质;持续学习和成长。

② 务实敢为(be grounded & courageous):直接体验,深入事实;不自嗨,注重效果,能突破有担当,打破定式;尝试多种可能,快速迭代。

③ 开放谦逊(be open & humble):内心阳光,信任伙伴;乐于助人和求助,合作成大事;格局大,上个台阶想问题;对外敏锐谦虚,放下小我,愿意听取意见。

④ 坦诚清晰(be candid & clear):敢当面表达真实想法;能承认错误;实事求是,暴露问题,反对"向上管理";准确、简洁、直接、有条理、有重点。例如,员工可以在内部查到任何一个同事包括张一鸣的OKR。又如,内部办公共享软件飞书上保留了以往聊天记录,新员工加入某项目时,可以快速获取既往信息。

⑤ 始终创业(always day 1):自驱、不设边界、不怕麻烦;有韧性、直面现实并改变它;拥抱变化、对不确定性保持乐观;始终像公司创业第一天那样思考。

⑥ 多元兼容(diversified & inclusive):理解并重视差异和多元,建立"火星视角";打造多元化的团队,欢迎不同背景的人才,激发潜力;鼓励集思广益,主动用不同的想法来挑战自己;创造兼容友好、海纳百川的工作环境。

字节跳动似乎是一所资源丰沛的学校,不仅能和同事同修共进、知行合一,而且在业界领先的学习资源中,员工有充分的自由可以沉浸在学习的海洋中,寻求个性化的能力提升,收获快速而持续的职场进阶。

资料来源:根据《全方位助你走入职场!揭秘字节跳动校招新人培养体系》《花了50亿买楼的字节跳动,其实没有总部大楼》《字节跳动HR:3年从4000人招到10万人,我经历了什么》等文章进行改编。

思考题

1. 字节跳动的企业培训资源有哪些特色？
2. 字节跳动的培训体系对人才发展和业务运营起到怎样的作用？
3. 你觉得字节跳动的HR担任了怎样的角色？HR应该拥有哪些能力？

测量工具

学习与发展项目评估表

项目成功因素	具体指标 （可根据学习与发展项目特点撰写定制化的具体指标）	权重 （百分比）	评估得分
促进人才保留和激励	高绩效员工的留存率 关键岗位员工的留存率 敬业度测评 最佳雇主测评		
提升员工绩效	绩效测评的前后比对 员工关于绩效的反馈 管理层关于绩效的反馈 关联方关于绩效的反馈		
员工对所培训能力的反馈	就该项能力在培训前后的测评比对 员工关于该项能力的理解和应用的反馈 管理层关于员工具备或精通该项能力的反馈 关联方关于员工具备或精通该项能力的反馈		
员工行为改变	收到来自员工本人关于行动改变的反馈 收到来自他人的关于员工行动改变的反馈 员工行动改变促进自身潜能的开发和提升的程度		
员工对该学习项目的使用	能解决工作中的问题 所学可以立即应用于工作 对自身潜能的开发和提升		
员工对该学习项目的反馈	与本职工作关联性 对讲师能力的满意度 对讲课内容的满意度 线上课程的完课率 课后考评的合格率、优秀率		
总计			

资料来源：Spar B，Dye C，Lefkowitz R，et al. 2018，workplace learning report［R］. Linkedin Learning，2018.

第七章　职业生涯规划和管理

1. 掌握职业生涯、职业生涯规划、职业生涯管理等基本概念。
2. 掌握职业选择理论。
3. 掌握职业生涯发展阶段理论。
4. 应用职业生涯规划模型做个人职业生涯规划。
5. 掌握职业生涯管理的步骤和职业生涯阶梯设计。
6. 了解职业生涯早期、中期和晚期面临的关键问题。

工程师跳槽影响中国登月？

2018年，西安航天动力研究所副主任设计师张小平离职跳槽去了一家名为"北京蓝箭空间科技有限公司"的民营企业，年薪由12万提高至上百万。然而，西安航天动力研究所发布红头文件，召张小平返回原单位。红头文件里称张小平为"两型发动机研制的灵魂人物，具有不可替代的重要作用"，其负责项目"直接关系到我国重型运载火箭的方案选择和研制进度，甚至从某种程度上会影响到我国载人登月重大战略计划的论证和策划工作"。

然而，既然是核心人物，为什么研究所给的待遇却不尽如人意呢？中国航天科技集团公司第六研究院院长刘志让表示，该文件中"有些地方写的帽子有点大，有点言过其实"。他表示，张小平确实是技术骨干，主要搞论证、研发和理论计算。但院里技术骨干很多，副主任设计师之上还有主任设计师、副总师，一人离职不会对全局带来太大影响。

该公文之所以言过其实，核心意思是希望挽留张小平。航天"国家队"由于其任务特殊性，根据保密法和单位相关规定，离职前必须在所内非密岗位进行脱密。张小平属于国家重要涉密人员，脱密期为两年。他的跳槽，其实已经违反了这项规定。

刘志让表示，院方一方面是想留住他，另一方面即使他决意辞职，也希望先调整到非保密岗位，度过脱密期再走。相比过去，研究院这两年被民营火箭公司挖走的人多一些，张小平的离职不存在影响任务的问题，但是研究院也会反思更多的方式，留住人才。

资料来源：北京青年报.张小平离职影响中国登月？研究院：
为留人在仲裁公文中夸大其作用［EB/OL］.2018.
https://www.163.com/news/article/DSNEONNP0001899O.html.

1. 影响员工职业选择的因素有哪些？
2. 企业如何给员工创建良好的职业发展环境、进行有效的职业生涯管理？

第一节　职业生涯规划和管理概述

一、职业生涯的定义

职业生涯（career）是指个体职业发展的历程，一般是指一个人终生经历的所有职业发展的整个历程。

格林豪斯（Greenhaus，2000）认为，职业生涯是"贯穿于个人整个生命周期的、与工作相关的经历的组合"。他强调职业生涯的定义既包含客观部分（如工作职位、工作职责、工作活动以及与工作相关的决策），也包括对工作相关事件的主观知觉（如个人的态度、需要价值观和期望等）。一个人的职业生涯通常包括一系列客观事件的变化以及主观知觉的变化。一个人可以通过改变客观的环境如转换工作，或者改变对工作的主观评价如调整期望来管理自己的职业生涯。因此，与工作相关的个人活动及其对这些活动所做出的主观反应都是其职业生涯的组成部分，必须把两者结合起来，才能充分理解一个人的职业生涯。同时，这个定义也包含着这么一个意思：随着时间的推移，职业生涯是不断向前发展的，并且无论从事何种职业，具有何种晋升水平，工作模式的稳定性如何，所有人都拥有自己的职业生涯。

二、职业生涯规划的定义

职业生涯规划（career planning）是指组织或者个人把个人发展与组织发展相结合，对决定个人职业生涯的个人因素，组织因素和社会因素等进行分析，制定有关个人一生中在事业发展上的战略设想与计划安排。职业规划首先要对个人特点进行分析，再对所在组织环境和社会环境进行分析，然后根据分析结果制定事业奋斗目标，选择实现目标的职业，制定相应的工作、教育和培训的行动计划，并对每一步骤的时间、顺序和方向做出合理的安排。它是员工职业生涯成功的关键。员工要全面了解自己的性格、兴趣、能力、工作动机、价值观、态度和优缺点,而且要了解组织目标、经营理念以及组织能提供发展、训练、升迁机会与晋升渠道等。它鞭策个人努力工作,帮助个人抓住重点,引导个人发挥潜能,评估当前工作成绩。

三、职业生涯管理的定义

职业生涯管理(career management)是指组织开展和提供的、用于帮助和促进组织内正从事某类职业活动的员工实现其职业发展目标的行为过程,其内容包括职业生涯设计、规划、开发、评估、反馈和修正等一系列活动。它保证企业未来人才的需要,使企业留住优秀人才,使企业人力资源得到有效的开发。

第二节　职业选择和职业发展理论

一、职业选择理论

在人的整个职业生涯之中,乃至整个人生之中,职业选择是极重要的链环,正如哲学家罗素所言:"选择职业是人生大师,因为职业决定了一个人的未来……选择职业,就是选择将来的自己。""男怕入错行,女怕嫁错郎"这句古语更道出了职业选择对人生的重要性。

职业选择是一项非常复杂的工作,会受诸多因素的影响,特别是职业声望、职业分层、职业期望与职业成功等因素是决定人的职业价值观的重要因素,因而这些因素对职业选择也将产生重要影响。职业选择是劳动者按照自己的职业期望和兴趣,凭借自身能力挑选职业,自身能力素质与职业需求特征相符合的过程。对此,需要明确:

① 劳动者是职业选择主体,是择业行为能动的主导方面,各种职业则是被选择的客体。

② 职业选择受劳动者自身条件和职业要求的限制,不能任意进行。一方面,劳动者不可能具有从事一切职业的能力与兴趣;另一方面,各项职业由于对各自的劳动对象、手段、劳动条件和作业环境的不同,对劳动者能力也有相应的特定条件。

③ 职业选择是劳动者与职业岗位互相选择、相互适应的过程,是劳动者作为主体主动择业的过程,同时又是职业选择劳动者的过程,这一过程在人们的职业生涯中可能会不止一次发生。

(一)弗洛姆的择业动机理论

美国心理学家维克多·弗洛姆(Victor H. Vroom)认为个体行为动机的强度取决于效价的大小和期望值的高低。

择业动机的强弱表明了择业者对目标职业的追求程度,或者对某项职业选择意向的大小。择业动机取决于职业效价和职业概率:

$$择业动机 = f(职业效价, 职业概率)$$

职业效价是指择业者对某项职业价值的主观评价，它取决于以下两个因素：① 择业者的职业价值观；② 择业者对某项母体职业要素如兴趣、劳动条件、报酬、职业声望等的评估。

职业概率是指择业者认为获得某项职业的可能性大小，它通常取决于以下四个因素：① 某项职业的社会需求量。职业概率与社会需求量正相关。② 择业者的竞争能力，即择业者自身的工作能力和求职就业能力。职业概率与择业者的竞争能力正相关。③ 竞争系数，即谋求同一职业的竞争者人数的多少。职业概率与竞争系数负相关。④ 其他随机因素。

一般而言，择业者对其视野内的目标职业进行职业价值评估和职业获取概率评价之后，将进行横向择业动机比较。择业动机是对职业和自身的全面评估，是对多种择业影响因素的全面考虑和得失权衡。因此，择业者多以择业动机分值高的职业作为自己的最终目标。

（二）帕森斯的人格特性—职业因素匹配理论

美国波士顿大学教授弗兰克·帕森斯（Frank Parsons）提出的人格特性—职业因素匹配理论，指的是人们依据人格特性及能力特点等条件，寻找具有与之对应因素的职业的理论，也称"特性—因素匹配理论"。

帕森斯明确阐明职业选择的三大要素和条件：

① 应该清楚地了解自己的态度、能力、兴趣、智谋、局限和其他特征。

② 应清楚地了解职业选择成功的条件，所需知识，在不同职业工作岗位上所占有的优势、不利和补偿、机会和前途。

③ 上述两个条件的平衡。

帕森斯的理论内涵是在清楚认识、了解个人的主观条件和社会职业岗位需求条件的基础上。

人格特性与职业因素匹配，分为两种类型：① 条件匹配，即所需专门技术和专业知识的职业与掌握该种特殊技能和专业知识的择业者相匹配，或者脏、累、险劳动条件很差的职业，需要吃苦耐劳、体格健壮的劳动者与之相匹配。② 特长匹配，即某些职业需要具有一定的特长，如具有敏感、易动感情、不守常规、有独创性、个性强、理想主义等人格特性的人，适宜从事审美性、自我情感表达的艺术创作类型的职业。

（三）霍兰德的职业人格理论

职业兴趣研究专家约翰·霍兰德（John L. Holland）建立了职业人格理论，假设人的职业选择是其人格的反映。"职业选择反映了人的动机、知识、人格和能力。职业代表一种生活方式、生活环境，而不仅仅是一些工作职能和技巧。做一个工匠不只意味着要使用工具，也意味着特定的地位、社会角色和生活模式。"

霍兰德相信人们对职业抱有固定乃至刻板的印象。就像我们会根据其结交的朋友、衣着或行为表现来判断一个人，我们也会根据职业来判断一个人。对于对种种职业的人的特征，我们会从日常生活中得出一些未必准确但很有用的判断。"我们相信木匠手艺灵巧,律师咄咄逼人,演员自我中心,店员善于游说,会计计算精确,科学家不善于社交,以及诸如此类的种种。"(Holland,1997)

霍兰德假定大多数人可以归为六种人格类型之一：现实型(realistic)、研究型(investigative)、艺术型(artistic)、社会型(social)、开拓型(enterprising)和常规型(conventional)。我们把这些类型作为模型来衡量真实的人。每一种人格类型的人均有相应的操作定义和内容(图7-1)。职业人格理论认为,同一类型的人与同一类型的职业相结合,才能达到适应状态。

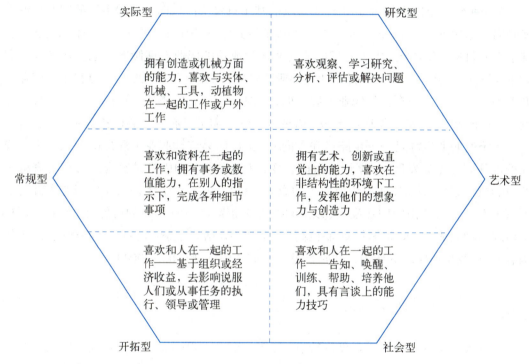

图7-1 职业性向和职业类型分类

(资料来源：Bolles R. What color is your parachute? [M]. Berkeley CA: Ten speed press, 2002.)

霍兰德建议按个体与每一种类型的相似的程度排出先后顺序。例如,一个人可能最像现实型,其次是研究型,之后是其他,一直排列到最不相似的类型。霍兰德把这个排序称为个体的人格模式。这6种人格类型有720种可能排序方式,也就是说有720种人格模式,其中会有一种能最好地吻合于个体。霍兰德设计了一个名为自我定向的问卷,用来测量个体与每种人格模式的相似度。

霍兰德也用与人格类型相同的名称将工作环境划分为6种。每种工作环境都由相应的人格类型的人主导。例如,在现实型环境中,大部分人会是现实型人格。其他5种类型同样如此。当你寻找一个工作环境时,必定希望能在其中施展你的才能、展现你的价值,也遵循你认可的规则。如果你不能进入最适合你的工作环境,你会退而寻求次优的选择。

模型的六角形状暗指,当人们无法在个人所偏好的环境找到合适工作时,往往在六角形相邻近的环境找到的工作比在与之位置较远的环境更能成为令人满意的选择。如果他具有的两种职业性向是紧挨着,那么他将会很容易选定一种职业。然而,如果此人的职业向是相互对立的(如同时具有现实性向和社会性向),那么他在进行职业选择时将会面临较多的犹豫不决的情况,这是因为他的多种兴趣将驱使他在多种十分不同的职业之间去进行选择。

(四) 易变性职业生涯

霍尔(Hall,1976)将易变性职业生涯定义为由个体自身主导的新型职业生涯发展类型,是一种不受组织干涉、独立于外界影响的基于自身价值取向并自我主导的职业生涯发展倾向。布里斯科(Briscoe)和霍尔在2006年将其定义为由个人驱动,而非由组织驱动,基于个人目标,追求个人主观心理成功而非客观成功的职业发展倾向。他们将易变性职业生涯倾向分为两个维度:一是自我主导职业管理,二是自我价值驱动。自我主导职业生涯管理是指员工掌控自己的职业发展方向,掌握职业发展选择的主动权去探索各种职业发展的可能性,对于新工作环境下的绩效要求和学习需求具有一定的调整适应能力。

传统的职业生涯是按一定路径和方向发展的,而易变性职业生涯是由个人自主选择并推进其职业生涯发展,根据情况做出改变,其工作方向和内容是符合其价值理念标准的,由自己选择和决定,非组织或雇主的意志(Hall,2002)。个体在易变性职业生涯的驱动下更看重自身自由的职业发展,以及自身能力提高和持续学习的可能性,他们不再追求传统的物质成功,如薪酬收入、职位高低、工作稳定等,而将个人的主观心理成就、工作满意度、自我价值实现等作为其评判自身是否成功的标准(Hall,2004)。

二、职业发展阶段理论

根据人的生理特点和职业发展特点,可将一个人一生的职业分为不同的阶段。孔子曾将他的一生概括为:"吾十有五而志于学,三十而立,四十而不惑,五十而知天命,六十而耳顺,七十从心所欲,不逾矩。"

(一) 萨柏的职业生涯阶段理论

萨柏(Donald E. Super)是美国一位有代表性的职业管理学家,他根据布尔赫勒(Buehler,1933)的生命周期和列文基斯特(Lavighurst,1953)的发展阶段论,发展出一个诠释职业发展的概念模型。他提出12项基本主张:

① 职业是一个连续不断、循序渐进又不可逆转的过程。
② 职业发展是一个有秩序且有固定形态、可以预测的过程。
③ 职业发展是一个动态的过程。
④ 自我观念在青春期就开始产生和发展,至青春期明朗并于成年期转化为职业概念。
⑤ 自青少年期至成人期,随着时间及年龄的增长,现实因素(如人格特质及社会因素)对个人职业的选择愈加重要。

⑥ 父母的认同，会影响个人正确角色的发展和各个角色间的一致及协调，以及对职业计划及结果的解释。

⑦ 职业升迁的方向及速度与个人的聪明才智、父母的社会地位、本人的地位需求、价值观、兴趣、人际技巧，以及经济社会中的供需情况有关。

⑧ 个人的兴趣、价值观、需求、父母的认同、社会资源的利用、个人的学历以及所处社会的职业结构、趋势、态度等均会影响个人职业的选择。

⑨ 虽然每种职业均有特定要求的能力、兴趣、人格特质，但颇具弹性，所以允许不同类型的人从事相同的职业，或一个人从事多种不同类型的工作。

⑩ 工作满意度视个人能力、兴趣、价值观及人格特质是否能在工作中得到适当发挥而定。

⑪ 工作满意度的程度与个人在工作中实现自我观念的程度有关。

⑫ 对大部分人而言，工作及职业是个人人生的重心。虽然对少数人而言，这种机会是不重要的。

萨柏以美国白人作为研究对象，把人的职业生涯划分为五个主要阶段：成长阶段、探索阶段、确立阶段、维持阶段和衰退阶段（见表7-1和表7-2）。

表7-1 萨柏职业生涯五阶段理论

阶 段	主 要 任 务
成长阶段（0～14岁）	认同并建立起自我概念，对职业的好奇占主导地位，并逐步有意识地培养职业能力
探索阶段（15～24岁）	主要通过学校学习进行自我考察、角色鉴定和职业探索，完成择业及初步就业
确立阶段（25～44岁）	获取一个合适的工作领域，并谋求发展。这一阶段是大多数人职业生涯周期中的核心部分
维持阶段（45～64岁）	开发新的技能，维护已获得的成就和社会地位，维持家庭和工作两者之间的和谐关系，寻找接替人选
衰退阶段（65岁以上）	逐步退出职业和结束职业，开发更广泛的社会角色，减少权利和责任，适应退休后的生活

表7-2 萨柏职业生涯五阶段理论中的前三个阶段的子阶段

主阶段名称	子阶段名称	特 点
成长阶段	幻想期（10岁以前）	在幻想中扮演自己喜欢的角色
	兴趣期（11～12岁）	以兴趣为中心，理解、评价职业，开始做职业选择
	能力期（13～14岁）	更多地考虑自己的能力和工作需要
探索阶段	试验期（15～17岁）	综合认识和考虑自己的兴趣、能力，对未来职业进行尝试性选择
	转变期（18～21岁）	正式进入职业，或者进行专门的职业培训，明确某种职业倾向

续 表

主阶段名称	子阶段名称	特 点
探索阶段	尝试期（22～24岁）	选定工作领域，开始从事某种职业，对职业发展目标的可行性进行实验
确立阶段	稳定期（25～30岁）	个人在所选的职业中安顿下来，重点是寻求职业及生活上的稳定
确立阶段	发展期（31～44岁）	致力于实现职业目标，是富有创造性的时期
确立阶段	中期危机阶段（45岁～退休前）	个人在所选的职业中安顿下来，重点是寻求职业及生活上的稳定

（二）金斯伯格的职业生涯发展阶段理论

金斯伯格（Eli Ginzberg）主要研究从童年到青少年阶段的职业心理发展过程，他将职业生涯的发展分为幻想期、尝试期、现实期三个阶段。

幻想期（11岁之前）的主要心理和活动为：对外面的信息充满好奇和幻想，在游戏中扮演自己喜爱的角色。此时的职业需求特点是：单纯由自己的兴趣爱好决定，并不考虑自身的条件、能力和水平，也不考虑社会需求和机遇。

尝试期（11～17岁）的主要心理和活动为：由少年向青年过渡，人的心理和生理均在迅速成长变化，独立的意识、价值观形成，知识和能力显著提升，初步懂得社会生产与生活的经验。开始注意自己的职业兴趣、自身能力和条件、职业的社会地位。

现实期（17岁之后）的主要心理和活动为：能够客观地把自己的职业愿望或要求，同自己的主观条件、能力，以及社会需求密切联系和协调起来，已经有了具体的、现实的职业目标。

尝试期包括兴趣阶段、能力阶段、价值观阶段和综合阶段等四个子阶段，现实期包括试探阶段、具体化阶段和专业化阶段等三个子阶段，各子阶段的特点如表7-3所示。

表7-3 尝试期和现实期的子阶段划分及特点

子 阶 段		子阶段特点
尝试期	兴趣阶段（11～12岁）	开始注意并培养对某些职业的兴趣
尝试期	能力阶段（13～14岁）	开始以个人的能力为核心，衡量并测验自己的能力，同时将其表现在各种相关的职业活动上
尝试期	价值观阶段（15～16岁）	逐渐了解自己的职业价值观，并能兼顾个人与社会的需要，以职业的价值性选择职业
尝试期	综合阶段（17岁）	将上述三个阶段的职业相关资料综合考虑，以此来了解和判定未来的职业发展方向
现实期	试探阶段	根据尝试期的结果，进行各种试探活动，试探各种职业机会和可能的选择

续　表

子　阶　段		子阶段特点
现实期	具体化阶段	根据试探阶段的经历做进一步的选择,进入具体化阶段
	专业化阶段	依据自我选择的目标,做具体的就业准备

金斯伯格的职业生涯阶段理论,实际上揭示了初次就业前人们职业意识或职业追求的发展变化过程。

(三) 道尔顿和汤姆森的职业发展阶段模型

该模型是由哈佛商学院教授吉恩·道尔顿(Gene Dalton)和保罗·汤普森(Paul Thompson)开发的。当时,一家大型电气公司来咨询有关管理中不明显的尴尬问题。他们通过跟踪工程师的绩效情况发现,个人绩效的期望会随着职业发展而变化。有些工程师无论处于职业发展的任何阶段,都列于高绩效者行列。但大多数工程师的进步趋于缓慢,即使分配给他们的工作完全一样。道尔顿和汤普森开始调查究竟高绩效者与平均绩效者之间差别的原因是什么。

他们最后界定出职业发展四阶段。这四阶段与职位无关,但能解释为什么同样一份工作,两位员工创造的价值会有巨大差异。职业发展后期,要达到高绩效也取决于早期的自我管理。因此,职业发展四阶段模型为组织和个人提供了一张类似地图的工具,帮助大家更好地理解组织对员工的长期期望。这些期望是由不同阶段而定的。

表7-4　道尔顿和汤普森职业发展阶段模型

阶　段	特　点
第一阶段:成长依赖期	主动接受指导; 参与工作项目/任务并有良好表现; 掌握基本日常工作; 在指导下能发挥创造力,主动性; 在时间或资源压力下能正常工作; 积极学习团队共同的工作方式
第二阶段:独立贡献期	对分内工作尽职尽责; 较少依赖监督,能独立完成任务,成绩优良; 专业技能有所提高; 树立信誉与威望; 建立良好的内部工作关系
第三阶段:指导授能期	专业技能得到拓宽; 开阔视野; 以自己的简介和知识激发他人; 以上司,导师和启蒙者的角色培养; 有效地代表所在组织与客户和外界交往; 建立良好的内外关系网

续表

阶　　段	特　　点
第四阶段：策划领导期	为组织指明方向； 发现重要商机，引导业务需求； 负责任地行使权利； 获得必要资源； 支持乐于奉献的个人成为后备领导人才； 代表组织处理重大战略性事务

　　第一阶段的个人需要接受方向性的指导，建立基本的能力，了解和学习与组织和相关专业有关的技能知识。个人在职业发展早期如真能这么做，他的工作效率往往较高，而如果总是依赖别人的指示的话，几年之后，个人的绩效就比那些进入第二阶段的同事低。第二阶段的个人将成为独立的专业专家。但同样的，独立的专家如果没能拓宽自己的视野，帮助别人一起发展的话，价值和绩效也会逐渐下降，除非他们能力非常突出，能独立创造出与第三阶段的同事同样多的价值。第三阶段的个人是通过他人的贡献来体现自己的价值的，他们有能力发展进入第四阶段。第四阶段的个人能影响到组织的发展方向，能预见和把握组织发展远景，对工作有承诺。这些人常常成为组织的领导者。

　　这种职业发展四阶段模型与传统的由技术到管理的职业发展理论有很大的差别。道尔顿和汤普森还发现，根据不同阶段所界定的贡献，其实与组织岗位级别之间无关。比如说，第三阶段的特点是发展他人，拓宽视野，理解商业问题，能利用网络和团队来完成任务。这听起来更像是主管或者经理的工作分析。但事实上，许多主管拥有正式的管理权力，但却缺乏第三阶段所需要的技能。另外，调查还惊奇地发现，处于第三阶段的大部分人并不处于正式的管理岗位上。经理与非管理者之间的比例竟为1∶3。他们表现出了类似的领导力。第四阶段经理与非管理者的比例刚好相反，但依然有些人处于技术专业岗位上，也影响着公司的发展方向。

　　研究还发现，第三和第四阶段的非管理者的贡献与企业规模缩小和扁平化趋势的到来很有关系。四阶段模型描述了几十年以来，大公司中所存在的价值。因此，随着组织的规模和形式的变化，理解四阶段也就显得格外重要。一个人从一个阶段进入下一个阶段，个人的贡献能力也应该随着增长，比如他可以带来一些创新，可以完成更有挑战性的工作。"更新"这个词从法律角度来说，意味着重新就职能角色和责任进行沟通，并以合同形式确定。法律上的更新是一个非常正式的过程，职业的更新常常没有这么正式，但是，理解更新的过程，这能使个人更好的管理自己的发展，更了解自己该如何提高对组织的贡献。当组织中的每个人都能理解四阶段模型之后，四阶段也就成为讨论发展和成长的一种通用语言，即使职位的晋升不再那么频繁。

（四）施恩的职业发展阶段理论

　　施恩（Schein）根据人生命周期的特点及其在不同年龄段面临的问题和职业工作主要任务，将职业生涯分为九个阶段（见表7-5）。

1. 成长、幻想和探索阶段(0~21岁)

以学生、职业工作的候选人和申请者为主。处于这个阶段的人的主要任务有：发现和发展自己的需要、兴趣、能力和才干，为进行实际的职业选择打好基础；学习职业方面的知识；做出合理的受教育决策；开发工作领域中需要的知识和技能。

2. 进入工作世界(16~25岁)

以应聘者、新学员为主。处于这个阶段的人的主要任务有：进入职业生涯；学会寻找并评估一项工作，做出现实有效的工作选择；个人和雇主之间达成正式可行的契约；个人正式成为一个组织的成员。

3. 基础培训(16~25岁)

以实习生、新手为主。处于这个阶段的人的主要任务有：了解、熟悉组织，接受组织文化，克服不安全感；学会与人相处，融入工作群体；适应独立工作，成为一名有效的成员。

4. 早期职业的正式成员资格(17~30岁)

取得组织正式成员资格。处于这个阶段的人的主要任务有：承担责任，成功地履行第一次工作任务；发展和展示自己的技能和专长，为提升或横向职业成长打基础；重新评估现有的职业，理智地进行新的职业决策；寻求良师和保护人。

5. 职业中期(25岁以上)

以正式成员、任职者、终身成员、主管和经理等为主。处于这个阶段的人的主要任务有：选定一项专业或进入管理部门；保持技术竞争力，力争成为一名专家或职业能手；承担较大责任，确定自己的地位；开发个人的长期职业计划；寻求家庭、自我和工作事务间的平衡。

6. 职业中期危险阶段(35~45岁)

以正式成员、任职者、终身成员、主管、经理等为主。处于这个阶段的人的主要任务有：现实地评估自己的才干，进一步明确自己的职业抱负及个人前途；就接受现状或者争取看得见的前途做出具体选择；建立与他人的良师关系。

7. 职业后期(40岁到退休)

以骨干成员、管理者，有效贡献者等为主。处于这个阶段的人的主要任务有：成为一名工作指导者，学会影响他人并承担责任；提高才干，以承担更大的责任；选拔和培养接替人员；如果求安稳，就此停滞，则要接受和正视自己影响力和挑战能力的下降。

8. 衰退和离职阶段(退休)①

处于这个阶段的人的主要任务有：学会接受权力、责任、地位的下降；学会接受和发展新的角色；培养新的工作以外的兴趣、爱好，寻找新的满足源；评估自己的职业生涯，着手退休。

9. 退休后②

适应角色、生活方式和生活标准的急剧变化，保持一种认同感；保持一种自我价值观，运用自己积累的经验和智慧，以各种资深角色，对他人进行传、帮、带。

---

① 不同的人衰退或离职的年龄不同。
② 离开组织或职业的年龄因人而异。

表 7-5　施恩职业生涯九阶段理论

阶　段	角　色	主　要　任　务
成长、幻想、探索阶段（0～21岁）	学生、职业工作的候选人和申请者	发现和发展自己的需要、兴趣、能力和才干，为进行实际的职业选择打好基础；学习职业方面的知识；做出合理的受教育决策；开发工作领域中需要的知识和技能
进入工作世界（16～25岁）	应聘者、新学员	进入职业生涯；学会寻找并评估一项工作，做出现实有效的工作选择；个人和雇主之间达成正式可行的契约；个人正式成为一个组织的成员
基础培训（16～25岁）	实习生、新手	了解、熟悉组织，接受组织文化，克服不安全感；学会与人相处，融入工作群体；适应独立工作，成为一名有效的成员
早期职业的正式成员资格（17～30岁）	区的组织正式成员资格	承担责任，成功地履行第一次工作任务；发展和展示自己的技能和专长，为提升或横向职业成长打基础；重新评估现有的职业，理智地进行新的职业决策；寻求良师和保护人
职业中期（25岁以上）	正式成员、任职者、终身成员、主管、经理等	选定一项专业或进入管理部门；保持技术竞争力，力争成为一名专家或职业能手；承担较大责任，确定自己的地位；开发个人的长期职业计划；寻求家庭、自我和工作事务间的平衡
职业中期危险阶段（35～45岁）	正式成员、任职者、终身成员、主管、经理等	现实地评估自己的才干，进一步明确自己的职业抱负及个人前途；就接受现状或者争取看得见的前途做出具体选择；建立与他人的良师关系
职业后期（40岁到退休）	骨干成员、管理者、有效贡献者等	成为一名工作指导者，学会影响他人并承担责任；提高才干，以担负更重大的责任；选拔和培养接替人员；如果求安稳，就此停止，则要接受和正视自己影响力和挑战能力的下降
衰退和离职阶段（退休）		学会接受权力、责任、地位的下降；学会接受和发展新的角色；培养新的工作以外的兴趣、爱好，寻找新的满足源；评估自己的职业生涯，着手退休
退休后		适应角色、生活方式的生活标准的急剧变化，保持一种认同感；保持一种自我价值观，运用自己积累的经验和智慧，以各种自身角色，对他人进行传、帮、带

资料来源：张再生.职业生涯管理[M].北京：经济管理出版社，2002：112—115.

第三节　个人职业生涯规划模型

员工个人职业生涯规划模型包括以下几方面内容：自我评估、组织与社会环境分析、生涯机会的评估、职业生涯目标的确定、制定行动方案、评估与反馈，其中的关系如图7-2所示。

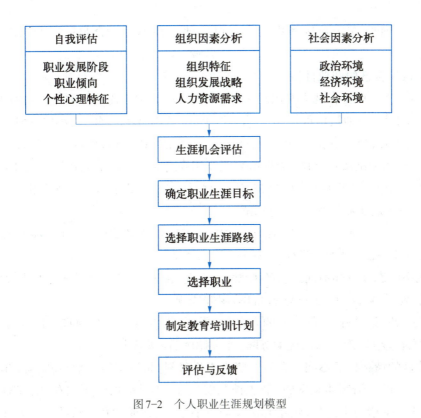

图 7-2　个人职业生涯规划模型

一、自我评估

自我评估是对自己做出全面的分析，主要包括对个人的需求、能力、兴趣、性格、气质等等的分析，以确定什么样的职业比较适合自己和自己具备哪些能力。

（一）了解自己的职业兴趣

职业兴趣在人们的职业活动中具有重要的作用。俗话说"人各有所好"，不同的人有不同的职业兴趣：有的人对研究自然科学感兴趣，如天文、地理、生物、化学等；有的人兴趣倾向于情感世界，活跃于人际关系领域；有的人则倾向于理智世界，在数学、公式领域内自由翱翔；有的人对智力操作感兴趣，对读书、写作、演算、设计乐此不疲；有的人则对技能操作感兴趣，对修理、车、钳、刨、摄影、琴棋书画津津有味。不同的职业也需要不同的兴趣特征，一个擅长技能操作的人，靠他灵巧的双手，在技能操作领域得心应手，但如果硬要他把兴趣转移到书本的理论知识上来，他就会感到无用武之地。正是这种兴趣上的差异，构成人们选择职业的重要一环。

职业兴趣的发展一般要经历三个阶段：有趣（短暂、多变的兴趣），乐趣（专一、深入的兴趣），志趣（具有社会性、自觉性、方向性的兴趣）。古今中外名人和大师们所取得的成就无一不是志趣的结果。罗素说他的人生目标就是使"我所爱为我天职"。需要说明的是，职业兴趣类型并无好坏之分，每种类型都有积极的一面也有消极的一面,因而你在职业选择中就应尽可能地选择那些适合自己职业兴趣特点的专业或工作。

(二)认识自己的职业性格

近年来,用人单位在选人时出现一种新观念,认为性格比能力重要。其原因是,如果一个人能力不足,可通过培训提高,一年不行两年、两年不行三年,总可以开发出来。但一个人的性格不好,要改变起来,可就困难多了,正所谓"山能移,性难改"。所以,在招聘新人时,将性格的测试放在首位,当性格与职业相吻合时,才能对其能力进行测试考察。正如印度的古语所说:"播种行为,收获习惯;播种习惯,收获性格;播种性格,收获命运。"可见,性格与人们职业生涯的密切联系。

职业心理学的研究表明,性格是个性中具有核心意义的成分,几乎涉及人的心理过程及个性特征的各个方面(罗双平,1999)。

① 性格的态度特征不同。有的人诚实、正直、谦逊,而有的人自私、虚伪、高傲;有的人勤奋、认真、创新,而有的人懒惰、自卑、墨守成规。

② 性格的意志特征不同。有的人自制、果断、勇敢,而有的人冲动、盲目、怯懦;有的人顽强、严谨、坚持,而有的人优柔寡断、虎头蛇尾、轻率马虎。

③ 性格的情绪特征不同。有的人情绪体验深刻,易被情绪支配,控制力较弱,对工作影响较大;有的人情绪体验微弱,意志控制能力强,不易被情绪所左右,情绪对工作影响较小;有的人情绪稳定持久,情绪起伏波动较小,就是在成功和失败的重大事件面前情绪也较稳定;有的人则患"冷热病",易激动,情绪不稳,在成功面前忘乎所以,在失败面前又可能垂头丧气;有的人经常处于精神饱满、欢乐之中,朝气蓬勃、乐观向上;有的人则经常抑郁低沉、无精打采、垂头丧气。

④ 性格的理智特征不同。例如,在感知注意方面,有主动观察型与被动观察型、分析型与概括型的区别;在想象方面,有主动想象型与被动想象型、狭窄型与广阔型、创造型与模仿型的区别,也有冷静的现实主义和脱离实际的幻想主义的区别;等等。

性格广泛地影响着人们对职业的适应性,而不同的职业对从业者也有不同的性格要求,人的性格因人而异。因此,求职者可以根据自己的情况选择适当的量表,对自己的性格进行测量,以判定自己的性格类型,为择业做好准备。

(三)判断自己的职业能力

职业能力不同于职业兴趣,你也许对某项职业特别感兴趣,但这并不表明你具备从事这项职业的才能和特长。"金无足赤,人无完人",无所不通的"全才"是不存在的。任何一个人都或多或少地有着自己的特长,有的善于理论分析,有的善于实际操作,有的擅长事务性工作,有的擅长创造性活动,有的口才好,有的文笔佳……而各类职业所需要的能力也各不相同:如法官就应具有很强的逻辑推理能力,却不一定要很强的动手能力;建筑工则应有一定的空间判断能力,却不需要良好的语言表达能力。

能力是一个人完成任务的前提条件,是影响工作效果的基本因素。因此,了解自己的能力倾向及不同职业的能力要求对合理地进行职业选择具有重要意义。

(四)确定自己的职业性向

当你对自己的兴趣、能力、性格有了一个初步的认识后,就可以把这三方面联系起来,从总体上确定自己的职业性向。职业性向的测量可以用霍兰德职业性向量表或其他量表进行测量。

二、组织与社会环境分析

组织与社会环境分析是指对自己所处的环境进行分析,以确定自己是否适应组织环境或者社会环境的变化以及怎样来调整自己以适应组织和社会的需要。短期的规划比较注重组织环境的分析,长期的规划要更多地注重社会环境的分析。

(一)社会环境分析

社会环境包括经济发展水平、社会文化环境、政治制度和氛围、价值观念。

1. 经济发展水平

在经济发展水平高的地区,企业相对集中,优秀企业也比较多,个人职业选择的机会就比较多,因而就有利于个人职业发展;反之,在经济落后地区,个人职业发展也会受到限制。

2. 社会文化环境

社会文化环境包括教育条件和水平、社会文化设施等。在良好的社会文化环境中,个人能受到良好的教育和熏陶,从而为职业发展打下更好的基础。

3. 政治制度和氛围

政治和经济是相互影响的,政治不仅影响到一国的经济体制,而且影响着企业的组织体制,从而直接影响到个人的职业发展;政治制度和氛围还会潜移默化地影响个人的追求,从而对职业生涯产生影响。

4. 价值观念

一个人生活在社会环境中,必然会受到社会价值观念的影响,大多数人的价值取向,甚至都是为社会主体价值取向所左右的。一个人的思想发展、成熟的过程,其实就是认可、接受社会主体价值观念的过程。社会价值观念正是通过影响个人价值观而影响个人的职业选择。

(二)组织环境分析

组织环境包括:企业文化、管理制度、领导者素质和价值观。

1. 企业文化

前面我们已经提到过,企业文化决定了一个企业如何看待员工,所以员工的职业生涯是为企业文化所左右的。一个主张员工参与管理的企业显然比一个独裁的企业能为员工提供更多的发展机会;渴望发展、追求挑战的员工也很难在论资排辈的企业中受到重用。

2. 管理制度

员工的职业发展,归根到底要靠管理制度来保障,包括合理的培训制度、晋升制度、考核制度、奖惩制度等等。企业价值观、企业经营哲学也只有渗透到制度中,才能得到切实的贯彻执行。没有制度或者制度制定得不合理、不到位,员工的职业发展就难以实现,甚至可能流于空谈。

3. 领导者素质和价值观

一个企业的文化和管理风格与其领导者的素质和价值观有直接的关系，企业经营哲学往往就是企业家的经营哲学。如果企业领导者不重视员工的职业发展，这个企业的员工也就没有希望了。

（三）进行职业研究，寻找发展潜力大的职业

通过组织内外部环境分析，找出一种发展潜力大、在未来若干年中有着较高社会需求的职业，对未来的职业发展将产生重要的影响。

三、生涯机会的评估

生涯机会的评估包括对长期机会和短期机会的评估。通过对社会环境的分析，结合本人的具体情况，评估有哪些长期的发展机会；通过对组织环境的分析，评估组织内有哪些短期的发展机会。通过职业生涯机会的评估可以确定职业和职业发展目标。

四、职业生涯目标的确定

哈佛大学曾做了一个有关目标对人生影响的跟踪调查。调查对象是一群智力、学历、环境等条件都差不多的年轻人。调查结果发现，有四种类型的人。

第一种人：约占3%，他们会清楚地制定自己的人生目标，并把它们详细地记录下来，然后，一段时间会作自我反思与检讨，看自己是否实现了阶段性的目标和阶段性的工作计划。

第二种人：约占10%，他们会认真地思考自己的目标，但是他们只是在那里想，我要这样，我要那样，我还要更好一点，我恐怕还要加强一些学习，我将来要怎么样，等等。他们并没有从现实出发，先对实现目标的过程进行自我设计，换言之，他们缺少一个具体可行的计划。

第三种人：约占60%，他们曾经思考过自己的人生目标，但是他们并不认真，只是在受到某种刺激时才会思考一下，根本谈不上什么设计或计划，所以他们时而迷惘，时而彷徨，根本不知道自己在做什么，为什么这样做，也不知道下一步该何去何从。

第四种人：约占27%，他们完全没有自己的人生目标。他们过一天算一天，一人吃饱，全家不饿，今天吃饱了就不考虑明天，浑浑噩噩地过日子。他们没有生活目标，也没有方向，所以从不会真正用心去做什么事情，也不用尽力去完成什么。他们永远也体会不到努力后成功的喜悦与自豪，更不知成就感为何物。他们只是碌碌无为地虚度一生，或是整天感叹生活太无趣、空虚、压抑、窒息，甚至想逃离这个世界是这部分的典型特征。

统计结果显示，第一种人的成功率最高；第二种人的成功率较高；第三种人的成功率很低；第四种人根本不可能取得成功。

五、制定行动方案

在确定以上各种类型的职业生涯目标后,就要制定相应的行动方案来实现它们,把目标转化成具体的方案和措施。这一过程中比较重要的行动方案有职业生涯发展途径选择、职业选择和相应的教育和培训计划的制定。

其中,在做职业选择时,在进行自我剖析和职业研究以外,还要在这两项工作的基础上将个人因素与职业因素进行匹配,以求达到最佳的效果。在匹配时主要注重以下几个主要因素的吻合。

(一)性格与职业的吻合

人的性格千差万别,或热情外向,或羞怯内向,或沉着冷静,或火暴急躁。职业心理学的研究表明,不同的职业有不同的性格要求,如驾驶员要求具备注意稳定、动作敏捷的职业性格特征,医生则要求具备耐心细致、热情待人的职业性格特征。当然,每个人的性格都不能百分之百地适合某项职业,但却可以根据自己的职业方向来培养、发展相应的职业性格。不同性格特征的人员,对组织而言,决定了每个员工的工作岗位和工作业绩。对个人而言,决定着自己事业能否成功。因此,性格是组织选人、个人择业的重要因素之一。

那么,性格与职业如何进行匹配呢?通常个人在选择职业时,应根据自己的性格,选择适合个人性格特点的职业和工作;同时,由于每种职业对从业者都有特定性格的要求,用人单位在挑选人员时也应重视有关性格特征的测试,尤其是一些高层次工作更应如此。

尽管性格的个体差异很大,但仍有某些带有共性的特征可供分类研究。近年来,一些教育学和心理学科研人员根据我国的实际情况,将职业性格分为九种基本类型,可作为选择职业的参考依据。

① 变化型。其特点是在新的和意外的活动或工作情境中感到愉快,喜欢有变化的和多样化的工作,善于转移注意力。适合从事的职业类型有:记者、推销员、演员等。

② 重复型。其特点是适合连续从事同样的工作,按固定的计划或进度办事,喜欢重复的、有规律的、有标准的工种。适合从事的职业类型有:纺织工、机床工、印刷工、电影放映员等。

③ 服从型。其特点是愿意配合别人或按别人指示办事,而不愿意自己独立做出决策,担负责任。适合从事的职业类型有:办公室职员、秘书、翻译等。

④ 独立型。其特点是喜欢计划自己的活动和指导别人的活动或对未来的事情做出决定,在独立负责的工作情境中感到愉快。适合从事的职业类型有:管理人员、律师、警察、侦查人员等。

⑤ 协作型。其特点是在与人协同工作时感到愉快,善于引导别人,并想得到同事们的喜欢。适合从事的职业类型有:社会工作者、咨询人员等。

⑥ 劝服型。其特点是通过谈话或写作等使别人同意自己的观点,对别人的反应有较强的判断力,并善于影响别人的态度和观点。适合从事的职业类型有:辅导员、行政人

员、宣传工作者、作家等。

⑦ 机智型。其特点是在紧张和危险的情况下能自我控制沉着应对，发生意外和差错时不慌不乱地出色完成任务。适合从事的职业类型有：驾驶员、飞行员、公安员、消防员、救生员等。

⑧ 自我表现型。其特点是喜欢表现自己的喜好和个性，根据自己的感情做出选择，通过自己的工作来表现自己的思想。适合从事的职业类型有：演员、诗人、音乐家、画家等。

⑨ 严谨型。其特点是注重工作过程中各个环节、细节的精确性，愿意按一套规划和步骤将工作尽可能做得完美，倾向于严格、努力地工作以看到自己出色完成工作的效果。适合从事的职业类型有：会计、出纳员、统计员、校对员、图书档案管理员、打字员等。

值得注意的是，绝大部分职业都同时与几种性格类型特点相似，而一个人也都同时具有几种职业性格类型的特点。因而，上面提到的性格与职业的吻合，只是一个很小的方面，不可能适用于每一个人。在实际的吻合过程中，应根据个人的性格与职业的要求，具体情况具体处理，不能一概而论。这里只提供基本的方法，供组织在选人时、个人在择业时参考。

（二）兴趣与职业的吻合

兴趣对人生事业的发展至关重要，所以兴趣自然是职业选择应考虑的重要因素之一。为便于大家根据自己的兴趣，选择合适的职业，这里介绍一下《加拿大职业分类词典》中各种职业兴趣类型的特点与相应的职业。

① 愿与事物打交道，喜欢接触工具、器具或数字，而不喜欢与人打交道。相应的职业诸如制图员、修理工、裁缝、木匠、建筑工、出纳员、记账员、会计、勘测、工程技术、机器制造等。

② 愿与人打交道。这类人喜欢与人交往，愿与人接触，对销售、采访、传递信息一类的活动感兴趣。相应的职业如记者、推销员、营业员、服务员、教师、行政管理人员、外交联络等。

③ 愿与文字符号打交道，喜欢常规的、有规律的活动。习惯于在预先安排好的程序下工作，愿干有规律的工作。相应的职业如邮件分类员、办公室职员、图书馆管理员、档案整理员、打字员、统计员等。

④ 愿与大自然打交道，喜欢地理地质类的活动。相应的职业如地质勘探人员、钻井工、矿工等。

⑤ 愿从事农业、生物、化学类工作，喜欢种养、化工方面的实验性活动。相应的职业如农业技术员、饲养员、水文员、化验员、制药工、菜农等。

⑥ 愿从事社会福利类的工作，喜欢帮助别人解决困难。这类人乐意帮助人，他们试图改善他人的状况，帮助他人排忧解难，喜欢从事社会福利和助人工作。相应的职业如律师、咨询人员、科技推广人员、教师、医生、护士等。

⑦ 愿从事组织和管理工作，喜欢掌管一些事情，以发挥重要作用，希望受到众人尊敬和获得声望，愿做领导和组织工作。相应的职业是各级各类组织领导管理者，如行政人员、企业管理干部、学校领导和辅导员等。

⑧ 愿研究人的行为和心理，喜欢谈论涉及人的话题，对人的行为举止和心理状态感兴趣。相应的职业大都是研究人、管理人的工作，如心理学、政治学、人类学、人事管理、

思想政治教育等研究工作以及教育、行为管理工作、社会科学工作者、作家等。

⑨愿从事科学技术事业,喜欢通过逻辑推理、理论分析、独立思考或实验发现解决问题,对分析的、推理的、测试的活动感兴趣,长于理论分析,喜欢独立地解决问题,也喜欢通过实验做出新发现。相应的职业如生物、化学、工程学、物理学、自然科学工作者、工程技术人员等等工作。

⑩愿从事有想象力和创造力的工作。喜欢创造新的式样和概念,大都喜欢独立的工作,对自己的学识和才能颇为自信。乐于解决抽象的问题,而且积极了解周围的世界。相应的职业大都是科学研究工作和实验室工作,如社会调查、经济分析、各类科学研究工作、化验、新产品开发,以及演员、画家、创作或设计人员等等。

⑪愿从事操作机器的技术工作,喜欢通过一定的技术来进行活动,对运用一定技术,操作各种机械,制造新产品或完成其他任务感兴趣。喜欢使用工具特别是大型的、马力强的先进机器,喜欢具体的东西。相应的职业如飞行员、驾驶员、机械制造等。

⑫愿从事具体的工作,喜欢制作看得见、摸得着的产品并从中得到乐趣,希望能很快看到自己的劳动成果,并从完成的产品中得到满足。相应的职业如室内装饰、园林、美容、理发、手工制作、机械维修、厨师等。

根据这种分类,一种兴趣类型可以对应许多种职业,同时绝大多数的职业也都与几种兴趣类型的特点相近,而每一个人往往又都具有其中几种类型的特点。如果你要成为一名护士,那么你就应有愿与人打交道(类型②)、愿热心助人(类型⑥)、愿做具体工作(类型⑫)这三方面的兴趣类型。如果你对其中的某一方面缺乏兴趣,那就应该努力培养和发展这方面的兴趣以适应护士职业的要求,否则,还是选择更适合你兴趣类型的职业为好。

(三)能力与职业的吻合

对任何一种职业而言,必须要求从业者具备相应的能力。能力是职业适应性的首要的和基本的制约因素。因此,无论是用人单位在招聘人员时,还是个人在择业时,都应考虑到能力与职业的吻合问题。一般说来,一项职业总是需要几种能力的综合,择业时就应考虑自己是否具备这些能力。我国职业教育奠基者黄炎培先生指出:"一个人职业和才能相当还是不相当,相差很大。用经济眼光看起来:要是相当,不晓得增加多少效能;要是不想当,不晓得埋没多少人才。就个人论起来:相当,不晓得有多少快乐;不相当,不晓得有多少怨苦。"试想一下,倘若鲁迅继续学他的医学,就不会成为伟大的文学家;加入陈景润还当他的中学教师,便没有举世闻名的"陈氏定理";要是达尔文当初听从父亲之命放弃科学而去做一名牧师的话,自然界的生物进化之谜不知何时才能解开呢?

能力不同,对职业选择就有差异。从能力差异的角度来看,在职业选择时应遵循以下原则。

1.注意能力类型与职业相吻合

人的能力类型是有差异的,即人的能力发展方向存在差异。研究表明,职业可以根据工作的性质、内容和环境而划分为不同类型,并且对人的能力也有不同要求,因而应注意能力类型与职业类型的吻合。

能力水平要与职业层次一致或基本一致。对一种职业或职业类型来说，由于责任不同，又分为不同层次，对人的能力有不同的要求。因而，在根据能力类型确定了职业类型之后，还应根据自己所达到或可能达到的水平确定相吻合的职业层次。只有这样，才能使能力与职业的吻合具体化。

充分发挥优势能力的作用。每个人都具有一个多种能力组成的能力系统，每个人在这个能力系统中，各方面能力的发展是不平衡的，常常是某方面的能力占优势，而另一些能力则不太突出。对职业选择和职业指导而言，应主要考虑其最佳能力，选择最能运用其优势能力的职业。同样，在人事安排中，如能注重一个人的优势能力并分配相应的工作，会更好地发挥一个人的作用。

2. 注意一般能力与职业相吻合

不同的职业对人的一般能力的要求不同，有些职业对从业者的智力水平有绝对的要求，如律师、工程师、科研人员、大学教师等都要求有很高的智商；智力在相当大的程度上决定着其所从事的职业类型。

3. 注意特殊能力与职业相吻合

要顺利完成某项工作，除要具有一般能力外，又要具有该项工作所要求的特殊能力，如从事教育工作需要有阅读能力和表达能力，从事数学研究需要具有计算能力、空间想象能力和逻辑思维能力。需要说明的是，职业能力是可以有意识地培养的。在同样的客观条件下，人的能力发展主要取决于主观努力的程度，"勤能补拙"就是这个道理。

（四）职业性向与职业类型的吻合

在进行职业选择时除了要注意职业兴趣、性格与职业能力与职业要素的匹配外，还要把这三方面联系起来，从总体上确定自己的职业性向，做到个人职业性向与社会职业类型的吻合。

"千里之行，始于足下。"美好的未来离不开脚踏实地的艰苦努力。要想在多彩的职业世界里走得潇洒风流，就必须从现在做起：即根据自己的个性特点找准相应的职业范畴，并努力创造职业发展的条件。至于具体的职业和工种则不必忙着"定终身"，因为当今科技发展日新月异，职业世界变化多端，而大多数人特别是青年又有较强的适应性和可塑性，只要大方向找对了，就可以在今后的职业变动中找到自己光明的发展前途。

六、评估与反馈

在人生的发展阶段，由于社会环境的巨大变化和一些不确定因素的存在，会使我们与原来制定的职业生涯目标与规划有所偏差，这时需要对职业生涯目标与规划进行评估和做出适当的调整，以更好地符合自身发展和社会发展的需要。职业生涯规划的评估与反馈过程是个人对自己的不断认识过程，也是对社会的不断认识过程，是使职业生涯规划更加有效的有力手段。

第四节　职业生涯管理体系

组织生涯管理体系是对员工从事的职业和职业发展过程所进行的一系列计划、组织领导和控制,以实现组织目标和个人发展的有效结合的机制。组织生涯管理具有长期性、全局性和战略性等特点。

长期性:就雇员个人而言,组织职业生涯开发战略涉及其从进入组织的第一天到在组织工作的最后一天的全部职业历程,并对其离开该企业后的职业生涯继续起到重大影响和作用;就组织而言,该战略从组织创建之日起至组织未来都与其有着非常密切的关系。

全局性和战略性:就雇员个人而言,组织职业生涯开发将影响到人一生的各个方面;就组织而言,由于涉及各层、各类人员的发展,所以必将对组织的各项工作产生直接或间接的影响,同时也对组织的未来发展产生战略性影响。

一、职业生涯管理的步骤

组织生涯管理的步骤包括进行岗位分析、员工基本素质测评、建立于职业生涯管理相配套的员工培训与开发体系、制定较完备的人力资源规划、制定完整、有序的职业生涯管理制度与方法。

(一)岗位分析

进行岗位分析是为了获得与工作相关的信息,是为员工制定有效的职业发展策略的起点。这一步骤主要是运用"岗位分析问卷""任务调查表""岗位分析面谈""关键事件调查"等方法获得岗位分析的基础数据,包括以下内容。

① 每个岗位的基本材料:岗位编号、岗位名称、岗位类别、所属单位、直接上级、定员人数、管辖员工数、工资等级、工资水平、直接升迁的岗位、可相互转换的岗位、由什么岗位升迁至此、其他可担任的岗位。

② 岗位描述:将各岗位的工作细分成条目,输入每个条目的编号,工作内容,基本功能和工作基准。其中,工作基准的确定是一项至关重要的工作。

③ 岗位要求:使之胜任某一工作的最低要求,如学历要求、职称要求、专业要求、经验要求、工作行为要求、气质要求、一般职业能力要求、特殊职业能力要求、领导类型、管理能力要求等。

(二)员工基本素质测评

这个步骤的主要任务是:通过对员工的个性特点、智力水平、管理能力、职业兴趣、气质特征、领导类型、一般能力倾向等方面的测评,对员工的长处和短处有一个全面的了解,便于安排适合他所做的工作;针对他的不足,拟定相应的培训方案;根据员工的上述特点,结合职务分析的结果,对其进行具体的职业生涯规划。

（三）建立与职业生涯管理相配套的员工培训与开发体系

培训是职业管理的重要手段，用来改变员工的价值观、工作态度和工作行为，以便使他们能够在自己现在或未来工作岗位上的表现达到组织的要求。一般来说，员工培训方案的设计主要有以下两种。

1. 以素质测评为基础的培训方案设计

在公司原有的培训管理的基础上，对员工基本素质测评和职务分析的结果，找出员工在能力、技能、个性、领导类型等方面与本职工作所存在的差距，以及今后职业发展路线商会面临的问题，有针对性地拟定员工培训与开发方案。

2. 以绩效考核为基础的培训方案设计

依照绩效考核的结果，发现员工在工作中出现的问题，有针对性地拟定员工培训与开发方案，以适应本职工作和今后职业发展的需要。通过培训，进一步发现员工的潜在能力与特长，为其职业生涯的规划打下良好的基础。

（四）制定较完备的人力资源规划

在企业原有的人力资源规划的基础上，注意以下内容。

1. 晋升规划

根据企业的人员分布状况和层级结构，拟定员工的提升政策和晋升路线。包括晋升比例、平均年薪、晋升时间、晋升人数等指标。在实施中，根据人事测评、员工培训、绩效考核的结果，并根据企业的实际需要对各个结果赋予相应的权重系数，得出各个职位的晋升人员次序。

2. 补充规划

公司要合理地、有目标地把所需数量、质量、结构的人员填补在可能产生的职位空缺上。

3. 配备规划

在制定配备规划时，应注意解决两个问题：当上层职位较少而待提升人员较多时，则通过配备规划增强流动。这样，不仅可以减少员工对工作单调、枯燥乏味的不满，又可以等待上层职位空缺的出现；在超员的情况下，通过配备规划可改变工作的分配方式，从而减少负担过重的职位数量，解决工作负荷不均的问题。

（五）制定完整、有序的职业生涯管理制度与方法

第一，要让员工充分了解单位的企业文化、经营理念和管理制度。

第二，要为员工提供内部劳动力市场信息。在提供职业信息方面，主要采取的方法是：① 公布工作空缺信息。② 介绍职业阶梯或职业通道，包括垂直或水平方向发展的阶梯。为了使职业通道不断满足组织变化的需要，对职业通道要常作修订，另外，还要适当考虑跨职能部门的安排。③ 建立职业资源中心（兼作为资料和信息发布中心）。内容涉及公司情况、政策、职业规划自我学习指南和自我学习磁带等。为了主动地获取组织人力资源信息，组织还可设立技能档案。档案中主要记录员工的教育、工作史、任职资格、取得的成就，有时还包括职业目标的信息。

第三,帮助员工分阶段性制定自己的职业生涯目标。① 短期目标(3年以内):要具体做好哪些工作?在能力上有什么提高?准备升迁到什么职位?以什么样的业绩来具体表现?② 中期目标(3～5年):在能力上有什么提高?准备升迁到什么职位?在知识、技能方面要接受哪些具体的培训?是否需要进修或出国学习?③ 长期目标(5～10年):准备升迁到什么职位?在知识、技能方面要接受哪些具体的培训?是否需要进修或出国学习?为公司做出哪些较突出贡献?个人在公司处于什么样的地位?个人的价值观与公司的企业文化、经营理念融合的程度如何?

第四,制度员工的职业生涯发展阶梯。职业生涯发展阶梯是组织内部员工设计的自我认知、成长和晋升的管理方案。职业生涯发展阶梯在帮助员工了解自我的同时使组织掌握员工的职业需要,以便排除障碍,帮助员工满足需要。职业生涯发展阶梯包括:职业生涯阶梯模式,职业生涯阶梯设置,以及职业策划与工作进展辅助活动等。其中职业生涯阶梯模式与职业生涯设置是职业生涯阶梯设计的核心内容,也是要研究的重点。

二、职业生涯发展阶梯设计

(一)职业生涯发展阶梯的内涵

1. 职业生涯发展阶梯的内涵

职业生涯阶梯(career ladder)式决定组织内部人员晋升的不同条件、方式和程序的政策组合。职业生涯阶梯可以显示出组织雇员晋升的方式,晋升机会的多少。如何争取晋升等。从而为那些渴望获得内部晋升的员工指明努力的方向,提供平等竞争的机制。其内涵主要包括三方面。

(1)职业生涯阶梯的宽度

根据组织类型和工作需要的不同,职业生涯阶梯可宽可窄。宽职业生涯阶梯要求员工在多个职能部门、多个工作环境轮换工作的职业生涯阶梯,它适应对员工高度综合能力的要求。窄职业生涯阶梯要求员工在有限个职能部门和工作环境中工作的职业生涯阶梯,它适应只要求员工具备有限专业经验和能力的需要。

(2)职业生涯阶梯的速度

根据员工能力和业绩的不同,职业生涯阶梯的设置可以有快慢之分,即快速梯和慢速梯。正常晋升和破格提升都应做到有政策依据。设置快速梯的前提是公司不会长久的将具备较高素质和能力的员工安排在同其条件不相称的工作岗位上。事实上大量的大学毕业生的第一份工作都是基础性工作。显然组织有意日后安排更复杂困难的工作给他们,可是由于背离了前提,新毕业生的轮流动率比别的职业人群要高。因此,职业生涯阶梯的建立可能导致招聘和晋升中差别对待的障碍。

(3)职业生涯阶梯的长度

根据组织规模和工作复杂程度的需要不同,职业生涯阶梯可长可短。职业生涯阶梯的等级在4级及以下的可称为短阶梯，在10级以上的可称为长阶梯，5～10级的可称为中等长度的职业生涯阶梯。组织职业生涯阶梯的长短对雇员的发展和潜力的发挥具有重要影响。

2. 职业策划

职业策划是指组织在员工进行个人评估和确定未来职业发展策略时给予他们有效的援助，帮助员工确认自身的能力、价值、目标和优劣势，并协助员工制定相应的职业生涯开发策略和职业发展路线的过程，职业策划一般由组织中具有专业知识的人力资源部门提供正规的帮助服务，以确保员工评估在形式、时间、内容范围上的一致性和一定的准确性。组织可以利用收集到的职业策划结果，有针对性地安排雇员的职业生涯活动，通过职业策划满足雇员和组织的双重需要。

3. 工作进展辅助活动

工作进展辅助活动是组织为帮助员工胜任现职工作，顺利完成各项工作任务而提供的各种旨在提高员工工作能力的辅助行为。工作进展辅助活动的方式灵活多样，具体可根据组织内部的工作性质、个人条件的不同而采取不同的方式，总体来说，工作进展辅助活动是以协助员工在工作中成功积累工作经验和提高工作能力为目的。

实施工作进展辅助活动的主要途径有三个（胡君辰等，1999）：① 满足员工特定的事业价值观或职业目标的需要；② 激发员工某些潜在能力和优势；③ 改善或弥补员工在职业策划中反映出来的弱点或不足。

总之，科学、清晰的职业生涯阶梯设置和规划可以满足雇员长期职业生涯发展的需求，同时还可以满足组织高层次工作清晰化、专业化的需要。组织可以通过适当的招聘政策吸引和留用更多高素质的人才，保证组织发展有稳定可靠的人员保障，而且可以更高地得到组织政策和法律的保护。

（二）职业生涯阶梯模式

职业生涯发展阶梯规划，是现代人力资源管理的关键。组织为雇员建立科学合理的职业生涯发展阶梯，对调动他们的积极性与创造性，增加对组织的忠诚感，从而促进组织的持续发展，具有重要的意义。组织的人力资源管理要善于有效地把组织的目标与雇员个人的职业发展目标结合起来，努力为他们确立一条有所依循的、可感知的、充满成就感的职业生涯发展道路。有关职业生涯发展阶梯的研究，始于20世纪50年代的美欧等国。20世纪90年代中期，中国部分企业也开始导入并做这方面的尝试。但由于国内企业和组织，一方面没有系统的理论为指导，另一方面较少有可供借鉴的对象，有关雇员职业生涯发展阶梯设置的研究，还处于探索与试验阶段。因此，借鉴发达国家的经验，积极开展职业生涯阶梯设置问题的研究具有重要的实际意义。

根据当前国内外不同组织职业生涯阶梯设置的实践，可以发现，目前职业生涯阶梯模式主要分三类：单阶梯模式、双阶梯模式和多阶梯模式。下面分别加以介绍。

1. 单阶梯模式

传统的组织或企业职业生涯发展阶梯只有一种行政管理职位，其职业生涯阶梯一般为：科员—副科长—科长—副处长—处长—副局长—局长。为了提高技术人员的工作积极性，必须为其提供有效的提升等激励措施，在这种情况下许多本专业业绩突出的技术人员被提升到管理职位上。尽管许多技术人员被提升后在管理岗位上取得了良好的业绩，但由于工作内容与环境的差异，以及能力要求的不同，也出现了许多适得其反的效果，对企业的高效运作和长远发展产生了不利影响。

由于自身的限制，目前单阶梯模式只在一些性质比较单一的组织中实行。

2. 双阶梯模式

目前组织中实行最多的职业生涯阶梯模式是双阶梯模式。为摆脱传统组织职业生涯发展单阶梯即单一行政职位系列的弊端，许多企业和组织为雇员提供了两种职业生涯路线和阶梯：一是管理生涯阶梯，沿着这条道路可以通达高级管理职位；二是专业技术人员生涯阶梯，沿着这条道路可以通达高级技术职位。如海尔集团分别设置了管理职务和技术职务的培训和升迁轨道。在实行双阶梯模式的组织或企业中，雇员可以自由选择在专业技术阶梯上得到发展，或是在管理阶梯上得到发展。两个阶梯同一等级的管理人员和技术人员在地位上是平等的。

3. 多阶梯模式

由于双阶梯模式对专业技术人员职业生涯阶梯的定义太狭窄，如果将一个技术阶梯分成多个技术轨道，双阶梯职业生涯发展模式也就变成了多阶梯职业生涯发展模式，同时也为专业技术人员的职业发展提供了更大的空间。例如，美国一家化工厂将技术轨道分成三种：研究轨道、技术服务和开发轨道、工艺工程轨道。深圳某高科技公司将技术人员的职业发展轨道分成六种：软件轨道、系统轨道、硬件轨道、测试轨道、工艺轨道、管理轨道，不同的轨道有 $8\sim10$ 种不同的等级。

（三）组织职业生涯阶梯的设置

组织职业生涯阶梯的设置，对促进雇员的发展、实现组织目标与员工个人目标的整合具有重要意义。因此如何进行组织职业生涯目标的设计就成为当前人力资源管理的一项重要工作。组织在进行职业生涯阶梯模式选择与设计时应注意以下几个方面的问题。

第一，并非所有组织都有必要，或认为需要建立职业生涯阶梯。在决定建立职业生涯阶梯前，组织需要先考虑两个方面的问题：① 组织是否需要一个从内部提拔人才的长久机制；② 组织是否有必要建立一套培训发展方案，以便提供更多的后备人才以供提拔选用。如果组织可以随时自由从外部招聘到需要的各类人才，那么就大可不必建立复杂的职业生涯阶梯。只有对上述两个问题的回答都是"是"的情况下，才有必要构建职业生涯阶梯。

第二，职业生涯阶梯模式各有利弊。单阶梯模式发展道路单一，一定程度上影响了专业技术人员的发展。双阶梯模式在实践运用中也遇到许多困难。例如，对于同一等级的高级人员与技术人员来说，管理人员在人们心目中的地位要比技术人员高，另外，技术人员阶梯往往成为某些失败的管理人员的隐退栖身之地。为了克服以上弊病，组织和企业对技术轨道上的晋升要实行严格的考核，同时在组织内要形成尊重知识、尊重人才的文化氛围。

第三，在高科技企业，除了应该选择双阶梯或多阶梯职业生涯发展模式之外，不同行业的职业生涯阶梯的长度可结合行业的特点进行确定。根据组织的特点，一般应选择长职业生涯阶梯，并建立多等级技术职称评定体系，越高等级的升迁应越难。这是高效激发科研人员创造性，维系公司员工忠诚度，保持公司核心能力和核心人才的重要手段。例如，在通信行业，职业生涯阶梯可分10～12级，第11级技术人员为副研究员，第12级技术人员可定位技术研究员，同时必须细分软件和硬件、系统开发和测试、系统支持和维护三大类。

第四，职业生涯阶梯的设置应与组织的考评、晋升激励制度紧密结合。组织每年可考评1～2次，由高一层主管或技术委员会对雇员进行全面考评。在考评中，既要重视技术水平的考核，又要重视雇员对公司的忠诚度、合作精神和沟通能力的考查。雇员的行政与技术级别都应能上能下，连续两次考评为中等以下者应建议降级使用。技术等级应严格与薪酬挂钩，包括公司的内部股份和各项福利。

由于管理等级一般应高于技术等级，因此，应注意在优秀技术人员中挑选优秀人才进入管理层，以提高管理层的决策水平和实现技术人员的双轨或多轨发展。

第五节　职业生涯不同阶段的关键问题

一、职业生涯早期阶段的关键问题

（一）立业期和社会化

1. 立业期的内涵

立业期是指个人从进入组织开始到适应组织并确立自己在组织内的职业生涯战略的这一段时期。在立业期之前，个人主要的活动是为职业生涯做准备和选择组织。

在立业期，社会化的过程是最明显的，最容易被人所察觉的，并且最具有代表性。社会化过程是指新员工从局外人变成局内人的过程。社会化的过程并非一种单纯的时间线性过程，而是会经常出现交叉往复的过程。换句话说，就是很可能在个人职业生涯的某一段时期内几个社会化的进程同时在进行，或者在一个社会化进程进行到一半的时候，个人转向了另一个社会化进程。也有可能在立业期结束后，个人依旧会不断遇到社会化的进程。

2. 员工在立业期的行为

新员工在立业期主要考察职业生涯并确定职业生涯战略。熟悉环境和适应工作是立业期的首要行为，在此基础上，个人应该对该环境下的职业生涯规划作一个细致的考察。

新员工在立业期内，最基本的是要明确自己的发展需要，这对于个人和组织都是有益的。同时，在立业期中，个人和组织都在相互考察，寻求彼此的相互适应。在这一过程中，员工应首先做好自己的本职工作，正确地对待业绩的评价，做好观察并拓展和组织内其他成员的非正式关系，因为这些非正式关系将会是信息反馈的主要和可靠的来源。同时利用这些掌握的信息和反馈，为自己的职业生涯管理设定一些短期和长期的目标。

3. 组织在员工立业期的行为

（1）帮助员工制定职业定向计划

定向计划是指让新进入组织的员工通过一系列的活动尽快熟悉组织和工作。在新人进入工作环境的最初一段时间里，组织应该帮助他们在确定今后工作方向上起关键作用。有效的定向发展能帮助新员工真正成为组织的一员，使他们熟悉组织的福利和服务。

职业定向计划一般应具备以下功能：介绍组织；讲解组织的重要政策和做法，包括福利和所提供的服务内容；福利计划登记；填写员工表格；介绍组织对员工的期望，明确员工所应持有的期望；介绍同事和工作的设施；介绍新工作和员工所能寻求的帮助。

（2）给予员工有挑战性的工作

最初的挑战性的工作能使员工适应工作的高标准要求。经过重大挑战的新人会明白组织对自己的要求，希望他们承担决策的责任，并对工作的结果负责。当新来者明白要珍惜这种重视挑战、责任和成就的做法时，也学会了把这些标准当作自己的标准，并会按照与这些标准相一致的方式采取行动。在职业生涯的早期，职员能以多大的热情投入工作，还与工作中的自主性和自由度密切相关。

（3）第一个上司的不断激励

新人在立业期内，通常会希望上级主管是以认可、尊重的方式，担当教练、反馈者、训练者和保护者的角色。在对下级进行的培训、树立远大目标和价值观的问题上，上级主管必须让人感到放心，而不是令人感到威胁。实际上，上级主管应该成为下属员工的职业生涯开发者。并且，要使他们能够做到这一点，就应该对他们加以培训和奖赏。

（4）有效提供建设性的反馈

绩效评价和反馈在职业生涯的任何一个阶段都是十分重要的。然而，由于新员工急需要得到组织的肯定和提升自己的能力，在这个阶段的反馈和评价就显得尤为重要。在给予有挑战性的工作的同时，新员工还想知道这份工作完成得如何，组织会如何看待。这一些信息对其以后的发展会产生多样的影响。

（5）鼓励师徒关系和其他支持

师徒关系实质上是上下级同事或者同级同事之间对发展提供各种帮助的关系。建立师徒关系是在职业生涯早期最重要的环节之一。对新员工而言，他在早期的工作中需要一个角色的榜样，一个可以经常见面并提供信息和建议的人，并与之建立友谊和接受帮助。应对这些方面的最合适的人选就是一个师傅。早期的职业生涯中接受师傅指导的人往往能得到更好的开发，并发展得更快。有了师傅的帮助，新员工在工作上会表现出更多的独立性。所以对组织而言，鼓励师徒关系的建立有助于新员工的快速成长。

（二）成就期

成就期是个人职业生涯中另外一个重要的时期，它紧随着立业期而到来。确切地说，成就期是职业生涯中立业期的延伸，也属于职业生涯早期的某一时刻。在成就期内，对"认同"和"融入"的关注已经逐渐退居其次，个人将注意力放在取得工作的进展、更大的工作责任和权力、不断证明自己的价值上。

在这个个人为自己的成就而奋斗的时期，对大部分人来说，基本上是处于一种不断的"跃跃欲试"的状态。此时个人对于按照既定目标实现成就的愿望也变得极其强烈。

在这一个阶段里，很多员工会遇到如下的问题：

① 在本职工作中要显示不断提高的工作能力。

② 要求扩大本职工作职权。

③ 要确定能对自己、职业和组织做出贡献的最恰当的方式。比如，从事专业技术工作，还是搞一般的管理工作。

④ 要对组织内部和外部的机会作出评价。

⑤ 要制定符合个人职业生涯志向的长期和短期的目标。

⑥ 制定能实现个人职业生涯目标的战略并付诸实施。

⑦ 对不断变化的环境要保持灵活的应变能力。

1. 个人在成就期的行为

（1）制定现实目标

员工如果在自己的职业生涯规划中没有为自己制定目标，组织就会根据自己的需要为员工来设定目标。如果员工能够自己设定职业生涯发展中的目标，并与组织就这些目标进行沟通的话，对员工个人发展来说是再好不过的了。比如，对于职业生涯发展道路的一个很典型的问题：今后你是打算在专业领域发展还是担任一般性的管理职务？在这一考虑中会涉及很多因素，当然包括员工自己的兴趣，也包括组织是否能提供相应方面的职位空缺。

（2）了解当前工作的绩效和职责

员工应当主动去了解自己工作的绩效和职责，以积极主动的态度和上级或者主管进行交流以获得信息。这样做有两方面的效果，一方面员工通过了解这些情况对自身和所设计的职业生涯进行调整；另一方面通过与上级的交流，明白上级的处境和困难所，在并给予力所能及的帮助。

（3）探索升迁之路

在职业生涯中，升迁必不可少地成为职业生涯发展的重要过程。但是总的说来，职业发展道路上可以升迁的机会是有限的，即使每次都能抓住升迁的机会也会有一天突然发现这条路似乎走到了尽头了。许多年轻时候快速升迁的优秀员工更容易感受到这一点，似乎自己在未来的好多年时间里再也没有升迁的机会了，这种现象称为职业高原现象。如果碰到这样的情况而停滞下来对个人而言是相当重大的损失。原因大致有两方面：一是升迁的机会有限且变得越来越不确定，随时有可能消失（由于企业兼并、裁员等等）；二是由于个人的升迁速度超过了能力所能承受的范围，即在现有的职位上，个人的能力已经不足以应付眼前的工作或勉强可以维持工作进行。前一种情况无法避免，只能在这种情况发生前做好准备，避开选择不稳定的升迁机会。对于后一种情况，则很容易出现在快速升迁的年轻的职业经理人身上。缓解这种局面的办法不外乎两种：一是通过提高自己来解除能力上面的束缚；二是通过有步骤地晋升来控制类似职业高原的情况发生，并在此过程中打好人际关系的基础，为以后的更高层次的晋升做准备。

（4）获得保护

通常来说，要实现目标，上级的支持和保护是很重要的。要获得保护，就不能对他们有所隐瞒，同时个人应该勤奋工作，并对上级忠诚，以此来获得上级的信赖。这就说你可能会经常需要帮上级补台，并预先告知他这是为他好。这样的人才是主管的重要下属。在一个人的成就期内，发展人际关系、获取他人支持和保护是非常重要的。除此之外，还可以发展与同事、下属、家庭和朋友之间的关系来寻求其他方面的保护。

2. 组织在成就期的行为

（1）提供具有充分挑战性和相应职责的工作

成就期在个人的职业生涯中是个人成长的绝佳时期，在这一阶段个人的积极性、学习欲望、表现欲望都变得很强烈，对组织而言，这个阶段是培养员工和塑造员工的最好时机。

伴随着个体融入组织，以往的工作已经变得不能满足个人在学习和寻求挑战性方面的需求。所以在这种情况下，提供具有更充分挑战性和相应职责的工作就显得尤为重要。

升职或调动工作有助于个人获得更大的职权范围与新的挑战和经验，也使他们获得被认可和被支持的感受，这种感受将激励他们在今后的工作中更加努力。当然，除了升职和调动工作之外，做好现在的工作也可以成为为职员提供更具有挑战性和相应职责工作的途径。

"拓展"工作内容，能够赋予员工更多职责和自主性，使他们得以继续学习、成长。而在组织尤其是员工的直接上司一方，必须充分了解员工，判断他们能承受挑战的大小，然后必须考虑以什么方式增加额外的挑战和职责。这些方法包括：让员工参与目标设计，参与计划和预算控制，增加工作中的自主权，参与特殊任务等。此外，工作的轮换，对处于职业生涯早期的员工，在诸如升迁、加薪以及整个工作表现等方面都有积极的影响。

（2）持续的绩效评估和有效的反馈

员工需要不断的绩效反馈，特别是与自己的职业生涯规划相关的反馈，有助于他们对职业规划做出调整和对变动的环境进行适应。绩效评估可能所有的企业都在进行，并且也有许多已经很成熟的方法可以借鉴。

很多人力资源经理都明白反馈的重要性，可是在实际工作中很少能有效地执行。问其原因，他们都倾诉着苦衷："棘手的问题太多了，很难知道怎么办才好。"由此，工作常常

"业绩不彰"。很多时候，他们不知道如何将评估结果有效反馈给员工，因为员工在反馈过程中，很容易产生自我防卫的反抗情绪，甚至会与上司争辩，不仅预期中的目标不能达到，反而影响两者的关系，从而导致绩效评估工作仅仅能够发挥"监督业绩达成程度的控制机能"，而"培育个人成长和发展的反馈机能"往往被有意或无意地忽略了。

造成有绩效评估而无有效反馈困境的原因，既有反馈的管理方法不科学、不完善，也有被评估者在接受反馈信息的过程中反应不能得到有效控制。

二、职业生涯中期阶段的关键问题

从人的生理角度而言，职业生涯中期阶段一般是指40～55岁，大概15年的时间。职业生涯中期阶段富于变化，个人在生理上和心理上都出现了很多变化，不再像职业生涯初期那样精力充沛，充满着无穷的干劲和斗志。同时，在心理上，这一阶段的个人对于自己的事业和生活的设计和规划也更加实际，对事业的成功和社会的认可充满着渴望和追求。因此，这一阶段是个人既有可能获得职业生涯的成功（甚至达到顶峰），又有可能出现职业生涯危机的一个很宽阔的职业生涯阶段。当每个人步入职业生涯中期阶段的时候，有的人得到职位或技术职务的晋升，有的人由于贡献而获得加薪，有的人可能因为找不到自己的"职业锚"和"贡献区"而重新选择。由于此段时间长、任务重，面临着特别的管理任务，因此很容易出现职业生涯的危机。

（一）职业生涯中期的心理转变

在职业生涯中期的阶段，个人在生理上和心理上都出现了很多变化，其中心理的转变尤其值得关注，它也是我们进行职业生涯中期管理的重点。引起职业生涯中期心理转变的因素很多：对于不再年轻和错过机会感到恐惧；意识到人生苦短、壮志难酬，工作和家庭又互相掣肘，以至不得不放弃年轻时期的梦想，虽然那些梦想对早期的工作和生活起了很大的推动作用；虽然自己已经倾尽全力，但是由于很多主客观因素的影响，至今仍然是一事无成，为此心中感到无限的悲哀和凄凉，以至于对未来感到茫然无措和悲观失望等等。实质上，处于这一时期的人越来越发现自己青春已逝，而且正在渐渐衰老，这是导致个人在职业生涯中期心理发生转变的根本原因。

处于职业生涯中期阶段的员工还不得不与更有精力、更有雄心、受过更高教育的年轻同事进行激烈竞争。因此他们时时以邻为壑，处处小心提防，但这样做又使他们感到有些内疚。中年员工的技术和管理技能普遍比较陈旧，更加深了这种受挫感。人们认识到自己已不大可能再获得晋升——即认为自己已达到了职业生涯高原（职务已经到头了），这种想法毫无疑问会加强失败感，并且使员工感到前途渺茫。甚至，连许多极为成功并有望再升级的员工都认为自己是失败者，因为在雄心勃勃地追求事业成功的过程中，他们牺牲了家庭关系，谢绝了亲朋好友，从而感到失败，甚至有负罪感。既然这样，那么许多处于职业生涯中期阶段的员工会变得六神无主也就毫不奇怪了。尽管少数人可能改做完全不同的职业或追求另一种生活方式，但是更多的人内心会感到强烈的矛盾。于是，一部分人会雄心勃发，奋力投身于所追求的目标之中，另一部分人则会减少投入在工作当中的精力，把注意力转移到家庭和自己身上。

（二）职业高原现象

员工在职业中期可能会面临职业渠道的选择越来越窄，发展机会越来越少的困境，这种情况被称为职业高原现象。对待这种情况，员工通常会采取两个应对措施：一种是积极地面对并顺利地通过，而另一种是消极的，往往越是消极在职业成长方面就越会停滞不前。虽然人们一直认为职业高原现象一般发生在职业中期，但随着现代企业组织结构的扁平化趋势日渐明显，组织所能提供给员工的管理职位也越来越少，加之目前劳动力市场人才的持续充足供给，这种职业停滞现象目前越来越多地在组织中更低层级的年轻人中出现。

归根到底，每个人或早或晚总会达到他的职业生涯高原。为什么这是一个那么普遍的经历呢？原因主要有以下几个方面：

① 最根本的一点是很多公司的组织架构是金字塔形的，等级越高，可以提供的职位就越来越少。因此，一个人在组织中的职位越高，可供他晋升的职位就越少。这就是一般员工在这一类型企业中进一步发展所遇到的困境。

② 对于这少数职位的竞争越来越激烈。这主要是因为：对于中低级管理人员的劳动力需求已接近饱和，很多70年代以后出生的人已占据了这些岗位；近年来由于大学的扩招，成千上万的大学毕业生加入这支求职大军中，这就使本已激烈的求职形势更加残酷；过去几年中公司相关的职位数量没有明显增加，相反由于历史的原因，很多国有企业还在实施减员增效等措施。

③ 在那些成长缓慢甚至毫无发展的以及要缩减经营规模并裁员的公司中，这一问题表现得尤为严重。进一步说，公司的经营战略也能影响晋升机会的数量和类型，从而使某些职业生涯前程出现"高原化现象"。

④ 强制退休在实际中很难被有效地执行，从而阻塞了职业生涯的发展途径，使较为年轻的员工无从得到提拔。

⑤ 对于那些毫无准备的员工来说，技术上的变化可能会终止某些职业生涯发展的途径，当然也可能开辟出一些新的发展途径。

⑥ 有些员工更容易达到职业生涯高原，这主要是因为他们太看重现有的职位，或者是缺乏晋升所需的技术或管理技能，或者是缺乏制定灵活导向策略的职业生涯管理技能。

⑦ 许多因素会引起管理者或其他人从"快车道"上掉队，终止于其职业生涯高原。这些因素包括人际关系问题；未达到经营目标；在建立和领导团队工作中失败；在人生的转变时期不能与时俱进或无法适应等。

⑧ 出于对更均衡的生活模式的需要和向往。越来越多的员工让组织意识到，他们并不希望得到晋升，假如这会和家庭以及他们的闲暇生活发生冲突的话。

有些员工可能是由于组织外部的原因或他们所不能控制的原因，而达到职业生涯高原的。

（三）落伍

像职业生涯高原一样，落伍的问题也不只是职业生涯中期阶段才会有，但它在这一阶段会比职业生涯早期更加突出，也更加让人困惑。"落伍"的定义如下："组织的专业人员缺乏胜任现在或将来的工作角色，保证有效绩效所必需的最新知识和技能。"

落伍来源于环境的变化。研究表明，有两种类型的变化会导致落伍：工作上的变化和人自身的变化。工作变化包括技术的改变（尤其是信息的大量涌现和科技的日新月异）、职业生涯要求和管理方法的改变，所有这些都要求专业技术和管理方法要及时更新。那些不能把本专业中的技术发展变化与本职工作结合起来的人就很容易变成落伍者。然而，现实的情况就是，人到中年，思想的转变和阅历的增加都使人本身发生了变化，这就会逐渐降低自己的成就标准和工作兴趣，反过来也会影响到从总体上留在当前工作岗位的愿望。

尽管变化是落伍的基本原因，但并不是所有的职员都会落伍，至少在速度上会有所不同。这些变化能对"落伍"产生多大的影响，取决于组织的工作环境和个人的因素。例如，从一个人完成职业教育到现在的时间长度，会影响落伍的速度。"半衰期"（half-life）这一概念就是指，自从职员完成其教育以后，按照他们对技术更新的跟进速度，经过长时间，其专业知识就只剩下一半有用了。在科研和技术高速发展的今天，个人在专业技术训练上落伍也会更迅速。

另外，一些个人因素也会影响管理者和专业人员落伍的程度。有些职员比别人更易接受新知识，紧紧跟上时代。而且，还有一些人由于自身的需要、职业生涯目标、能力水平以及对变化比较适应，会更积极地跟上时代。有关研究也确实发现，紧紧跟上新时代的发展是中年人在职业生涯上的一件很重要的事情。

（四）中年职业变动

职业变动是指改行去干非本行工作。很明显，越来越多的人想在有生之年去尝试另一种职业生涯。而且，尽管有些职业变动仅仅是工作上的要求和生活方式上的微小变动，但是另外一些职业变动就是巨大的转变了。道格拉斯·霍尔认为，当一个人的职业生涯"常规"被破坏或遭遇失败时，就会引起职业变动。职业生涯常规是指一种普遍的、持续发生的行为规律，这种规律产生于人在早期职业生涯中取得的心理上的成功，并贯穿其整个职业生涯。

哈里·莱文森为中年时期变换工作列出一些"正常的"理由：达到职业生涯高原；变得落伍；变得厌倦；觉得未被重用；被安排到不适合自己能力的职位；认识到最初的职业生涯选择不正确。

所有这些理由都或多或少地与不适当的当前职业生涯状况有关，并且很可能增加了对于当前职业角色的不满。在职业生涯中期阶段，当衰老、死亡和丧失机会等常见的问题开始出现时，这些不满情绪可能会加强。

然而，莱文森警告说，中年转换职业也会由于"错误"的原因引起：对自己目前的境遇不满意；意志消沉；对死亡过度忧虑；高估自己的竞争力和价值；与朋友和熟人为地位而激烈竞争。

莱文森指出：人们在职业生涯中期着手改换工作之前，必须搞清楚自己的动机是什么，自己的理想形象是什么，以及如果决定转换职业方向将不得不承受的变化性质。改换门庭到新工作或新公司，其职业生涯风险一般都会超过在现有公司所获得的声望和地位。

研究人员已经指出了职业生涯转换中的一些障碍。这些障碍有可能是财务方面的（薪水减少、由于投资于新公司而收入受损）、时间方面的（需要时间接受新的职业生涯培训）或者是心理方面的（在新领域形成竞争能力的不确定性和没有保障）。

三、职业生涯晚期阶段的关键问题

职业生涯晚期可划定为退休前的5～10年。退休前主要是完成交接班，带徒弟，并为退休做准备，以便适应退休生活，健康地安度晚年的时光。由于职业生涯晚期的特殊性，所以它也会呈现出与前两个阶段不同的一些特点。

（一）职业生涯晚期面临的问题

职业生涯晚期是个人的职业生涯开始走下坡路的时候，由于生理和心理各方面的状况都大不如前，精力不再像以前那样的充沛，有时甚至会产生一种力不从心的感觉，心理也会随之产生消极等待、安于现状和追求安逸等念头。因此，在这一阶段，员工将会不可避免地遇到许多需要直面的问题。

1. 面临职业生涯的终结

组织中的重要岗位，通常是由经验丰富、熟悉历史、能力较强的员工负责。然而，随着组织事业发展的规范化，组织中新老员工的交替工作衔接得越来越好。往往在过了50岁以后，就应该考虑从重要的岗位上逐步离开，而将重担交给年纪较轻的员工。

2. 不安全感增加

员工在面临退休的时候，不安全感骤增。其不安全感来自很多方面，主要包括：经济上的不安全感、心理上的不安全感、疾病增多以及不适应退休后的生活。强烈的不安全感会导致生理和心理各方面的变化，从而影响员工个人的健康和绩效。

3. 如何保持生产率

处于职业生涯晚期的员工，少数人要为担任资深领导做好准备，但大多数人的首要任务是保持其生产率，并为退休做好准备。

虽然不会有人想成为公司沉重的"包袱"，但在职业生涯晚期阶段要维持生产率，仍然存在许多障碍。

首先，技术和组织的快速变化提出了落伍的威胁，尤其是对所受教育和技能都有限的老员工，更是这样。除非组织减缓职业生涯中期阶段的落伍现象，否则到了职业生涯晚期阶段，问题只会变得更为糟糕。当由于组织使命、结构或技术的变化，导致削减工作岗位，甚至阻断职业生涯道路时，情况就会变得更加严重。

其次，前面所讨论的处于职业生涯高原那种状态，也会给处于职业生涯晚期阶段的员工的工作绩效带来负面影响。尽管那些可靠的员工在其职业生涯中期阶段可能只是刚刚沾上职业生涯高原的边儿，但如果再让他们感到厌烦、得不到应有的回报、失去了动力，那么等他们进入职业生涯晚期阶段，可能就会变得更加死气沉沉。换句话说，落伍和职业生涯高原这些问题虽然通常发生在职业生涯中期阶段，但如果不能很好地解决，到了职业生涯晚期，这些问题将日趋恶化。

4. 为退休做准备

为退休所做的准备包括：决定何时退休，为退休后能过上充实、满意的生活做出计划。人们对待退休的态度很可能是来源于他们对待工作的态度。由于工作能使如此之多的人们实现其自身的功能，成为他们本身的一个重要组成部分，以至于离开工作就好像丢掉了身体的某个部位一样。工作向人们提供了某种社会地位，使人觉得自己对社会有用，生活也有目标；使人有机会去满足自己的一些基本需要，如融入社会、取得成就、获得权力以及名气；工作还能向人们提供金钱方面的报酬，帮助人们按部就班地安排日常生活。对于许多人来说，要放弃这些有形或无形的利益并不是那么容易。实际上，许多退休后感到空虚的员工常常去干"职业生涯后的职业生涯"。另一方面，也有许多员工渴望退休，盼望过上那种没有压力的生活，即不用到点上班，没有上司监督，不用长时间工作。

（二）职业生涯晚期个人的行为

根据职业生涯晚期阶段的个人身心特征及职业工作的变化情况，处在这一段的员工要完成职业工作，仍面临着特定的管理任务。

1. 调整心态，迎接变化

处在职业生涯晚期阶段的雇员，要勇敢地面对和欣然接受生理机能衰退所导致的竞争力、进取心下降的客观现实，另辟新径寻求适合于自己的新职业角色，以发挥个人的专长与优势。在现实工作中，可以当师傅，带徒弟，培育新雇员；充任教练，对雇员进行技能培训；充当参谋、顾问等角色，出谋划策，提供咨询；从事力所能及的事务性工作；等等。这些均不失为适宜于职业生涯晚期阶段的良好角色。

2. 接受权力、责任中心地位下降的事实

要从思想上认识和接受"长江后浪推前浪"是必然规律，心悦诚服地认可个人职业工作权力、责任的减少以及中心地位的下降，以求得心理上的平衡。将思想重心逐渐从工作转移到个人活动和家庭生活方面，善于在业余爱好、家庭、社交、社区活动和非全日工作等方面寻找新的满足源。

3. 培养年轻人

培养年轻人也是一门学问。要将自己的感受、理解以科学的方式和方法传递给年轻人，就像教师和教练一样。为了达到培养年轻人的目的，既需要了解年轻人的心理，与年轻人和谐相处，又需要讲究技术，使受教育者能轻松地理解。为此，如果个人有这个愿望，还应该继续学习一些相关的知识和技能，将自己的经验和教训传授给未来的

接班人。

4. 学会如何应对"空巢"问题

在职业生涯晚期,"空巢"的出现是家庭生活的一大变化,也是人生的一大转折。应对好这一变动,对于员工职业生涯晚期的工作和个人发展都很重要。

在这一阶段,员工思想重心应向家庭倾斜,多给配偶时间,通过多种方式方法密切同配偶的关系。随着生活重心有所转移,个人时间增多,所以有条件发展个人业余爱好和兴趣,满足以前难以实现的个人需求,也可以充实和丰富个人的"空巢"家庭生活。同时,在这一阶段,个人应注重社会人际交往,以增进亲情和友情,积极参加社会活动。如果可能,也可以寻找适宜的新职业。

(三)职业生涯晚期组织采取的措施

组织的高层领导和管理人员要想合情合理地管理好老年员工,需要对职业生涯晚期阶段的种种问题有清醒的认识和正确的态度,认识到处于职业生涯晚期员工的价值。

退休计划是组织向处于职业生涯晚期的雇员提供的,用于帮助他们准备结束职业工作,适应退休生活的计划和活动。退休是组织保持更新与活力、稳定雇员职业生活的必然需要。良好的退休计划,可以使雇员尽快顺利地适应退休生活,维持正常的退休秩序,最终达到稳定组织从业人员心理、保持组织员工年龄结构的正常新陈代谢、提供更多的工作和晋升机会的目的。以下是成功的退休计划所得出的一些结论:

① 退休计划项目应该集中于退休的内外因素两个方面。外部的因素包括财产的安全、住房的变化、法律问题等;内部的因素包括脱离工作后所带来的各种各样的心理问题。有研究建议,进行"现实的退休准备"能提供一种平衡、准确的退休蓝图。

② 退休计划项目应该按照小组规模组织,以鼓励双向交流并为咨询提供机会。由此,退休带来的社会的、心理的后果都能以更坦率的方式得到讨论。

③ 退休员工的退休计划项目至少在预计退休五年前就开始执行,这样就允许他们有充足的时间来面对所有的问题。咨询活动也应该在员工退休后的一段特殊时间内持续进行。

④ 以前的退休员工可以作为退休计划项目中的信息来源和模范榜样。

⑤ 在退休计划项目中如有配偶的参与则更有益处,更应受到鼓励。

⑥ 对于那些对工作有强烈忠诚感的员工,需要提供特殊的退休计划项目。这些员工在处理退休事宜时可能面临一个特别困难的时期。

⑦ 退休计划项目的拟定应该有助于保持准备退休人员的积极态度和工作绩效,允许组织挽留仍需要的老员工,并能鼓励其他人提前退休。但是,退休计划必须仔细评估组织和员工两方面的情况,以满足双方的需要。

即将退休的雇员会面临财务、住房、家庭等各方面的实际问题,同时又要应对结束工作开始休闲生活的角色转换和心理转换。因此,退休者需要同时面对社会和心理方面的调节,通过适当的退休计划和管理措施满足退休人员情绪和发展方面的需要,是组织应承担的一项重要工作。

 本章重点名词

职业生涯（career）　　　　　　职业生涯规划（career planning）
职业生涯管理（career management）　　职业选择理论（vocational choice theory）
霍兰德职业人格理论（Holland's theory of vocational personality type）
易变性职业生涯（protean career）　　职业发展阶段理论（career development stage theory）
职业生涯阶梯（career ladder）　　职业生涯早期（early career stage）
社会化（socialization）　　　　职业生涯中期（middle career stage）
职业高原现象（career plateau phenomenon）
职业生涯晚期（late career stage）　　退休计划（retirement plan）

 本章练习

1. 员工个人如何进行职业生涯规划？
2. 什么是职业生涯管理？论述组织职业生涯管理的步骤和方法。
3. 什么是职业生涯发展阶梯？职业生涯阶梯模式有哪几种？分别具有什么特点？
4. 职业生涯早期员工会遇到哪些问题？员工本人可以采取哪些对策？组织可以提供哪些帮助？
5. 职业生涯中期员工会遇到哪些问题？员工本人可以采取哪些对策？组织可以提供哪些帮助？
6. 职业生涯晚期员工会遇到哪些问题？员工本人可以采取哪些对策？组织可以提供哪些帮助？

 课后案例

今天，正式从宝钢辞职

一、今天，我去宝钢办了离职手续

办公室里的一切都是原来的样子，同事们还是那么熟悉，时间似乎凝滞了。在办公室小李的帮助下，各种手续很快做完了。准备离开时，口袋中手机却发生了两次奇怪的误操作：莫名其妙地拨打了办公室的电话，头像还换成了我在宝钢时的工作照——这似乎太神奇了：误操作换头像这还是第一次，难道手机也依依不舍？

我和张小平的情况相反。宝钢给了我很多的荣誉和机会：工作三年，获得了宝钢首次颁发的最高荣誉奖；成为宝钢最早拿年薪的五位技术人员之一、全国总工会代表、央企青联委员、首批首席研究员、终身技术业务专家、最快速度晋升教授级高工……而我离开

时,受到了挽留而没有受到阻挠。

宝钢是个好单位。20多年前我来这里工作时,最大的体会就是这里的风气正。不像过去接触到的单位,人和人之间有太多的钩心斗角。即便是竞争,首先也是通过业务的成绩来实现。今天收拾私人材料时,还看到了当年谢企华总经理、葛红林副总经理在我的一份报告上的批示。这个报告是我对公司创新战略的一点想法。那时,我去宝钢的时间还不算太长。他们并没有像任正非那样,在新员工的建议上批示"有病治病、没病辞退",而是给了极大的鼓励和支持,并要求全公司主管(科长)以上的人员阅读。宝钢的很多高级领导没有一点架子,不仅认真地听取我们这些(当时的)年轻人的声音,还喜欢开玩笑。记得有一天,集团老总就对我说:"小郭,听说你找了个漂亮的女朋友啊?"这些事情,都让我非常有归属感。

昨天下午,我去探望了退休多年的老领导。他对我说:"发现和培养你们这几位人才,是我在宝钢最值得骄傲的事情。"而我在宝钢的另外一个收获,就是遇到了很多有真才实学的前辈和好友。他们的学识,在宝钢之外是很难找到的。

我做央企青联委员期间就意识到:宝钢有各种不足,但它或许是中国最好的国企。其实,我很早就有离开的打算。一位我非常尊重的宝钢前辈、"宝钢功勋人物"之一曾经很坦诚地对我说:你已经不适合这里的工作,但离开宝钢后,在体制内没有更好的地方。

无论从管理到技术,宝钢都是中国顶级的优秀企业。但是,老宝钢的领导和员工,包括黎明先生这样优秀的企业家和曾乐先生这样优秀的科技工作者,却没有一位评上院士。前几年,宝钢两位副总找了几位专家讨论:宝钢为什么没有院士?我说了一个原因,让大家眼睛一亮:我们有底线、不浮夸。宝钢的这种求实精神,会一直让我感到骄傲。

二、那么,为什么要离开呢?我要听从内心的呼唤

对我来说,离开自己熟悉的环境、欣赏的人文环境,已经不是第一次了。1990年,从浙大数学系毕业后,系里给了我读研究生的指标。但我觉得自己的能力和兴趣都不适合在数学系读研,想去化工系。数学系主任鲁世杰老师知道以后对我说:你写一封推荐信,让系办盖个章,可能对你有好处。1994年我从化工系硕士毕业后,希望做点更有挑战性的研究,想去读控制的博士。我当时有门课的成绩差几分、不够免试资格。副导师王丽君老师就想出各种办法,帮我争取到了。1997年博士毕业后,导师吴铁军老师希望我能留校,但他还是给我写了到宝钢来的推荐信。现在回想起来,这些路子都是对的。

这次离开宝钢,其实也有些依依不舍。

记得十多年前,人事部常让我给新进员工讲心得。那时我常常告诉他们:外部的名誉和地位,不是自己能决定的。但是,自己能力的增长,却是自己能够决定的。我来到宝钢20多年,担任了15年的首席研究员。现在的很多工作,是我15年甚至20年前就会做的。而我特别想做的一些工作,是与考核机制冲突的。

三、所以,思前想后好几年,最终还是下了决心

21年前我选择宝钢的时候,宝钢给出的工资是几家企业中最少的。现在离开宝钢的时候,挣钱也不见得比宝钢多多少。我离开宝钢后,对社会的贡献应该更大一些。和年

轻人讲一下我的经验和教训、实践和思考,至少可以让更多的人少走一些弯路。我想,只要自己对社会有价值、有独特的价值,也就不必担心太多,出来闯荡一下还是值得的。反之,如果总是靠自己的老资格在宝钢混日子,岂不成了自己讨厌的那种科技界的既得利益者?如果连走出来的勇气和自信都没有,又怎么好意思说自己研究创新呢?

50岁,开始步入老年了;但换个角度,后半生才刚刚开始。

资料来源:蝈蝈创新杂谈.今天,正式从宝钢辞职[OB/OL]. 2018.https://www.sohu.com/a/256811337_609537.

思考题

1. 为什么有人能一路遇贵人,职业发展坦荡辉煌?
2. 职业发展成功的关键因素有哪些?
3. 请分析你的特点,做一份个人职业发展规划报告。

测量工具

职业定位问卷

这份问卷的目的在于帮助你思索自己的能力、动机和价值观。

下面给出了40个问题,根据你的实际情况,从1~6中选择一个数字。数字越大,表示这种描述越符合你的实际情况。例如,"我梦想成为公司的总裁",你可以做出如下的选择:选"1"代表这种描述完全不符合你的想法;选"2"或"3"代表你偶尔(或者有时)这么想;选"4"或"5"代表你经常(或者频繁)这么想;选"6"代表这种描述完全符合你的日常想法。

请尽可能真实并迅速地回答下列问题。除非你非常明确,否则不要做出极端的选择,例如:"从不"或者"总是"。

1:从不　2:偶尔　3:有时　4:经常　5:频繁　6:总是

1. 我希望做我擅长的工作,这样我的内行建议可以不断被采纳。
2. 当我整合并管理其他人的工作时,我非常有成就感。
3. 我希望我的工作能让我用自己的方式,按自己的计划去开展。
4. 对我而言,安定与稳定比自由和自主更重要。
5. 我一直在寻找可以让我创立自己事业(公司)的创意(点子)。
6. 我认为只有对社会做出真正贡献的职业才算是成功的职业。
7. 在工作中,我希望去解决那些有挑战性的问题,并且胜出。
8. 我宁愿离开公司,也不愿从事需要个人和家庭做出一定牺牲的工作。

9. 将我的技术和专业水平发展到一个更具有竞争力的层次是职业成功的必要条件。

10. 我希望能够管理一个大的公司（组织），我的决策将会影响许多人。

11. 如果职业允许自由地决定自己的工作内容、计划、过程时，我会非常满意。

12. 如果工作的结果使我丧失了自己在组织中的安全稳定感，我宁愿离开这个工作岗位。

13. 对我而言，创办自己的公司比在其他的公司中争取一个高的管理位置更有意义。

14. 我的职业满足来自我可以用自己的才能去为他人提供服务。

15. 我认为职业的成就感来自克服自己面临的非常有挑战性的困难。

16. 我希望我的职业能够兼顾个人、家庭和工作的需要。

17. 对我而言，在我喜欢的专业领域内做资深专家比做总经理更具有吸引力。

18. 只有在成为公司的总经理后，我才认为我的职业人生是成功的。

19. 成功的职业应该允许我有完全的自主与自由。

20. 我愿意在能给我安全感、稳定感的公司中工作。

21. 当通过自己的努力或想法完成工作时，我的工作成就感最强。

22. 对我而言，利用自己的才能使这个世界变得更适合生活或居住，比争取一个高的管理职位更重要。

23. 当我解决了看上去不可能解决的问题，或者在必输无疑的竞赛中胜出时，我会非常有成就感。

24. 我认为只有很好地平衡了个人、家庭、职业三者的关系，生活才能算是成功的。

25. 我宁愿离开公司，也不愿频繁接受那些不属于我专业领域的工作。

26. 对我而言，做一个全面管理者比在我喜欢的专业领域内做资深专家更有吸引力。

27. 对我而言，用我自己的方式不受约束地完成工作，比安全、稳定更加重要。

28. 只有当我的收入和工作有保障时，我才会对工作感到满意。

29. 在我的职业生涯中，如果我能成功地创造或实现完全属于自己的产品或点子，我会感到非常成功。

30. 我希望从事对人类和社会真正有贡献的工作。

31. 我希望工作中有很多的机会，可以不断挑战我解决问题的能力或竞争力。

32. 能很好地平衡个人生活与工作，比达到一个高的管理职位更重要。

33. 如果在工作中能经常用到我特殊的技巧和才能，我会感到特别满意。

34. 我宁愿离开公司，也不愿意接受让我离开全面管理的工作。

35. 我宁愿离开公司，也不愿意接受约束我自由和自主控制权的工作。

36. 我希望有一份让我有安全感和稳定感的工作。

37. 我梦想着创建属于自己的事业。

38. 如果工作限制了我为他人提供帮助或服务，我宁愿离开公司。

39. 去解决那些几乎无法解决的难题，比获得一个高的管理职位更有意义。

40. 我一直在寻找一份能使个人和家庭之间冲突最小化的工作。

现在重新看一下你给分较高的描述,从中挑选出与你的日常想法最为吻合的三个,在原来评分的基础上,将这三个题目的得分再各加上4分,例如:原来得分为5,则调整后的得分为9,然后就可以开始评分了。

计分方法:

将每一题的分数填入下面的空白表格(计分表)中,然后按照纵行进行分数累加得到一个总分,将每纵行的总分除以5得到每纵行的平均分,填入表格。记住:在计算平均分和总分前,不要忘记将最符合你日常想法的三项,额外加上4分。

计分表

类型	TF	GM	AU	SE	EC	SV	CH	LS
序号	1	2	3	4	5	6	7	8
	9	10	11	12	13	14	15	16
	17	18	19	20	21	22	23	24
	25	26	27	28	29	30	31	32
	33	34	35	36	37	38	39	40
总分								
平均分								

解释:

1. 技术/职能型职业锚

如果你的职业锚是技术/职能型,你始终不肯放弃的是在专业领域中展示自己的技能,并不断把自己的技术发展到更高层次的机会。你希望通过施展自己的技能以获取别人的认可,并乐于接受来自专业领域的挑战,你可能愿意成为技术/职能领域的管理者,但管理本身不能给你带来乐趣,你极力避免全面管理的职位,因为这意味你可能会脱离自己擅长的专业领域。

你在这一领域的得分列在计分表的第一列TF的下方。

2. 管理型职业锚

如果你的职业锚是管理型,你始终不肯放弃的是升迁到组织中更高的管理职位,这样你能够整合其他人的工作,并对组织中某项工作的绩效承担责任。你希望为最终的结果承担责任,并把组织的成功看作是自己的工作。如果你目前在技术/职能部门工作,你会将此看成积累经验的必经过程。你的目标是尽快得到一个全面管理的职位,因为你对技术/职能部门的管理不感兴趣。

你在这一领域的得分列在计分表的第二列GM的下方。

3. 自主/独立型职业锚

如果你的职业锚是自主/独立型的,你始终不肯放弃的是按照自己的方式工作和生活,你希望留在能够提供足够的灵活性、并由自己来决定何时及如何工作的组织中。如果你无法忍受任何程度上的公司约束,就会去寻找那些有足够自由的职业,如教育、咨询等。你宁可放弃升职加薪的机会,也不愿意丧失自己的自主独立性。为了能有最大限度的自主和独立,你可能创立自己的公司,但你的创业动机与后面叙述的创业家的动机是不同的。

你在这一领域的得分列在计分表的第三列 AU 的下方。

4. 安全/稳定型职业锚

如果你的职业锚是安全/稳定型的,你始终不肯放弃的是稳定的或终身雇佣制的职位。你希望有成功的感觉,这样你才可以放松下来。你关注财务安全(如养老金和退休金方案)和就业安全。你对组织忠诚,对雇主言听计从,希望以此换取终身雇佣的承诺。虽然你可以到达更高的职位,但你对工作的内容和在组织内的等级地位并不关心。任何人(包括自主/独立型)都有安全和稳定的需要,在财务负担加重或面临退休时,这种需要会更加明显。安全/稳定型职业锚取向的人总是关注安全和稳定问题,并把自我认知建立在如何管理安全与稳定上。

你在这一领域的得分列在计分表的第四列 SE 的下方。

5. 创造/创业型职业锚

如果你的职业锚是创造/创业型的,你始终不肯放弃的是凭借自己的能力和冒险愿望,扫除障碍,创立属于自己的公司或组织。你希望向世界证明你有能力创建一家企业,现在你可能在某一组织中为别人工作,但同时你会学习并评估未来的机会,一旦你认为时机成熟,就会尽快开始自己的创业历程。你希望自己的企业有非常高的现金收入,以证明你的能力。

你在这一领域的得分列在计分表的第五列 EC 的下方。

6. 服务奉献型职业锚

如果你的职业锚是服务奉献型的,你始终不肯放弃的是做一些有价值的事情。比如:让世界更适合人类居住、解决环境问题、增进人与人之间的和谐、帮助他人、增强人们的安全感、用新产品治疗疾病等。你宁愿离开原来的组织,也不会放弃对这些工作机会的追求。同样,你也会拒绝任何使你离开这些工作的调动和晋升。

你在这一领域的得分列在计分表的第六列 SV 的下方。

7. 挑战型职业锚

如果你的职业锚是挑战型的,你始终不肯放弃的是去解决看上去无法解决的问题、战胜强硬的对手或克服面临的困难。对你而言,职业的意义在于允许你战胜不可能的事情。有的人在需要高智商的职业中发现这种纯粹的挑战,例如仅仅对高难度、不可能实现的设计感兴趣的工程师;有些人发现处理多层次的复杂的情况是一项挑战,例如战略咨询仅对面临破产、资源耗尽的客户感兴趣;还有一些人将人际竞争看成挑战,例如职业运动员,或将销售定义为非赢即输的销售人员。新奇、多变和困难是挑战的决定因素,如果一件事情非常容易,它马上会变得令人厌倦。

你在这一领域的得分列在计分表的第七列CH的下方。

8. 生活型职业锚

如果你的职业锚是生活型的,你始终不肯放弃的是平衡并整合个人的、家庭的和职业的需要。你希望生活中的各个部分能够协调统一向前发展,因此你希望职业有足够的弹性允许你来实现这种整合。你可能不得不放弃职业中的某些方面,例如晋升带来跨地区调动可能打乱你的生活。你与众不同的地方在于过自己的生活,包括居住在什么地方、如何处理家庭事务及在某一组织内如何发展自己。

你在这一领域的得分列在计分表的第八列LS的下方。

第八章　绩效管理

学习目标

1. 掌握绩效和绩效管理的概念。
2. 了解全员绩效管理对企业的重要意义。
3. 掌握绩效管理循环的六个步骤。
4. 掌握平衡计分卡、关键绩效指标法和目标和关键结果方法。
5. 掌握360度绩效考评。
6. 了解绩效管理的热点和难点问题。
7. 识别绩效管理的陷阱和误区。

开篇案例

阿里巴巴双轨制绩效考评制度

阿里巴巴的"双轨制绩效考评"是从业绩和价值观两个维度对员工进行考评。业绩考核采用目标KPI来衡量，阶段性评价业务目标的实现程度；价值观评价是考察员工的日常行为是否符合阿里巴巴所倡导的价值观要求。这两个维度的考核指标各占50%，在确保得到好的业绩表现的同时，也强调过程的重要性。

阿里巴巴的价值观评估分为自评和他评两种方式，评估标准分为3档。

A档：超越自我，对团队有影响，和组织融为一体，有丰富案例和广泛好评，属于标杆；

B档：言行表现符合阿里巴巴价值观要求，是一个合格的阿里人；

C档：缺乏基本的素质和要求，突破价值观底线，根据程度不同，需要改进甚至离开。

阿里巴巴的绩效考评满分为5分，其中，5分为杰出；4.5分为持续一贯地超出预期；4分为超出预期；3.75分为部分超出期望；3.5分为符合期望；3.25分为需要提高；3分为需要改进；2.5分为不合格。阿里巴巴的绩效考评结果遵循「3—6—1」强制分布原则：第一档为"超出期望"，30%的员工可以评为这一档，考核分数在3.75分及以上；第二档为"符合期望"，这类员工占公司的60%；第三档为"低于预期"，10%的员工处于这一档，考核分数在3.25分及以下。每次考评，团队的分数都要符合这个3—6—1分布。

根据双轨制考评结果，阿里巴巴把员工分为五大类："野狗""狗""小白兔""牛"和"明星"。"狗"式员工价值观和绩效考评都不达标，考虑淘汰。"野狗"式员工业绩较高，但个人价值观与公司不匹配，这类员工往往能力强，但任用起来有很大风险。"小白兔"式员工则恰恰相反，他们与企业价值观相匹配，但业绩不好。处于中间地带的是"牛"式员工，没有太突出的业绩，也不会做出违背企业价值观的事。而"明星"式员工，业绩好，价值观与企业相匹配，可以为团队带来积极的作用。依据双轨制考评结果，管理者可以区分出各种类型的员工，并根据情况采用不同的管理手段。

近日，有阿里巴巴员工在社交平台上表示，阿里将取消"3—6—1"强制分布原则，不再强制直属领导给10%员工3～3.25分的绩效评级。

资料来源：根据《阿里将取消361考核制度,末位淘汰走向终结》
《以阿里为例,绩效考核究竟是怎么一回事》文章进行改编。

1. 阿里巴巴为什么要从业绩和价值观两个维度对员工进行考评？它的做法对其他公司有什么启发？
2. 你对阿里将取消"3—6—1"强制分布有什么看法？

第一节　绩效管理概述

一、绩效的定义和特征

（一）绩效的定义

对于绩效（performance）的概念界定，管理学者们持有三种不同的观点。

第一种观点将绩效看作结果，即performance=results。贝纳丁（Bernadin, 1984）等认为，"绩效应该定义为工作的结果，因为这些工作结果与组织的战略目标、顾客满意度及所投资金的关系密切"。"结果说"将绩效定义为在特定时间内、通过特定工作活动产出的结果记录。"结果说"主要以"结果/产出"作为绩效的衡量标准，可操作性强，通常可以通过可量化的指标来评定，如销售额、利润率、产品合格率等，容易保持客观性。

但是，"结果说"也受到了一些学者的质疑。他们认为，第一绩效结果受诸多因素影响，如果因员工个体之外的不可控因素对工作产出造成影响，那么仅仅依据工作结果对员工本人的绩效做出评判，是不公正的。并且，有一些职能型岗位受工作性质的限制，很难将结果作为绩效评价的标准，比如行政工作人员的绩效。此外，过分注重对绩效结果的追求,而忽略对过程和行为的把控,很可能会造成员工的不当行为,例如,仅仅追求短期利益,忽视组织的长期利益等。

第二种观点将绩效看作行为,即performance=behavior。"行为说"认为,绩效是与组织目标有关的行为表现。鲍曼和摩托维德罗(Borman & Motowidlo, 1993)提出了绩效的二维模型,认为绩效包括任务绩效(task performance)和周边绩效(contextual performance)两方面。任务绩效是指与工作职责、与任务目标有关的绩效。而周边绩效是指在工作目标之外,员工自发地完成超出职责范围内的、与组织目标达成相关的工作。

第三种观点将绩效看作素质,即performance=competence。"素质说"认为,行为由从事工作的员工表现出来,行为本身也是一种结果,是人为完成工作结果所付出的脑力或体力劳动的结果。因此,绩效不应仅仅是对过去结果的总结,而应强调员工的素质、潜力与绩效的关系。提升个人素质是提高绩效的关键。"素质说"更加注重未来发展。

我们可以看出,人们对于绩效的认识是在不断发展的,从单纯强调工作结果到注重工作过程,从关注过去的产出到重视未来的潜力。在不同时期、不同场景下,针对不同的对象,绩效会有不同的含义与衡量标准。因此,对于绩效的概念,应综合考虑结果、过程与员工素质。

综上所述,本书认为,绩效是组织或个人在特定时间内的可描述的工作行为和可衡量的工作结果,结合个人(群体)的素质与潜力,所产出的成绩和效益。

(二)绩效的特征

1. 多因性

所谓多因性是指员工的绩效的高低是由多方面因素决定的。现代科学技术与心理学的研究表明,影响员工绩效的因素主要包括四个方面:能力、动机、机会和环境。我们用公式表示如下:

$$P=F(A, M, O, E)。$$

其中,A指能力(ability),它是指员工的工作技巧和能力水平,它取决于个人天赋、智力、经历、教育与培训等个人特点。

M指动机(motivation),它是指员工的工作积极性,取决于员工个人的需求结构、个性、认知、学习过程与价值观等个人特点。

O指机会(opportunity),它是员工得到某一工作岗位的机会或承担某一工作任务的机会。对员工来讲,机会是偶然性的,是不可控的因素。在组织管理中,机会的公平性是影响员工组织公平感与工作满意度的重要因素。

E指环境(environment),它既包括企业内部的客观条件,如劳动场所的布局与物理条件、任务的性质等,也包括企业外部的客观环境,如政治环境、经济状况、市场竞争强度等。

2. 多维性

绩效的多维性是指需要从多个方面或维度对员工的绩效进行分析与评价。
例如,对一名生产线上的工人绩效进行评价时,既要看其产量指标完成情况,还要综合

考虑其产品的质量、原材料消耗、能源消耗、设备保养状况等,同时还要看其与同事的工作配合程序、按指令操作机器设备情况等。只有通过综合的评价,才能得出最终的评价结果。

3. 动态性

由于影响员工绩效的因素是多方面的,而每一因素又处于不断变化之中,因此,员工的绩效也会随着时间的推移而发生动态变化。原来绩效较差的,可能由于能力的提高、工作条件的改善或积极性的发挥而变好,而原来绩效较好的由于种种原因也可能变差。因此,在进行绩效评价时不能以一成不变的思维来对待员工的绩效。

二、绩效管理的定义与意义

(一)绩效管理的定义

绩效管理(performance management)是指依据一定的程序和方法,通过对员工工作绩效的界定、改进、评价、强化等一系列管理措施,对员工的工作绩效进行制度化、规范化的管理,以期提高和改善员工的绩效,从而提高组织绩效和实现组织战略目标的过程。

绩效管理的根本目的是通过管理者和员工之间持续不断地进行沟通,从而实现业绩的改进。

我们可以从以下几个方面来理解绩效管理的内涵。

第一,绩效管理是一个双向的管理活动。从管理的主体来看,绩效管理是管理者和员工共同进行的活动。一方面,绩效管理是管理者日常管理的一部分,是管理者实施有效管理的工具;另一方面,绩效管理系统的大多阶段都需要员工的参与和配合,如果想提升组织绩效,提升员工绩效是不可避免的途径。而若想提升员工绩效,需要员工主动积极地参与在绩效管理的过程中。

第二,绩效管理是对员工行为和结果的管理。从管理的客体来看,绩效管理的对象是抽象的"绩效",看似很难管理,但可以通过对产生绩效的员工的行为、工作过程及工作结果的计划、评估、反馈、改进等一系列管理手段来达到管理绩效的目的。

第三,绩效管理是周期性的、持续性的活动。绩效管理不是简单的对员工工作产出的衡量,也不是一次性就可以得出最终结果活动,而是一个周期性的、持续性的活动。通过对上一周期的绩效结果的复盘,总结出下一阶段绩效改进的目标和手段,从而实现绩效的持续改善,更好地达成组织目标。

(二)绩效管理的意义

1. 战略意义

绩效管理是综合管理组织、团队和员工绩效的过程,可以有效地构建组织的核心竞争力,推进组织的战略实施。

2. 管理意义

绩效管理是价值分配和人力资源管理决策的基础,它不仅决定了企业能创造出什么样的价值,也决定了企业价值应如何分配。此外,绩效管理通过将组织目标的分解到员工个人,使员工明确了自己的工作任务和目标,以及明白应当具备怎样的能力与技能。同时,绩效管理为管理者与员工提供了一个双向沟通的途径,既能使下属了解管理者的期望,又能使管理者知悉员工的工作进度及结果等,促进了有效沟通的实现。

3. 开发意义

绩效管理还有一个重要的意义,就是对员工进行甄选与区分,判断出符合组织发展需要的人才,同时发现不合适的人员,给予辅导、岗位调整或者直接淘汰。

三、绩效管理的发展历程

绩效考评思想最先起源于西方国家的政府部门。1854—1870年,英国为了提高公务员的工作效率,实施了文官制度改革,建立了一套关注表现、重视才能的考核制度。这套考核制度大大提高了政府行政管理的科学性,增强了政府的廉洁与效能。因此,美国效仿英国政府,于1887年也建立了相应的考核制度,并强调政府文官的任命、加薪及晋升均以考核结果为依据。此后,美国企业借鉴了绩效考评的做法,通过评估员工的表现、成绩、能力和工作适应性等方面,以此作为奖惩、培训、任用、辞退、晋升等企业行为的依据。

1954年,彼得·德鲁克在《管理的实践》一书中提出了目标管理法(Management by objective,MBO)。书中提到的目标管理是一种程序或过程,它使组织中的上下级一起协商,根据组织的使命确定一定时期内组织的总目标,由此决定上下级的责任和分目标,并把这些目标作为组织经营、评估和奖励的标准。彼得·德鲁克认为,任何组织、部门和个人的目标必须保持步调一致。虽然组织由不同的个体组成,企业每个人所做的贡献各不相同,但是,他们的努力应该朝着同一目标,以通过共同努力产出整体的业绩。企业如果没有总目标以及与总目标相一致的分目标,来指导员工的生产和管理活动,那么企业越大,人员越多,发生内耗和浪费的可能性越大。

1970年后期,美国管理学家奥布里·丹尼尔提出了"绩效管理"这一概念,随后人们对绩效管理进行了全面系统的研究。

整个20世纪的下半叶,是绩效管理的繁荣时期。所有企业英雄都是绩效达人。曾被公认为"世界第一经理人"的通用电气前CEO杰克·韦尔奇,在自传中就写道:"如果说,在我奉行的价值观里,要找出一个真正对企业经营成功有推动力的,那就是有鉴别力的考评,也就是绩效考评。"在这个时期,许多绩效管理的工具与方法不断涌现。

1981年,乔治·道朗(George Doran)、亚瑟·米勒(Arthur Miller)和詹姆斯·坎宁安(James Cunningham)在《管理评论》(Management Review)杂志上发表了文章There's a S.M.A.R.T. way to write management's goals and objectives,提出了目标设置中的SMART原则。S、M、A、R、T五个字母分别对应了五个英文单词:specific(明确的)、measurable(可衡量的)、achievable/attainable(可达成的)、relevant(相关的)和time-bound(有时间期限)。

20世纪80年代后半期,基于SMART原则与"二八法则"各大企业在实践中逐步

摸索出了关键绩效指标法(key performance indicators, KPI)。关键绩效指标法认为,在一个企业的价值创造过程中,员工80%的工作任务是由20%的关键行为完成。关注这20%的关键行为,就可以抓住业绩考评的核心。因此,组织应自上而下对战略目标进行层层分解,找出企业的业务重点,明确关键业务领域,再找出这些关键业务领域的关键绩效指标。

1992年,哈佛商学院教授罗伯特·卡普兰(Robert Kaplan)与诺兰诺顿学院的CEO戴维·诺顿(David Norton)在《哈佛商业评论》上发表了一篇文章:《平衡计分卡:绩效驱动指标》(The Balanced Scorecard: Measures that Drive Performance),标志着一种新的绩效管理工具的诞生。自平衡计分卡的提出,绩效管理就慢慢脱离了传统的杜邦分析财务模型,开始分析绩效管理与组织战略目标之间的关系。绩效管理演进到此,它已经不再只是由一些绩效指标、目标值和计算方法组成的考核体系;它已经成为保障组织核心能力能够正确孵化、培育和发展的有效督导和监控机制,而这些组织核心能力必将满足组织达成战略、推动业务发展。

1999年,目标与关键成果法(objectives and key results, OKR)开始在刚刚投资成立还不到一年的谷歌使用。OKR由有"风投之王"称呼的KPCB合伙人John L. Doerr带来,实践了几个季度之后,OKR就在谷歌生根开花了,并一直用到今天,后来除了自己用,谷歌还会对它投资的企业,提供专门的培训和实施OKR。2013年,谷歌员工Niket整理了一份"创业公司OKR模板"发布在互联网上,OKR为外界所知晓,并在瞬间引起轩然大波。

人力资源从业者在进行本组织的绩效管理时,应能够结合组织发展的现状,合理应用绩效管理的思想与工具。

四、全员绩效管理

全员绩效管理是现代企业人力资源管理的一种重要工具和手段。全员绩效管理是指各级管理者和员工为了达到组织目标共同参与的绩效目标制定、绩效目标分解、绩效指标拟定、绩效指标考核、绩效辅导沟通、绩效结果运用和绩效改进的闭环过程。全员绩效管理中的"全员"包括组织高层管理者、中层管理者、普通员工和人力资源管理部门。他们在绩效管理中应承担的责任如下。

高层管理者应承担的责任包括:传达并解释公司战略目标、经营重点和衡量绩效的标准;组织制定年度经营目标,并提供支持;经营绩效计划循环启动前进行沟通;展示承诺;战略回顾研讨;绩效合约签订;开展中高层管理人员绩效述职报告等。

中层管理者应承担的责任包括:与员工一对一面谈、绩效指导和反馈、绩效考评、绩效述职报告会议(中高层管理人员)、绩效合约的签订以及确定绩效目标改进与个人发展计划。

员工应承担的责任包括:制定自己的年度目标责任计划并分解到月;检查自己的工作进度并寻求反馈;按绩效计划对工作目标完成情况评估;对自己的个人绩效和个人职

业发展负责,寻找更高的职业发展目标。

人力资源管理部门应承担的责任包括：负责战略性绩效管理的组织、实施、调整、监控和培训；为战略性绩效管理提供专业技术支持。

企业实施全员绩效管理应遵循以下原则。

① 战略方向性原则：企业全员绩效管理应基于企业发展战略，制定绩效目标，建立和改进绩效指标体系，并遵循量化原则，确保全员的战略管理实施与企业战略目标相一致。

② 分类管理原则：企业全员绩效管理的开展应根据不同组织、部门和岗位的性质和特性，结合具体业务工作的实际情况和现实需要，分类进行绩效管理。

③ 公正、公平、公开原则：企业全员绩效管理应遵循过程公平、方法公正、结果公开的原则，让整个全员绩效管理过程透明化。

④ 持续改进原则：企业全员绩效管理的开展应该通过对全员的绩效管理过程，提升员工的工作效率与工作产出，持续改进，从而提升组织的绩效。

与传统的绩效管理理论相比，全员绩效管理中更加强调员工的参与。通过对绩效管理循环中的核心环节管理，提升员工的责任心和责任感，充分调动起员工的工作热情和工作积极性，以此来帮助企业规范绩效管理工作，提升员工个人绩效和组织绩效。

第二节　绩效管理循环

绩效管理是一个完整的循环，而不是一个阶段或者一个时点的工作，通过管理者与员工之间持续不断进行的业务管理循环过程，实现业绩改进。绩效管理循环分为六步：绩效计划、绩效实施、绩效评价、绩效反馈与面谈、绩效改进和绩效结果应用(见图8-1)。绩效管理循环，具有以下三个特点。

① 连续性。每一次循环都从组织的战略目标分解开始，制定绩效计划，对绩效计划予以实施与管理，定期考核与反馈，以达到绩效改进的目的，最后以绩效结果应用结束一个周期的绩效管理循环。每次循环有先有后，有始有终，循环的六个阶段是连续的，不能割裂地考虑。

② 同步性。绩效管理循环是大环套中环，中环套小环的体系。一个组织的绩效管理可以是一个大循环，一个部门或科室的绩效管理是中循环，一个班组的绩效管理是小循环。部门或科室根据组织总体战略要求，结合本部门的实际情况，制定具体的绩效计划，形成其绩效循环，并把目标、任务落到班组、员工，形成更小的绩效管理循环。这样大、中、小循环一环套一环，每个循环都运转起来同步进行，使员工、班组、部门的绩效管理工作一步一步地提高，最终保证整个组织目标和计划的实现。

③ 上升性。绩效管理循环每循环一次，员工的工作质量和部门业绩就应该提高一步，正像转动的车轮，每转动一周就上升一级，达到一个新的更高的水平，不停地转动，不断地提高。

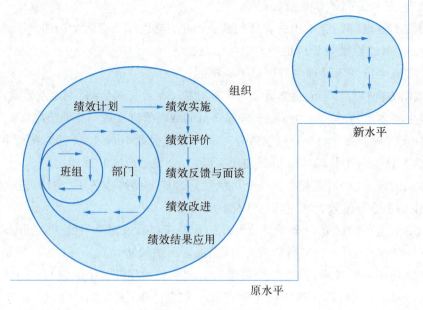

图 8-1　绩效管理循环

一、绩效计划

绩效计划是绩效管理的第一个环节，它是绩效管理过程的起点。企业的战略要落地，必须先将战略分解为具体的任务或目标，落实到各个岗位上，然后再对各个岗位进行相应的职位分析、工作分析、人员资格条件分析。这些步骤完成后，经理人员就该和员工一起，根据本岗位的工作目标和工作职责来讨论，搞清楚在绩效计划周期内员工该做什么工作，做到什么地步，为什么要做这项工作，何时应做完，以及员工权力大小和决策权限等。在这个阶段，管理者和员工的共同投入和参与是进行绩效管理的基础。如果是管理者单方面地布置任务、员工单纯接受要求，就变成了传统的管理活动，失去了协作的意义，绩效管理就名不符实了。通常绩效计划都是做一年期，在年中也可以修订。

绩效计划要掌握的几个要点包括：

① 绩效计划的制定主体是管理者和员工；
② 绩效计划的内容是关于绩效周期内工作和绩效标准的契约；
③ 绩效计划是个双向沟通的过程；
④ 绩效计划内含管理者和员工双方的心理承诺。

二、绩效实施

制定了绩效计划之后，被考评者就开始按照计划开展工作。在工作的过程中，管理者要对被考评者的工作进行指导和监督,对发现的问题及时予以解决,并随时根据实际情况对绩效计划进行调整。绩效计划并不是在制定了之后就一成不变,随着工作的开展会不断调整。在整个绩效计划期间内,都需要管理者不断地对员工进行指导和反馈,即进行持续的绩效沟通。这种沟通是一个双方追踪进展情况、找到影响绩效的障碍以及得到使双方成功所需信息的过程。作为激励手段的绩效管理也应该遵循人性化的特征。不管员工等级的高低,绩效管理都是平等的,是一种服务和支持。基于这种认识,管理者要从心的沟通开始。

绩效实施要掌握的几个要点包括:
① 绩效实施是绩效计划实现的保证;
② 绩效实施是一个动态变化的过程;
③ 绩效实施的核心是持续沟通式的绩效辅导;
④ 绩效实施的结果是为绩效评价提供依据。

三、绩效考评

绩效考评包括绩效考评和评价两部分内容。绩效考评是对任务完成程度进行评估,绩效评价是指对任务完成者的能力和态度进行评价。

可以根据具体情况和实际需要,进行月度考核、季度考核、半年考核和年度考核。工作绩效考评是一个按事先确定的工作目标及其衡量标准,考察员工实际完成绩效情况的过程。考核期开始时签订的绩效合同或协议,一般都规定了绩效目标和绩效测量标准。绩效合同一般包括:工作目的描述、员工认可的工作目标及其衡量标准等。绩效合同是进行绩效考评的依据。绩效考评包括工作结果考核和工作行为评估两个方面。其中,工作结果考核是对考核期内员工工作目标实现程度的测量和评价,一般由员工的直接上级按照绩效合同中的标准,对员工的每一个工作目标完成情况进行等级评定。而工作行为考核则是针对员工在绩效周期内表现出来的具体的行为态度来进行评估。同时,在绩效实施过程中所收集到的能够说明被考评者绩效表现的数据和事实,可以作为判断被考评者是否达到关键绩效指标要求的证据。绩效评价要遵循几个原则:公平、公正原则;公开、透明原则;制度化原则;弹性原则;可行性原则。

绩效管理和绩效考评之间的区别如表8-1所示。

表8-1 绩效管理和绩效考评之间的区别

绩 效 管 理	绩 效 考 评
一个完整的绩效管理过程	绩效管理过程中的局部环节和手段
贯穿于日常工作,循环往复进行	只出现在特定时期

续　表

绩　效　管　理	绩　效　考　评
具有前瞻性,能有效规划组织和员工的未来发展	回顾过去的一个阶段的成果
注重双向的交流、沟通、监督、评价	事后的评价
侧重日常绩效的提高	注重进行绩效结果评价
注重个人素质能力的全面提升	注重员工的考核成绩
绩效管理人员与员工之间的绩效合作伙伴的关系	绩效管理人员与员工站到了对立的两面

四、绩效反馈与面谈

绩效管理的过程并不是为绩效考评打出一个分数就结束了,主管人员还需要与员工进行一次甚至更多次面对面的交谈。通过绩效反馈面谈,使员工了解主管对自己的期望,了解自己的绩效,认识自己有待改进的方面。员工也可以提出自己在完成绩效目标中遇到的困难,请求上级的指导。

有效的绩效反馈对绩效管理起着非常重要的作用:它在考评者和被考评者之间架起了一座沟通的桥梁,使绩效评价公开化,确保评价的公平和公正;它使被考评者了解到自己工作中的不足,有利于改善绩效;它可以排除目标冲突,有利于增强企业的核心竞争力。

在绩效反馈面谈中主要遵循九项原则:相互信任;目的明确;认真倾听;避免对立和冲突;就事论事;面向未来;优缺点并重;积极的心态;做好记录。

五、绩效改进

绩效改进是绩效管理过程中的重要环节。传统绩效考评的目的是通过对员工的工作业绩进行评估,并将评估结果作为确定员工薪酬、奖惩、晋升或降级的标准。而现代绩效管理的目的不限于此,员工能力的不断提高以及绩效的持续改进和发展才是其根本目的。绩效改进应该具有针对性和时间性,要获得参与人员的认同。企业根据绩效评价的结果分析对员工进行量身定制的培训。发现员工缺乏的技能和知识后,应该有针对性地安排一些培训项目,及时弥补员工能力的短板。这样带来的结果既满足了完成工作任务的需要,又可以使员工得到学习机会,对企业和员工都是有利的。绩效改进工作的成功与否是绩效管理是否发挥作用的关键。

绩效改进可以分为四个方面:绩效诊断与分析;建立专门的绩效改进部门;确定绩效改进工具及方案;绩效改进效果评估。

六、绩效结果应用

绩效考评完成并不代表绩效管理循环的结束,绩效评价结果要与相应的各个管理环节相互衔接。

(一) 招聘与甄选

通过对绩效考评结果进行分析,可以发现绩效考评结果优秀的员工的共同胜任特征,把这些特征作为组织招聘时选拔人才的标准,能够提高绩效的预测效度,提高招聘的质量并降低招聘失败成本。

(二) 薪酬管理

将绩效考评结果与薪酬联系起来,建立了一种付出与回报之间的因果关系,能够增加员工对工作的投入程度,可以提高员工的绩效。企业除了基本工资之外一般还设置绩效工资。绩效工资是直接与员工个人业绩挂钩的。一般来说,个人绩效评价越高,所得绩效工资越多。这其实是对员工追求高业绩的一种鼓励与肯定。

(三) 职务调整

绩效考评结果可以作为员工岗位或职务调整的依据。绩效评价优秀的员工可以给予晋升的机会作为鼓励;绩效评价结果不好的员工可以根据实际情况转岗、降职甚至是解雇。

(四) 通过沟通改进工作

绩效考评结果反馈给员工后,有利于员工认识自己的工作结果,发现自己工作过程中的短板所在。绩效沟通给员工带来的这种信息会使员工真正认识到自己的缺点和优势,从而积极主动地改进工作。

(五) 培训与再教育

对于难以靠自学或规范自身行为、态度就能改进绩效的员工来说,可能真的在知识、技能或能力方面出现了"瓶颈",因此企业必须及时认识到这种需求,组织员工参加培训或接受再教育。而这也越来越成为吸引优秀员工加盟企业的一项企业福利。

(六) 人力资源规划与开发

绩效考评结果可以为组织提供总体人力资源质量优劣程度的信息,获得所有人员晋升和发展潜力的数据,以便为组织的未来发展制定人力资源规划。根据绩效评价结果,企业能够有针对性制定员工在培养和发展方面的特定需要,以便最大限度地发展他们的优点,使缺点最小化,增强培训效果,降低培训成本,在实现组织目标的同时,帮助员工实施他们的职业生涯规划。

(七) 正确处理员工关系

规范、公平的绩效评价,是员工加薪、奖惩、晋升、降级、调动、辞退等人力资源管理活动的重要依据,能够减少人为因素对人力资源管理的影响,因此有利于促进建立和谐的员工关系。

第三节 绩效目标和衡量指标设计工具

一、平衡计分卡

平衡计分卡(balance score card,BSC)被称为是一种将企业发展战略转化为实际行动的最有效工具。1990年,美国的诺兰诺顿学院设立一个为期一年的项目,专门研究一个新的绩效测评模式的开发。诺兰诺顿的CEO戴维·诺顿任项目组组长,哈佛商学院教授罗伯特·卡普兰担任学术顾问,共有12家公司参与了这次开发项目。作为这个项目的研究成果,1992年,卡普兰与诺顿在《哈佛商业评论》上发表了一篇文章:《平衡计分卡:绩效驱动指标》(The Balanced Scorecard: Measures that Drive Performance),标志着平衡计分卡的诞生。1993年,卡普兰和诺顿在《哈佛商业评论》上发表了平衡计分卡第二篇文章《在实践中应用平衡计分卡》(Putting the Balanced Scorecard to Work)开始把平衡计分卡的应用从单纯的绩效驱动指标延伸到战略管理工具。1996年,卡普兰和诺顿出版了《平衡计分卡:化战略为行动》(The Balanced Scorecard: Translating Strategy into Action)一书。在书中他们将平衡计分卡应用于战略管理体系,开始链接组织战略,但是还是强调衡量。该书的出版标志着平衡计分卡理论的建立。2000年,卡普兰和诺顿出版了《战略中心型组织:平衡计分卡的制胜方略》(The Strategy-Focused Organization: How Balanced Scorecard Companies Thrive in the New Business Environment),提出平衡计分卡与企业战略链接,应用平衡计分卡来管理战略。作者还在书中提出了战略地图的概念,但只作为一个步骤提出,并没有给予完整的阐述。2003年,卡普兰与诺顿出版了《战略地图:化无形资产为有形资产》(Strategy Maps: Converting Intangible Assets into Tangible Outcomes)一书,应用战略地图来描述战略,战略描述得到很好的解决,最终形成了一个完整的战略描述和执行的可视化战略管理体系。该书被称为是平衡计分卡的巅峰之作。2006年,卡普兰与诺顿出版了《组织协同:运用平衡计分卡创造企业合力》(Alignment: Using the Balanced Scorecard to Create Corporate Synergies),平衡计分卡通过战略执行开始深入渗透组织管控领域,通过确立集团"企业价值定位",加强各业务单元和专业模块的协作。2008年,卡普兰与诺顿出版了《平衡计分卡战略实践》(The Execution Premium: Linking Strategy to Operations for Competitive Advantage),引导企业构建并运行一套有效的从战略制定到运营执行,从战略监控再到战略检验修正的闭环管理体系。

(一)平衡计分卡的定义

平衡计分卡从组织长期的使命和愿景以及中期的战略目标为出发点,运用平衡的哲学思想,将公司的战略目标转化为财务(finance)、顾客(customer)、内部流程(internal processes)、学习与成长(learning & growth)四个方面的战略目标,并设置相应的衡量指

标、目标值与行动方案的一种新型绩效管理体系

(二) 平衡计分卡的四个维度

平衡计分卡的四个维度,如图 8-2 所示。

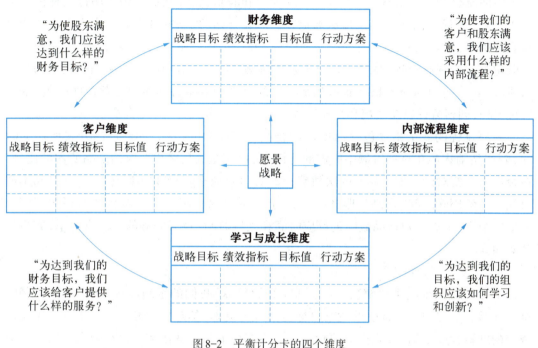

图 8-2　平衡计分卡的四个维度

注：表格中的"战略目标"可以理解为"关键的成功因素"。

1. 财务维度

财务维度主要解决"为使股东满意,我们应该达到什么样的财务目标"这个问题。财务维度的战略目标和衡量指标能综合反映公司绩效,体现股东利益,并能反映企业战略及其实施是否真正改善经营绩效。财务维度的战略目标包括改善成本结构、提高资产利用率、扩大增加销售额的机会、提高客户价值等。

典型的财务绩效指标包括：收入增长指标（如销售收入、利润等）,成本减少或生产率提高指标（如资产负债率、流动比率、速动比率、应收账款周转率等）,资产利用或投资指标（如投资回报率）。企业应根据自身的战略目标或不同发展时期的要求,选择相应的财务绩效指标。

2. 客户维度

客户维度主要解决"为达到我们的财务目标,我们应该给客户提供什么样的服务？"这一问题。客户是企业生存之本,很多企业把客户看成是最重要的利益相关者。客户满意度决定老客户的保有率和新客户的获得率,从而决定市场份额。

客户维度的衡量指标包括：①市场份额,即在一定市场中企业销售产品的比例；②客户保留度,即企业继续保持与老客户交易关系的数量或比例；③客户获取率,即企

业吸引或取得新客户的数量或比例；④客户满意度，即反映客户对企业获得价值的满意程度；⑤客户利润贡献率，即企业为客户提供产品或劳务所取得的利润水平。

3. 内部流程维度

内部流程维度主要解决"为使我们的客户和股东满意，我们应该采用什么样的内部流程"这一问题。内部流程是指从确定客户需要开始、到研究开发满足客户需求的产品与服务项目，生产与销售相应的产品与服务，并提供售后服务的一系列活动。平衡计分卡既重视改善现有流程，也要求确立全新的流程，并且通过内部经营流程将企业的学习与成长、客户价值与财务目标联系起来。内部流程的战略目标涉及运营管理流程、客户管理流程、创新流程以及法规和社会流程。

内部流程的衡量指标包括：①评价企业创新能力的指标，如新产品开发所用的时间、新产品销售额在总销售额中所占的比例、可以完全满足客户要求的产品所占的比例、在投产前需要对设计加以修改的次数等；②评价企业运营管理效率的指标，如产品生产时间和经营周转时间、产品和服务的质量、产品和服务的成本等；③评价企业售后服务绩效的指标，如企业对产品故障的反应时间和处理时间、售后服务的一次成功率、客户付款时间等。

4. 学习与成长维度

学习与成长维度主要解决"为达到我们的目标，我们的组织应该如何学习和创新"这一问题。学习与成长维度的战略目标包括人力资本、信息资本和组织资本这三类无形资产的准备程度。第一，企业需要建立一支高素质的员工队伍来满足企业发展需求。第二，企业需要建立一个有效的信息系统，让员工了解企业的战略意图、及时获取客户、内部流程和财务信息，让他们明确自己的工作与企业战略之间的关系。第三，企业需要设计有效的激励机制，以激发员工的积极性和创造性。

学习与成长维度的衡量指标主要包括以下三个方面：①评价员工能力的指标，如员工满意度、员工保持率、员工工作效率、员工培训次数、员工知识水平等；②评价企业信息能力的指标，如信息覆盖率、信息系统反应的时间、接触信息系统的途径、当前可能取得的信息与期望所需要的信息的比例等；③评价激励、授权与协作的指标，如员工所提建议的数量、所采纳建议的数量、个人和部门之间的协作程度等。

5. 战略地图

上述四个维度的战略目标之间不是彼此独立，而是相互之间存在着密切的联系。财务维度的战略目标是根本，其他三个维度的战略目标最终都要体现在财务目标上。各个维度的战略目标之间存在着因果关系，这些因果关系形成了企业绩效管理的战略地图（strategy map）。战略地图是对组织关键成功因素之间因果关系的可视化表示方法，是一种用以描述和沟通战略的管理工具。

我们可以将战略地图比喻为一座楼房。房顶部分由企业的使命、价值观、愿景和战略构成。房子的主体分为四个楼层，从上往下依次为财务层、客户层、内部流程层以及学习与发展层。这四个层面是一个"2—4—4—3"框架。其中，"2"指的是两大财务战略，即财务层面的生产率提升战略和收入增长战略。第一个"4"指的是四种通用的客户价值主张,即总成本最低战略、产品领先战略、全面客户解决方案以及系统锁定战略。第二个"4"是指四种内部流程,分别为运营管理流程、客户管理流程、创新流程以及法规与社会流程。"3"是指三种无形资产,即人力资本、信息资本和组织资本。战略地图的通用模板,如图8-3所示。

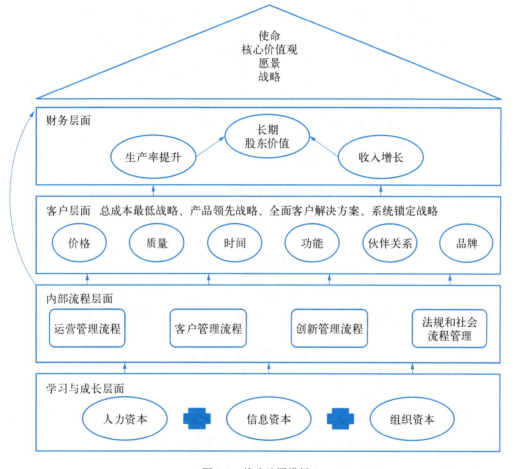

图8-3 战略地图模板

(资料来源:Robert S. Kaplan, David P. Norton. *Strategy Maps*: *Converting Intangible Assets into Tangible Outcomes*, Harvard Business School Press, 2004。)

根据战略地图中的战略目标(也称关键成功因素)就可以设计相应的衡量指标、衡量指标的目标值以及行动方案。

例如,某社区医院的使命是向社区居民提供最好的保健服务。

在财务维度,需要思考什么是利润的驱动力?回答是高利润服务增长的管理,为此可以从扩大财务收入和利润空间、扩大目标患者客户群、提高生产力三方面入手。为了实现以上的财务目标,在客户维度,需要向目标客户群提供个性化的服务、使服务更贴近顾客。在内部流程方面需要关注病人的需求并让他亲身体验到、让病人不断了解整个（就医）过程、对效率低的就医流程进行精简。在学习和成长方面，也要做好人力资本、信息资本和组织资本的准备，例如聘用和扶持重视客户服务的员工、向所有的员工提供所需的信息和工具以及奖励重视客户服务和战略的团队。这四个维度的战略目标（即关键的成功因素）之间存在因果关系，如图8-4所示。

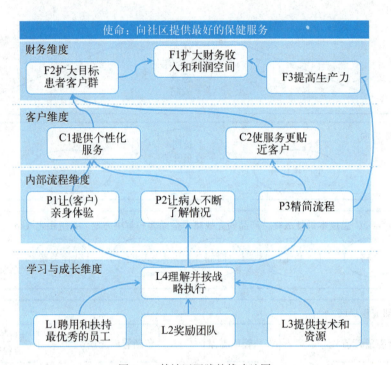

图8-4 某社区医院的战略地图

（三）平衡计分卡的核心思想

平衡计分卡的核心思想主要体现在指标之间的"平衡关系"。平衡计分卡能在以下不同类型的衡量指标之间取得平衡，从而驱动企业持续平稳的发展。

1. 外部指标和内部指标之间的平衡

平衡计分卡将评价的范围由传统只注重内部财务指标的评价扩大到企业外部客户指标的评价。同时以全新的眼光重新认识企业内部指标评价，将以往只看财务结果，扩展到既看结果，又看产生结果的企业内部流程以及学习和成长这些内部指标。

2. 财务指标和非财务指标之间的平衡

平衡计分卡改变了过去仅依靠财务指标的业绩评估方法，因为财务指标只是评估过去的业绩，而无法指导未来。平衡计分卡在关注财务指标的同时也关注面向未来的非财务指标，如客户满意度、运营管理流程、人力资源素质、信息管理、组织发展等。

3. 领先指标（leading indicators）和滞后指标（lagging indicators）之间的平衡

平衡计分卡对四个层面的指标进行了区分。其中，财务层面和客户层面描述组织预期达成的绩效结果,而内部流程层面和学习与发展层面则描述组织如何达成战略的驱动因素。因此,前两层的指标界定为滞后指标,后两层的指标界定为领先指标。另外,每一层的指标按照因素关系进一步划分为领先指标和滞后指标。一般来讲,对工作过程和阶段性成果进行衡量的指标为领先指标;对工作的最终结果进行衡量的是滞后指标。

4. 短期指标和长期指标之间的平衡

企业不但要注意短期指标(如利润),更要关注长远发展,制定出面向未来的长期指标(如客户满意度、员工训练成本与次数)。平衡计分卡既关注了学习与成长维度的长期指标,也关注了财务维度的短期指标。

二、关键绩效指标法

(一)关键绩效指标法

关键绩效指标法(key performance indicators,KPI)是通过对组织内部某一流程的输入端和输出端的关键参数进行设置、取样、计算、分析,衡量流程绩效的一种目标式量化管理方法。

KPI法是目标管理思想(management by objective,MBO)与帕累托定律("20/80"定律)的有机结合。KPI法的核心思想是,企业80%的绩效可以通过20%的关键指标来把握和引领,企业应当抓住主要矛盾,重点评估与其战略目标实现关系最密切的那20%的关键绩效指标。

(二)关键绩效指标

1. 关键绩效指标和公司战略目标的关系

KPI来自对公司战略目标的分解。

首先,作为衡量各职位工作绩效的指标,KPI所体现的衡量内容最终取决于公司的战略目标。KPI构成公司战略目标的有效组成部分或支持体系时,它所衡量的职位便以实现公司战略目标的相关部分作为自身的主要职责;如果KPI与公司战略目标脱离,则它所衡量的职位的努力方向也将与公司战略目标的实现产生分歧。

其次,KPI是对公司战略目标的进一步细化和发展。公司战略目标是长期的、指导性的、概括性的,而各职位的KPI内容丰富,针对职位而设置,着眼于考核当年的工作绩效、具有可衡量性。因此,KPI是对真正驱动公司战略目标实现的具体因素的发掘,是公司战略对每个职位工作绩效要求的具体体现。

最后,KPI随公司战略目标的发展演变而调整。当公司战略侧重点转移时,关键绩效指标必须予以修正以反映公司战略新的内容。

2. 关键绩效指标的特点

(1)可操作性

KPI是对绩效构成中可控部分的衡量。可操作性是指标必须有明确的定义和计算方法，易于取得可靠和公正的初始数据，同时指标能有效进行量化和比较。企业经营活动的效果是内因外因综合作用的结果，这其中内因是各职位员工可控制和影响的部分，也是KPI所衡量的部分。KPI应尽量反映员工工作的直接可控效果，剔除他人或环境造成的其他方面影响。例如，销售量与市场份额都是衡量销售部门市场开发能力的标准，而销售量是市场总规模与市场份额相乘的结果，其中市场总规模则是不可控变量。在这种情况下，两者相比，市场份额更体现了职位绩效的核心内容，更适于作为KPI。

（2）关键性

KPI是对重点经营活动的衡量，而不是对所有操作过程的反映。每个职位的工作内容都涉及不同的方面，高层管理人员的工作任务更复杂，但KPI只对其中对公司整体战略目标影响较大，对战略目标实现起到不可或缺作用的工作进行衡量。

（3）系统性

KPI是一个完整的系统，在这个系统中，管理人员和员工全部参与进来。管理人员和员工通过沟通的方式，将企业的战略、经理的职责、管理的方式和手段以及员工清除工作过程中的障碍并提供必要的支持、指导和帮助，与员工一起共同完成绩效目标，从而实现组织的远景规划和战略目标。

（4）组织上下共同认同

KPI不是由上级强行确定下发的，也不是由本职职位自行制定的，它的制定过程由上级与员工共同参与完成，是双方所达成的一致意见的体现。它不是以上压下的工具，而是组织中相关人员对职位工作绩效要求的共同认识。

3. 关键绩效指标设计遵循的原则

KPI设计要遵循SMART原则。其中，S指绩效考核要切中特定的工作指标，不能笼统；M指绩效指标是数量化或者行为化的，验证这些绩效指标的数据或者信息是可以获得的；A指绩效指标在付出努力的情况下可以实现，避免设立过高或过低的目标；R指绩效指标是实实在在的，可以证明和观察；T注重完成绩效指标的特定期限。

（三）建立企业的关键绩效指标体系

企业的KPI体系一般由企业层面的KPI、部门层面的KPI以及员工个人的KPI构成。

1. 企业层面的关键绩效指标

设计企业层面的KPI，需要先确定企业关键的成功因素，然后设计实现关键成功因素的衡量指标。确定企业关键成功因素的方法，除了平衡计分卡的战略地图这种方法外，还可以采用鱼骨图法。

鱼骨图法（fishbone analysis method）是一种发现问题根本原因的方法，又称为因果图法。其中，鱼头表示需要解决的问题，大鱼骨是指产生问题的主要原因，小鱼骨是指产生问题的主要原因的下一级次要原因。鱼骨图法一般从人、机、料、法、环五个方面寻找问题的原因。在找问题原因的时候遵循二八原则，即抓住20%的关键原因就可以解决问题的80%。

绘制鱼骨图的步骤：① 填写鱼头，即要解决的问题；② 画出大骨，并填写产生问题的大要因,注意绘图时,应保证大骨与主骨成60度夹角;③ 画出中骨、小骨,并填写产生大要因的中小要因,请注意绘图时中骨要与主骨平行。图8-5是鱼骨图的示意图。

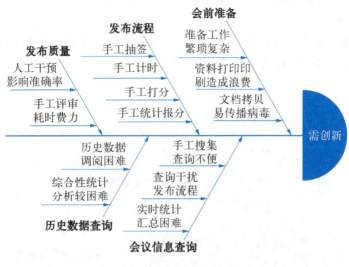

图8-5 鱼骨图示意图

图8-5中,鱼头要解决的问题是需要创新;大骨包括会前准备、发布流程、发布质量、历史数据查询以及会议信息查询,大骨与主骨呈60度角;中骨为准备工烦琐复杂、资料打印印刷造成浪费等,中骨与主骨平行。

2. 设计部门层面的关键绩效指标

采用目标分解法,将公司层面的关键绩效领域和KPI分解为各个部门的关键绩效领域和KPI。部门在设计KPI时,不仅要承担公司层面的绩效目标的分解,还应当包括本部门的组织建设和工作改进。

3. 设计岗位层面的关键绩效指标

各部门主管和员工在组织和部门层面的关键绩效领域和KPI的基础上,设计岗位层面的KPI。岗位层面的KPI的来源包括岗位职责、主管或者部门的KPI、用户提出的需求、领导布置的但是没有在工作说明书中规定的任务。

4. 确定关键绩效指标的权重

无论是企业层面、部门层面还是岗位层面的KPI都需要确定权重。设定权重时,要根据各项工作在实现工作目标中的重要性划分权重,而不是根据完成任务需要花费的时间来划分权重。

三、目标和关键结果法

(一)目标和关键结果法的定义

目标与关键成果法(objectives and key results, OKR)是一种企业、团队、员工个人目标设定与沟通的最佳实践与工具,是通过结果去衡量过程的方法与实践。OKR 还是一种能够促进员工与团队协同工作的思维模式。其中,目标(objective,O)可以理解为我想去哪里;关键结果(key result,KR)可以理解为我如何知道正朝着目标迈进,即用于衡量目标的达成情况。

目标和关键结果法是从战略出发,明确目标,并且在更短的周期内聚焦关键成果。它与企业的使命、愿景、战略之间的关系,如图 8-6 所示。

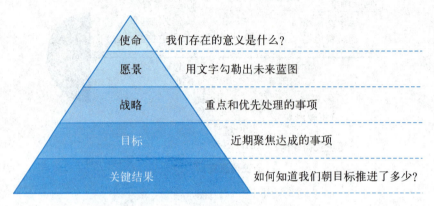

图 8-6　OKR 与使命、愿景、战略的关系

(二)目标和关键结果法的特点

1. 明确并聚焦工作重心

OKR 的主要目的是用于区别最关键的业务目标,因此,并不能单纯列出一张任务清单,而应该做出取舍,决定哪些任务才是最终的关注点。谷歌在 OKR 实践中,每次设定 OKR 时,最多设立 5 个 O(目标),每个目标最多 4 个 KRs(关键结果)。

2. 遵循 SMART 原则

OKR 同样需要遵循 SMART 原则。OKR 依然强调 SMART 原则的 SMRT,但不强调可实现(attainable),而是强调有雄心的(ambitious)。

3. 公开透明

OKR 被设计用于最大化协同和促进整个组织不同部门、不同团队、不同岗位工作目标的对齐一致,因此,OKR 对每一个组织成员都充分共享,组织内自上而下都可以看到公司、部门和每个员工的 OKR 及其达成情况。

4. 持续承诺

OKR 代表了一种时间和精力上的承诺,一般来讲,需要每季度(或其他预先规定的周期)刷新 OKR,仔细确认结果达成情况,修正现行战略和商业模式,完成持续改进。

5. 不用来评估绩效

OKR 打分一般并不用来评估员工的绩效表现,且不与绩效奖金及晋升挂钩。

(三)目标和关键结果法的意义

OKR 与 KPI 这两种方法有很大区别。KPI 是一种绩效管理工具,而 OKR 是一种目标管理方法，不是严格意义上的绩效管理工具。KPI是根据组织结构将战略目标层层分解为部门和岗位目标，并细化为战术目标。KPI最终的关注点还是在财务指标上，默认工作完成的情况对于财务结果有直接影响，是纯粹的结果导向。而OKR则是一套定义和追踪目标及其完成情况的管理工、方法和工作模式，存在的目的不是考核团队和员工的绩效完成情况，而是时刻提醒每一个人当前的任务是什么，以产出为导向，把"要我做"转化为"我要做"。

因此，OKR是从根本上重新思考如何更好地完成工作的方法。OKR可以帮助提升组织能力，激发团队和员工的主动性和创造性。OKR可以为组织带来的以下一些收益。

① 聚焦。OKR确保每位员工都清晰理解什么才是最重要的工作。

② 促进跨部门协作。OKR强调公开透明，从企业高管直到普通员工的O和KR都会公开，可以促进跨部门协作。

③ 提高员工的工作主动性和责任感。OKR建议60%及以上的目标是自下而上设定，可以提高员工的工作主动性和责任感。

④ 促进前瞻性思考。OKR可以充分激发组织和员工去做面向未来的思考。

（四）创建高质量的目标和关键成果

创建一个高质量的OKR，首先需要创建一个宏伟的目标（O）。O主要回答的是"what"的问题，即"我们想做什么"。一个好的目标，应该可以鼓舞人心，驱动人们达成更高的绩效表现。其次，好的目标应是本季度可执行的目标，如果制定的目标可能需要半年到一年时间才能完成，那么这个目标更像一个战略或愿景。再次，好的目标应该在团队可控范围之内。无论是公司、业务单元、部门、团队还是个人，创建OKR时都应保证达成结果在其相应层级内是可控的。最后，一个好的目标应该是有商业价值的，可以为企业战略贡献价值并且带来商业回报。这里有一些撰写目标时的小建议：

① 建议避免撰写现状，避免原地踏步；

② 使用明确的问题来描述目标，及时澄清疑问；

③ 用积极正向的语言去表述目标；

④ 使用简单的规则来指引目标；

⑤ 以动词开头描述目标，确保体现一定的行动和期望方向；

⑥ 使用通俗易懂的文字撰写，避免缩写、行话；

⑦ 可以对目标进行补充说明。

关键结果（KR）主要回答的是"how"的问题，即我们如何知道是否已经达成目标。与目标类似，良好的关键结果也有一定的特征。良好的KR应该是量化的、充满挑战性且激励人的目标，并且与领导团队上下对齐，同时在团队之间水平对齐，推动正确的行为。好的KR应有明确的责任人负责。有相关的流程和过程管理。多数KR应由责任人自己创建，而非公司强制下发。

根据绩效管理系统的成熟度和数据可获得性上的差异，KR可以分为5种不同类型，如表8-2所示。

表 8-2　KR 类型、适用场景及示例

类　型	何　时　使　用	示　　例
基线型	之前没有与 objective 相关的度量数据	获取电子券赎回率基线数据
正向度量型	需要设置一个越多越好型度量指标时	每封邮件所带来的收入提升 10%
负向度量型	需要设置一个越少越好型度量指标时	将发票处理时间从 5 周减至 2 周
范围型	需要为一个度量项设置一个范围时	维持咨询顾问利用率在 70%～80% 之间
里程碑型	结果不能用一个度量值表述时	发布推送通知功能

资料来源：保罗·尼文和本·拉莫尔特.OKR：源于英特尔和谷歌的目标管理利器[M].北京：机械工业出版社,2017.

在制定 KR 时，应遵循以下注意事项：
① 找出关键结果，而非结果；
② 描述结果，而非任务方案清单，不要使用帮助/协助/参与等辅助性动作；
③ 使用积极的语言（增加），消极语言：降低；
④ 保持语言简单与清晰，避免误解（降低离职率）；
⑤ 迎接所有的可能性，不要设想结果；
⑥ 确定负责人。

第四节　绩效考评

一、360 度绩效考评

360 度绩效考评，又称全方位绩效考评，是指由与被评价者有密切关系的人，包括被评价者的上级、同事、下属和客户等，分别匿名对被评价者的绩效进行评价的方法。被评价者自己也可以对自己进行评价。然后，由专业人员汇总评价，被评价者提供反馈，以帮助被评价者提高其能力水平和业绩。

360 度绩效考评的主要目的是服务于员工发展，而不是对员工进行管理。当评价的主要目的是服务于员工发展时，评价者所做出的评价会更客观和公正，被评价者也更愿意接受评价的结果。当评价的主要目的是用于行政管理时，例如用于员工晋升、确定工资等），评价者就会考虑到个人利益得失，所做的评价难以客观公正；而被评价者也会怀疑评价者评价的准确性和公正性。

采用多名评价者，确实扩大了信息搜集的范围，但是并不能保证所获得的信息就是准确的，公正的。在 360 度绩效考评的过程中，受到信息层面、认知层面和情感层面等因素的影响，可能会导致所获得的评价结果不是很准确和公正。

从信息层面来说,评价者对被评价者所承担的职位角色可能并不是非常了解,也有可能不知道应该对被评价者的哪些行为表现进行评价,也有可能没有或者很少有机会观察被评价者的行为表现。由于没有掌握相应的信息,或者了解的信息是不全面的,会使评价结果出现误差。

从认知层面来说,由于对人的评价是一项复杂的活动,需要评价者正确地获取、储存、提取并集成不同时间段与被评价者所担任的职位、工作业绩有关的各项信息,来对被评价者做出评价。而评价者可能会简化这项活动,只是根据他们对被评价者的整体印象,而不是具体的行为表现来对被评价者进行评价。

从情感层面来说,评价者可能会无意识或者有意识地歪曲对被评价者的评价。为了维护自己的自尊,一般的评价者在评价时,会给自己较高的评价,而给其他人以较低的评价。并且在对自己进行评价时,倾向于把成功归因于自己的能力,把失败归因于外部环境的限制;而对他人进行评价时,倾向于把成功归因于外部环境,把失败归因于被评价者。在同一公司工作的员工,既是合作者,又是竞争者,考虑到各种利害关系,评价者有时还会故意歪曲对被评价者的评价。比如,可能会给跟自己关系好的被评价者以较高的评价,给跟自己关系不好的被评价者以较低的评价。

由于以上原因,如果不对评价者进行有效的培训,会导致评价结果产生很多误差。为了提高评价结果的准确性和公正性,在进行360度绩效考评之前,应对评价者进行选择、指导和培训。

360度绩效考评能不能改善被评价者的业绩,在很大程度上取决于评价结果的反馈。评价结果的反馈应该是一个双向反馈。一方面,应该就评价的准确性、公正性向评价者提供反馈,指出他们在评价过程中所犯的错误,以帮助他们提高评价技能;另一方面,应该向被评价者提供反馈,以帮助被评价者提高能力水平和业绩水平。当然,最重要的是向被评价者提供反馈。

360度绩效考评的优点和缺点如表8-3所示。

表8-3 360度绩效考评的优点和缺点

优　　点	缺　　点
通过上级、同级、下级和客户等评估,能使绩效考评中收集的信息较为全面,也易于在考核中深入发现一些平时难以察觉的问题。	360度绩效考评方法一般总以评级法为基础,其中包含的信息,无论是数字还是文字叙述,都极其有限,这种情况使被考评者不能获取额外的解释或信息。大多数360度绩效考评都采用匿名的形式,这种匿名系统丧失了改善绩效的机制。
由于360度绩效考评是有业务关系或行政关系人员之间的相互评价,这就能在参与互评的员工之间形成一种制衡机制,使各方的评价更趋于客观公正。	360度绩效考评容易成为管理者不愿管理员工的借口。由于360度绩效考评强调的是集体负责,容易导致谁也不负责。
通过360度绩效考评,能更好地考核员工的综合素质、个人能力等一些难以量化考核的项目。	360度绩效考评工作量巨大,而且耗费大量经济与非经济成本。

二、绩效考评中的认知偏差

曼纽尔·伦敦（Manuel London）在出版的《人们如何评价组织中的其他人》(*How People Evaluate Others in Organizations*)一书中提出"特殊评分者效应"，即与被评者相比，打分更能揭示评分者的信息。我们理所当然地认为绩效考评打分针对的是被评者的工作表现，但实际上，但是由于考评者的个人原因，却造成对同一被考评者打出差异显著的不同分数。如何保证绩效考评不会因特殊评分者效应产生偏差呢？

（一）绩效评价者的认知偏差

绩效评价者比较容易犯的认知偏差有：晕轮偏差、刻板偏差、对比偏差、近因偏差、宽松偏差、严苛偏差以及趋中偏差。

晕轮偏差是由晕轮效应造成的。晕轮效应（halo effect）是指在人际知觉中所形成的以点概面或以偏概全的主观印象。例如，在绩效考评中，考评者由于受考评者某一方面优点的影响而对其绩效考评偏高，就产生了晕轮偏差。

刻板偏差是由刻板印象造成的。刻板印象（stereotype）是指人们对某类群体形成的一种概括的、固定的看法，认为群体中的个体都具有该群体的特征而忽视个体差异的主观印象。例如，某员工喜欢跟工作不卖力的员工一起玩，在绩效考评中，考评者把这个员工归到后进群体中，认为这个员工在工作上肯定也不是兢兢业业的，就犯了刻板偏差。

对比偏差是由对比效应造成的。对比效应（contrast effect），是指在绩效评定中，他人的绩效影响了对某人的绩效评定。

近因偏差是由近因效应造成的。近因效应（recency effect）是指最新出现的刺激物促使印象形成的心理效果。例如，某员工临近年末绩效考核是在工作上出了差错，造成直接主管对他全年的绩效考评偏低，直接主管很可能犯了近因偏差。

宽松偏差、严苛偏差以及趋中偏差分别对应的是考评者打分偏高、打分偏低、打分趋中造成的被考评者评分偏高、偏低或者趋中的情况。

（二）纠偏的具体举措

为了避免考评者的认知偏差，首先需要对考评者做必要的培训。另外，绩效考评表中考核指标定义要清晰，主管平时注意收集员工业绩表现的相关数据和关键事件，考评者观察的重点放在员工工作上，这些做法都有助于减少考评者的认知偏差。

绩效校准会议（calibration meeting）也是减少考评者认知偏差的有效方法。当某部门的绩效考评打分出来后，这个部门的管理者参加绩效校准会议。绩效校准会的主要目的是一起来看经理是如何对团队成员的绩效打分的，避免在绩效评估的时候出现有人手松有人手紧的情况，以确保绩效评估的公平公正。首先是同级别员工的校准。经理要说明给各自下属员工打分的依据是什么，尤其是非量化的指标需要具体的事实和细节来支持。其次是对有跨部门工作内容的员工校准。相关部门的经理也被邀请出席这个部门的绩效校准会议。

第五节 绩效面谈

一、绩效面谈的定义和意义

绩效考评后的绩效反馈面谈是一种重要的正式沟通。有效的准备和实施是改进员工绩效的必要前提。

所谓绩效面谈,是指考评者与被考评者沟通绩效考评结果,并根据绩效考评结果的信息进行检视并讨论改进措施的一种正式面谈方法。通过绩效面谈,考评者就被考评者在评估周期内的绩效情况进行反馈,在肯定成绩的同时,找出工作中的不足并讨论改进意见。如果被考评者对于绩效考评的结果有异议,可以在正式面谈时提出并进行充分沟通,最终使绩效考评结果得到认可。

绩效面谈是考评者与被考评者的直接对话,在整个绩效管理循环中起着重要的作用。

首先,绩效面谈给考评者和被考评者之间架起了一座沟通的桥梁,确保了绩效考评的公平与公正。绩效考评过程主要是考评者的行为,会不可避免地过多掺杂考评者个人的主观意识。绩效面谈可以尽可能好地解决这个问题,它让被考评者也加入绩效考评的过程中来,加大了被考评者的知情权和发言权,有效降低了在绩效考评过程中不公正因素带来的负面效应。

其次,绩效面谈可以肯定被考评者在绩效考评周期内的成就,指出在工作中的不足。绩效考评后,被考评者仅接到绩效考评结果,但对结果的由来并不了解,这时就需要考评者对评估过程、标准及被考评者的绩效情况进行详细介绍,指出被考评者的优缺点,在工作业绩和日常行为上存在哪些不足。同时,考评者也可以实施内部控制,了解员工需求,提出改进建议。

最后,通过绩效面谈,考评者与被考评者双方可以制定绩效改进计划以及下一个绩效考评周期的目标与计划。绩效面谈是一个双向沟通的过程,可以使上下级之间充分讨论绩效改进的方法和手段,管理者需要提供的帮助与资源等。此外,绩效面谈可以帮助考评者与被考评者做好前后绩效周期的衔接,对下一周期的绩效考评目标进行展望与探讨,达成共识,最后形成一份书面的改进计划与下一个周期的绩效考评目标与计划,从而让被考评者接下来的工作过程中不断完善自我,达到提高绩效的目的。

二、绩效面谈的准备

为了完成绩效面谈的相关工作,考评者与被考评者都要做好充分的准备。

(一)考评者的准备

考评者在与被考评者面谈之前,应确定好适宜的时间、地点,准备充分的资料,设计

好面谈的方式,并事先将面谈事宜通知到被考评者。考评者需要准备的资料有:

① 被考评者的个人背景资料与之前的工作表现;

② 面谈提纲,包括面谈的进程与进度,需要谈哪些内容,每一部分内容进行多长时间、达到何种目的等。

(二) 被考评者的准备

被考评者的主要准备包括根据绩效面谈时间合理安排好个人工作,准备反馈面谈中所需要的信息资料,就个人疑问做好准备,草拟绩效改进计划等。

通常来说,实施绩效反馈面谈一共可以分为六个步骤。

第一步:设置气氛,明确目的。在绩效面谈开始前,应该要营造一种融洽的气氛,在舒适、轻松的氛围下开始绩效反馈,这有利于双方建立起相互的信任,比较容易得到预期的结果。

第二步:根据面谈提纲进行绩效评价与反馈。根据面谈提纲,针对考核周期开始前制定的绩效目标、标准和被考核者的完成情况进行沟通,确定被考评者是否完成应达到的绩效目标。这个过程中可以鼓励被考评者进行自我评价,一方面更好地理解自己的绩效目标完成情况,另一方面减少沟通过程中出现的分歧。双方就评价结果讨论协商,最后达成一致,达成共识。

第三步:进行绩效诊断。当被考评者没有达到绩效目标或者标准时,考评者和被考评者双方可以就原因展开讨论,进行诊断,弄清主要障碍在哪里。当被考评者达到目标或绩效结果很好时,也需要进行诊断,搞清楚是如何做到的,并能在接下去保持成功。这个阶段对考评者来说关键是需要明确情况,而非责备。

第四步:制定行动计划。行动计划是诊断过程的延续。对上一阶段找出的主要成功原因与阻碍成功的原因进行总结,探讨采取什么样的措施可以保持成功,消除阻碍,形成行动计划。行动计划可以包括培训、辅导、重新分配资源等等,为绩效改进做好准备。

第五步:将面谈结果形成书面文档。面谈过程中,将双方所探讨的评价结果、原因诊断与行动计划做好记录,形成书面材料备案,并由考评者与被考评者双方签字确认。书面文档主要是防止发生相关信息的理解偏差或遗漏遗忘,并作为员工下一周期改进、提升绩效的基础。

三、绩效面谈遵循的原则

(一) 相互信任

绩效面谈是一个双向沟通的过程,需要彼此互相信任的氛围,当面讲出内心真正的想法,相互理解,达成共识。

(二) 交流具体

绩效面谈的交流应该直接而具体,不能泛泛而谈,作抽象、一般性的评价。对于考评者来说，所有的绩效评价结果，无论是好是坏，都应该有具体、客观的结果或事实作为依据，使绩效评价结果充满说服力。如果被考评者对评价结果有异议，也应该举出客观的事实做支撑，为自己进行申辩或解释。这样的面谈过程才是有效的。

（三）心态积极

在面谈过程中，由于谈话内容多侧重于工作的改善，尤其对绩效表现差的员工，可能会造成心理上的不适或者消极，因此，考评者在结束面谈前，应更多地对员工进行鼓励，使员工通过面谈获得鼓舞。对被考评者而言，也要勇于接受自己的缺点与不足，以积极的心态在未来工作中持续的发展和改进。

（四）面向未来

绩效面谈的内容可能是对过去工作绩效的总结与回顾，但并不等于说绩效面谈集中在过去，更多的应该是基于对未来绩效提升和员工发展的目的。

第六节　绩效管理中的误区和关键点

一、绩效管理中的误区

（一）基本概念的错误：将绩效考评等同于绩效管理

绩效考评只是绩效管理四个环节（绩效计划、绩效实施、绩效考评、绩效反馈和结果应用）中的一个环节。如果将绩效评价等同于绩效管理，就忽略了绩效管理的其他三个环节，大大减弱了绩效管理的有效性。以绩效沟通为例，缺乏绩效沟通的绩效管理肯定会在管理人员和员工之间设置一些障碍，阻碍绩效管理的良性循环，造成员工和管理人员之间的认识分歧。员工反对，管理人员逃避绩效管理就在所难免了。

只注重绩效评价的管理者认为绩效评价的形式特别重要，总想设计出既省力又有效的绩效评价表格，希望能够找到万能的评价表，以实现所谓的绩效管理。所以，他们在寻找绩效评价工作和方法上花费了大量的时间和精力，却终不得其法，始终找不到能够解决一切问题，适合所有员工的评价形式。

一些企业绩效管理没有真正得到实施，实际上从源头上就产生了错误的认识。这种观念不转变，企业实施绩效管理只能停留在书面和口头，不可能有任何改变。

（二）角色分配的错误：认为绩效管理只是人力资源部的事情

一些企业普遍认为人力资源管理是人力资源部的事情，绩效管理是人力资源管理的主要内容，当然由人力资源部来做。虽然人力资源部对绩效管理的有效实施负有责任，但绝不承担所有责任。人力资源部在绩效管理实施中主要扮演制度的制定者、工作表格的提供者和咨询顾问的角色，至于是否推行、用多大力度推行则与人力资源部无关，这是领导的责任。

离开了高层管理者的支持，人力资源部的一切工作都是白费。高层管理者的支持不

仅包括开始的动员工作，而且要贯穿始终，直到绩效管理整个循环的完成，甚至绩效管理系统的完善更新都离不开高层管理者的支持。

（三）急于求成的错误：在绩效管理工作中总想一步到位，过于追求完美

追求完美是我们许多管理者的一个共同特点，凡事总是想找到一个完美的解决方案，希望它能够解决一切问题。管理者在绩效管理的形式上表现出了极大的关注，绩效管理方案改了又改，绩效表格设计了一个又一个，却总是找不着感觉，总是没有满意的，使得人力资源部疲于应付，费力费神。这种认识无形中打击了人力资源部的积极性，影响了他们的工作热情和创造性。

（四）管理理念的错误：认为绩效考评是经理人员管理员工的工具

这种认识没有跳出以前绩效考评的误区，认为只要管理者知道绩效管理就可以了，员工知不知道无所谓，这是绩效管理得不到推行的一个重要原因。无论什么东西，理解了才会用，完全不理解的东西，硬生生丢给经理人员和员工，结果肯定是没人会用，也没人愿意用。直线经理不明白，他们就没法认真执行，更谈不上融会贯通；员工不明白，就对考核持有恐惧心理，他们更加会敬而远之。

（五）绩效管理推行的错误：只有绩效考评没有绩效反馈

反馈面谈不仅是主管和下属对绩效考评结果进行沟通并达成共识，而且要分析绩效目标未达成的原因，从而找到改进绩效的方向和措施。由于管理者和员工对反馈面谈的心理压力和畏难情绪，加之管理者缺乏充分的准备和必要的面谈沟通技能，往往使反馈面谈失效甚至产生副作用。

（六）绩效管理就是填表

不少企业的经理人将绩效管理简单地等同于填表、汇总。表格只是实现绩效管理的一个工具和方法，而不是绩效管理的最终目的。这种做法完全忽略了绩效管理过程中企业与员工、上司与下属之间有意义的工作沟通与情感交流，无法实现业绩辅导与绩效提升的目的。

（七）绩效管理只要结果不问过程

对于一些能力强又有工作主动性的下属来说，绩效目标确定之后，主管应该放手让他们尽情地去发挥。而对于一些有积极性但能力有欠缺、能力强但积极性不高或者能力低积极性又低的下属来说，恐怕就不是授权放手所能解决的问题了。需要经理人帮助这三类员工找到实现目标的最佳行动方案，以及实现绩效目标的一些具体工作时间安排。

（八）绩效管理就要公事公办

一碗水端平其实没有什么错误，问题在于在端平一碗水的同时，还要注意员工不同的情绪反应，针对不同员工的具体情况，进行绩效恳谈与沟通。绩效沟通是绩效管理的灵魂，缺少绩效沟通的绩效管理，从严格意义上来说，并不是真正意义上的绩效管理。

（九）绩效管理就是优胜劣汰

不少经理人把绩效管理的目标和用途过于简单化，对于他们来说，"绩效管理=考核=打分=发奖金=罚款=走人",即通过绩效考评对员工的绩效打分,然后把绩效分数机械地同薪酬,特别是员工的月度、季度、半年或年度奖金挂钩,或者是淘汰业绩差的员工。其实,绩效管理还有更多的工作要做。经理人在绩效管理实践中,应该从强调人与人之间的比较转向每个人的个人自我发展诊断,将考核者与被考核者的对立关系变成互助伙伴关系,管理的目的应该更多地定位为企业与员工多方受益、共同发展,通过绩效管理,使员工正确地认识自己的优缺点,及时对自身的发展方向进行修正,从而获得更多的发展机会和更大的发展业绩。

二、绩效管理的关键点

(一)注重公开、公正和公平

公开、公正和公平这三者之间的关系为:公开是前提,公正是关键,公平是结果;公正是客观尺度,公平是主观感受;公正可能导致公平,不公正必然产生不公平感;不公平感不一定源于不公正。

美国心理学家约翰·亚当斯(John Adams)提出的公平理论的基本要点是:人的工作积极性不仅与个人实际获得报酬多少有关,而且与人们对报酬的分配是否感到公平更为密切。人们总会自觉或不自觉地将自己付出的劳动代价及其所得到的报酬与他人进行比较,并对公平与否做出判断。公平感直接影响员工的工作动机和行为。

公平理论认为,当员工感到不公平时,他们会采取以下六种选择中的一种:① 改变自己的投入;② 改变自己的产出;③ 歪曲对自我的认知;④ 歪曲对他人的认知;⑤ 选择其他参照对象;⑥ 离开该领域。

(二)选取适当的考核内容和考核方法

要做到公开、公正和公平应该根据各部门的工作性质和标准选取适当的考核方法。比如,营业部门以考核工作效果和业绩为主,而职能部门以考核工作行为为主,考核的内容各自有各自的侧重点。然后根据考核侧重点的不同选取适当的考核方法,如上级考核、分组考核、相互考核等,看哪种考核方法更能减少考核误差,提高考核的准确性。

(三)明确考核标准

应以岗位职责和工作规范为依据,能量化的尽量量化,以便于考核、测定和记录。有可能的部门和岗位应以每天的考核记录作为月考甚至年考的依据,避免考核的主观随意性,得出准确的考核结果。

(四)增加考核的参与性和公开性

考核要达到使员工心服口服的目标,需要对员工以诚相待。让员工切实地参与到绩效考评的过程中来,是提高考核的客观公正性的重要措施,也就是说,在制定执行考核标准以及实施考核的过程中要积极听取员工的意见,保证员工有申述和解释的权利。此外,还要提高整个考核过程的公开透明性,将绩效考评标准和考核的步骤安排及时的员工交底,并公布考核的结果。

（五）运用科学技术工具体现考核的公平性

业绩是衡量一个员工价值的标准，在全球性HR管理中，只有做到客观、定量，才能体现考核的公平和公正。考核的渠道必须运用合理的、科学的绩效工作。

（六）运用绩效管理系统，让绩效管理工作更加公平、公正

传统的考核模式，由于缺乏计算机的辅助，考核成本巨大，管理者不得不选取简单的考核模式，但简单的考核模式势必难以实现量化、多角度的衡量评价，过低的考核频率必然带来"近视效应"，再加上"老好人"等人为因素的干扰，考核工作的公平、公正很难保证。

运用设计完善的eHR系统，借助各种经典理论和测评技术，可以将主观的评估转变为客观的评价，使考核结果更加公平与公正。同时，借助先进的计算机技术，可以更为便捷地计算、分析统计和存储数据，使企业的人力资源管理工作精细化、持续化。

（七）营造公平、公正的高绩效工作环境

工作环境的好坏直接影响员工的敬业度，它与管理者的管理水平和激励员工的方法直接相关，同时它直接影响着公司绩效的好坏。工作环境好，员工一般会为实现目标、提高销售业绩或客户满意度而竭尽所能，不惜做出额外牺牲。而工作环境差会导致旷工、不满情绪上升或工作效率下降等。企业还要仔细核查当前的一些政策、制度和工作流程。只有保证企业政策、制度的公平、公正，才能有效激励高绩效员工，才能最大限度地激发员工的士气，才能充分调动员工的积极性和主动性。

三、绩效管理中的精细化陷阱

企业在设计绩效考评时，存在着操作上的偏差；在实施过程中，也因对绩效管理实施难度和成本等问题缺乏理性认识而使绩效管理的效果差强人意。企业绩效管理要注意以下四个问题。

（一）考核指标的战略导向问题

绩效考评结果往往会与部门或个体的薪酬紧密联系，因而绩效考评指标对部门与员工有较强的引导性。若绩效考评指标与企业的战略方向缺乏严密的对应关系，则会使企业绩效考评的结果与企业所期望严重背离，实施考核后的业绩表现比没有考核还差。因此，建立绩效指标体系时，首先要做的事情是与企业高层管理者共同分析企业的战略发展方向，明确决定其成败的关键性因素。

（二）考核指标的筛选问题

每个人的关注重点是有限的，考核指标不是越多越好，而是抓住关键考核指标。关键指标是指对影响公司长远发展、整体业绩有重大影响的指标，它不是能力、态度类指标，也不是从一般的管理规章、制度、流程中所提炼出来的指标，而是来源于公司战略分解和关键业务流程分析。运用关键绩效指标进行企业绩效管理体系设计时，力求建立与公司战略方向相一致并能有效驱动企业核心业务流程高效运转的关键绩效指标体系。

（三）绩效管理的实施难度问题

绩效管理成功实施需要理念先行，建立先进的考核理念。有了规范的考核，企业员工成了"生活在玻璃屋中的人"，时时被人关注和被人考核或因兼具考核者和被考核者的双重身份，而会有诸多令人不愉快的感觉。企业推进绩效管理时，力求通过"事先培训、事中辅导、事后沟通"来消除考核者和被考核者对绩效管理的警惕心理、观望心理和抵触心理，以树立正确的考核观念，确保考核的实施效果。

（四）绩效管理的准确性与成本问题

客观和的考核依赖企业在运行过程中提供完整的信息，需要企业做大量的信息收集、工作记录、数据整理等工作。同时，考核者要对照信息做评比，需要花费较多的时间成本。因此，企业在做绩效考评方案时，必须在"准确性"和"成本"两个因素之间进行权衡和取舍。

本章重点名词

绩效管理（performance management）　　绩效管理循环（performance management circle）
平衡计分卡（balance score card）　　关键绩效指标法（key performance indicators）
目标和关键结果（objectives and key results）
360度绩效考评（360-degree performance evaluation）
绩效面谈（performance interview）　　晕轮效应（halo effect）
刻板印象（stereotype）　　对比效应（contrast effect）
近因效应（recency effect）　　绩效校准会议（calibration meeting）

本章练习

1. 什么是绩效？什么是绩效管理？绩效管理如何体现对绩效过程和结果的管理？
2. 绩效管理包括哪些环节？每个环节的关键点是什么？
3. 什么是平衡计分卡？它由哪些维度构成？这些维度之间存在怎样的因果关系？
4. 什么是关键绩效指标法？它的设计原则和方法有哪些？
5. 什么是目标和关键结果法？它的基本原理和实施重点是什么？
6. 企业绩效管理实践存在哪些误区？如何避免这些误区？

G高速公路运营公司KPI的设计与选择

G高速公路运营企业（以下简称G公司）是一家从事高速公路运营管理有15年历史

的公司,企业规模不大,员工在40人左右其主要业务为高速公路的收费、养护、服务区管理、道路应急安全等等。2010年该公司与厦门一家企业管理咨询公司合作,开发建立了该公司的绩效管理体系,并取得了良好的效果。

在KPI的设计和选择中,该公司重点关注了以下三个方面。

一、将KPI视为公司发展战略目标的分解

随着高速公路网的不断完善,社会公众对高速公路服务水平的要求越来越高,如何"做强"成为高速公路后建设时期的重要课题。通过对高速公路行业发展的现状和远景趋势的分析,G公司将公司定位于公共性质、非市场竞争性的服务性企业。2012年,该公司的战略发展目标为:"通过引进和运用专业化、规范化的现代管理方法,持续推进机构优化设置,实施精细化管理和绩效管理,加强企业文化建设和员工队伍建设,构建沟通合作型管理团队,实施'制度强企、人才强企、文化强企',保证公司经济效益的持续增长,实现公司品牌不断深化,努力打造一流的高速公路运营企业。"围绕其战略目标,G公司通过运用鱼骨图分析法,将该公司战略目标进行了有效分解。

由图8-7可看出,G公司要实现一流高速公路运营企业的战略目标,重点要在两个方面努力:品牌突出,效益良好。通过对这两个目标的再分解,我们可以看出,在品牌突出方面,该公司将建设重点放在三个方面:管理、人才、企业文化。而在效益良好方面,该公司则重点关注利润和资产。接下来,该公司对各个重点进一步进行了梳理和分析,提炼出了该公司企业层面的KPI。

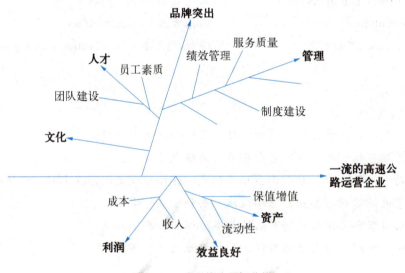

图8-7　G公司战略目标分解

通过表格分解,该公司将企业层面的关键指标进一步分解为部门层面的关键绩效指标,这些指标与部门的职能紧密联系起来构成了支持战略实施的指标体系,如表8-4所示。

表中所列为各部门职能中为实现战略而选择的指标,根据部门职能,各部门还兼有其他工作职责,但作为辅助性指标不在该表中反映,而且有些指标虽然是每个部门需要

表 8-4　指标分解

战略分解			收费管理部	养护工程部	客服中心	服务区	办公室	服务部	人力资源部
品牌突出	服务质量	收费	微笑率、业务处理时间、投诉率、业务差错率						
		路况		MQI值、施工组织投诉率、工程返工率					
		应急			响应时间、应急事故分类处理时间、排障及时率				
	安全		安全事故=0	安全事故=0	安全事故=0	安全事故=0	安全事故=0	资金、税务、信息安全	安全事故=0
	管理	绩效管理							绩效管理推行计划完成率、绩效评价合格率
		制度建设					制度建设计划完成率、制度调查率		
人才	员工素质								业务培训合格率、管理培训率、员工离职率、员工满意度调查、部门协调率
	团队建设								

续 表

战略分解			收费管理部	养护工程部	客服中心	服务区	办公室	服务部	人力资源部
效益良好	利润	收入	通行费收入	实征率、增收堵漏率			收入总额、利润总额			
		其他收入							
		成本						预算控制率	
	资产	保值增值						平均资产增长率、资产回报率	
		流动性						流动比率、波动比率	

参与的,但由于不是该部门主要职能,该部门只是协助职能部门完成,所以不作为该部门的关键绩效指标。所以,由上表我们可以看出关键绩效指标是承接战略分解功能的指标,而且仅与该职能部门的主要职能相联系,指出了该部门的重点工作目标,各部门的关键绩效指标组合在一起构成了该公司完成战略目标的绩效管理指标体系。

二、充分分析KPI的可操作性和可控性

该公司KPI在设计和选择时,充分分析了绩效指标的可操作性和可控性。

绩效指标是绩效考核者对战略目标完成的估计,那么这个估计就要合理,必须是绩效实施者跳起来够得着的,不能过高,使其成为水中花镜中月,即绩效指标是可操作的。在这个方面,G公司特别重视上下级的沟通,通过沟通明确KPI实施的前提和条件、直接责任归属、绩效实施者的能力对该指标的影响和控制程度等,使指标具有可操作性,避免指标成为完成不了的空头承诺。

而且绩效指标对绩效实施者来说,一定要具有可控性,即绩效实施者在其能力范围内能够对指标的实施过程施加控制。以G公司的收入目标为例,很多人都会想到以高速公路通行费收入额作为考核指标,可是与其他经营性行业不同,通行费收入很大一部分的影响因素来自社会和政策,企业或个人能够对其施加的影响很少,换句话说"不管你努力或者不努力,车流量就在那里,不多不少;不管你要或者不要,政策就在那里,不能舍也不能弃;不管你想,或者不想,通行费收入就在那里,不能由你增也不能由你减",所以在结果评价时,通行费收入额的好与坏都不能反映员工或部门的努力成果。G公司在进行指标分解的时候,对通行费收入这个导向性指标进一步进行分解,剔除外界客观因素的影响,找出人为控制的那部分加以要求,而不是简单的用车流量法。作为高速公路的收费部门从本质上应该是一个政策执行部门而不是创收部门,所以收费部门的关键绩效指标也从如何有效执行收费政策、提高服务质量方面考量,该公司设置了应对"应收不漏,应免不征"的实征率、增收堵漏率,以及提高服务质量的差错率、客户满意程度(投诉率)等指标。

三、针对关键绩效指标的设计和选择进行有效沟通

在关键绩效指标的设计和选择过程中注重绩效沟通,即有利于绩效考核者全面掌握部门员工及业务的情况,更好的做出判断和决策,避免一言堂,也有利于绩效实施者能够正确理解指标的定义,了解指标设置的背景和意义,知道自己努力的方向及自己的努力在部门及公司战略中所处的地位和作用,不至于由于误解而偏离指标。其实绩效管理的最终目标是让员工明白企业对他的要求,以及他如何开展工作和改进工作,并通过PDCA的循环模式实现绩效的改进,从而推动企业的发展和进步,绩效沟通是绩效改进最重要的纽带,是公司战略落地的关键点。

在G公司绩效体系建设过程的初期,曾经对绩效沟通的重视不足,在指标设计时出现两极分化,一种是由部门长或上级制定好指标后直接交给下级签字,结果导致争议不断,下级对实施绩效指标表现出不理解、消极怠工等情绪;还有一种是部门长完全不参与指导和沟通,交由下级自行拟定,结果导致下级拟定的绩效指标严重脱离公司战略,不能突出部门重点工作,细碎而繁杂。后来该公司意识到该薄弱环节,有意识的组织部门长

进行绩效沟通技能的培训,加强对绩效沟通的考查,甚至在辅助指标中设置"内部绩效管理满意度调查"这样的指标来进行规范,随着绩效沟通的有效进行,员工对企业实施绩效管理有了新的认识,对企业发展战略有了了解,也知道了自己岗位的意义和能发挥的作用,能主动为提高工作效率而献计献策,管理者反倒比原来轻松了。

资料来源:曹霞.关键绩效指标的设计与选择:以G高速公路运营公司为例
[J].东方企业文化,2013(12).

思考题

1. 请分析关键成功因素之间的相互影响关系。
2. 部门KPI设计是否合理?还有其他的KPI指标吗?请补充。

测量工具

高绩效工作系统调查问卷

请您根据本公司实际情况指明下列各项人力资源管理措施在公司的使用程度,其中,1分代表公司完全不使用此种人力资源管理措施,7分代表公司非常强调使用此种人力资源管理措施,使用程度从1到7递增。

第一部分 招聘

1. 在招聘中,公司从所有候选人中选择最优者加以录用　　1 2 3 4 5 6 7
2. 在招聘中,公司看重候选人的学习潜能　　　　　　　　1 2 3 4 5 6 7
3. 在招聘中,公司看重候选人的高质量客户服务意识和能力　1 2 3 4 5 6 7
4. 当出现职位空缺时,公司优先考虑内部选拔而不是外部
   招聘　　　　　　　　　　　　　　　　　　　　　　　1 2 3 4 5 6 7
5. 合格的员工可以得到充分的晋升机会　　　　　　　　　1 2 3 4 5 6 7

第二部分 培训

6. 公司为所有新员工提供入职培训以帮助新员工了解公司　1 2 3 4 5 6 7
7. 公司持续为员工提供培训　　　　　　　　　　　　　　1 2 3 4 5 6 7
8. 公司在培训工作中投入相当的时间和经济成本　　　　　1 2 3 4 5 6 7
9. 公司不仅提供技能培训,还提供其他方面的培训　　　　1 2 3 4 5 6 7
10. 公司在各类培训中均强调高质量的客户服务意识　　　 1 2 3 4 5 6 7

第三部分 员工参与

11. 如果公司的某个决策有可能影响到部分员工,公司会
    事先听取他们的意见　　　　　　　　　　　　　　　1 2 3 4 5 6 7
12. 公司在做出业务决策之前,会征求员工看法　　　　　1 2 3 4 5 6 7

13. 面对顾客的额外要求，员工拥有一定的现场处置权限　　1　2　3　4　5　6　7
14. 面对顾客的投诉，员工拥有一定的现场处置权限而无需
事事上报主管　　1　2　3　4　5　6　7
15. 必要时，员工有权改变自己的工作方法以确保工作完成　　1　2　3　4　5　6　7
16. 公司为保证员工高质量的客户服务而提供必要的设备和
资源　　1　2　3　4　5　6　7
17. 公司不与员工分享信息（运营状况、销售业绩等）*(反向)*　　1　2　3　4　5　6　7

第四部分　绩效考评

18. 公司通过向员工反馈绩效考评结果来帮助员工个人发展　　1　2　3　4　5　6　7
19. 对员工的绩效考评来自各个方向（自评、平级互评、上级
考评、客户评价等）　　1　2　3　4　5　6　7
20. 绩效考评是基于客观的、可量化的业绩成果上的　　1　2　3　4　5　6　7
21. 在制订个人绩效考评目标时，主管不与员工商讨*(反向)*　　1　2　3　4　5　6　7
22. 最重要的绩效目标是维护客户满意度　　1　2　3　4　5　6　7
23. 在制订绩效目标时，公司总是强调满足客户需求　　1　2　3　4　5　6　7

第五部分　薪酬

24. 公司的平均薪酬水平高于同业竞争者　　1　2　3　4　5　6　7
25. 员工薪酬水平取决于绩效表现　　1　2　3　4　5　6　7
26. 对于能提高客户满意度的员工建议，公司总是给予奖励　　1　2　3　4　5　6　7
27. 公司为员工提供各种福利　　1　2　3　4　5　6　7
28. 公司在薪酬公平性方面重视程度不足*(反向)*　　1　2　3　4　5　6　7
29. 公司对员工在提高业绩水平方面的努力总是有所回馈，
包括物质回馈与非物质回馈　　1　2　3　4　5　6　7
30. 公司对于在客户服务方面有突出表现的员工予以额外
奖励　　1　2　3　4　5　6　7

第六部分　员工关怀

31. 公司安排员工工作计划时，也将员工在工作之外的限制
因素考虑在内（如需照顾家庭、业余学习等）　　1　2　3　4　5　6　7
32. 公司关注员工的工作安全及健康问题　　1　2　3　4　5　6　7
33. 公司关注员工的工作—生活平衡问题　　1　2　3　4　5　6　7
34. 公司设法帮助员工减轻由工作所产生的情绪压力　　1　2　3　4　5　6　7
35. 公司对于员工投诉及其他诉求设有专门的渠道与解决
程序　　1　2　3　4　5　6　7

资料来源：Chih-Hsun Chuang, Hui Liao, Strategic Human Resource Management in Service Context: Taking Care of Business by Taking Care of Employees and Customers [J]. Personnel Psychology, 2010 (63).

第九章　薪酬管理

学习目标

1. 掌握薪酬管理与绩效管理、员工绩效之间的关系。
2. 掌握各种动机理论以及在激励中的应用。
3. 掌握薪酬的基本概念和全面报酬体系。
4. 掌握薪酬管理的目的、特点、原则和理论。
5. 掌握薪酬体系设计的程序和方法。
6. 掌握不同岗位薪酬设计的要点。
7. 了解不同类型的福利措施。
8. 掌握中长期激励的各种做法。

开篇案例

台积电的薪酬结构调整

台湾积体电路制造股份有限公司（简称"台积电"或"TSMC"）是全世界最大的专业集成电路制造服务公司（晶圆代工企业），专注生产由客户所设计的半导体芯片。它成立于1987年，总部与主要工厂位于中国台湾地区新竹市科学园区。台积电的客户遍布全球，为客户生产的芯片广泛地涵盖计算机产品、通信产品、消费性、工业用及标准类半导体等众多电子产品应用领域，并被运用在各种终端市场。单单在2019年，台积电就以272种制程技术，为499个客户生产10 761种不同产品。

台积电目前在全球共有51 000多名员工，九成在中国台湾地区（约有46 000人）。随着公司经营模式不断壮大、研发与生产能力急剧提升，近几年台积电一直在扩大其人员规模。2019年，台积电在全球的新员工人数超过了5 000人，其中有76.1%为30岁以下的年轻人。由于半导体行业为知识及技术密集型产业，因此在其管理层及专业技术人员中，拥有硕士以上学历者占到了八成以上。

为了吸引和保留人才，台积电一直将其整体薪酬维持在业界前25%水平。全年员工离职率目标设定在5%至10%之间。对于一年内入职的新员工，离职率目标设定为不超过13.5%，并有望进一步下调至10%以内。

台积电整体薪酬结构包括基本工资、津贴、年终奖金、员工现金奖金与酬劳（即现金分红）。2019年，其新加入的硕士应届毕业生的平均整体薪酬约为31个月的基本工资，分别是：12个月基本工资、2个月年终奖和17个月的现金分红。也就是说，员工的现金分红收入占到了其总薪酬收入的55%。台积电每年的现金奖金与酬劳金额按公司经营情况由其董事会批准总金额数。每位员工得到的金额按照职务、贡献和绩效而定。该笔现金分红分为5次发放，有一半会在每年股东大会决议通过后发放，另一半则分摊在每一季度发放。

2019年度台积电台湾地区员工现金奖金与酬劳总额经由董事会批准为463亿3千150万元新台币（约106亿5 625万元人民币），人均可得约103万元新台币（约23.6万元人民币）。公开数据显示，台积电作为台湾地区龙头科技企业，近几年的员工现金分红总包金额占其企业获利比例约为13.5%。而其他多家科技企业的员工分红比例也都超过了其获利的15%以上。

2020年11月，据台积电内部公告称，随着公司快速成长，年轻世代加入职场，固定薪酬的竞争力成为延揽与留任人才的重要指标，台积电决定进行薪酬结构调整，提升人才留任与招募上的竞争力。自2021年1月1日起，将对公司直接聘用的台湾地区正式员工且参与员工分红的员工进行薪酬结构调整，固定薪酬将调高20%。也就是说将部分变动薪酬（分红）转换为固定薪酬。同时，台积电称，此次变化不影响台湾地区员工每年约3%～5%的调薪。

台积电上次结构性调薪，是于2010年将员工本薪调高15%。台积电表示，未来仍会继续兼顾股东及员工利益，提供员工及股东优质的薪酬及报酬。

资料来源：根据台积电2019年度年报、2019年度企业社会责任报告以及
苏嘉维的《调薪20%煞羡旁人？台积电回应了》进行改编。

1. 台积电员工的薪酬体系和结构有哪些特点？设计的目的是什么？
2. 你认为此次调整有哪些好处，又有哪些弊端？

第一节　薪酬管理与绩效管理、动机理论的关系

薪酬管理是指组织针对员工所提供的服务来确定他们应当得到的报酬总额、报酬结构和报酬形式的过程。在这个过程中，企业就薪酬水平、薪酬体系、薪酬结构、薪酬构成以及特殊员工群体的薪酬做出决策。同时，企业还要持续不断地制订薪酬计划，拟订薪酬预

算，就薪酬管理问题与员工进行沟通，同时对薪酬系统的有效性做出评价而后不断完善。

薪酬管理的目标是吸引和留住组织需要的优秀员工、鼓励员工积极提高工作所需要的技能和能力、鼓励员工高效率地工作。薪酬管理几乎对任何一个组织来说都是一个比较棘手的问题，主要是因为企业的薪酬管理系统一般要同时达到公平性、有效性与合法性三大目标非常难。企业对薪酬管理的要求越来越高，但就薪酬管理本身来讲，受到的制约因素却越来越多。薪酬管理除了受基本的企业经济承受能力、政府法律法规影响外，还涉及企业不同时期的战略、内部人才定位、外部人才市场以及行业竞争者的薪酬策略等因素。

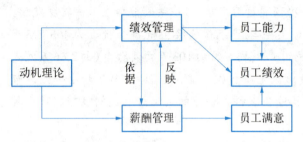

绩效管理是薪酬管理的依据，薪酬管理反映了绩效管理的目标和结果。绩效管理体系和薪酬管理体系设计的理论基础是动机理论。有效的薪酬管理能提升员工的满意度，从而促进员工的绩效。薪酬管理与绩效管理、动机理论的关系如图9-1所示。

图9-1　薪酬管理、绩效管理与动机理论的关系

第二节　动机理论和激励应用

一、激励的定义、原则和作用

（一）激励的定义

激励是指为了特定的目的而去影响人们的内在需要或动机，从而强化、引导或改变人们行为的反复过程。

激励具有以下特点：

① 激励是一个调动员工积极性和挖掘员工潜能的过程；
② 激励通过影响人们的需要或动机来强化、引导或改变人们的行为；
③ 激励的最终目的是实现组织目标；
④ 激励是人力资源管理的一个重要手段。

（二）激励的原则

1. 目标结合原则

设置目标是实现有效激励的一个关键环节。目标设置必须同时体现组织目标和员工个人目标。

2. 明确性原则

员工想要获得奖励需要做些什么，需要明确规定。奖金分配等关系到员工切身利益的事情要公开。物质奖励和精神奖励与要达成的业绩指标，要直观。

3. 时效性原则

要把握激励的时机。激励越及时，越有利于激发员工的工作激情，发挥员工的创造力。

4. 按需激励原则

激励的起点是满足员工的需要，但员工的需要因人而异、因时而异，并且只有满足员工的主导需要，激励的效价才高，激励的效果才好。因此，企业管理人员需要深入调查研究，不断了解员工需要层次和需要结构的变化，有针对性地采取激励措施，才能收到实效。

（三）激励的作用

1. 吸引和留住优秀的人才

一个企业只有具备了较高的薪酬、丰厚的福利待遇、快捷的晋升途径等一套科学有效的员工激励机制，才能吸引优秀的人才，减少优秀人才的流失，并使他们全心全意为企业贡献才智。这是市场经济条件下人力资源市场配置的必然要求和结果。

2. 营造良好的竞争环境

科学的激励机制包含有一种竞争精神，它的运行能够创造出一种良性的竞争环境，进而形成良性的竞争机制。在有竞争的环境中，员工就会感受到环境的压力，这种压力将转变为员工努力工作的动力和积极性。因此，员工的工作动力和积极性是激励的直接结果。

3. 发挥员工的工作潜能

激励会对员工创造性、创新精神和主动提高自身素质的意愿产生影响。由此可见，科学有效的激励可以开发员工的潜能，促进员工充分地发挥聪明才干。

4. 提高企业绩效

随着社会的进步和科技的发展，人类社会已经进入数智化时代，人的智力因素对社会经济发展的促进作用将远远超过物力资源和财力资源的作用，现代企业的绩效取决于每一个员工的绩效。

二、动机

（一）动机的定义

动机（motivation）是鼓励和引导一个人为实现某一目标而行动的力量。根据动机的来源，动机可划分为内在动机（intrinsic motivation）和外在动机（extrinsic motivation）。

内在动机是自内部产生的。内在动机是指个体本身对目标事物感到有兴趣，并认为达成此目标可以给自己带来满足感与价值感。引起内在动机的激励因子与任务或者工作本身有关，产生的内源性回报包括责任感、成功感、成就感、满足感等。

外在动机是指为了获得某种外在奖励或者避免某种惩罚的驱动力。引起外在动机的激励因子包括工资、奖金、晋升或者避免惩罚。个体通过综合评估实现该目标可以获得的外在奖赏来决定是否去做这件事。

外在动机和内在动机并不是完全独立的，很多激励因素既产生外在动机，又产生内在动机。例如，某位工程师在技能竞赛中获得优胜而得了物质奖励，物质奖励激发了外在动机，而获得优胜激发了内在动机。

（二）行为产生的原因

人之所以会采取某种特定的行为是由其动机所决定的。一个人愿不愿意从事某项工作，干劲是大还是小，全取决于他是否具有进行这项工作的动机及动机的强弱。激发动机的刺激可以是外在刺激（如工资、奖金、晋升或者避免惩罚），也可以是满足个人的内在需求（如责任感、成就感或者满足感）。有了动机并不一定产生行为，动机能够产生行为还取决于个人的能力和行动条件。当动机、能力和行动条件三者都具备后，就产生指向某种个人目标的行为（见图9-2）。

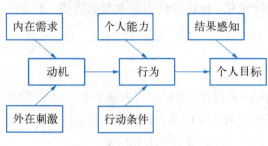

图9-2 行为产生的原因

（三）自我决定理论

自我决定理论（self-determination theory，SDT）由美国心理学家爱德华·德西（Edward L. Deci）与理查德·瑞安（Richard Ryan）于1985年提出。自我决定理论认为动机实际上是一个从外部控制到自我决定的连续体。连续体的一个极端是完全外控的行为，另一个极端则是受到内部激励的行为。处于连续体中间部分的行为，最初需要通过外部诱因激发而来，不过在行为过程中个体逐渐体验到自我决定和自我调节的快乐，从而产生了自我满足感。在这个连续体上，个体的动机经历了这些变化：极端的动机匮乏；完全的外在动机；外在动机不断减少，内在动机不断增加；最后达到完全的内在动机。当目标不值得做或者不能做时，个体会处于动机匮乏状态，是最被动的做事状态。当个体之所以做一件事，完全是因为这件事情充满趣味，个体乐在其中，此时个体处于完全的内在动机状态。工作本身就是最好的激励。个体从完全的外在动机，到逐步减少外在动机增加内在动机，德本和瑞安认为有以下四种调节方法。

1. 外部调节（external regulation）

如果行为完全被外部奖励或者惩罚所驱动时，这个行为就处于外部调节动机状态。奖励或者惩罚与行为之间有明显的关联关系。奖励数额必须足够具有吸引力，或者惩罚足够有威慑力。

2. 内投调节（introjection）

内投调节是指个体内化了某些外部规则，从而在没有外部条件存在的情况下，也会去做事的一种状态，是一种内部自我控制。通常觉得自己应该或必须去做这件事情，不做会觉得内疚、有负罪感、有压力，做了觉得有面子、骄傲。个体很在意他人对做某事的看法，希望得到他人的认可，害怕被他人拒绝和否定。

3. 认同调节（identification）

当一个人认同做某事的价值及其重要性时，就处于认同调节动机状态。不是迫于外部压力或自我压力才去做。

4. 整合调节（integration）

整合调节是自主性最强的外部动机状态，实现了对外部规则的最佳内化。个体完全认同做一件事的价值和意义，并将做事的意愿同其他动机有机整合。例如，觉得工作和生活是一个整体，不是对立的，不存在工作和生活平衡一说。

三、经典的动机理论

在管理学理论丛林中，有众多的管理学家对激励理论做出过贡献，其中主要有内容型动机理论、过程型动机理论、行为改造型动机理论、波特和劳勒的综合动机模型四大类型。

（一）内容型动机理论

1. 需要层次理论（hierarchy of needs）

1943年，美国心理学家马斯洛在《人类动机的理论》一书中提出需要层次理论。1954年，他在《激励与个性》一书中对该理论做了进一步阐述。

需要层次理论将人的需求由低到高划分为五个层次：

① 生理需要：维持人类生存所必需的身体需要，例如食物、空气、睡眠等。

② 安全需要：保证身心免受伤害。包含对人身安全、免遭财产丧失以及职业的威胁等。

③ 归属和爱的需要：包括感情、归属、被接纳、友谊等。

④ 尊重的需要：包括内在的尊重如自尊心、自主权、成就感等需要和外在的尊重如地位、认同、受重视等需要。

⑤ 自我实现的需要：包括个人成长、发挥个人潜能、实现个人理想的需要。

马斯洛认为，人的需要是从低级的需求开始，逐渐发展到更高级的需求。当下层需求被满足后，上一层的需求就会被激发并且变得迫切需要得到满足，即当一组需求得到满足后，它就不再是激励因素了。而若上层需求无法被满足，人们往往会对下层需求的满足提出更高的要求。每个层次需求的满足程度将决定个体的人格发展境界。需要层次理论的基本假设之一即为"人是一种追求完全需求的动物（wanting animals）"。

后来，马斯洛又补充了求知的需要和求美的需要，形成了七个层次。

虽然马斯洛需要层次理论的逻辑直观易懂，然而他却无法给出实质性的证明。几个试图证明其效果的研究也缺乏说服力。

2. ERG理论（ERG theory）

美国耶鲁大学的克雷顿·阿尔德弗（Clayton Alderfer）在马斯洛需要层次理论的基础上进行了更贴近现实的研究，提出了ERG理论。ERG理论是生存需要（existence）、相互关系需要（relationship）以及成长需要（growth）的简称。阿尔德弗认为人的需要有三类：生存需要、相互关系需要和成长发展需要。

生存需要和人类维持生存的基本物质有关，包含了马斯洛需要层次理论的生理需要和安全需要。

相互关系需要是维持重要人际关系的需要，包含马斯洛需要层次理论的归属和爱的需要，以及尊重的需要的外在部分。

成长发展需要即个人追求发展、实现目标的需要。可以对应马斯洛需要层次理论中尊重的需要的内在部分以及自我实现的需要。

该理论认为，各个层次的需要受到的满足越少，越为人们所渴望；较低层次的需要者越是能够得到较多的满足，则较高层次的需要就越渴望得到满足；如果较高层次的需要一再受挫者得不到满足，人们会重新追求较低层次需要的满足。这一理论不仅提出了需要层次上的满足到上升趋势，而且也指出了挫折到倒退的趋势。

3. 双因素理论（two-factor theory）/激励−保健理论（motivation-hygiene theory）

20世纪50年代，美国心理学家弗雷德里克·赫兹伯格（Frederick Herzberg）提出双因素理论，又称激励−保健理论。赫兹伯格认为导致工作满意或不满意度的因素是彼此独立的，工作满意度和内在因素相关，而不满意度与外在因素相关。有别于认为满意的反面是不满意的传统观点，赫兹伯格提出了一个二维的连续体，认为"满意"的反面是"没有满意"；而"不满意"的反面则是"没有不满意"。

赫兹伯格将会影响工作满意度的因素称为激励因素（motivators）；影响工作不满意度的称为保健因素（hygiene factors）。激励因素大都关于工作内容和工作本身方面，如工作的成就感，工作成绩得到上司的认可，工作本身具有挑战性，等等。这些因素的改善，能够激发员工的热情和积极性。保健因素大都关于工作环境或工作关系方面，如公司的政策、行政管理、员工与上级之间的关系、工资、工作安全、工作环境等。上述条件如果达不到员工可接受的最低水平时，就会引发员工的不满情绪。但是，具备了这些条件并不能使员工感到激励。

然而，此理论也饱受争议。第一，由于赫兹伯格的样本数只有203人，且多为工程师、会计这类收入与工作环境较好的人群，所以薪资等因素对他们而言自然不是激励因素，无法代表一般职工的情况。第二，在赫兹伯格在调查时，将好的结果归因于自己的努力，坏的结果却归咎于外部条件。第三，理论以"满意度"作为指标，但员工满意度和工作效率却未必有必然关联。第四，研究对象这种认识偏差可能会影响到研究结论的科学性激励因素和保健因素是可以互相转化和转化的，而不能被绝对分开。

4. 成就需要理论（achievement need theory）

20世纪50年代，美国心理学家戴维·麦克里兰（David McClelland）提出成就需要理论。在人的生存需要基本得到满足的前提下，麦克里兰将人的高等需求分为对成就、权力和合群的需要。其中，麦克里兰认为成就需要的高低对一个人、一个企业发展起着特别重要的作用。

成就需要（need for achievement, nAch）：追求卓越、争取成功的需求。成就需要是根据适当的目标追求卓越、争取成功的一种内驱力。麦克里兰认为成就需要强烈的人事业心强，喜欢那些能发挥其独立解决问题能力的环境。他们享受在达成目标的过程中克服难题的乐趣，也享受成功后的成就感。在管理中，只要提供合适的环境，他就会充分发挥发挥自己的能力。

权力需要（need for power，nPow）：影响或控制他人且不被他人控制的需求。麦克里兰认为权力需要较强的人渴望地位和影响力，喜欢掌控权力，并追求较高的社会地位的工作，喜欢追求和影响别人。有责任感，愿意承担需要的竞争。

合群需要（need for affiliation；nAff）：建立友好人际关系的需求。麦克里兰认为合群需要是人们追求他人的接纳和友谊的欲望，也是保持人际关系和谐的重要条件。合群需要强烈的人渴望获得他人赞同、喜爱和接受；喜欢合作而非竞争的工作环境。他们高度服从群体规范，忠实可靠。

麦克里兰通过大量研究对于成就需求和工作绩效间的关系给出了有力的推论。首先，麦克里兰认为通过评测员工的成就需求特征，有助于管理人员分派任务与安排职位。例如，需要独立负责、具有适当挑战性工作任务，应该选择成就需求大的人；而成就需求大的人却并不适合做一个大企业的管理者，因为他们会更多地专注在自己的工作上而并不特别在意去影响别人做好工作。其次，麦克里兰认为成就需求是可以被训练而激发的，所以企业可以通过激发员工的成就需求来提高工作绩效。

另外，麦克里兰发现优秀的管理者往往合群需求很低而权力需求很高，所以管理的成功是与这两个因素密切相关的。

（二）过程型动机理论

1. 期望理论（expectancy theory）

1964年，美国心理学家维克托·弗鲁姆（Victor H. Vroom）在《工作与激励》一书中提出了期望理论。

弗鲁姆认为激励因素的作用大小取决于两方面：一是人对激励因素所能实现的可能性大小的期望；二是激励因素对其本人目标价值（效价）的大小。所谓"期望值"，就是指根据过去的经验，对获得某种结果的可能性的判断。而所谓"效价"，就是指此人对这个激励因素的爱好程度，即对他所要达到目标的价值的估计。

弗鲁姆认为，要激励员工就需要让他们明确：一是工作能够给他们提供所需；二是他们欲求的东西是与他们的绩效绑在一起的；三是只要努力工作就可以提高绩效。

（1）期望理论的公式

弗鲁姆认为，人总是渴求满足一定的需要并会设法达到一个目标。用公式表示就是：

$$\text{激励力量(motivation)} = \text{期望值(expectancy)} \times \text{目标价值(valence)}$$
$$M = E \times V$$

激励力量是指调动一个人的积极性，激发人内部潜力的强度。

期望值是指人们依据经验判断达成目标的可能性。目标的价值大小反映人的需要的动机强弱，期望值则反映人实现需要的信心强弱。如果个体相信通过努力肯定会取得优异成绩，期望值就高。

效价是指达到目标对于满足他个人需要的价值。同一目标，对于不同的人产生的效价是不同的。可以分为正、零、负三种。效价越高，激励力量就越大。某一客体如果个体不喜欢、不愿意获取，目标效价就低，对人的行为的拉动力量就小。

（2）期望理论的模式

为了使激发力量达到最大值，弗鲁姆提出了期望理论的基本模式，如图9-3所示。

图9-3　期望理论的基本模式

在这个期望模式中包含四对因素，需要兼顾彼此的关系。

① 努力和绩效。这两者的关系取决于个体对目标的期望值。期望值又取决于目标是否合适个人的认识、态度、信仰等个性倾向，及社会地位，他人的期望等社会因素。即由目标本身和个人的主客观条件决定。

② 绩效与奖励。人们期望在达到预期成绩后，能够得到适当的合理奖励（如奖金和晋升等）。如果没有相应的有效的物质和精神奖励来强化组织的目标，时间一长，积极性就会消失。

③ 奖励和个人需要。奖励什么要适合各种人的不同需要，要考虑效价。要采取多种形式的奖励，满足各种需要，最大限度地挖掘人的潜力，最有效地提高工作效率。

④ 需要的满足与新的行为动力。当一个人的需要得到满足之后，他会产生新的需要和追求新的期望目标。需要得到满足的心理会促使他产生新的行为动力，并对实现新的期望目标产生更高的热情。

2. 公平理论（equity theory）

1965年，美国心理学家约翰·亚当斯（John Stacey Adams）提出了公平理论。亚当斯认为一个人对他所得到报酬是否满意，不是只看其绝对值，而是进行社会比较和历史比较，看其相对值。两种比较结果相等时，就公平；反之，就会使人感到不公平。公平能激励人；不公平就产生紧张、不安和不满情绪，影响工作积极性的发挥。

比较分为横向和纵向两种，如图9-4所示。

（1）横向比较

横向比较即一个人要将自己获得的"报偿"（包括金钱、工作安排以及获得的赏识等）与自己的"投入"（包括教育程度、所作努力、用于工作的时间、精力和其他无形损耗等）的比值与组织内其他人作社会比较，只有相等时他才认为公平。比较结果，可能出现以下两种情况。

① 前者小于后者。

使左方增大：可能会要求增加自己的收入或减少今后的努力程度。

使右方减少：可能要求组织减少其比较对象的收入或增大努力程度。

此外，他也可能改变比较对象以达到心理平衡。

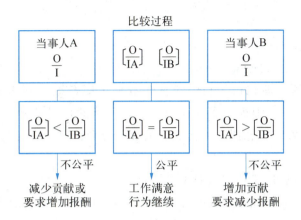

图9-4　公平理论示意图

注：O（outcome）代表报酬，包括工资、奖金、津贴、晋升、荣誉、地位等。
　　I（input）代表贡献，包括工作数量与质量、技术水平、努力程度、忠诚等。
　　A和B可以是在不同时间点上的同一个人，也可以是不同的两个人。

② 前者大于后者。

可能要求减少自己的报酬或在开始时自发多做些工作，久而久之他会重新估计自己的技术和工作情况，终于觉得他确实应当得到那么高的待遇，于是产量便又会回到过去的水平了。

（2）纵向比较

即将自己目前投入的和自己过去投入的进行比较。只有相等时他才认为公平。当不相等时，也会有两种情况。

① 前者小于后者。他会有不公平的感觉，可能导致工作积极性下降。

② 前者大于后者。他不会产生不公平的感觉，也不会觉得自己多拿了报酬而主动多做些工作。

调查和试验的结果表明，不公平感的产生，绝大多数是由于经过比较认为自己目前的报酬过低而产生的；但在少数情况下，也会由于经过比较认为自己的报酬过高而产生。

3. 目标设置理论（goal-setting theory）

1968年，美国马里兰大学管理学兼心理学教授爱德温·洛克（Edwin A. Locke）提出了目标设置理论。洛克认为大多数激励因素都是通过目标来影响工作动机的。目标本身就具有激励作用，能把人的需要转变为动机，使人们朝着一定的方向努力，并将自己的行为结果与目标相对照，及时进行调整和修正，从而实现目标。这种使需要转化为动机，再由动机支配行动以达成目标的过程就是目标激励。目标激励的效果受目标本身的性质和周围变量的影响。

为有效影响组织成员的行为，目标的设置有三个标准。

① 具体性：目标能被精准描述和测量，且规定实现目标的时间。

② 难度：目标应当难度适中。

③ 可接受性：要使个人感觉到参与了目标制订的过程，感到目标是对个人的投资，

把管理者的目标变成下属的个人目标。

（三）行为改造型动机理论

1. 强化理论（reinforcement theory）

1938年，美国的心理和行为科学家博尔赫斯·斯金纳（Burrhus Frederic Skinner）在《有机体的行为》一书中提出了强化理论。强化指的是对一种行为的肯定或否定后果，可以是报酬，也可以是惩罚。强化在一定程度上会决定这种行为在今后是否会重复发生。

斯金纳认为可以通过四种方法来改造行为。

① 正强化（positive reinforcement）：对正确的行为及时加以肯定或奖励，使行为更加可能发生。

② 负强化（negative reinforcement）：当某种不符合要求的行为有所减少后，减少施加于其身上的某种不愉快刺激，从而使不符合要求的行为得到改造，改造后的行为发生的可能性增加。

③ 惩罚（punishment）：当某种不符合要求的行为发生后，给予相应的处罚或惩戒，从而减少或阻止这种行为的出现。

④ 撤销（extinction）：指撤销某一行为原来存在的正强化，使行为逐渐降低重复发生的概率，乃至最终消失。

2. 挫折理论（setback theory）

挫折是人类在从事有目的的活动过程中，指向目标的行为受干扰或阻碍，致使其目标不能实现，需要无法满足时所产生的情绪状态。挫折理论主要揭示人受挫折时的心理状态，以及其导致的行为表现，力求采取措施将消极性行为转化为积极和建设性的行为。

在生产活动中，伴随挫折而来的消极性行为和不良的情绪状态不仅不利于职工的心理健康，也会影响企业的安全生产，甚至易于导致事故。因此，应该重视管理中员工的挫折问题，并采取相应措施，例如：

① 协助职工以积极行为适应挫折，如合理调整无法实现的目标。

② 鼓励员工换角度思考，改变其对挫折情境的认知，以减轻挫折感。

③ 通过培训，提高职工工作能力和技术水平，增加个人目标实现的可能性，减少挫折的主观因素。

④ 改善工作环境，如实行民主管理、合理安排工作和岗位、改善劳动条件等，以减少挫折的客观因素。

⑤ 开展心理保健和咨询，消除或减弱挫折心理压力。

（四）波特和劳勒的综合动机模型

1968年，莱曼·波特（Lyman Porter）和爱德华·劳勒（Edward Lawler）在弗鲁姆的期望理论的基础上，在《管理态度和成绩》一书中提出综合动机模型（见图9-5），来解释员工工作态度和工作绩效之间的关系。

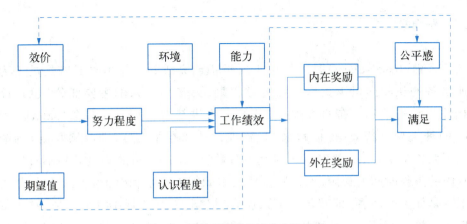

图 9-5　波特和劳勒的综合动机模型

这个模型有四个前提假设：① 个人的行为由个人和环境中的因素共同决定；② 个人是理性的，他们能够由自我决定他们在组织的行为；③ 每个人都有不同的需求和目标；④ 个人根据自己的期望，在不同行为之间做选择，这种选择后的行为将导致预期的结果。

该模型的主要观点包括：

① 激励导致一个人是否努力及其努力的程度。

② 工作的实际绩效取决于能力的大小、努力程度以及对所需完成任务理解的深度。

③ 奖励要以绩效为前提，不是先有奖励后有绩效，而是必须先完成组织任务才能导致精神的或者物质的奖励。当员工看到他们的奖励与成绩关联性很差时，奖励将不能成为提高绩效的刺激物。

④ 奖惩措施是否会产生满意，取决于被激励者认为获得的报偿是否公平。如果他认为符合公平原则，当然会感到满意，否则就会感到不满。满意将导致进一步的努力。

第三节　薪酬管理体系

一、薪酬基本概念

（一）薪酬的定义

薪酬（compensation）是员工向其所在单位提供劳动或劳务而获得的各种形式的酬劳。薪酬的实质是一种公平的交易或交换关系，是员工在向单位让渡其劳动或劳务使用权后获得的报偿。一般来说，薪酬包括直接以现金形式支付的工资（如基本工资、绩效工资、激励工资）和间接地通过福利（如养老金、医疗保险）以及服务（带薪休假等）支付的薪酬。

(二)薪酬的构成

1. 基本薪酬

基本薪酬(base salary)是根据员工所承担或完成的工作本身或者是员工为完成工作所必备的技能向员工支付的稳定性报酬,是员工收入的主要部分,也是计算其他薪酬性收入的基础。在西方国家,传统上来讲基本薪酬分为薪金(salary)和工资(wage)两种类型。薪金(也称薪水)是管理人员和专业人员(即白领职员)的劳动报酬。按照西方的法律,一般实行年薪制或月薪制,这些职员的薪金额并不直接取决于工作日内的工作时间的长短,而是岗位所要求的能力要素和对企业经营目标的贡献价值。工资是体力劳动者(即蓝领员工)的劳动报酬,一般实行小时工资制、日工资制或月工资制。员工所得工资额直接取决于工作时间长短。法定工作时间以外的加班,必须付加班工资。通常来说,蓝领的工作岗位要求比较单一且工作成果极易量化。但是现在随着蓝领与白领的工作界限的日益模糊,并且由于企业为了建立一整套的管理理念,培养雇员的团队精神,他们把基本工资都叫薪水,而不再把雇员分成薪水阶层和工资阶层。

2. 奖金

奖金(bonus),又称为可变薪酬(variable compensation)。奖金就是为了奖励那些已经达标或超标实现某些绩效标准的完成者,或为了激励追求者去完成某些预定的绩效目标,而在基本工资的基础上支付的可变的、具有激励性的报酬。它可以从两个角度去理解,即奖金被用于:对已完成的超额、超标准的绩效进行奖励;对预定的绩效目标进行激励。简单地说,奖金就是为了奖励完成者和激励追求者所支付的报酬,其支付依据主要是绩效标准。

3. 福利

福利(benefits),又称为间接薪酬(indirect compensation)。福利通常不与员工的劳动能力和提供的劳动量相关,而是一种源自员工组织成员身份的福利性报酬。福利因国家的不同而不同,如韩国、日本、中国等都会以货币形式发放各种津贴和补贴作为福利。津贴是指工资无法全面、准确反映的由劳动条件、社会环境、社会评价、物价浮动等对员工造成伤害的可能性较大,在社会看来不够体面的工作等;而把与生活相联系的补偿称为补贴,如住房补贴等。这在欧美是较少的,他们的福利更多地表现为非货币形式,比如休假、服务(医疗咨询、员工餐厅)和保障(医疗保险、人寿保险和养老金)等。当前,福利和服务已日益成为薪酬的重要形式,它对于吸引、留住员工有着不可替代的作用。

(二)全面报酬

传统人事管理理论认为,薪酬是员工得到的或雇主支付的劳动报酬。爱德华·劳勒于1971年提出"全面报酬"(total reward)的概念,将员工薪酬和企业发展联系起来,明确所有的薪酬和奖励计划都是让员工变得有朝气、有干劲的一种手段。从此以后,全面报酬成为战略性人力资源管理重要内容。

2000年，美国薪酬协会（American Compensation Association）提出总报酬模型。它认为，全面报酬包括三方面要素：① 工资；② 福利；③ 工作体验。工作体验通常是无形的，其内容包括：① 确认、欣赏和重视；② 工作与生活平衡；③ 文化；④ 发展；⑤ 环境。同一年，该协会将自己的组织结构名称改为总报酬协会（The Total Rewards Association）。

总的来讲，企业为员工提供的全面报酬包括两部分（图9-6）：外在报酬（extrinsic reward）和内在报酬（intrinsic reward）。

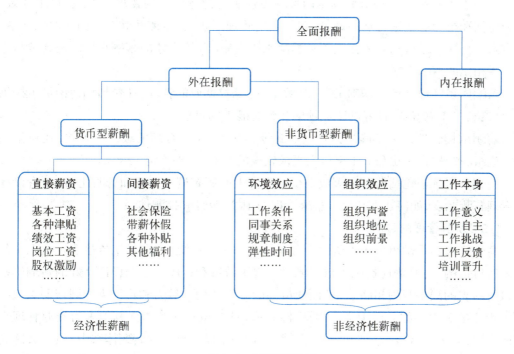

图9-6　全面报酬体系

外在报酬是员工为组织工作所获得的外部收益，包括货币型薪酬和非货币型薪酬。

货币型薪酬是传统薪酬的内涵，比如基本工资、奖金等短期激励；股票期权、利润分享等长期激励；退休金、医疗保险以及公司支付的其他各种形式的福利等。

非货币型薪酬主要指工作环境与组织效应，包括工作条件、同事关系、组织声誉、组织地位以及组织发展带来的机会和前景等。

内在报酬对员工而言是内在的心理收益。根据工作特征理论，工作本身就是工作报酬。员工在工作意义、工作多样性、工作自主性、工作挑战性和工作反馈都得到满足时，员工的心理状态就会得到改善，从而对组织承诺增强。如参与决策所获得的归属感与责任感；挑战性的工作带来的成就感；领导与主管的赞美和肯定得到的荣誉感等。它能够长时间给员工带来激励和工作满足感。

外在报酬与内在报酬具有不同的激励功能。它们相互联系，互为补充，构成完整的全面报酬体系。

二、薪酬管理的几个基本问题

(一) 薪酬管理的内容

薪酬管理的内容包括目标管理、水平管理、体系管理、结构管理、制度管理。

薪酬目标管理是指薪酬应该怎样支持企业战略,又该如何满足员工需要。

薪酬水平管理是指薪酬要满足内部一致性和外部竞争性的要求,并根据员工绩效、能力特征和行为态度进行动态调整,包括确定管理团队、技术团队和营销团队薪酬水平,确定跨国公司各子公司和外派员工的薪酬水平,确定稀缺人才的薪酬水平以及确定与竞争对手相比的薪酬水平。

薪酬体系管理既包括基础工资、绩效工资、期权期股的管理,还包括如何给员工提供个人成长、工作成就感、良好的职业预期和就业能力的管理。

薪酬结构管理是指正确划分合理的薪级和薪等,确定合理的级差和等差,还包括如何适应组织结构扁平化和员工岗位大规模轮换的需要,合理确定工资宽带。

薪酬制度管理包括薪酬决策应在多大程度上向所有员工公开和透明化,谁负责设计和管理薪酬制度,如何建立和设计薪酬管理的预算、审计和控制体系。

(二) 薪酬管理的目的

薪酬管理体系是组织人力资源管理系统的一个子系统,它向员工传达了在组织中什么是有价值的,并且为向员工支付报酬建立起了政策和程序。一个设计良好的薪酬体系直接与组织的战略规划相联系,从而使员工能够把他们的努力和行为集中到帮助组织在市场中竞争和生存的方向上去。薪酬体系的设计应该补充和增强其他人力资源管理系统的作用,如人员选拔、培训和绩效评价等。在一个设计良好的薪酬体系中,员工会感觉到,相对于同一组织中从事相同职位的其他员工,相对于组织中从事不同职位的其他员工,相对于其他组织中从事类似职位的人而言,自己的职位获得了适当的报酬。

(三) 薪酬管理的特点

1. 敏感性

薪酬管理是人力资源管理中最敏感的部分,因为它牵扯到公司每一位员工的切身利益。特别是在人们的生存质量还不是很高的情况下,薪酬直接影响他们的生活水平;另外,薪酬是员工在公司工作能力和水平的直接体现,员工往往通过薪酬水平来衡量自己在公司中的地位。所以薪酬问题对每一位员工都会很敏感。

2. 特权性

薪酬管理是员工参与最少的人力资源管理项目,它几乎是公司老板的一个特权。老板,包括企业管理者认为员工参与薪酬管理会使公司管理增加矛盾,并影响投资者的利益。所以,员工对于公司薪酬管理的过程几乎一无所知。

3. 特殊性

由于敏感性和特权性,所以每个公司的薪酬管理差别会很大。另外,由于薪酬管理本身就有很多不同的管理类型,如岗位工资型、技能工资型、资历工资型、绩效工资型等等,所以,不同公司之间的薪酬管理几乎没有参考性。

(四)薪酬设计的原则

1. 战略导向原则

战略导向原则强调企业设计薪酬时必须从企业战略的角度进行分析,制定的薪酬政策和制度必须体现企业发展战略的要求。企业的薪酬不仅仅是一种制度,它更是一种机制,合理的薪酬制度驱动和鞭策那些有利于企业发展战略的因素的成长和提高,同时使那些不利于企业发展战略的因素得到有效的遏制、消退和淘汰。因此,企业设计薪酬时,必须从战略的角度进行分析哪些因素重要,哪些因素不重要,并通过一定的价值标准,给予这些因素一定的权重,同时确定它们的价值分配即薪酬标准。

2. 体现员工价值原则

现代人力资源管理必须解决企业的三大基本矛盾,即人力资源管理与企业发展战略之间的矛盾、企业发展与员工发展之间的矛盾、员工创造与员工待遇之间的矛盾。因此,企业在设计薪酬时,必须要能充分体现员工的价值,要使员工的发展与企业的发展充分协调,保持员工创造与员工待遇(价值创造与价值分配)之间短期和长期的平衡。

3. 激励作用原则

激励作用原则强调企业在设计薪酬时必须充分考虑薪酬的激励作用,即薪酬的激励效果。这里涉及企业薪酬(人力资源投入)与激励效果(产出)之间的关系,企业在设计薪酬策略时要充分考虑各种因素,使薪酬的支付获得最大的激励效果。

4. 内部一致性原则

内部一致性原则包含几个方面。一是横向公平,即企业所有员工之间的薪酬标准、尺度应该是一致的。二是纵向公平,即企业设计薪酬时必须考虑到历史的延续性,一个员工过去的投入产出比和现在乃至将来都应该基本上是一致的,而且还应该是有所增长的。最后就是外部公平,即企业的薪酬设计与同行业的同类人才相比具有一致性。

5. 外部竞争性原则

外部竞争性原则强调企业在设计薪酬时必须考虑到同行业薪酬市场的薪酬水平和竞争对手的薪酬水平,保证企业的薪酬水平在市场上具有一定的竞争力,能充分地吸引和留住企业发展所需的战略、关键性人才。

(五)薪酬设计的理论

1. 3P理论

薪酬设计的经典理论是3P理论,3P是指岗位(position)、人(person)及业绩(performance)。3P管理模型(见图9-7)实际上是将企业中与人相关的资源用工具的模型做了分类和利用。基于组织架构的岗位澄清和岗位评估是基础工作,可以认为是对企业内部资源的规划和设计。基于组织战略、企业目标而设定的岗位目标,以及根据岗位职责的要

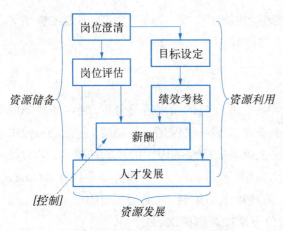

图9-7 3P理论模型及管理的三个方面

求开展的绩效评估都是实际工作中对资源的储备和利用。而到了个体层面,将人的能力与岗位要求进行匹配。同时,人才作为可以被持续开发的一种资源,在此过程中可以不断被发展,通过人才发展的手段激发出更高的绩效水平。而在整个模型中,薪酬在其中起到了管控的重要作用。

因此,根据3P理论,薪酬体系应当以岗位、人及业绩为出发点进行设计,最终通过总体薪酬(total compensation)为企业控制薪酬成本,同时为员工提供最大化的利益。

2. 4D 与 4E 模型

而薪酬设计的4D与4E模型是3P理论的一种延伸和总结。4D(4定)指的是薪酬设计在四个方面的差异化:职位差异(difference of position)、市场差异(difference of conditions)、能力差异(difference of capability)、绩效差异(difference of performance)。与4D一一对应的是4E(4平),即四个层面的公平性:内部公平性(internal equity)、外部公平性(external equity)、个体公平性(individual equity)、组织公平性(organizational equity)。4D与4E模型总结了薪酬设计的四个步骤,如图9-8所示。

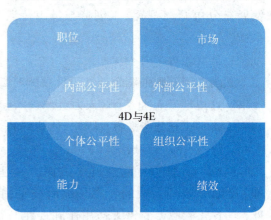

图9-8 4D与4E薪酬设计模型

(1)以岗位定级

通过工作评估和职位评价系统,建立内部的薪酬级别与水平。级别的差异反映了岗位在企业内部不同的相对价值。因此在薪酬设计上要制定薪级差异化的体系。从整体上,让级别较高员工的付薪水平高于级别较低的员工,以保障内部的公平性。

(2)以市场定位

企业必须决定自己在市场上的薪酬水平,有三种策略:滞后、跟随和领先。并通过获取薪酬调研报告的市场数据制定内部薪酬架构的中点值,保障内部员工在外部市场的付薪竞争性。

(3)以能力定薪

由能力分析和评价体系确定各个员工之间的能力差异。以综合能力定薪的目标是确定员工在企业薪酬架构中的位置,并由个人综合能力的特质决定员工的薪酬水平,确保个体之间付薪的公平性。

（4）以绩效定薪

与绩效管理体系对接，通过对员工绩效结果评价进行薪酬激励。实行岗位绩效薪酬需要针对不同的级别和岗位或部门的特点设置对应的组合，以适应不同层级员工的激励需求。以绩效定薪的方式有效解决在组织层面的公平性。

第四节　薪酬体系设计

一、薪酬战略

企业薪酬设计应站在战略高度来考虑，它要适应企业总体战略，促进企业总体战略的实现；薪酬战略应具有整体协调性和战略支持性。企业经营战略是影响企业薪酬水平政策的重要因素。通常，低成本战略会考虑控制薪酬水平，而差异化和创新战略则会选择较为宽松的薪酬水平策略。公司战略、人力资源战略和薪酬战略之间的关系如图9-9所示。

企业战略是企业确定经营方向与目标的决策过程与活动。它决定着企业将向何处去，要做什么，在什么市场做什么产品，最终要做到多大的规模。它是企业总的指导方针，企业的人力资源制度、薪酬制度都是为实现企业总体战略而服务的，企业战略决定了企业人力资源制度的结构与规模，从而决定了企业薪酬支付的结构与规模。

企业战略定下来以后，人力资源部考虑如何提供支持战略实施的人才。企业要为战略实施提供人才保障，最重要的就是制定薪酬战略。企业价值如何分配是维系企业与员

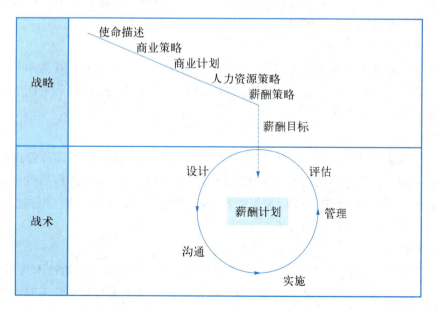

图9-9　公司战略、人力资源战略和薪酬战略之间的关系

工雇佣关系的至关重要的一方面。

薪酬战略要解决给谁支付、支付多少的问题，这可以从五方面来考虑：第一，企业的薪酬制度是否与企业的战略相匹配；第二，企业的薪酬是否具有外部竞争力；第三，企业的薪酬制度是否具有内部公平性；第四，企业的薪酬制度是否考虑了成本因素；第五，企业的薪酬制度是否具有效率。只有解决上面五个问题，薪酬制度才能与战略相匹配，达到驱动战略实施的作用。

综上所述，企业战略是薪酬战略的指导方向，薪酬战略的制定和实施不能偏离公司战略的要求，薪酬战略是公司战略能否实现的一个至关重要的驱动因素。与战略匹配的薪酬制度能够保留现有人才，吸引外部优秀人才，为战略实施提供人才保障，同时，提高战略实施的运营效率。

二、薪酬结构设计

（一）薪酬结构概述

薪酬结构是指组织中各种工作或岗位之间薪酬水平的比例关系，包括不同层次工作之间报酬差异的相对比值和不同层次工作之间报酬差异的绝对水平。

薪酬结构包含三方面内容：组织内部以职位或等级区分的薪酬等级的数量；同一薪酬等级内部的薪酬变动范围（或变动比率）；相邻两个薪酬等级之间的交叉与重叠关系。

（二）岗位群落的划分

薪酬结构设计的首要前提是岗位群落的科学划分。岗位性质的不同，薪酬结构需要随之变化。一般根据工作内容、工作性质不同，对岗位按性质进行归类。通常我们看到的岗位性质分类有以下五大类别。

1. 管理序列

管理序列是从事管理工作并拥有一定管理职务的职位，对企业经营的中长期战略发展负责。通俗的理解是手下有兵，因其承担的计划、组织、领导、控制职责而成为主要的企业付薪依据。

2. 职能序列

职能序列是从事职能管理、生产管理等工作且不具备或不完全具备管理职责的职位。职能序列与管理序列的区别在于该岗位可能有下级人员，但企业付薪的主要依据不是因为其承担的计划、组织、领导、控制职责，而是其辅助、支持的职责。但他们的工作主要是复杂任务且难以以单一绩效维度来衡量。

3. 技术序列

技术序列是从事技术研发、设计、操作的职位，表现为需要一定的技术含量，企业付薪的主要依据是该岗位所具备的技能。同时，他们的工作主要是复杂任务且难以以单一绩效维度来衡量。

4. 销售序列

销售序列指从事专职销售的职位，一般工作场所不固定。通常以销售经营指标作为绩效评估的主要标准。

5. 操作序列

操作序列指在企业内部从事生产作业的职位，一般工作场所比较固定。他们的工作绩效指标通常较为单一、易量化。

（三）薪酬结构设计程序

1. 薪酬调查（compensation survey）

薪酬调查就是通过一系列标准、规范和专业的方法，对市场上各职位进行分类、汇总和统计分析，形成能够客观反映市场薪酬现状的调查报告，为企业提供薪酬设计方面的决策依据及参考。通常薪酬调查需要考虑以下三个方面：

（1）企业薪酬现状调查

通过科学的问卷设计，从薪酬水平的三个公平（内部公平、外部公平、自我公平）的角度了解造成现有薪酬体系中的主要问题以及造成问题的原因。

（2）进行薪酬水平调查

主要收集行业和地区的薪资增长状况、不同薪酬结构对比、不同职位和不同级别的职位薪酬数据、奖金和福利状况、长期激励措施以及未来薪酬走势分析等信息。

（3）薪酬影响因素调查

综合考虑薪酬的外部影响因素如国家的宏观经济、通货膨胀、行业特点和行业竞争、人才供应状况和企业的内部影响因素如：盈利能力和支付能力、人员的素质要求及企业发展阶段、人才稀缺度、招聘难度。

2. 确定薪酬原则和策略

薪酬原则和策略的确定是薪酬设计后续环节的前提。在充分了解企业目前薪酬管理的现状的基础上，确定薪酬分配的依据和原则，以此为基础确定企业的有关分配政策与策略，例如不同层次、不同系列人员收入差距的标准，薪酬的构成和各部分的比例等。

3. 工作分析（job analysis）

工作分析是通过系统全面的情报收集手段，提供相关工作的全面信息，以便组织进行改善管理效率。工作分析是人力资源管理工作的基础，其分析质量对其他人力资源管理模块具有举足轻重的影响。通过工作分析，有助于员工本人反省和审查自己的工作内容和工作行为，以帮助员工自觉主动地寻找工作中存在的问题，圆满实现职位对于组织的贡献；在工作分析过程中，人力资源管理人员能够充分地了解组织经营的各个重要业务环节和业务流程，从而有助于人力资源管理职能真正上升到战略地位；借助工作分析，组织的最高经营管理层能够充分了解每一个工作岗位上的人目前所做的工作，可以发现职位之间的职责交叉和职责空缺现象，并通过职位及时调整，提高组织的协同效应。

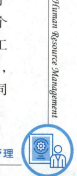

工作分析基本步骤包括：① 结合企业经营目标，在业务分析和人员分析的基础上，明确部门职能和职位关系；② 进行岗位职责调查分析；③ 由岗位员工、员工上级和人力资源管理部门共同完成岗位说明书的编写。

4. 岗位评价（job evaluation）

岗位评价是一种系统地测定每一岗位在其组织内部价值结构中所占位置的技术。它以岗位职责和任务在整个工作中的相对重要程度的评估结果为标准，以某具体岗位在正常情况下对任职者的要求进行的系统分析和对照为依据，而不考虑个人的工作能力或在工作中的表现。岗位评价方法主要有排列法、分类法、评分法和因素比较法四种。

5. 薪酬类别的确定

根据企业的实际情况和未来发展战略的要求，对不同类型的人员应当采取不同的薪酬类别，例如：企业高层管理者可以采用与年度经营业绩相关的年薪制，管理序列人员和技术序列人员可以采用岗位技能工资制，营销序列人员可以采用提成工资制，企业急需的人员可以采用特聘工资制等。

6. 形成薪酬结构

薪酬的构成因素反映了企业关注内容，因此采取不同的策略、关注不同的方面就会形成不同的薪酬构成。企业在考虑薪酬的构成时，往往综合考虑以下几个方面的因素：① 职位在企业中的层级；② 岗位在企业中的职系；③ 岗位员工的技能和资历；④ 岗位的绩效。这些因素分别对应薪酬结构中的不同部分。

（四）薪酬政策线

薪酬结构设计包括制定薪酬政策线、确定职等数量和薪酬中值、确定薪酬浮动幅度等几个方面，这几个因素确定后，职等薪酬增长率、薪酬变动比率、薪级数目以及薪级级差就都确定下来了。

根据市场薪酬线，结合公司的薪酬策略，可以制定薪酬政策线。公司薪酬政策线是用于指导公司薪酬设计的重要工具，薪酬政策线反映公司薪酬水平政策和薪酬结构政策两个方面的内容，如图9-10所示。

图中a、b、c、d四条直线分别反映不同的薪酬政策。a线和b线与市场薪酬线是平行的，因此a线和b线不同层级之间薪酬差距和市场一致；但a线反映的薪酬水平高于市场平均值，是竞争性薪酬策略；而b线反映的薪酬水平低于市场平均值，薪酬没有竞争力。c线和d线反映的整体薪酬水平与市场是一致的，但c线斜率更大一些，反映不同职级间薪酬差距大于市场平均水平；而d线斜率更小一些，反映不同职级间薪酬差距小于市场平均水平。

1. 确定薪酬最小值、最大值

根据薪酬调查数据，结合企业实际情况，确定整个薪酬体系的最高薪酬和最低薪酬，在这个过程中，需要考虑区域及行业人力资源市场供求状况的影响以及判断薪酬水平发展趋势，使今后若干年公司所有人员工资水平不会超出这个范围。

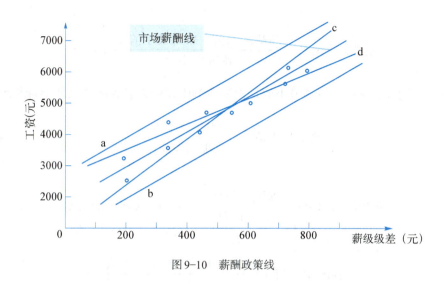

图9-10 薪酬政策线

2. 设计工资职等数目

根据岗位评价结果以及外部薪酬调查数据,将公司所有岗位划分为若干职等,薪酬等级的数目应适中。职等的划分要结合目前岗位所在层级状况,岗位层级差别较大的岗位尽量不要归在一个职等,将岗位价值评价相近的岗位归入同一个职等。职等数量一般需要考虑以下因素:

企业的规模以及组织结构。企业规模越大、管理层级越多的组织,薪酬职等数目应该多些;反之,企业规模小、扁平化的组织,薪酬职等数目就少些。

岗位的工作性质和工作复杂程度。如果岗位工作性质差异性大,工作复杂程度高,那么就应多设薪酬等级;反之少设薪酬等级。

企业薪酬策略。如果企业员工的薪酬差异比较大,则薪酬等级应多些;如果企业员工的薪酬差异小,则薪酬等级应少些。

3. 设计工资职等中位值及确定职等薪酬增长率

薪酬等级确定后,根据薪酬政策线,可以确定各职等的薪酬中位值。实际上,可以根据典型岗位市场薪酬数据,并结合岗位评价数值以及公司薪酬策略,制定出每个职等工资中位值。各职等中位值确定后,职等薪酬增长率就可以计算出来了。各职等薪酬增长率等于两个相邻职等中位值差额除以较低等级薪酬中位值。

一般情况下,各职等薪酬增长率应大致相等,如果差别较大,应对职等薪酬中位值数据进行一定调整,同一岗位序列下,使各职等薪酬增长率大致相同,体现内部公平特征。

4. 设计薪酬幅度、薪级数目及薪级差

确定薪酬幅度即薪酬中位值确定后,确定每个职等最低薪酬与最高薪酬。

由于同一职等内对应很多岗位,同时应给岗位工资晋升留出空间,因此薪酬幅度要适中,满足薪酬调整的需要。通常,用薪酬变动比率来衡量薪酬变化幅度。

$$薪酬变动比率 = \frac{薪酬最大值 - 薪酬最小值}{薪酬最小值} \times 100\%$$

一般情况下，薪酬最大值和最小值是根据薪酬中位值以及薪酬变动比率计算出来的：

$$薪酬最小值 = \frac{薪酬中位值}{1 + \frac{薪酬变动比率}{2}}$$

$$薪酬最大值 = \frac{薪酬中位值}{1 + \frac{薪酬变动比率}{2}} \times (1 + 薪酬变动比率)$$

$$薪酬中位值 = \frac{薪酬最大值 + 薪酬最小值}{2}$$

薪酬最大值和最小值确定后，同一职等一般设定若干薪级，薪级差可以等比设计，也可以等差设计。在设计极差时，需要考虑岗位等级的数量、员工达到中位值所需的平均时间、外部市场的薪酬数据以及成本。

（五）宽带薪酬

1. 宽带薪酬的定义

宽带薪酬是通过减少薪酬等级，扩大等级内薪酬浮动范围，使之变成只有相当少数的薪酬等级以及相应较宽的薪酬变动区间。宽带薪酬的具体操作模式是：将原来很多的岗位等级压缩成少数的几个等级，将等级内的薪酬差距拉大。图9-11解释了如何从传统薪酬向宽带薪酬的转变。

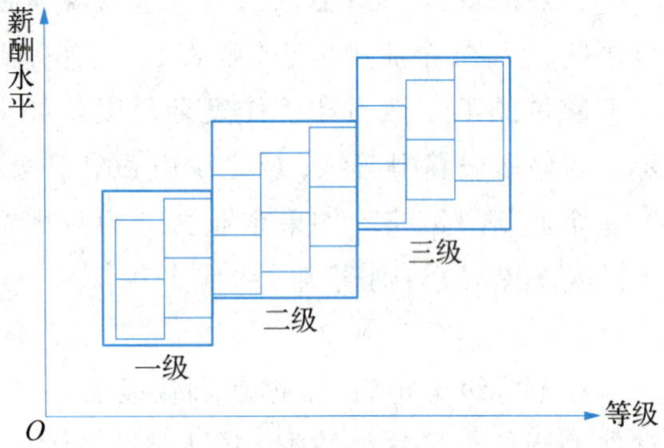

2. 宽带薪酬的特征及实施条件

（1）层级淡化

宽带薪酬既有层级，又通过减少岗位等级的个数淡化层级。在实施宽带薪酬的企业中，大型企业一般有十几个层级。中小型企业往往只有几个层级。

（2）宽幅化

宽幅化是指宽带薪酬体系中，层级内部的薪酬差距拉大，即同一个层级的最高与最低薪酬之差拉大，从而使薪酬表中某一个层级的薪酬呈现一条很宽的带状，这就是宽带薪酬最直观的表现形式。

（3）管理者的裁量权

宽带薪酬在实施领域一个重要的特征是各级管理者对员工薪酬具体数额具有一定

图9-11 从传统薪酬转变为宽带薪酬

的自由裁量权。但这个权利会受到一定限制，即员工的薪酬不能超出该层级宽幅的最高值，也不能低于最低值。由于宽带薪酬的宽幅很大，员工应该在薪酬带宽的什么位置会直接涉及薪酬的有效性和内部公平性。因此，这需要各级管理者能够充分认识和了解员工的知识、能力，科学合理地评价员工，给予相应的薪酬激励。人力资源部门也应当搭建好现代人力资源管理平台，帮助和指导管理者做好付薪决策和与员工沟通的工作。

（4）关注员工技能和能力的提高

在传统的薪酬体系下，员工薪酬水平的提高往往只能依靠职位等级上的提升达到，特别在职位导向型薪酬文化下，唯有员工上升到更高的职位等级，他们的薪酬才有机会得到大幅度的增加。因此，传统薪酬体系下的员工通常将工作的注意力更多地放在如何得到上级的赏识与提拔上，而较少关注自身工作能力与技能水平的提高。相较于传统的薪酬体系，宽带薪酬虽然使为员工提供的晋升层级大大减少了，但通过压缩等级、扩大薪酬范围，使得即使在同一个等级之内，员工通过技能和绩效的提高同样有机会可以获得薪酬水平的提升，甚至可能比之前提升到更高一个级别上所获得的薪酬更多，从而引导员工更注重个人能力和工作业绩的提升，推动企业绩效进一步增长。因此，宽带薪酬尤其适合于能绩导向型薪酬文化的企业。但这需要科学、有效的绩效管理系统进行配合，才能推动能绩导向的企业文化，实现宽带薪酬。

（5）支持组织扁平化设计

现代组织体系层级大大减少，扁平化、轻型化、高效化趋势日益明显。与此相对应，组织的职位层级大为减少，而且很多企业设计了多通道的职业路径，克服了传统组织体系下单一发展通道易遇到"天花板"的问题。而扁平化的组织结构要求企业有灵活的薪酬制度，能够依据市场的变化随时做出反应和调整。宽带薪酬的出现打破了传统薪酬结构维护和强化等级的概念，可以说是为扁平化组织结构量身定做的。其最大的特点就是减少了薪酬等级，增强薪酬体系的灵活性和弹性，更加突出外部市场的导向作用，使得企业组织结构变得更加有效率和灵活，提高了企业对外部市场竞争的适应能力。由此可见，宽带薪酬与扁平化的现代组织体系是紧密联系在一起的。而在传统层级式的组织体系下，宽带薪酬是难以得到发展的。

3. 宽带薪酬的作用

宽带薪酬已经在高科技企业中被广泛使用。一方面，由于专业技术型人才在市场上的稀缺性，宽带薪酬在吸引人才方面为企业提供了灵活性来应对市场上的人才竞争。另一方面，对于这类高知识型技术人才来说，员工的薪酬并不仅仅受限于其岗位，而更受到其技术水平与绩效的影响。高科技企业往往很重视个人的创新能力，因此他们通常引导员工要注重自身技能的提升，从而进一步提升企业的创造力和竞争力。从员工的角度而言，这类员工也期望在工作上获得更宽泛的自主权，来实现他们的技术研究。宽带薪酬本质上就是一种强调基于能力与绩效的薪酬模式，但它同时对高知识型、专业技术型员工也有其他正向激励的作用。其主要的作用有：① 有利于促进员工注重技能增长、能力提高和绩效提升。② 有利于他们的职业轮换和职业生涯的发展。③ 有利于创造一种共同参与，共同学习的氛围，促进企业建立学习型组织。④ 有利于改变员工盲目追求晋升的旧观念，激发知识型员工的创造性。因此，在实际操作层面上，宽带薪酬的实施除了需要绩效管理体系、任职资格体系的配合之外，还需要注意培养员工的管理参与性，同时也要注意薪酬成本的管控。

三、不同岗位的薪酬设计

（一）一线员工的薪酬设计

一线员工采用岗位薪酬制度结合绩效薪酬，通常采用计件工资和计时工资两种主要形式。

1. 计件工资

计件工资是按照劳动者生产合格产品的数量和预先规定的计件单价计量和支付劳动报酬的一种工资形式。计件工资的构成：

① 员工从事某项工作的单位时间工资标准。

② 员工从事该项工作时的单位时间的劳动定额或工作量要求。

③ 计件单位（有个人计件、集体计件）。

④ 计件单价。即员工每完成一件合格产品或每一单位工作量时，应得到的计件工资额。

⑤ 计件工资额的具体计算和支付规定。

2. 计时工资

计时工资是指根据劳动者的实际工作时间和工资等级以及工资标准检验和支付劳动报酬的工资形式。

计时工资由以下三个要素构成：① 计量劳动与支付报酬的时间单位；② 计量劳动量与相应报酬的技术标准；③ 劳动者所付出的实际有效劳动时间。

计时工资的具体形式：① 小时工资制；② 日工资制；③ 月工资制；④ 年薪制。

（二）销售人员的薪酬设计

销售人员的薪酬设计通常需要考虑基本工资、奖金和业务提成三种形式，并根据公司、产品和销售人员情况做不同的组合。

根据产品市场的不同，销售人员可以分为勤奋型、顾问型和企业型三类，根据不同的类型，采用有差别的薪酬组合方式，如表9-1所示。

表9-1 不同类型销售人员的薪酬组合

销售模式	特　点	建议的薪资模式（比例）
勤奋型	对销售人员业务能力要求一般，销售业绩通常与终端覆盖率高度相关，勤奋是销售额提升的重要因素	低基本工资（10%～30%）+高提成（70%～90%）
顾问型	对销售人员的专业知识要求高，同时要有强的沟通能力，通常依靠团队完成销售任务	高底薪（50%～80%）+提成（0～20%）+奖金（10%～30%）

续 表

销售模式	特 点	建议的薪资模式（比例）
企业型	起决定作用的是公司的高层领导，销售人员的作用是沟通和维系合作关系，销售成功的重点是品牌、技术和合作关系	高底薪（60%～80%）+奖金（20%～40%）

在设计销售人员的薪酬激励制度时需要注意，薪酬激励制度更多的是实现对销售人员的激励作用，而不能代替对销售人员的管理，作为结果导向和工作自主性较高的工作，销售人员的过程管理体现在对销售目标的分解以及销售人员日常工作管理，如报告、客户拜访及研讨会等实现销售目标的重要路径。

（三）研发人员的薪酬设计

研发人员作为企业技术创新的主体，是企业战略性资源，设立出能够吸引和留住研发人员的薪酬制度，是企业培育核心竞争力、获取竞争优势的关键环节。研发人员的特征如表9-2所示。研发人员的薪酬模式通常采用技能取向模式和价值取向模式两种，如表9-3所示。常用的研发人员激励手段如表9-4所示。

表9-2 研发人员的工作特征

特 征	简 要 描 述
团队工作	目前企业研究开发均采用团队方式，因此团队合作能力是影响研发绩效的重要因素
工作自主	作为高层次的脑力劳动，研发工作的衡量标准不是数量，而是质量和探索未知的创造性，因此工作的自主性强
需求个性化、多样化	工作性质、方法和形式的与众不同，导致研发人员的需求多样和个性化，如组织认同、领导认同、合作、参与、追求事业成功等
独立的价值观	作为知识型员工的代表，通常有非常明确的奋斗目标，除了获得工作报酬之外，更有追求成功、实现自身价值的意愿，因此拥有独立的价值观是研发人员的共性特征
流动意愿强	由于拥有知识和技能，同时研发人员对于适合发展的环境有更高的要求，因此，在遇到工作环境中发展受阻时，选择流动到其他更好环境的意愿强

表9-3 研发人员的薪酬模式

	技能取向薪酬模式	价值取向薪酬模式
设计原则	以研发人员拥有的技能为核心，通常参考专业技术职务	综合考虑技能和业绩因素
适用企业	大型企业，制度完善的企业	发展中企业、中小企业

续表

	技能取向薪酬模式	价值取向薪酬模式
优点	①有利于员工主动提升专业技能；②将专业技术职务作为员工的晋升通道之一，拓宽员工发展路径	将员工的薪资待遇与为企业创造的价值结合起来。有效地激励了研发人员为公司创造价值
缺点	过多强调技能，忽略技能应创造的价值	①操作复杂，需要建立评价标准；②容易产生内部不公平

表9-4 常用的研发人员激励手段

激励种类	描　述
高薪酬激励	对企业继续的关键研发人员，支付高薪酬
股权分享	给予研发人员一定的股权
双职业生涯通道激励	除了技术管理岗位外，提供如首席科学家等专业职业发展路径，给予研发人员长期与企业共发展的平台
环境激励	提供优越的工作环境，如谷歌公司
培养激励	提供培训资助和参加高水平会议及交流的机会
其他	如弹性工作制、新产品利润分红、科研项目津贴等

（四）高管人员的薪酬设计

在现代企业中，高管人员作为所有者的代理人，掌握着企业大部分控制权。根据委托-代理理论，高管人员合理的薪酬激励设计，应满足四个目标：① 使管理者和股东的利益一致；② 奖励有足够大的变化幅度，以鼓励管理者对工作倾注更大的热情，投入更多的时间，敢于决策，勇于承担责任并分享企业经营成果；③ 降低管理者的离职风险；④ 控制股东成本。

常用的高管人员的薪酬激励手段如表9-5所示。

表9-5 常用的高管人员的薪酬激励手段

激励方式	简　要　描　述
股票期权	公司与管理者约定在未来特定期限内，管理者有权以某一特定价格（行权价）购买公司股票。由于公司的经营业绩与股价相关，同时行权价格与未来股票的价差是管理者的预期收益，而行权期为未来较长时间后，促使管理者与股东的利益一致，股东也不必提前支付此部分股权，是较为流行的激励手段。
延期支付	大部分公司对管理者的考察以年为单位，但是为了确保公司的永续经营，同时避免管理者为了实现自身的短期利益而透支公司的资源，将管理者薪酬的一部分推迟支付，同时综合前几年（通常为三年）的经营业绩可以综合反映管理者的经营能力。
限制性股票	事先授予管理者一定数量的公司股票，但是对股票的转让、抛售有特殊限制，通常只有在达成业绩目标时，才可以售出股票获利。

续 表

激励方式	简 要 描 述
业绩股票	在年初确定一个合理的业绩目标,如果管理者在年底达到预定目标,则授予一定数量的股票。
虚拟股票	事先授予管理者一种虚拟的股票,管理者可以据此参与分红和享受股价上升的收益,但是没有所有权和表决权,也不能转让,离开公司时自动失效。

第五节　员工福利

员工福利是企业基于雇佣关系,依据国家的强制性法令及相关规定,以企业的自身支付能力为依托,向员工所提供的、用以改善其本人和家庭生活质量的各种以非货币工资和延期支付形式为主的补充性报酬和服务。

一、福利的分类和功能

福利可以分为法定福利和企业补充福利两大类(见图9—12)。法定福利指国家法令规定的企业需要为劳动者购买的社会保险及法定假期,在法定假期内,员工仍能享有与

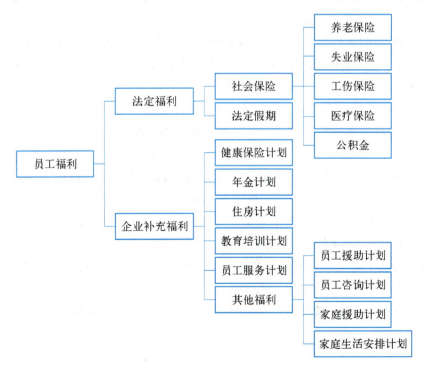

图9—12　福利的分类

工作时间相同的工资报酬。企业补充福利则是企业自行提供的福利和服务，具有多样性和独特性的特点。

员工福利的功能主要体现在以下几个方面。首先，能够有助于企业吸引人才，良好的福利计划，既是企业实力的体现，也是企业对员工关怀和责任感的体现，能够吸引和保留高素质的人才为企业长期服务。其次，员工福利也是企业节约成本的手段，在我国和大多数西方国家，企业对员工发放的福利，可以避税或者延缓缴税，变相提高了员工的薪酬水平。最后，良好的员工福利，可以在政府及行业内获得良好的声誉。

二、弹性福利计划

弹性福利计划就是员工可以从企业所提供的各种福利项目菜单中选择其所需要的一套福利方案的福利管理模式。它有别于传统固定福利，具有一定的灵活性，使员工更有自主权。也称自助餐式福利计划、菜单式福利模式等。弹性福利的优势在于：在成本既定的前提下，可以满足不同群体员工在福利项目上的不同偏好。

三、企业年金

企业年金是指企业及其职工在依法参加基本养老保险的基础上，自愿建立的补充养老保险制度，是多层次养老保险体系的组成部分，由国家宏观指导、企业内部决策执行。

企业年金不仅是劳动者退休生活保障的重要补充形式，也是企业调动职工积极性，吸引高素质人才，稳定职工队伍，增强企业竞争力和凝聚力的重要手段。它的主要作用和功能至少可以概括为三个方面。

① 分配功能：企业年金既具有国民收入初次分配性质，也具有国民收入再分配性质。因此，企业年金形式的补充养老金计划又被视为对职工的一种延迟支付的工资收入分配。

② 激励功能：企业年金计划根据企业的盈利和职工的绩效为职工年金个人账户供款。企业可以借此吸引高素质人才，稳定职工队伍，保障职工利益，最大限度地调动职工的劳动积极性和创造力，提高职工为企业服务的自豪感和责任感，从而增强企业的凝聚力和市场竞争力，获取最大经济效益。这是一种积极而有效的手段。

③ 保障功能：建立企业年金可以在相当程度上提高职工退休后的养老金待遇水平，解决由于基本养老金替代率逐年下降而造成的职工退休前后的较大收入差距，弥补基本养老金保障水平的不足，满足退休人员享受较高生活质量的客观需求，发挥其补充和保障的作用。

第六节 中长期激励

中长期激励被认为是完善公司治理、实现长期战略的重要手段之一，它通过现在承诺未来，长期目标达成时兑现的方式，使激励对象获得收益。它与短期激励的区别在于：短期激励主要用于认可已实现的绩效，而中长期激励是激励员工持续为企业创造未来的价值。企业使用中长期激励的主要目的有：吸引人才、保留人才或激励团队。不同的激励目的通常采用不同的方案来起到作用，如表9-6所示。

表9-6 不同激励目的采用的中长期激励方案

激励目的	激励对象	激励数量
激励归属感和主人翁意识	激励对象范围较广"员工持股计划"	小
吸引、保留核心高层、关键人才	激励对象范围较小以中高层、核心员工为主	较大
激发企业快速成长、达成战略转型、发展目标	初创团队、核心高层员工	较大
管理层和股东同进退、绑定、激励长期业绩目标	核心高层员工	受控

但不管是何种方案，我们都必须清晰地认识到，中长期激励需要各个管理手段的配合才能发挥效果。清晰的企业战略、合理的组织结构、完善的岗位职级体系、绩效薪酬体系以及精细化的财务管控、内部流程、风险管控等，都会影响企业发展和最终的业绩，也在很大程度上决定了中长期激励所能发挥的作用。

中长期激励的工具一般分为股权激励和利益分成激励。股权激励又分为实股激励和期权激励。实股激励包括业绩股票、限制性股票、员工持股计划等；期权激励分为股票期权、股票增值权等。利益分成激励的具体做法有：虚拟股票、业绩单位、利润分享计划等。

一、实股激励

（一）业绩股票

公司在绩效考核周期开始的时候给激励对象设定一个合理的业绩目标，然后在考核周期结束的时候根据激励对象业绩目标完成情况及业绩考核结果，授予一定数量的业绩股票。业绩股票获授后在不少于两年的时间内匀速解锁，其特点是"业绩导向、事后授予"。

如图9-13所示，首先，公司会设置一定的绩效考核期和股票解锁期（如3年），以及对

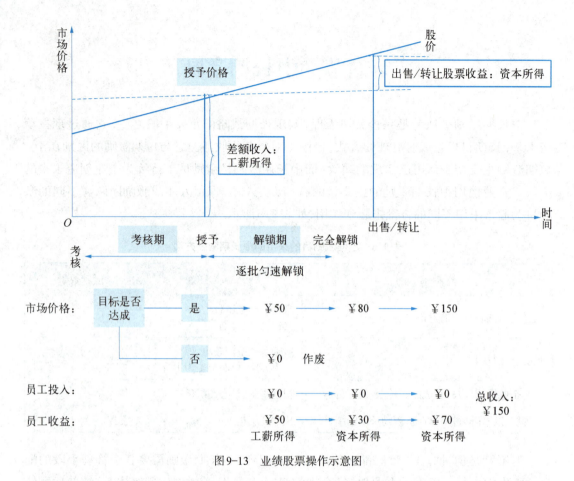

图9-13 业绩股票操作示意图

应需取得的业绩目标。当考核期结束后,若激励对象达成业绩目标,公司授予一定数量的业绩股票,并根据所约定的解锁期进行解锁(如分3年匀速解锁,每年解锁1/3)。解锁后激励对象可以出售限制性股票获得收益。激励对象最终取得的实际收益=解锁数量×股票出售价格。

以图9-13为例,假设激励对象在达成业绩目标时,被公司授予了1股股票,且授予时的股价为50元/股。此时,授予的股票价值(50元)被认为是员工工薪所得的一部分。待股票完全解锁后,若股价上升至80元/股,其增值的30元为资本利得。之后,激励对象可以根据股价变化来决定何时出售或转让。假设出售时的股价已上涨到150元/股,则激励对象的最终实际收益为150元(即1股×150元/股)。

(二)限制性股票

限制性股票是指公司按照预定的条件事先授予激励对象一定数量的本公司股票,激励对象只有在工作年限或者业绩目标符合股权激励计划规定条件的,才可以出售限制性股票并从中获益。根据中国证监会《上市公司股权激励管理办法》及其他相关规定,限制性股票授予员工折价不得低于的50%。在禁售期和解锁期结束后,激励对象可以出售限制性股票获得收益。最终实际收益=解锁数量×(股票出售价格-个人认购价格)。

以图9-14举例,假设按约定,激励对象被公司授予了1股股票,且授予时的股价为50元/股,但激励对象需按30元/股出资认购。此时,授予的股票价值中公司出资部分(20元/股)被认为是员工工薪所得的一部分。待激励对象满足禁售期且待股票完全解锁后,若股价上升至80元/股,其增值的30元为资本利得。之后,激励对象可以根据股价变化来决定何时出售或转让。假设出售时的股价已上涨到150元/股,则激励对象的最终实际收益为120元,即1股×(150元/股－30元/股)。

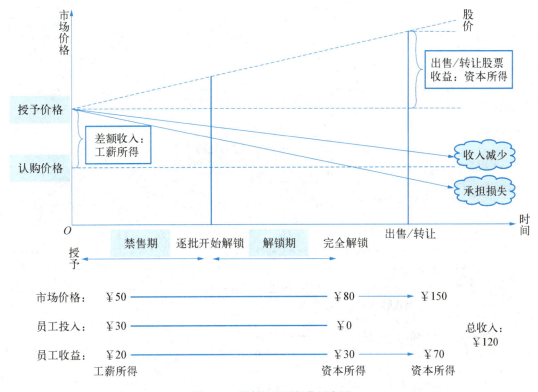

图9-14　限制性股票操作示意图

但由于限制性股票一般需要激励对象投入成本,所以,激励对象同时需承受股价下跌而带来的亏损。以图9-14为例,若后续股价跌破了个人认购价格(30元/股),激励对象将承担损失。因此,限制性股票除了具有人才保留的作用外,它还能够将员工的长期利益和股东的利益捆绑在一起。限制性股票普遍适用于运营进入平稳发展期的企业,也是吸引、激励和保留公司高层核心管理者的最为常用的工具之一。

(三)员工持股计划

公司内部员工出资认购部分本公司股权,并委托员工持股管理机构进行集中管理,持股员工参与按股分享红利的股权形式。员工以市场优惠价或股份配送的形式出资购买一定数量的本公司股份并委托员工持股管理机构持有。公司设置一定的禁售期(如3年),禁售期内公司员工不得出售或转让认购的公司股份,但享有分红权。等待期结束后，公司员工可以出售或转让公司股份获得收益，实际收益＝持股数量×（股份出售价格－认购价格）。

以图9-15举例，员工以30元/股的优惠价格购买1股市场价为50元/股的公司股票。此时，购买的股票价值中公司出资部分（20元/股）被认为是员工工薪所得的一部分。在禁售期内，员工不得出售和转让股票，但可享有分红权与增值权。解禁后，员工出售股票时，若股价上升至80元/股，其增值的30元为资本利得。其最终实际收益为50元，即1股×（80元/股－30元/股）。

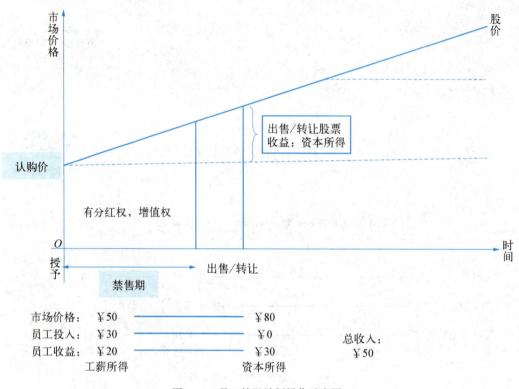

图9-15　员工持股计划操作示意图

员工持股计划最大的效用就是激励员工对企业的归属感和主人翁意识，寻求公司和员工之间的"价值认同"。通过让员工以授予股价全价或折扣价格购买公司股票，成为公司的"股东"，获取企业未来发展的收益权和相应的管理权。等待期的设置也能起到人才保留的作用。它的激励对象范围通常都很广，基层和中层员工一般都能享有。因此，公司都会设定授予上限来控制对公司股本结构的影响。

但员工持股计划有时也会起到反效果。基层员工的工作绩效往往难以直接影响企业的股价。若公司的经营效益不佳，员工看不到分红；又或企业股价一直下跌，造成员工利益损失，则会容易让人心生抵触。

二、股票期权

股票期权，顾名思义，是一种未来可期的"选择权"，公司授予激励对象在未来一定时期内以预先确定的价格（即行权价）和条件购买本公司一定数量股票的权利。股权激励对象有权行使这种权利，也有权放弃这种权利。公司设置一定的等候期（如3年）和行权有效期，并与激励对象约定行权价（市场价的折扣价）。等候期结束后，激励对象在行权有效期内可选择以行权价买入公司一定数量的股票或放弃购买。购买公司股票后，激励对象可以出售或转让公司股票获得收益，其实际收益=行权数量×（股票出售价格−行权价格）。

如图9-16所示，公司约定授予激励对象可以在等候期（如3年）后，以每股50元的价格认购公司的股票，此时公司不需要支付任何成本。当等候期结束解锁后，激励对象可以选择是否行权购买股票。以图9-16中的例子来看，行权时股价已涨到80元/股，相当于收益30元/股，因此激励对象选择行权认购。之后，激励对象可以根据股价变化来决定何时出售或转让。假设出售时的股价已上涨到150元/股，则激励对象的最终实际收益为每股100元（即出售股价150元/股−行权股价50元/股）。但如果在等候期结束时，公司的股价跌破了50元/股，假设为30元/股，则激励对象应当放弃行权，因为他完全可以到股市以更低的30元/股来购买公司股票。

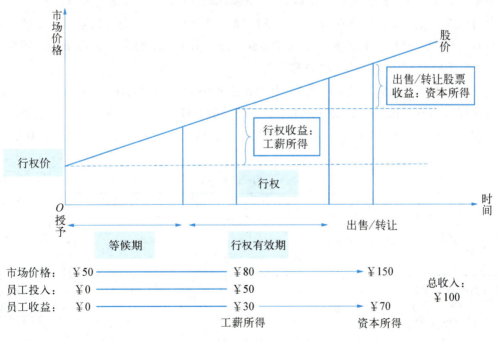

图9-16 股票期权激励操作示意图

简而言之，期权激励不同于实股激励，它的意义仅仅在于让激励对象享有该股票的"增值权"，只要不行权就没有任何亏损的风险。

期权激励和限制性股票一样,作用是将经营者的报酬与公司的长期利益绑在一起。但考虑到这两种工具的激励强度和风险特征,一般而言,期权更适合初创或在快速成长期的企业。

三、利益分成激励

利益分成激励指的是,通过与激励对象共享公司经营的收益来吸引和保留人才。通过设置公司业绩目标、分配额度、分配方式,来调节针对不同对象采取的不同激励设计。

利益分成激励最主要的特点就是被激励对象获得激励的实现形式是现金而非实股。最为常见的形式有:虚拟股票、岗位分红、递延支付等。对于上市企业而言,虚拟股票是常见的操作方式之一。

虚拟股票顾名思义,是公司授予激励对象一种"虚拟"的股票,不是在工商注册的实际股权,激励对象也不是持有实际股权的公司股东。一旦离职,这些虚拟股或作废或按约定价格变现,激励对象无法带走。虚拟股票也俗称为"身股"或"干股"。它仅仅具有分红权或兼有增值收益权。

在操作上,公司依据职位、工作业绩、工作年限等授予激励对象一定数量的虚拟股票,并约定一定时期后可以享有分红权或兼有收益权。这种虚拟股票往往由公司赠予,激励对象无需出资。公司同时会设立分红基金、提取计划及对应的业绩目标。在实现公司业绩目标后,对照奖励基金的提取计划,激励对象可提取虚拟股票的分红金额。当同时享有股票收益权时,激励对象可行权获得授予日至行权日相应股票溢价的增值收益。若行权时的股价跌破行权价格,则没有收益可得。由于激励对象并未出资购买虚拟股,因此也就无需承担股价下跌的风险和损失。

如图9-17所示,假设公司与激励对象约定的虚拟股票有效期为5年,且可同时享有分红权和增值权。授予时的股价为30元/股,到期行权时的股价为80元/股,则激励对象可获得的增值收益为50元/股。同时,按照分红计划,在此期间又获得了每股10元的收

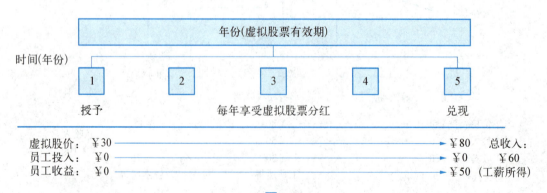

图9-17 虚拟股票操作示意图

益。因此,激励对象在有效期后的总收益为60元/股。

与实股激励相比,虚拟股票最大的好处是它不影响公司的股本结构,并且在操作上不需要进行烦琐的工商登记。但其缺点是现金支付压力较大。

本章重点名词

激励（incentive） 动机（motivation）
内在动机（intrinsic motivation） 外在动机（extrinsic motivation）
自我决定理论（self-determination theory） 需要层次理论（hierarchy of needs）
ERG理论（ERG theory） 激励—保健理论（motivation-hygiene theory）
成就需要理论（achievement need theory） 期望理论（expectancy theory）
公平理论（equity theory） 目标设置理论（goal-setting theory）
强化理论（reinforcement theory） 挫折理论（setback theory）
波特和劳勒的综合动机模型（Porter and Lawler's integrated motivation model）
薪酬（compensation） 奖金（bonus）
福利（benefits） 全面报酬（total reward）
外在报酬（extrinsic reward） 内在报酬（intrinsic reward）
3P理论（3P theory） 宽带薪酬（broad band salary）
薪酬调查（compensation survey） 岗位评价（job evaluation）
限制性股票（restricted stock） 员工持股计划（employee stock ownership plan）
股票期权（stock option） 虚拟股票（phantom stock）

本章练习

1. 什么是薪酬管理？它与绩效管理、员工绩效有什么关系？
2. 激励的基本原则有哪些？经典的激励理论有哪些,具体内容是什么？
3. 薪酬设计的主要理论有哪些？原则和程序是什么？
4. 全面报酬管理的主要内容是什么？
5. 中长期激励的主要目的是什么？有哪些常见的类型,它们的特点是什么？

永辉超市的全员合伙人制度

一、背景

永辉超市股份有限公司是在2001年成立的一家秉持着让百姓吃着放心、吃着健康的主营生鲜品类的民营大型企业集团,总部设立于福建省福州市。在中国大陆,永辉超市是首批将生鲜农产品引入现代超市的流通企业之一,赢得国家七部委的赞誉,称其为"农改超"的典型代表,并一直被百姓誉为"民生超市、百姓永辉"。目前,公司的经营范围包括:食品用品(46.44%)、生鲜及加工(44.55%)、其他业务(6.33%)、服装(2.68%)。在物流行业的大发展下,永辉超市以现代物流为支撑,结合现代农业与食品工业进行实业开发,同时坚持着"融合共享""竞合发展"开创理念,并积极承担社会责任,坚持农超对接。

永辉注册资本为95.7亿元人民币。在不断奋斗、精心经营下,门店不断扩张,员工不断增加。至今,近千家的门店已开遍福建、北京、上海、天津、河北、黑龙江等24个省(市),员工也从最初的几百人增加到如今的8万多人。销售规模不断扩大,仅2017年度,销售额就已达到585.91亿元人民币。

从创立到成长,经过10年的努力拼搏,在2010年,永辉在国内商超界已发展成为领军企业。然而,在此过程中,作为超市业一员的永辉面对着整个超市业共同面对的问题:一线员工的高离职率、工作激情的缺少、门店中生鲜商品的高损耗率等。如何将员工的价值最大化成为永辉创始人张轩松、张轩宁兄弟和董事会成员们的心病。与此同时,当时的永辉虽然大,但却没有实质上的强实力,组织架构也越显臃肿,门店的预算也因数目大、区域的分散而成了一个每年令人头疼的问题,不论是企业总部还是各门店中的管理成本都居高不下,这一系列的问题都需要刻不容缓地解决。

二、"合伙人"制度的提出和实施

经过当时董事会成员的分析和讨论,他们发现由于永辉的成长背景不同,并不适宜从其他企业的成功经验中生搬硬套。但他们认为,永辉具备"合伙制"的天然基因。因为永辉在创业之初是一帮农民在创业,而就创业来说,人资是其中最为活跃的因素,大家挽起袖子,拉帮结伙,共同创业。而在商超界,一线员工占比庞大,他们一直在最苦最累的工作中挣扎,而这往往容易使他们对自己的工作失去了热情,失去热情的结果就会导致工作效率低下,必然会限制公司的发展。然而,如果可以成为合伙人,员工将不再是"员工",而是"老板",工作就成了自己的事,公司的利益关系到自己的利益。在无形过程中,公司的凝聚力上来了,效率提高了,成本降低了,效益就提升了。因此,他们设计出了永辉超市"合伙人"制度。

永辉超市"合伙人"覆盖企业所有员工,大体可以分为三个层次:联合创始人、核心合伙人、合伙人。联合创始人以董事会为核心,负责公司资源整合与战略规划,同时帮助合伙人团队搭建创业平台。核心合伙人在做好支持、支撑资源的同时,重点服务某家公司。合伙人主要是一线员工,他们不享有公司的股权,但享有分红的权利,从营运部门到后勤部门,从员工到店长,都可参与到合伙人的队伍当中,他们主要负责各门店的日常运营。而对于那些培训生、实习生、寒暑假工、实习干部、微店课、咏悦汇等科组人员,以及工作时间每月小于192小时的小时工则不能参与合伙人。

永辉超市所赚取的收益在分配过程中除了要分给公司总部,还要分配给门店,门店再分配给门店里相应的一线员工。主要分配方法,是根据各期经营情况以及预算对各门店下达销售指标、毛利指标、利润指标等,分红条件如下表9-7所示。

表9-7 分红条件

类　　别	分红条件
店长、店助、后勤人员	门店销售达成率≥100%,利润总额达成率≥100%
营运部经理、部门助理、部门公共人员	部门销售达成率≥95%,部门毛利达成率≥95%
营运部各课组人员	课组销售达成率≥95%,课组毛利达成率≥95%

然后,在各门店完成各项指标获得超额利润时,超额利润再按照既定的比例在总部与门店间进行分配(通常规定门店所分得的超额利润有一个上限额,当超过上限时,按上限额进行分配),门店再将所获得的超额利润部分在门店内部进行分配。在这个过程中,被分享的利润被叫作"奖金包",奖金包根据门店层级的不同,按照固定的比率在各层级间进行分配,各层级所分配到的层级奖金包再按照层级人数以及分派标准在各层级内部员工间进行分配,如表9-8、表9-9所示。

表9-8 收益分配表

职　级	各职级奖金包分配
店长、店助	门店奖金包×8%
经理级	门店奖金包×9%
课长级	门店奖金包×13%
员工级	门店奖金包×70%

表9-9 个人奖金分配表

职　级	个　人　奖　金
店长、店助	店长级奖金包×出勤系数
经理级	经理级奖金包÷经理级总份数×对应分配系数×出勤系数
课长级	课长级奖金包÷课长级总份数×对应分配系数×出勤系数
员工级	员工级奖金包÷员工级总份数×对应分配系数×出勤系数

在全员合伙制运营过程中,区域经理和店长会帮助合伙人成为生意人。以一体化报表为依据和"赛马"为工具,让合伙人更快速地成长。一体化报表包含门店面积、固定资产折旧、分摊管理费用、毛利、销售目标、毛利目标等财务指标,帮助每个合伙人分析一体化报表如何使用,让他们清晰地知道自己的小店如何更好地盈利。这其中涉及一个重要的培训机构"永辉微学院",它的使命是培养合伙人,对标麦当劳的汉堡大学,并挖来了培训高管服务于永辉。培训内容包括70%在岗培训、20%主管反馈与辅导、10%课堂培训。这是一个纯互联网化的机构,原来叫"传帮带",现在被永辉改名为"教交教",学院教员

工做,交给员工做,员工再教给其他员工,形成联动互助的学习和培训机制。这个机构不是求着员工来参加培训,而是激发他们内在的进取精神,自己交学费的员工才能参加培训,再将知识传播给更多的人。这正是永辉分享文化的体现。

合伙人模式中的重要绩效评比方式被称作"赛马",具体的规则是,小店合伙人每个月横向赛马、大店合伙人每半年横向赛马、区域合伙人每一年横向赛马,每次末位淘汰最后的20%。淘汰后的团队可以自行去其他团队应聘工作(每次被淘汰的20%人群中,只有约15%真正离开公司)。赛马过程中,公司会列出12个指标,比如离职率、人效、时效、损耗率、离职率等,一个赛马群中的同级别合伙人开会讨论设定他们本月的赛马指标,指标参考全国平均值,根据平均值排序出a、b、c马,排在第一的a马会有奖金。

三、"合伙人"制度实施的效果

合伙人制度的引进,受到永辉内部员工的一致好评,效果显现。在合伙人制度的收益分配下,员工平均收入相比之前大幅增长,达13%以上。员工离职率大幅下降,2013年员工离职率6.83%,2014年离职率大幅度下降到4.37%,下降幅度高达36%。从2014年以后,离职率仍继续保持较低水平。而零售行业离职率一直处在30%左右,且从2012年至2017年一直保持着上升趋势。人效也平均增加14%以上。

永辉的全员合伙制度非常注重人才的培养。它会安排优秀的合伙人去轮岗,快速培养梯队管理干部,让人才裂变起来。在以前,永辉培养一个大店长要4年,现在只需要2年,培养一个小店合伙人也由以前的2年压缩到现在的半年。优秀的制度激发了人性的巨大潜力。永辉的全员合伙制为员工提供了平台,帮助普通员工实现创业梦想,同时也为员工提供了多种职业发展通道。

资料来源:根据《化茧成蝶,且看永辉超级合伙人蜕变之路》
《永辉超市:墨守鼎新本兄弟,难抵新势始分庭》
《人人都是老板:永辉超市的"全员合伙"制》文章进行改编。

思考题

1. 请运用本章所学的知识,总结永辉超市提出的"合伙人"制在薪酬管理方面有哪些特点,并且分析这些特点在人才激励方面所起的作用。

2. 你认为,除了永辉超市以外,哪些企业也可以采用此类"合伙人制"?为什么?

海氏工作评价系统

海氏(Hay)工作评价系统又称"指导图表–形状构成法"(guide chart-profile),是由美国工资设计专家艾德华·海(Edward Hay)于1951年研究开发出来的。他有效地解决了不同职能部门的不同职务之间相对价值的相互比较和量化的难题,在世界各国上万家大型企业推广应用并获得成功,被企业界广泛接受。

海氏工作评价系统实质上是一种评分法,是将付酬因素进一步抽象为具有普遍适用性的三大因素,即技能水平、解决问题能力和风险责任,相应设计了三套标尺性评价量表,最后将所得分值加以综合,算出各个工作职位的相对价值。海氏认为,各种工作职位虽然千差万别、各不相同,但无论如何总有共性,也就是说,任何工作职位都存在某种具有普遍适用性的因素,他认为最一般地可以将之归结为三,即技能水平、解决问题能力和风险责任。相应地,形成三套用以指导评价的量表。

一、海氏工作评价系统因素分析

海氏认为职务具有一定的"形状",这个形状主要取决于技能水平和解决问题的能力两因素相对于职务责任这一因素的影响力间的对比和分配(见图9-18)。根据三种职务的"职务形态构成",赋予三种职务三个不同因素以不同的权重,即分别向三种类型职务的技能水平和解决问题的能力指派一个百分数,向责任因素指派代表其重要性的一个百分数,这两个百分数之和恰为100%。根据一般性原则,我们粗略地确定"上山型""下山型""平路型"两组因素的权重分配分别为(40%+60%)、(70%+30%)、(50%+50%)。

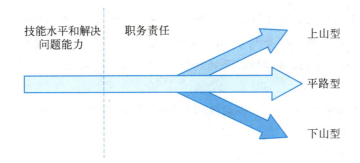

图9-18 职务的形态构成

上山型:此岗位的责任比技能水平、解决问题的能力重要(如公司总裁、销售经理、负责生产的干部等)。

平路型:技能水平和解决问题能力在此类职务中与责任并重,平分秋色(如会计、人事等职能干部)。

下山型:此类岗位的职责不及技能水平与解决问题能力重要(如科研开发、市场分析干部等)。

根据这个系统,所有职务所包含的最主要的付酬因素有三种,每一个付酬因素又分别由数量不等的子因素构成。

通常由职务薪酬设计专家分析各类岗位的形状构成,并据此给技能水平、解决问题的能力、风险责任因素分配权重。

(1) 技能水平

技能水平是指使绩效达到可接收程度所必须具备的专门业务知识及其相应的实际操作技能。技能水平包含三个层面：

有关科学知识、专门技术及操作方法，分为基本的、初等业务的、中等业务的、高等业务的、基本专门技术的、熟练专门技术的、精通专门技术的和权威专门技术的八个等级。

有关计划、组织、执行、控制及评价等管理诀窍，分为起码的、有关的、多样的、广博的和全面的五个等级。

有关激励、沟通、协调、培养等人际关系技巧，分为基本的、重要的和关键的三个等级。

(2) 解决问题的能力

解决问题的能力与职位要求承担者对环境的应变力和需处理问题的复杂程度有关。解决问题的能力可分为两个层面：

环境因素，按环境对职位承担者紧松程度或应变能力的要求，分为高度常规的、常规性的、半常规性的、标准化的、明确规定的、广泛规定的、一般规定的和抽象规定的等八个等级。

问题难度，按解决问题所需创造性由低到高分为重复性的、模式化的、中间型的、适应性的和无先例的等五个等级。

(3) 风险责任

风险责任是指职位承担者的行动自由度、行为后果影响及职位责任大小。

行动自由度是工作职位受指导和控制的程度，分为有规定的、受控制的、标准化的、一般性规范的、有指导的、方向性指导的、广泛性指引的、战略性指引的、一般性无指引的九个等级。

行为后果影响分为后勤性和咨询性间接辅助作用，与分摊性和主要性直接影响作用两大类、四个等级。

职位责任分为微小、少量、中级和大量四个等级，并有相应的金额范围。

二、海氏岗位评估法的操作流程

海氏岗位评估法是一种非常有效、实用的岗位测评方法，在企业的实际操作中，必须遵循一定的操作程序。很多企业在实施海氏岗位评估法时，因没有按正规的操作流程操作，导致测评结果的准确性大打折扣。

1. 标杆岗位的选取

规模稍微大一点的企业，岗位往往比较多，如果全方位进行岗位评估，评估者往往会因为被评估的岗位过多而敷衍了事，或者因岗位较多而难以对不同岗位进行区分，这样会使评估工作出现较多的偏差。

标杆岗位选择有三个原则：够用（过多就起不到精简的作用，过少非标杆岗位就很难安插、有些岗位价值就不能得到厘定）；好用（岗位可以进行横向比较）；中用（标杆岗位一定要能够代表所有的岗位）。

注意同一个部门价值最高和价值最低的岗位一定都要选取。

2. 准备好标杆岗位的工作说明书

工作说明书是岗位测评的基础，完善的、科学的岗位说明书能大大提高测评的有效性。没有详细的工作说明书做基础，测评者就只能凭主观印象对岗位进行打分，尤其是当测评者不是对所有标杆岗位都很清晰的时候，测评者的主观性就会增大。

3. 成立专家评估小组

评估小组的人员由外部与内部两部分组成，企业外部的专家顾问能站在中立、客观的角度进行测评，同时还能培训内部测评人员的测评方法和技巧。企业内部的测评人员一般要求在企业任职时间较长，对企业的业务和岗位非常了解，在不同的部门任过职。企业内部的测评人员一定要有良好的品德，能客观公正地评价事务。

4. 进行海氏评估法培训

这一步往往需要借助外部专家的力量。海氏法是一门比较复杂的测评技术，涉及很多的测评技巧。在测评前，测评者一定要经过系统的培训，对海氏测评法的设计原理、逻辑关系、评分过程、评分方法非常了解才能从事测评工作。

5. 对标杆岗位进行海氏评分

海氏的评分工作一定要慎重。科学的做法是海氏法的培训讲师选出两个标杆岗位进行对比打分，详细阐述打分的过程和缘由。同时选择一名测评者做同样的演示，直到所有的测评者完全清楚后为止。测评者学会打分后，不要立刻进行全面的海氏测评，可先选择部分标杆岗位进行测试，对测试结果统计分析，专家认为测试结果满意后再全面铺开测评工作。如果一开始就全面展开测评工作，而测评结果因为测评者没有完全掌握测评技巧而不理想时，再进行第二轮测评会遭到很多人的反对。

6. 计算岗位的海氏得分并建立起岗位等级

计算岗位的海氏得分也很有技巧性。计算出各标杆岗位的平均分后，可算出每位评分者的评分与平均分的离差，对离差较大（超出事先设定标准）的分数可做去除处理。因为有些测评者为了本部门的利益或对有些岗位不熟悉而导致评分有较大偏差，在计算最后得分时务必要通过一些技术处理手段将这种偏差降低到最低限度。

各标杆岗位最后得分出来后，按分数从高到低将标杆岗位排序，并按一定的分数差距（级差可根据划分等级的需要而定）对标杆岗位分级分层。然后，再将非标杆岗位按其对应的标杆岗位安插到相应的层级中。

第十章　员工关系管理

1. 掌握员工关系和劳动关系之间的联系与区别。
2. 掌握经典的劳动关系理论。
3. 了解劳动关系管理的法律意义和管理意义。
4. 掌握劳动合同管理的技巧。
5. 了解工会组织在员工关系管理中的作用。
6. 了解构建和谐劳动关系的思路。
7. 掌握职业安全和健康管理的主要内容。

微软：全球裁员为争"云"上空间

2017年7月，微软又裁员了。全球被裁员工的总数有近3 000人。这并不是微软第一次裁员，也不是规模最大的一次。这次微软裁员的消息公布后，其股价一路上涨。微软为何要多次全球裁员？本次裁员预示着什么？

每到7月或12月，微软公司的一些员工总会有些忐忑，尤其是7月，几次大型的裁员几乎都发生在7月。2013年7月，微软进行了最大规模的裁员，裁掉了1.8万人，其中1.3万名员工与诺基亚业务有关。2015年7月，微软裁员7 800人，其中有不少是手机业务员。2016年6月30日，微软发布完财报之后，就宣布分批次裁员2 850人，其中至少有900位销售人员。2017年的7月，又到了微软的"裁员季"。

7月6日，《圈内人》(Business Insider)报道，微软可能将于当日宣布裁员。社交软件Blind也有帖子称，微软管理层已经预订好会议室并安排他们的员工参加一个15分钟的会议。7月8日，微软公布了重组计划，微软将在全球裁掉数千销售员工。随后，微软发言人对外发布了一条声明：微软公司正在实施一系列的改变，旨在为我们的客户和合作伙伴提供更好的服务。

截至2017年3月,微软在全球拥有员工121 567人,其中有52 000人从事全球销售及营销业务。本次被裁员工主要涉及非美国本土的销售人员,相当于微软总体销售人数近10%。

"本次裁员并非没有先兆,公司内部早已不看好相关部门。"据一位不愿意透露姓名的前微软离职员工介绍,如果微软准备裁员,一般会选在6月和12月以后,因为这是微软财年的年中和年终节点。"但通常来说,微软还是比较人性化的,比如N+2的赔偿,如果没能立即找到工作,劳动关系可以继续保留两个月,这相当于N+4(N代表在该公司的工作年限)的待遇了。"

与外界想象的不同,微软员工尽管忐忑但并没有很抵触被"炒"。"一方面是因为微软的补偿机制还不错,另一方面是因为被裁者毕竟是从全球领先企业出来的人,其他公司还是比较愿意聘用的。"这位前员工说。

为何微软会在全球范围内多次裁员?这位前员工解释,面对不盈利的业务时,微软会做出调整,割舍或者减少该业务的投入。"2015年微软裁掉诺基亚员工就是个例子。"

有业内人士分析认为,微软本次裁员有助于微软轻装上阵,向云领域深入发展。经过几轮裁员后,微软会再招新员工来推广其云产品。目前在公共云领域,微软仍然不如亚马逊AWS,但在企业云市场上,它已超过了IBM等公司,确立了领导地位。

资料来源:孙任鹏.微软:全球裁员为争"云"上空间[N].人民日报海外版,2017-07-26.

1. 微软在裁员中如何进行有效的劳动关系管理?
2. 它的做法对其他公司有哪些借鉴作用?

第一节　员工关系概述

一、员工关系的定义

员工关系是指企业所有者、企业管理者、员工及其员工代言人之间围绕着雇佣和利益关系而形成的各种权利和义务关系。

以上概念界定包括以下内容。

第一,员工关系是以雇佣关系为基础,没有雇佣关系的存在,就不会产生员工关系。

第二,从关系主体来讲,以上概念界定包括了两层关系:第一层关系是企业(企业所有者、企业管理者)与员工之间的关系,是企业与员工在一定的法律框架内形成的经济契约以及心理契约的总和,涉及劳动合同、劳动纪律与奖惩、工作时间、休息时间、劳动安全卫生、劳动环境等；第二层关系是企业与员工代言人（工会）之间的关系，涉及工会、劳资谈判、集体协商等内容。

第三，从法律依据来讲，以上概念界定包括两类契约：一种是企业和员工通过签订书面劳动合同形成的经济契约；另一种是企业和员工之间的隐性心理契约。

第四，员工关系的本质是利益主体之间利益和力量的博弈。

二、劳动关系的定义

劳动关系是指企业作为用人单位与员工及其员工代言人之间依据劳动法律法规形成和调整的劳动法律关系。它受一定社会中政治、经济、技术、社会文化等因素的影响。

劳动关系是人类社会最主要的社会经济关系。19世纪中叶，马克思以私有财产制度、自由市场机制和机器大工业为背景，以资本家和雇佣工人之间的关系为研究对象，构建了完整的劳资关系理论体系。一直到第二次世界大战后，由于工人罢工不断涌现，劳资矛盾不断激化，资本家开始认识到改善劳资关系的重要性，开始重视起劳资关系管理。一直到后来，从关注劳资关系改善到关心员工的身心健康，劳动关系管理逐渐演变成了员工关系管理。

从员工关系的定义和演变都可以看出员工关系包含了劳动关系，员工关系概念是建立在劳动关系基础上的，遵守法律要求是管理员工关系的基本要求。人力资源管理的职能之一是进行劳动关系管理。研究劳动关系有着重要的理论和现实意义。因为劳动关系涉及劳动者、企业和整个社会的方方面面，劳动关系的协调影响着经济发展和社会稳定，如何构建和谐的劳动关系是建设和谐社会、促进经济发展的重要内容。企业人力资源潜力能否得到充分地发挥在很大程度上取决于劳动关系是否和谐。

三、员工关系管理的定义和内涵

员工关系管理就是对员工关系进行的管理，具体来讲，是指企业在遵守国家法律法规的基础上，为了实现自身目标和确保公平对待员工，在调节企业与员工之间的关系方面所依据的基本理论和实施的具体规章制度、政策以及管理实践的总称。

员工关系管理包括劳动关系管理的内容，也包括员工流动管理、员工奖惩和隐私管理、职业安全和健康管理、员工参与管理、组织文化管理等。

第二节　劳动关系理论

当代劳动关系理论是在19世纪马克思的劳资关系理论和劳工运动理论基础上发展起来的，真正形成于20世纪40年代。劳动关系理论流派包括新保守（古典）学派、管理主义学派、多元论学派、自由改革主义学派、激进（新马克思）学派。新保守学派也称新古典学派，由保守主义经济学家组成，认为劳动关系是具有经济理性的劳资双方之间的自由、平等的交换关系，双方具有不同的目标和利益。由于劳动力市场机制可以保证劳资双方利益的实现，所以劳资双方的冲突不严重，工会或工会运动并不是劳动力市场所需要的。管理主义学派由组织行为学者和人力资源管理专家组成，关注就业关系中员工的动机及员工对企业的高度认同、忠诚度问题，主要研究企业对员工的管理政策、策略和实践。多元论学派由采用制度主义方法的经济学家和劳动关系学者组成，该学派关注经济体系中对效率的需求与雇佣关系中对公平的需求之间的平衡，主要研究劳动法律、工会、集体谈判制度。自由改革主义学派主张变革，关注如何减少或消灭工人受到的不平等和不公正待遇。激进（新马克思）学派更关注劳动关系中双方的冲突以及对冲突过程的控制。

一、马克思的劳资关系理论

（一）马克思劳资关系理论的主要内涵

马克思在劳动价值论的基础上，对资本主义生产方式中的劳资关系第一次提出了"剩余价值理论"。他指出，剩余价值生产的关键在于资本购买了劳动力这种特殊的商品。在交换过程中，资本确实按照工资支付了劳动力的价格。但是在生产过程中，资本强迫工人生产出高于工资的价值，从而获得剩余价值。"雇佣工人只有为资本家（因而也为同资本家一起分享剩余价值的人）白白地劳动一定的时间，才被允许为维持自己的生活而劳动，就是说，才被允许生存；整个资本主义生产体系的中心问题，就是用延长工作日，或者提高生产率，增强劳动力的紧张程度等等办法，来增加这个无偿劳动；因此，雇佣劳动制度是奴隶制度，而且劳动的社会生产力越发展，这种奴隶制度就越残酷，不管工人得到的报酬较好或是较坏。"①针对用交换过程中的平等，来否定劳资关系中的不平等这种观点，马克思指出，在市场上，工人与资本家是按照自由、平等、所有权、自私的原则进行着交易。"自由！因为商品例如劳动力的买者和卖者，只取决于自己的自由意志。他们是作为自由的、在法律上平等的人缔结契约的。契约是他们的意志借以得到共同的法律表现的最后结果。平等！因为他们彼此只是作为商品占有者发生关系，用等价物交换等价物。所有权！因为每一个人都只支配自己的东西。边沁！因为双方都只顾自己。使他们连在一起并发生关系的唯一力量，是他们的利己心，是他们的特殊利益，是他们的私人利益。"但是，当他们一旦离开流通领域，进入生产领域时，情况就完全不一样了："原来的货币占有者作为资本家，昂首前行；劳动力占有者作为他的工人，尾随于后。一个笑容满面，雄心勃勃；一个战战兢兢，畏缩不前，像在市场上出卖了自己的皮一样，只有一个前途——让人家来鞣。"资本主义生产方式中劳资关系的本质——在公平交易的掩盖下所存在的劳资对立，被马克思形象而又深刻地描述出来。

（二）马克思劳资关系理论的当代价值

马克思最重要的贡献是指出了这种劳动之所以作为社会劳动的特征。在社会总产

---

① 马克思恩格斯选集（第3卷）[M]．北京：人民出版社，2012：370．

品中，首先要扣除"第一，用来补偿消耗掉的生产资料的部分。第二，用来扩大生产的追加部分。第三，用来应对不幸事故、自然灾害等的后备基金或保险基金"。剩下的社会总产品中的其他部分用来作为消费资料。在把这部分进行个人分配之前，还得从里面扣除：第一，同生产没有关系的一般管理费用。第二，用来满足共同需要的部分，如学校、保健设施等。和现代社会比起来，这一部分一开始就会显著地增加，并随着新社会的发展而日益增加。第三，为丧失劳动能力的人等设立的基金。在进行了这些扣除之后，每一个生产者，从社会领回的正好是他给予社会的。他给予社会的，就是他个人的劳动量。

二、当代劳动关系理论的形成

当代劳动关系理论形成过程中，它的研究重点是有关工会组织以及集体谈判。

（一）有关工会组织的研究

1900年左右，西德尼和碧翠斯·韦伯（Sidney & Beatrice Webb）夫妇出版了《工会主义的历史》（The History of Trade Unionism）和《产业民主》（Industrial Democracy）两本书，对工会的结构、功能和形式进行了科学分析。1925年，约翰·康芒斯（John Commons）在《集体行动的经济学》一书中提出，工会不是带来暴政和垄断，它会帮助在产业中建立宪政的一种自由力量。塞利格·珀尔曼（Selig Perlman）认为工人已经意识到工作机会是不足的，因而成立工会来抵御这种风险。

（二）有关集体谈判的研究

1944年，约翰·邓洛普（John Dunlop）在《工会背景下的工资决定》（Wage Determination under Trade Unions）一书中指出，工会作为一个经济机构总是试图使工资最大化或者使其成员在雇佣涉及的方面最大化或者是以上整体的利益最大化。1948年，亚瑟·萝丝（Arthur Ross）在《工会工资政策》（Trade Union Wage Policy）一书中提出，工会是一个纯粹的政治组织，工会内部的政治斗争意味着如果工会的领导者要保住他们的领导地位就必须为其成员争取到其他工会领导能够争取到的工资水平。1951年，尼尔·张伯伦（Neil Chamberlain）将集体谈判性质归纳为三种：关于劳动力出卖形成契约方式、产业治理的一种形式、一种管理手段。

三、邓洛普的劳动关系系统理论

1958年，邓洛普出版了著作《产业关系系统》（Industrial Relations Systems），构建了一个全面的劳动关系系统模型，用来解释影响劳动关系系统的多种因素及其相互影响，如图10-1所示。

（一）输入要素

邓洛普认为，劳动关系系统在它发展的每一个阶段都包括三个基本输入要素：特定

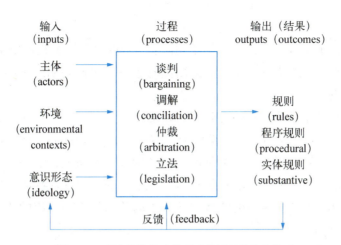

图 10-1　邓洛普的劳动关系系统运行的简化模型

的行为主体、特定的环境以及涉及整个劳动关系系统的意识形态。

1. 主体

主体（actors）包括三个系列：一是雇员，可由非管理部门雇员阶层和雇员代表组成；二是各级管理阶层；三是与劳动关系有关的特定的政府机构。这三类主体相互影响、相互作用，成为各种劳动关系行为的载体。

2. 环境

主体的行为受环境（context of industrial relations）影响，环境规定系统内主体的互动。环境因素大致分为三类：工作场所和工作团队的技术条件、主体面对的市场或预算约束以及整个社会系统中的权利所在和分配。

3. 意识形态

意识形态（role of ideology）是系统内主体普遍奉行的、决定着主体行为的一套思想和信念。广义的意识形态也指劳动关系的文化环境，这些因素往往会成为一个时代或者一个国家的制约条件。

（二）输出结果

邓洛普还提出劳动关系系统的输出结果，即管理工作场所和工作团体中的规则（rules），这是受前面三个基本要素影响所形成和变化的劳动关系的产出。规则是劳动关系系统运行的规章制度，是用来约束主体在工作场所雇佣关系的，包括补偿制度、操作规程、惩罚制度和解雇制度等。劳动关系系统产出的规则又反馈回劳动关系运行过程中作为各方主体的行为规范和准则。

（三）转换过程

邓洛普指出从输入到产出，中间有一个转换过程（process），并且存在有四种形式：谈判、调解、仲裁和立法。邓洛普劳动关系系统模型的中心任务是用来解释，为什么某些规章制度被建立起来，以及为什么这些规章制度需要随着劳动关系体系中某个要素的变化而变化。邓洛普将规则的制订和建立过程看作是劳动关系研究的中心。

（四）邓洛普理论的评价

邓洛普对劳动关系理论的发展有两个贡献：一是提出劳动关系理论是一门独立的学科；二是认为劳动关系理论有一个独立的研究对象——工作规制的规则，后者拓宽了劳动关系的关注焦点。

邓洛普的劳动关系系统理论也受到了一些批判。

一些学者认为，邓洛普的理论体系忽视了劳动关系运作中的行为因素。一位学者指出"现有的劳动关系领域更为关注的是对解决劳动冲突的研究，而不是研究它是如何产生的"。邓洛普的理论体系重视劳动冲突解决的规则，而不重视这些冲突产生的缘由。

一些学者指出，邓洛普的理论模型描述了劳动关系体系中组织的相互作用，但忽视了个人在其中所起的作用。

人们还强调，邓洛普的理论体系关注点过于狭窄。仅仅通过关注规章制度的制订，邓洛普的理论体系并没有给我们提供任何客观的、可以定量研究的东西。

四、桑德沃的劳动关系理论模型

（一）劳动关系理论模型的基本内容

1987年，美国学者马库斯·桑德沃（Marcus H. Sandver）在其《劳动关系：过程与结果》一书中提出了劳动关系管理的理论模型（图10-2）。由图10-2可以看出，在劳动关系

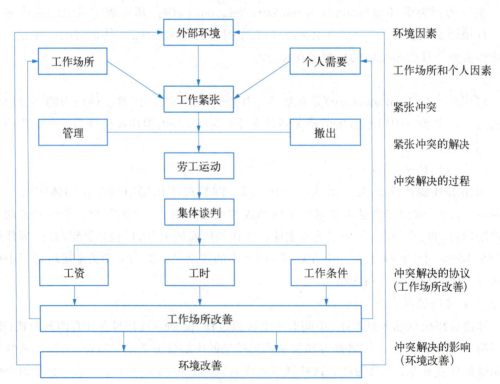

图10-2　桑德沃劳动关系管理模型的分析框架

及其管理运作过程中，外部环境因素、工作场所和个人因素是导致工作紧张冲突的基本因素，而冲突的解决依赖于管理和个人撤出以及劳工运动；劳工运动在解决紧张冲突的过程中，集体谈判是基本手段。工会一般就工资、工时和工作条件等同雇主等企业管理者进行集体谈判；在集体谈判的基础上，签订集体合同和有关协议，集体合同和有关协议成为工作场所的行为准则，或对工作场所产生影响，使工作场所得到改善；工作场所的改善和发展变化又会对外部环境产生影响，外部环境也因此得到改善；外部环境的改善和发展变化又反过来影响劳动关系及管理的运作。

（二）劳动关系理论模型的影响因素

桑德沃在构建劳动关系理论模型的同时，对影响劳动关系及其管理运作的各项因素进行了分析。

1. 环境因素

环境因素包括工作场所以外的对工作场所劳动关系及管理产生影响的各种社会经济因素。

（1）经济因素

这些经济因素受经济运行总体状况的影响，主要包括通货膨胀、失业和经济周期的阶段等。

（2）技术因素

技术因素是生产的硬件，主要有制造产品的工具和机器、工人的技术和工艺以及使生产和组织正常运转必要的管理技艺等。

（3）政治和法律因素

政治和法律因素包括调整劳资关系的法律的性质、政党的权威以及政治信仰自由的相对普及性等。

（4）思想意识因素

属于思想意识的因素主要是人们对于有关问题的一般社会心态和看法，包括人们对工会、企业的看法，人们对集体行为相对于个体行为合法性的认同，甚至人们对私人财产所有权和自由参加社团权利的认识等。

2. 工作场所因素

工作场所因素主要包括：

（1）工作场所的技术

属于这一范畴的有生产（产品或服务）的一般属性、生产过程的属性（批量生产或依靠工艺生产，办公室生产或工厂生产）以及生产设备的规模和工作强度的大小等。

（2）预算和市场力量

预算和市场力量属于这一范畴的有雇主赢利的可能性、产品市场的竞争状况、商品或服务的可替代性等。

（3）工作场所的管理

工作场所的管理还包括管理者的一般特征、行为和态度，也就是管理者对工作场所行为准则和规章制度的一般心理，以及履行还是不履行等。

（4）所有制和企业的思想

该因素指企业是个人所有还是公众所有，所有者们对诸如劳工运动和工人参加工会的态度是什么等。

3. 个人因素

影响劳动关系及其管理的个人变量主要如下。

（1）经济、安全和保障需求

这些需求是由劳动者个人的身体健康和保障需要决定的。

（2）社会化、交往和权力需求

这些需求不像生存需求那样是人类的本能，而是需要经过学习或实践才能产生的。因此，它们对于人类的发展更为重要。

（3）公平和平等需求

这种需求也是人们生活经历或实践的产物，人类在诸如家庭、工作和个人交往等各种交换关系中，都要追求公平和平等感，并设法在努力和回报之间找到一种平等关系。

4. 价值观和信仰

这是一个与人们的行为紧密相连的因素，它会真正使人们彼此之间的行为模式不同，并在很大程度上可以用来解释人类行为的复杂性。

（三）对劳动关系理论模型的批判

尽管桑德沃理论模型是迄今为止劳动关系研究领域内建立在多学科基础之上的、多因素的理论模型，但这一模型也有明显的局限性。这一模型尽管也考虑了影响劳动关系的诸多外部环境，但它仅将劳动关系的处理看作是冲突的解决，这显然是片面的。实际上，劳动关系的运作主要表现为两种形式：既有可能是冲突，也有可能是合作。劳动关系冲突过程中，工人一方主要采取的斗争手段包括罢工、怠工和抵制等，管理者一方主要采取的手段包括关闭工厂、黑书单和排工等；劳动关系合作有多种实现形式，主要有工人参与管理、双方协议制度和集体谈判制度三种。与此同时，劳动关系的处理还涉及劳动合同、集体合同和工会等内容。此外，与劳动关系处理相关的内容还包括影响劳动关系的外部环境，主要有思想文化环境、社会经济环境、体制法律环境和劳动力市场环境等。

第三节　劳动合同管理

一、依法订立劳动合同

劳动合同的订立是劳动合同双方当事人要约、承诺的法律行为。在我国是指用人单位和有一定劳动能力的劳动者，依照劳动法规，由一方向另一方提出订立劳动合同的条件和要求，经双方平等协商，对劳动合同的内容和条款取得一致意见的过程。

(一) 签订劳动合同的法律依据

劳动合同是证明企业和员工建立雇佣关系并规定双方的权利和义务的最重要的书面文件。我国于2008年1月1日起正式实施《中华人民共和国劳动合同法》(以下简称劳动合同法)。自劳动合同法实施以来,执行过程中出现了诸多问题。例如,为规避法律关于签订无固定期限劳动合同和劳动合同终止补偿等规定,部分企业出现裁员、劝辞、把正式员工转为劳务派遣工的现象。为了更好地保障被派遣劳动者合法的权益,2012年12月28日,中华人民共和国第十一届全国人民代表大会常务委员会第三十次会议通过了修改劳动合同法的决定。新劳动合同法提高了经营劳务派遣业务的注册资本,细化劳务派遣中的"同工同酬"规定,明确了"三性"岗位的含义,增强可操作性。涉及的条款为第五十七条(有关劳务派遣单位的设立)、第六十三条(有关被派遣劳动者同工同酬)、第六十六条(有关劳务派遣的适用岗位)、第九十二条(有关劳务派遣单位的法律责任)。修改后的这些条款内容分别如下:

"第五十七条 经营劳务派遣业务应当具备下列条件:
(一)注册资本不得少于人民币二百万元;
(二)有与开展业务相适应的固定的经营场所和设施;
(三)有符合法律、行政法规规定的劳务派遣管理制度;
(四)法律、行政法规规定的其他条件。

经营劳务派遣业务,应当向劳动行政部门依法申请行政许可;经许可的,依法办理相应的公司登记。未经许可,任何单位和个人不得经营劳务派遣业务。"

"第六十三条 被派遣劳动者享有与用工单位的劳动者同工同酬的权利。用工单位应当按照同工同酬原则,对被派遣劳动者与本单位同类岗位的劳动者实行相同的劳动报酬分配办法。用工单位无同类岗位劳动者的,参照用工单位所在地相同或者相近岗位劳动者的劳动报酬确定。

劳务派遣单位与被派遣劳动者订立的劳动合同和与用工单位订立的劳务派遣协议,载明或者约定的向被派遣劳动者支付的劳动报酬应当符合前款规定。"

"第六十六条 劳动合同用工是我国的企业基本用工形式。劳务派遣用工是补充形式,只能在临时性、辅助性或者替代性的工作岗位上实施。

"前款规定的临时性工作岗位是指存续时间不超过六个月的岗位;辅助性工作岗位是指为主营业务岗位提供服务的非主营业务岗位;替代性工作岗位是指用工单位的劳动者因脱产学习、休假等原因无法工作的一定期间内,可以由其他劳动者替代工作的岗位。

"用工单位应当严格控制劳务派遣用工数量,不得超过其用工总量的一定比例,具体比例由国务院劳动行政部门规定。"

"第九十二条 违反本法规定,未经许可,擅自经营劳务派遣业务的,由劳动行政部门责令停止违法行为,没收违法所得,并处违法所得一倍以上五倍以下的罚款;没有违法所得的,可以处五万元以下的罚款。

"劳务派遣单位、用工单位违反本法有关劳务派遣规定的,由劳动行政部门责令限期改正;逾期不改正的,以每人五千元以上一万元以下的标准处以罚款,对劳务派遣单位,吊销其劳务派遣业务经营许可证。用工单位给被派遣劳动者造成损害的,劳务派遣单位与用工单位承担连带赔偿责任。"

新劳动合同法自2013年7月1日起实施,实施后将会改善劳务派遣被滥用的现状,遏制企业不法用工。

(二) 应签订无固定期限劳动合同的情形

书面订立的劳动合同一般适用于定期劳动合同和以完成一项工作为期限的劳动合同。

为了保护劳动者的权益,防止一些单位只使用劳动者"黄金年龄期"的劳动力,我国劳动合同法第十四条规定:

有下列情形之一,劳动者提出或者同意续订、订立劳动合同的,除劳动者提出订立固定期限劳动合同外,应当订立无固定期限劳动合同:(一)劳动者在该用人单位连续工作满十年的;(二)用人单位初次实行劳动合同制度或者国有企业改制重新订立劳动合同时,劳动者在该用人单位连续工作满十年且距法定退休年龄不足十年的;(三)连续订立二次固定期限劳动合同,且劳动者没有本法第三十九条和第四十条第一项、第二项规定的情形,续订劳动合同的。

用人单位自用工之日起满一年不与劳动者订立书面劳动合同的,视为用人单位与劳动者已订立无固定期限劳动合同。

(三) 劳动合同的期限

法律一般对劳动合同的期限不作具体规定,由用人单位与劳动者根据具体情况协商确定。但就某些特殊情况,对劳动合同的期限进行了一些限制。例如,对从事矿山井下以及其他有害身体健康的工种、岗位工作的农民工,合同期限最长不得超过八年。这主要是为保护职工的身体健康,避免职业病的发生。

劳动合同法第十五条规定:

以完成一定工作任务为期限的劳动合同,是指用人单位与劳动者约定以某项工作的完成为合同期限的劳动合同。用人单位与劳动者协商一致,可以订立以完成一定工作任务为期限的劳动合同。

(四) 劳动合同的试用期

试用期是指用人单位对新录用的劳动者进行考察的期限。劳动合同法第十九条规定:劳动合同期限三个月以上不满一年的,试用期不得超过一个月;劳动合同期限一年以上不满三年的,试用期不得超过二个月;三年以上固定期限和无固定期限的劳动合同,试用期不得超过六个月。

在劳动合同中规定试用期,并不是强制性规定,若双方协商同意也可以不规定试用期。在试用期内,任何一方一旦发现实际情况与对方所介绍的情况不符,或者一方不能适应另一方的情况,都可提出解除劳动合同。

劳动合同法还规定,"同一用人单位与同一劳动者只能约定一次试用期"。试用期包括在劳动合同期限内。

(五)合同履行管理中的纠纷重地

在合同履行的过程中,由于合同一方没有按照合同约定履行合同义务;或者合同对某一事项没有做出规定,合同一方按照法律对此问题的相关规定予以处理;或者合同对某一事项约定不明,双方无法达成新的一致等都可能产生纠纷。

1. 用人单位没有按照合同和法律规定支付加班工资

劳动者有休息的权利,劳动法第三十六条规定:"国家实行劳动者每日工作时间不得超过八小时、平均每周工作时间不得超过四十四小时的工时制度。"用人单位因工作需要,要求劳动者延长工作时间的,应当按照合同约定或者相关法律规定交付延长劳动时间的劳动报酬。

劳动法第四十四条规定:

有下列情形之一的,用人单位应当按照下列标准交付高于劳动者正常工作时间工资的工资报酬:(一)安排延长工作时间的,支付不低于工资的150%的工资报酬;(二)休息日安排劳动者工作又不能安排补休的,支付不低于工资的200%的工资报酬;(三)法定休假日安排劳动者工作的,支付不低于工资的300%的工资报酬。

如用人单位没有按照上述规定支付加班工资的,劳动者可以要求解除劳动合同,并要求用人单位支付未给付的劳动报酬和经济补偿金。

2. 试用期纠纷

劳动合同法第十九条第一款规定:

劳动合同期限三个月以上不满一年的,试用期不得超过一个月;劳动合同期限一年以上不满三年的,试用期不得超过二个月;三年以上固定期限和无固定期限的劳动合同试用期不得超过六个月。

第三款规定:"以完成签订工作任务为期限的劳动合同或者劳动合同期限不满三个月的,不得约定试用期"。

3. 试用期中解除劳动关系引起的纠纷

根据劳动合同法第十九条第四款规定,试用期包含在合同期限内,并且劳动合同法第二十一条说明了除劳动者有本法第三十九条和第四十条第一项、第二项规定的情形外,用人单位不得解除劳动合同。用人单位在试用期解除劳动合同的,应当向劳动者说明理由。

二、劳动合同实务技巧

（一）劳动合同变更管理技巧

1. 用人单位发生合并或分立情况下劳动合同的变更

用人单位发生合并或分立后，分立或合并后的用人单位可依据其实际情况与原用人单位的劳动者遵循平等自愿、协商一致的原则变更、解除或重新签订劳动合同。在这种情况下，对重新签订的劳动合同视为对原合同的变更，劳动者不能依据劳动法第二十八条的规定要求补偿。

2. 变更劳动合同时的身份问题

劳动法实施之后，用人单位的全体职工统称劳动者，在同一用人单位内，各种不同的身份界限随之打破。因此在变更劳动合同时可不再考虑身份问题，仅依据劳动合同来明确劳动者的工作内容和岗位。

3. 关于变更劳动合同的方式

在实践中，有些单位为达到变更劳动合同的目的，采取了许多变通的手段。如某用人单位根据工作的需要，决定采取公开考试的办法，对考试不通过的职工，一律另行安排工作岗位或予以辞退。这种形式是否合法呢？劳动合同的变更需经双方当事人协商一致，否则不能变更。采取公开考试的办法看似公平，但如违反了劳动法的规定或合同的约定，或者发生在未经劳动者同意的情况下，对劳动者并不具有约束力。用人单位对原合同仍应履行。

（二）劳动合同解除管理技巧——如何解雇严重违纪员工

1. 解雇依据

严重违反用人单位的规章制度的；严重失职，营私舞弊，给用人单位造成重大损害的；劳动者同时与其他用人单位建立劳动关系，对完成本单位的工作任务造成严重影响，或者经用人单位提出，拒不改正的。

2. 关于"严重违反"以及"重大损害"的标准问题

法律上并无明确的规定，因此，企业规章制度中应当对这两个概念进行量化，比如，合同期内累计5次违反规章制度或劳动纪律的视为严重违纪，严重失职，营私舞弊导致经济损失10 000元以上的，以利于解雇员工时有充分依据。双重劳动关系是任何一个用人单位都无法忍受的事情，法律规定对完成本单位的工作任务造成严重影响的可解雇，但是如何定义"严重影响"，这个难以操作，企业在解雇前还是先提出改正要求更保险，限令员工在三日内提供解除劳动合同的书面证明，如果拒不提供的，予以解雇。

3. 程序要求

必须收集员工严重违纪的证据，且必须以书面形式通知员工，否则败诉风险极大，将会增加企业的用工成本。

4. 举证要求

司法实践中由于解雇案件实行举证责任倒置，通俗地说就是企业要举证证明自己的解雇理由是充分的,是有确凿证据的,所以在解雇严重违纪员工之前必须收集充分的证据。通常,在该类纠纷中,下列形式的资料可以作为证据:① 违纪员工的"检讨书"、"求情书"、"申辩书"、违纪情况说明等;② 有违纪员工本人签字的违纪记录、处罚通知书等;③ 其他员工及知情者的证词;④ 有关事件涉及的物证(如被损坏的生产设备,如物证不方便保留,则拍摄清楚的照片,同时照片上还应当显示时间年月日时);⑤ 有关视听资料(如当事人陈述事件的录音、录像);⑥ 政府有关部门的处理意见、处理记录及证明等。书面证据是最有力的证据,尤其是有违纪员工签字的书面证据,应尽收集和保留。

(三)劳动合同终止与续订技巧

劳动合同到期前,用人单位应当提前30天通知劳动者是终止劳动合同还是续订劳动合同。劳动合同到期后,如果用人单位未办理终止劳动合同的手续,职工与用人单位之间就形成了事实上的劳动关系。形成事实劳动关系后,用人单位是无权随时终止劳动合同的,视为续延合同,用人单位应与劳动者续订劳动合同。在续订合同时,续订的劳动合同期限由双方协商;协商未达成一致的,其续订期限从签字之日起不得少于1年;劳动者在用人单位连续工作满10年以上的,劳动者可要求续订无固定期限劳动合同。

劳动合同期满形成事实劳动关系的,当事人双方也可协商解除劳动关系。如果是用人单位提出的,该单位应根据有关规定向劳动者支付经济补偿金;如果是劳动者自己提出的,劳动关系即行解除,用人单位可以不支付经济补偿金。

第四节 工会与集体协商

一、工会

(一)工会的定义

工会(trade union)是一种平衡雇员与雇主双方利益的重要力量。《中华人民共和国工会法》(以下简称工会法)规定:"中华全国总工会及其工会组织代表了员工的利益,维护了员工的合法权益。"《中国工会章程》也明确规定:"中国工会是一个由中国共产党领导的职工自愿结合的工人阶级群众组织,是党和工人之间的桥梁和纽带。"中国工会不仅自下而上代表职工利益,同时自上而下传达国家利益,负责协调职工与企业的劳动关系,达到和谐稳定的目的。

(二)工会与人力资源部门的合作

工会与人力资源部门由于工作职责和工作目标存在着一致性,因此,有着广泛的合作领域和空间。合作形式包括以下三个方面。

1. 在平等协商、集体谈判中合作

工会代表员工与企业进行平等协商、签订集体合同,是工会法赋予工会组织的权利。谈判的过程其实是不同利益主体相互协商、相互妥协的过程,表面上看,带有很强的对抗

色彩，但在实际工作中，由于双方遵循的共同依据是同一法律法规，共同面对的是同一个利益共同体，不存在根本的利害冲突。双方关于法律之外的利益诉求都应兼顾企业和员工，在集体合同的起草、谈判过程中，工会组织要以国家法律法规和相关政策为依据与人力资源部门进行沟通，并在沟通中强调合作，不断化解双方在认识和理解上的差异，求同存异，达成共识。

2. 在职业培训、提升员工素质中合作

员工培训是企业人力资源管理的一项重要工作，它不仅有利于员工自身人力资本的提升，也有利于企业的发展。而工会组织也有一个如何实现教育职能的问题。对员工而言，培训的机会是相对有限的。工会开展的"创建学习型班组、争当知识型员工"活动弥补了员工培训机会有限的缺陷，是提高员工素质的有效手段。"创争"活动，不仅可以为员工搭建知识共享平台，营造"终身学习、全员学习、全过程学习、团队学习"的良好氛围，也是对企业人力资源部门实施的员工素质提升和学习型企业创建工作的有效补充和支撑。

3. 在监督参与、疏通员工职业发展通道中合作

工会有代表员工参与企业管理、实行民主监督的职能。而干部任用条例也规定，干部的选拔工作中要坚持民主监督制度，落实员工的知情权、参与权、选择权和监督权。因此，工会和人力资源部门在涉及员工职业发展的中层管理人员任期履职情况考核、中层管理人员公开选拔、管理人员的竞争上岗和各类用工的招聘等工作中有广泛的合作空间。工会组织可以通过源头参与、政策参与、过程参与和监督参与，不断提高公开选拔各类人员和绩效考核公正性、透明度，不断疏通和完善员工职业发展通道，为广大员工提供公开、公正、公平的竞争机会，促进企业价值与员工价值的共同实现。

4. 在加强沟通、及时解决劳动争议中合作

企业的风险既有经济上的，又有企业内部关系上的，企业内部关系的最大风险就是劳资矛盾和劳资冲突。目前，劳资关系调整已逐渐成为企业人力资源部门的重要工作内容之一。工会组织、职工代表大会和劳动争议调解机构是员工表达诉求的重要渠道，也是协助行政宣贯、解释政策的有效途径。工会与人力资源部的有效合作，不仅可以使员工了解企业政策制定的依据，也可以使企业及时得到员工真实的意见反馈，通过释疑解惑，使劳资双方在理解和认同的基础上化解矛盾。因此，工会与人力资源部门在转型政策的实施过程中，只有不断加强沟通和合作，联系实际解决问题，才能促进劳动关系的和谐。

二、集体协商

集体协商（collective bargaining），又称集体谈判，是市场经济条件下调整劳动关系的主要手段和国际惯例，通过集体协商规范劳动关系事务，构成了市场经济国家劳动关系制度的核心。集体协商不仅确立了劳动关系调整的正式规则，而且本身就是解决冲突的一种重要机制。集体协商能有效地促使劳资双方互相让步，达成妥协，签订协议。降低诸如罢工、怠工、辞职等冲突产生的负面作用。通过集体协商解决剧变时期出现的劳资

冲突,成本最低且最为有效。

疫情危机下中小企业发展举步维艰,部分企业不寻找解决的途径,而是违规裁员、欠薪,甚至逃逸,但也有很多企业意识到了集体协商对缓解企业压力的特殊作用。于是,疫情危机中出现了集体协商时,企业表示"我要谈"的局面。在危机背景下,"既保障职工的工作岗位和基本劳动条件,又保障企业的生存和发展"。通过协商,企业和员工可以加深了解,消除误解,产生职工利益和企业效益同向化的共同意识。并且,通过集体合同可以体现出"民主与集中"的法律效力,比如在工资调整中以集体合同而不是个人合同的形式签订,少数不同意的员工也要遵守,使企业的合理降薪有了保障。

集体协商在处理和谐劳动关系上起到一定作用,它可以补充法律上许多较硬,较原则,较底线的规定,而使既具有共同利益又存在利益矛盾的劳动关系双方坐在一起,通过共同设计未来利益分配和成本分担,互谅互让,最终达成一致。合作共赢是重视集体协商的出发点和归结点,这是成熟市场经济国家经过一百多年实践得出的宝贵经验和财富,值得我国企业加以借鉴。

第五节　中国企业构建和谐的劳动关系

根据人力资源和社会保障部的数据统计,2020年全国有关劳动人事争议立案受理案件总件数为109.5万件,比2019年的107万件增加了2.34%,2018年和2017年的受理件数分别为89.4万件和78.5万件。2020年、2019年、2018年和2017年,劳动人事争议涉及的劳动者人数分别为128.3万、127.4万、111万、97.9万。劳动人事争议突出的问题包括:部分企业未依法签订劳动合同或签订劳动合同不规范、部分企业规章制度不健全或违反劳动法律法规、部分企业劳动定额标准缺失、劳动用工条件差或者职工健康安全得不到有效保障、部分企业忽视职工发展缺少人文关怀[①]。

劳动关系的不和谐不仅体现在逐年上升的劳动争议上,也体现在组织内员工的工作倦怠、绩效低下、频繁跳槽等消极行为上。对企业管理者来说,两种不和谐都影响到其经营目标和发展战略的实现;对整个社会来讲,两种不和谐影响到产业繁荣、职场信任和社会稳定。

因此,我们应看到在劳动者与用人单位建立劳动关系时,由此产生了两种契约,既包括法律意义上的劳动契约,也包括内隐的心理契约。从这个视角出发,构建和谐劳动关系一方面要通过法律手段进行调整以创造法制层面的和谐;另一方面要从企业管理层面,以人力资源管理手段对心理契约进行管理,让双方达到利益与共、共同发展的心理和谐。

---

① 资料来源:智研咨询,《2020年中国劳动人事争议受理案件总数、涉及劳动者人数及预防和化解纠纷建议分析》,https://www.chyxx.com/industry/202104/946303.html。

一、构建法制层面的和谐劳动关系

在当前市场经济环境下,就业市场很大程度上是买方市场,劳资双方的力量悬殊,为保障处于弱势的劳动者在与用人单位进行劳动合同签订、履行过程中的合法权益,以及在劳动争议出现时如何处理,需要一系列的制度依托。主要制度包括劳动基准制度、劳动合同制度、集体合同与协商制度、三方协商制度、劳动争议处理制度。

构建和谐劳动关系需要政府、工会、用人单位、劳动者等劳动关系主体各方面的共同努力。

政府应加强劳动法制建设,对违反劳动法的行为,应建立起一套以劳动监察为核心的、强制程度很高的执法体系。加快推进劳动合同立法,尽快制定和颁布有关集体谈判和集体合同的专门法律,加大监察执法力度,依法及时公正地处理劳动争议,积极探索建立由政府、工会、用人单位三方的多层次、多产业的协商机制。

企业的管理者一方面要加强对国家相关劳动法律法规和政策的学习和遵守,另一方面要强化社会责任意识,落实社会责任标准。我国政府已于2001年3月批准实施了《经济社会与文化权利国际公约》。在国际上,随着SA8000即社会责任标准的出台,对企业应该承担的社会责任作了更明确的规定,该标准对所有与人有关的要素,如工作环境、员工健康与安全、员工培训、薪酬、工会权利等都作了具体规定。SA8000的出台对推进企业构建和谐劳动关系具有极大的促进作用。

工会组织的覆盖率有待提高,当前工会工作的重点应该抓好非公企业的工会组织建设,扩大工会组织在非公企业中的覆盖面。工会干部应学习掌握国家的劳动法律法规和政策水平,提高自身的谈判能力;同时劳动者应加强对法律知识的学习,知法守法,不做损害单位利益的事情。

二、构建心理层面的和谐劳动关系

(一)心理契约的定义

克里斯·阿吉里斯(Chris Argyris)在他所著的《理解组织行为》一书中,率先提出"心理契约"(psychological contract)这个概念。但是,他只是描述了这种现象,没有对这一概念加以界定。莱文森(Levinson)将心理契约定义为"没有成文的契约"。他认为心理契约是劳动关系双方没有明确表达的各种期望,有些期望比较清晰明确,例如薪酬待遇等,有些期望比较含糊不清,例如长期晋升。科特(Kotter, 1973)认为心理契约是一份内隐的协议,存在于个人与组织之间。赫里欧和彭伯顿(Herriot & Pemberton, 1995, 1997)认为心理契约是员工和组织在劳动关系过程中相互责任的感知。这种感知可从经济契约中获取,也可能隐匿在各种心理期望中。

综上所述,心理契约是劳动关系中的双边契约,它具有非正式、主观、容易变动、内隐等特点。

(二)心理契约的形成

心理契约的形成过程分为初步探索阶段、正式形成阶段、调整修订阶段。

1. 心理契约初步探索阶段

潜在员工在进入企业前,会通过各种渠道搜集了解目标企业的各种信息,对中意企业会有一个基本面情况的了解。

在招聘面试环节,潜在员工与目标企业通过面谈等方式的接触,有一个较为直接的互相了解。在这个阶段,潜在员工会对企业提供的岗位情况、薪酬待遇、工作条件等方面有着较为清晰的判断和心理预期。在心理契约形成的初步探索阶段,企业和员工逐渐产生基本认知,并影响心理契约的探索与形成。

2. 心理契约正式形成阶段

随着员工进入企业,对企业的了解也越来越加深。同时,企业也会考核员工的工作绩效和工作表现。这个过程就是双方心理契约正式形成的阶段。由于员工存在个体差异,不同员工对企业的认知和心理预期是不一样的,对认识了解企业、认知双方的权利义务或会带有主观判断。因此,不同的员工形成的心理契约也会不一样。这个阶段,企业和员工也会在不断地认知双方的权利义务,最终形成心理契约。

3. 心理契约调整修订阶段

随着外部条件的改变,员工的心理契约也将随之调整修订。工作态度、企业管理者信用、企业变革、企业文化等因素都会影响心理契约的调整。员工对企业和岗位的认知变化也会影响员工的工作态度。员工的工作态度的改变,则会影响心理契约的调整。企业管理者履行承诺,能获得员工信任,并促进员工紧密团结为达成工作目标而共同努力。企业变革带来的内外部条件变化,直接将影响员工心理预期的改变,给员工心理带来冲击,因而对心理契约产生影响。

企业文化是企业员工所共同遵守的价值观,共同营造的工作氛围,渗透于员工的日常工作行为。良好的企业文化,将有利于员工形成健康的心理契约。

(三)心理契约的破裂

关于心理契约破裂,大多数学者都是从员工的视角来探讨。心理契约破裂是员工主观认为企业未履行之前承诺的应履行的责任和义务,因而对员工的态度和行为造成影响,使员工产生了失望、不满甚至敌对的情绪。心理契约破裂是员工内心一种主观性、隐性、非正式的认知。出现心理契约违背后,员工可能否定以前的心理契约,影响员工的工作绩效、敬业度,也可能直接中断这种契约,出现离职等行为。

员工心理契约破裂,会对企业带来不利影响,例如降低员工的工作绩效、工作积极性和对企业的归属感等。因此,企业管理者有必要去研究究竟是什么原因造成员工的心理契约破裂,并且对员工心理契约的破裂做出预警。

造成员工心理契约破裂,主要有以下三方面因素:

① 理解存在差异。心理契约是未说出口的、不成文的,同时也是主观的、隐性的。企业和员工站的角度不一样,因此,员工与企业管理者对于心理契约的理解很可能发生不

一致的情况，例如员工对企业有过高或不合理的期望，就会导致两者对心理契约的认知理解产生分歧，造成心理契约的失衡甚至破裂。

② 未及时履行承诺。企业对员工的承诺如果未兑现，将会导致心理契约的破裂。员工对企业的预期，可能是招聘面试时就已萌芽，也可能是在员工进入企业后，从企业的管理制度中获取信息形成的期望，如工作内容、薪酬待遇、绩效应用规则、职业生涯规划等。如果企业未履行自身承诺，员工这些方面满意度较低，就容易造成心理契约破裂。

③ 失去履行承诺的能力。即使员工与企业管理者之间对于心理契约的具体内容的理解没有误差，企业也有可能因为战略发生调整、组织架构变化、经营遇到困境问题等因素而无法完全履行之前的职责和义务。

员工心理契约的破裂会对企业带来不利影响，如降低员工的工作绩效、工作积极性和对企业的归属感等。因而心理契约的破裂对于企业发展是一件具有负面影响力的事件，如果企业能做到对心理契约破裂建立起预警系统，将能有效地规避破裂的发生和其造成的不良影响。

企业可以运用心理契约测量量表来衡量和评估员工对于工作待遇和条件的心理期望，如果员工普遍认为企业仅仅满足了他们一部分的心理期望，那么这对于企业而言便是一个预警的信号，表明心理契约有破裂的风险。企业管理者需要关注员工心理的变化与波动，对破裂风险进行跟踪和调研。一旦出现预警信号，企业管理者就应该采取相应措施去规避心理契约破裂的发生。

（四）建立心理契约管理机制

有效建立和维护心理契约有利于建立并维护和谐劳动关系，产生积极的促进作用。员工的心理契约如影随形般伴随于整个人力资源管理过程中，建议从人力资源管理各个环节考虑构建心理契约动态管理机制。

1. 招聘中初建心理契约

用人单位对应聘者进行面试筛选，最终招聘录用。应聘者通过用人单位层层筛选，最终脱颖而出接受用人单位的录用通知书。这个招聘过程是员工与企业从接触到互相了解的过程，双方对于对方的要求与承诺是对等的，而且是彼此接受的。在这个阶段，员工对于企业是向往和肯定的，企业对于员工是认可和接纳的，双方的心理契约初步构建形成。但是，这种初步构建的心理契约是不稳固的，因为双方的信息不是很对称，也带有主观的判断，可能出现认知偏差。一旦企业或员工隐瞒信息或夸大自身形象，企业发现员工并不能胜任聘用岗位工作，或员工发现企业没有兑现承诺，就会影响心理契约的稳定，甚至造成心理契约产生裂痕。因此，在招聘过程中，企业要如实向应聘者展示真实情况和期望要求，与员工切实利益相关的内容更是要如实相告，不能隐瞒。另一方面，在招聘环节也要做好求职者的背景调查和性格能力测试。

2. 试用期强化心理契约

新员工入职后会与企业签订劳动合同，根据劳动合同法，在合同期内可以设置一段时间为试用期，很多企业都会给新员工设置试用期，利用这段时间对新员工进行观察，同时这段时间也是双方心理契约进一步强化的过程。在这最长为六个月的试用期里，企业也将为新员工展示企业经营实力、发展前景。试用期结束，企业将进行试用期转正考核，并将评价结果与新员工沟通反馈，明确企业对工作的要求与期望。

3. 用工中巩固心理契约

员工试用期转正后的用工过程，是巩固和完善员工心理契约最关键的阶段，这个阶段，员工对企业的了解认知趋于现实，理想的光环渐渐褪去。这个阶段企业的任何变革举措，包括组织架构调整、薪酬体系变化、管理制度出台等，都有可能引发员工的心理抵触、不满抱怨，进而导致心理契约破裂甚至违背。在整个用人过程中，企业要关注员工心理契约的维系，优化人才培养、绩效考核、薪酬激励、职涯规划等方面的管理，构建稳定和谐的劳动关系。

4. 离职中补救心理契约

21世纪最重要的是人才，人才是企业发展的动力与根本，对于企业至关重要。如果有关键岗位或骨干员工提出离职，需及时补救员工心理契约，避免这种情绪蔓延开来，避免骨干员工继续流失。企业管理者尤其是员工的直接主管，应在平时工作中，经常沟通、辅导，了解员工的心理诉求。第一时间了解掌握员工离职的真正原因，洞悉管理中存在的问题和缺陷，目的是消除员工对企业的误解、打消员工的顾虑、体现对员工的尊重和关怀、挽留骨干员工继续留在本企业效力。

企业在及时补救骨干员工心理契约的同时，也要做好应急预案，将员工离职的影响减少到最低，另外，也要进行员工流失补充招聘、储备年轻后备人才、培养梯队人才，保证企业紧缺人才不出现断层。

第六节　职业安全和健康管理

企业应该确保员工在工作场所的安全和健康。职业健康安全（occupational health and safety，OHS）是指防止劳动者在工作岗位上发生职业性伤害和健康危害，保护劳动者在工作中的安全和健康。其中，职业安全包括在工作过程中防止机械伤害、触电身亡、急性中毒、车辆伤害、坠落、坍塌、爆炸、火灾等危及人身安全的事故发生。职业健康不仅指没有生病或健康状况欠佳，而是在人的生理上、心理上和社会上的共同保持良好的状态。我国通常将职业病作为衡量职业健康水平的重要指标。职业病是指因在职业活动中接触粉尘、放射性物质，或存在其他有害有毒因素造成的疾病。

我国在1949年后学习苏联和德国的叫法称其为劳动保护、劳动安全与卫生。20世纪90年代后期，我国成为国际标准化组织的正式成员，称之为职业安全和健康。1999年，我国发布了OHSAS18001：1999标准；2001年制订了GB/T28001—2001《职业健康安全管理体系规范》；2007年发布OHSAS18001：2007；2011年发布了GB/T28001—2011《职业健康安全管理体系要求》。全球近130个国家基于OHSAS18001标准实施了职业健康安全体系。2018年3月12日,国际标准化组织ISO发布了ISO45001:2018《职业健康安全管理体系要求及使用指南》,OHSAS18001标准自动废止。

一、职业安全管理

安全管理是企业管理的重要组成部分。它是企业一系列与安全活动有关活动的总称,其目的是减少企业安全事故的发生从而确保企业平稳发展。不同的安全管理体系,所包含的安全管理内容有所不同。例如杜邦公司把安全管理分为风险管理(工艺风险)与文化建设(行为安全)两大部分,并可细化为22个关键要素。

一般来讲安全管理体系包括以下五个主要的要素:安全组织机构、危险源管理、安全规章和制度、安全教育培训管理和应急管理。

(一)安全组织机构

安全组织机构是指依照法律法规设立的管理安全的团体、组织和单位。根据《中华人民共和国安全生产法》的规定,矿山、金属冶炼、建筑施工、道路运输单位和危险物品的生产、经营、储存单位,应当设置安全生产管理机构或者配备专职安全生产管理人员。

(二)危险源管理

危险源管理是指对可能导致伤害或疾病、财产损失、工作环境破坏或这些组合的根源或状态进行辨识、评级并增加管控措施使其控制在可接受的范围内并加以预防的过程。用危险度来衡量客观事件的危险程度。危险度(R)是指单位时间内系统可能承受的损失。损失包括财产损失、人员伤亡损失、工作损失或者环境损失等。

危险度(R)的计算方法如下:

$$R = P \cdot S$$

其中,P是指系统可能发生事故的概率,单位为次/时间;S是指一旦发生事故可能造成的损失,单位为损失/次;R的单位为损失/时间。

(三)安全规章制度

安全规章和制度是指根据国家安全法律法规的相关规定,结合单位的实际情况制定的本单位安全生产方面的管理制度。企业要根据《中华人民共和国职业病防治》《中华人民共和国安全生产法》《特种设备安全监察条例》等法律法规来制订本单位的安全规章制度。

(四)安全教育培训管理

安全教育管理主要是指对安全生产管理人员、特种作业人员以及其他从业人员的培训教育。安全教育培训也包括对全社会人员安全知识的普及教育。安全教育的一个重要内容是形成安全意识。安全意识是指人们在进行生产工作时,对工作内容和外界因素始终保持警惕的状态,当有人、物、环境的不良刺激时能够快速的识别和判断。安全意识包括员工群体安全意识和员工个体安全意识。员工群体安全意识是指企业员工在安全认知、安全行为等观念上达成一致；员工个体安全意识是指在特殊时刻，个体考虑自身安全，采取行动保护自己。

（五）应急管理

应急管理是指发生安全事故时的应急救援。应急管理是一个全过程管理，根据突发事件的预警、发生、缓解和善后四个发展阶段，应急管理可分为预测预警、识别控制、紧急处置和善后管理四个过程。《中华人民共和国安全生产法》第五章规定了生产安全事故的应急救援与调查处理要求。第八十一条规定："生产经营单位应当制定本单位生产安全事故应急救援预案，与所在地县级以上地方人民政府组织制定的生产安全事故应急救援预案相衔接，并定期组织演练。"第八十二条规定："危险物品的生产、经营、储存单位以及矿山、金属冶炼、城市轨道交通运营、建筑施工单位应当建立应急救援组织；生产经营规模较小的，可以不建立应急救援组织，但应当指定兼职的应急救援人员。"

二、职业健康管理

（一）员工压力管理

压力（stress）是物理学中的概念。1976年，生理学家汉斯·塞里（Hans Selye）将压力这个概念应用于人体的应激性身体反应。他认为压力是机体对伤害性刺激的非特异性防御反应，是机体对各种内外界刺激因素做出的适应性反应过程。员工工作压力是员工个人能力与工作需求不一致时，员工的一种心理或生理反应。根据压力的影响效果，可以将压力分为积极压力和消极压力。积极压力对员工产生激励作用，激发员工提升工作表现；消极压力则导致员工的消极情绪，产生消极影响。消极压力往往是组织的要求高于员工能力产生的。

压力源是产生员工压力的因素。员工工作压力源包括工作因素、组织因素、社会因素和个体因素等。工作因素，例如工作的强度、工作岗位要求、员工能力与岗位要求的匹配程度等会产生工作压力。组织因素，例如高绩效导向的组织文化，组织给员工设定的绩效考核标准高会产生工作压力。社会因素，例如吉尔特·霍夫斯塔德（Geert Hofstede）文化价值观模型中所区分的男性气质（masculinity）和女性气质（feminality）两类社会。男性气质社会的文化赞扬成就、雄心、物质和权力，女性气质社会的文化强调生活的质量、服务和关心他人。男性气质社会的员工比女性气质社会的员工更容易产生工作压力。个体因素，例如个体的性格特征、情绪管理能力、工作动机等会影响个体看待压力以及处理压力的能力。

压力管理是指有组织、有计划地对员工的压力产生行为进行有效的预防和干预，以防止压力达到破坏性水平的一种开放的、多元的管理方式。压力管理包括三方面内容：① 减少或消除不适应的环境因素；② 处理情绪、行为及生理等方面症状的缓解和疏导；③ 改变个体自己的弱点，即改变不合理的信念、行为模式和生活方式等。

压力管理的目的不是彻底消除压力,而是帮助员工减少压力、缓解和分散压力,甚至是从压力中恢复心身健康。压力管理的策略有压力诱因导向策略、反应导向策略和症状导向策略。压力诱因导向策略主要是通过控制、减少甚至是消除压力源从而预防工作压力产生的策略。压力反应策略是指通过培训让员工掌握应对压力的方法从而提升员工对抗压力能力的策略。压力症状导向策略是指通过引进心理援助计划等工具治疗员工由于工作压力引起的心理疾病的策略。

(二)员工援助计划

国际EAP专业协会(EAPA)将员工援助计划(employees assistance program,EAP)定义为:组织为提高生产效益,在工作场所对员工实施心理援助,帮助员工识别并解决有关健康、婚姻、家庭、财产、酗酒、物质滥用、情绪、压力等个人关注的问题。

员工援助计划的核心内容包括:① 给处在困境中的员工提供咨询、培训和援助,帮助他们改善工作环境以达到提高绩效的目的;② 为员工提供及时的问题甄别和评估服务并保密;③ 运用面谈、激励和短期干预方法,帮助员工处理遇到的问题从而避免影响工作绩效;④ 为员工推荐诊断、治疗和援助服务,以及案例监控和跟踪服务;⑤ 与提供其他服务的供应商建立联系、保持联系,管理供应商;⑥ 为组织提供由于酗酒、药物滥用、精神和情感混乱等行为造成的健康障碍提供咨询并鼓励接受相应的医学治疗;⑦ 为组织和个人鉴定所接受的EAP服务效果。

本章重点名词

员工关系管理(employee relationship management)
劳动关系(labor relationship)　　　　劳动合同管理(labor contract management)
工会(trade union)　　　　　　　　　　集体协商(collective bargaining)
社会保障(social security)　　　　　　劳动争议(labor dispute)
职业健康安全(occupational health and safety)　　压力管理(stress management)
员工援助计划(employees assistance program)　　心理契约(psychological contract)

本章练习

1. 马克思劳资关系理论的主要内容和理论价值是什么?
2. 邓洛普劳动关系系统理论的主要内容是什么?这个理论的优缺点是什么?
3. 什么是桑德沃劳动关系理论模型?该模型有什么局限性?
4. 结合自己的感悟,谈谈如何落实社会保障?
5. 谈谈企业如何从法律和心理两个层面构建和谐的劳动关系?
6. 21世纪影响员工职业安全和健康有哪些因素?企业如何提升员工职业健康?

 课后案例

迪士尼的员工沟通管理

迪士尼公司是一家拥有20万余名员工的大公司,它早在20多年前就认识到员工意见沟通的重要性,并且不断地加以实践。公司的员工意见沟通系统已经相当成熟和完善。特别是在20世纪80年代,面临全球的经济不景气,这一系统对提高公司劳动生产率发挥了巨大的作用。

公司的员工意见沟通系统是建立在这样一个基本原则之上的:个人或机构一旦购买了迪士尼公司的股票,他就有权知道公司的完整财务资料,并得到有关资料的定期报告。

本公司的员工也有权知道并得到这些财务资料和一些更详尽的管理资料。迪士尼公司的员工意见沟通系统主要分为两个部分:一是每月举行的员工协调会议;二是每年举办的主管汇报和员工大会。

一、员工协调会议

早在20年前,迪士尼公司就开始试行员工协调会议,员工协调会议是每月举行一次的公开讨论会。在会议中,管理人员和员工共聚一堂,商讨一些彼此关心的问题。公司的总部、各部门、各基层组织都举行协调会议。

在开会之前,员工可事先将建议或怨言反映给参加会议的员工代表,代表们将在协调会议上把意见传递给管理部门;管理部门也可以利用这个机会,同时将公司政策和计划讲解给代表们听,相互之间进行广泛的讨论。

在员工协调会议上都讨论写什么呢?这里摘录一些资料。

问:公司新设置的自动餐厅的周围墙上一片空白,很不美观,可不可以搞一些装饰?

答:公司已有打算,准备布置这片空白。

问:管理部门已拟工作8年后才有3个星期的休假,管理部门能否放宽规定,将限期改为5年?

答:公司已经作了很大的努力,诸如团体保险、员工保险、退休金福利计划、增产奖励计划、意见奖励计划和休假计划等。我们将继续秉承以往精神,考虑这一问题,并呈报上级,如果批准了,将在整个公司实行。

问:可否对刚病愈的员工行个方便,使他们在复原期内,担任一些较轻松的工作。

答:根据公司医生的建议,给予个别对待,只要这些员工经医生证明,每周工作不得超30个小时,但最后的决定权在医生。

问:公司有时要求员工星期六加班,是不是强迫性的?如果某位员工不愿意在星期六加班,公司是否会算他旷工?

答:除非重新规定员工工作时间,否则,星期六加班是属于自愿的。在销售高峰期,如果大家都愿加班,而少数不愿加班,应仔细了解其原因,并尽力加以解决。

要将迪士尼多名职工的意见充分沟通，就必须将协调会议分成若干层次。实际上，公司内共有近百个这类组织。如果有问题在基层协调会议上不能解决，将逐级反映上去，直到有满意的答复为止。如果事关公司的总政策，就要在首席代表会议上才能决定。总部高级管理人员认为意见可行，就立即采取行动；认为意见不可行，也得把不可行的理由向大家解释。员工协调会议的开会时间没有硬性规定，一般都是一周前在布告牌上通知。为保证员工意见能迅速逐级反映上去，基层员工协调会议应先开。

同时，迪士尼公司也鼓励员工参与另一种形式的意见沟通。公司在四处安装了许多意见箱，员工可以随时将自己的问题或意见写下来投到意见箱里。

为配合这一计划，公司还特别制定了一些奖励规定，凡是员工意见经采纳后，产生了显著效果的，公司将给予优厚的奖励。令人欣慰的是，公司从这些意见箱里获得了许多宝贵的建议。

如果员工对这种间接的意见沟通方式不满意，还可以用更直接的方式来面对面地和管理人员交换意见。

二、主管汇报

对员工来说，迪士尼公司主管汇报、员工大会的性质，与每年的股东财务报告、股东大会相类似。公司员工每人可以接到一份详细的公司年终报告。

这份主管汇报有20多项，包括公司发展情况、财务报表分析、员工福利改善、公司面临的挑战以及对协调会议所提出的主要问题的解答等。公司各部门接到主管汇报后，就开始召开员工大会。

三、员工大会

员工大会都是利用上班时间召开的，每次人数不超过250人，时间大约3小时，大多在规模比较大的部门里召开，由总公司委派代表主持会议，各部门负责人参加。会议先由主席报告公司的财务状况和员工的薪金、福利、分红等与员工有切身关系的问题，然后便开始问答式的讨论。

这里有关个人的问题是禁止提出的。员工大会不同于员工协调会议，提出来的问题一定要具有一般性、客观性，只要不是个人问题，总公司代表一律尽可能予以迅速解答。员工大会比较欢迎预先提出问题的这种方式，因为这样可以事先充分准备，不过大会也接受临时性的提议。

下边列举一些讨论的资料。

问：本公司高级管理人员的收入太少了，公司是否准备采取措施加以调整？

答：选择比较对象很重要。如果选错了参考对象，就无法做出客观评价，与同行业比较起来，本公司高层管理人员的薪金和红利等收入并不少。

问：本公司在目前经济不景气时，有无解雇员工的计划？

答：在可预见的未来，公司并无这种计划。

问：现在将公司员工的退休基金投资在债券上是否太危险了？

答：近几年来债券一直是一种很好的投资，虽然现在比较不景气，但是立即将这些债券脱手,将会造成很大损失。为了这些投资,公司专门委托了几位财务专家处理,他们的意见是值得我们考虑的。

迪士尼公司每年在总部要先后举行10余次的员工大会,在各部门要举行100多次员工大会。那么,迪士尼公司员工意见沟通系统的效果究竟如何呢?在20世纪80年代全球经济衰退中,迪士尼公司的生产率每年平均以大于10%的速度递增。公司员工的缺勤率低于3%,流动率低于12%,在同行业最低。

这一案例是一个典型的员工沟通管理问题,迪士尼公司建立了自己的成熟和完善的员工意见沟通系统,主要采用员工协调会议、主管汇报、员工大会等形式,员工沟通管理取得了很好的效果。由此可见,良好的沟通能够为企业带来巨大的效能,使企业长久不衰,对企业至关重要。

资料来源:《员工关系管理》案例集[Z/OL].2018.doc.mbalib.com.

思考题

1. 员工沟通管理在员工关系管理中能够起到什么作用?
2. 迪士尼的做法对其他企业有哪些借鉴意义?

测量工具

员工心理契约调查问卷

问卷采用单项选择方式,其中1分为非常不满意,5分为非常满意,好评程度从1到5递增。

责 任	问 题	好 评 度				
规范型组织责任	36. 劳动合同规范,签订及时	1	2	3	4	5
	37. 员工诉求能得到妥善沟通及解决	1	2	3	4	5
	38. 公司制定了合理的绩效考核及薪酬制度	1	2	3	4	5
	39. 公司给我提供公平合理的薪酬	1	2	3	4	5
	40. 公司给我提供的薪酬在行业内具有市场竞争力	1	2	3	4	5
	41. 公司给我提供良好的福利	1	2	3	4	5
	42. 公司为我提供稳定的工作岗位	1	2	3	4	5
	43. 公司给我提供良好的工作环境和劳动保障	1	2	3	4	5
	44. 公司给我提供的工作充满挑战性	1	2	3	4	5

续 表

责 任	问 题	好 评 度				
人际型组织责任	45.公司有着良好的企业文化和价值观	1	2	3	4	5
	46.公司提供了友善而融洽的工作环境	1	2	3	4	5
	47.公司十分尊重自己的员工	1	2	3	4	5
	48.领导与下属之间关系和谐、友好	1	2	3	4	5
	49.同事之间相互信任和帮助	1	2	3	4	5
	50.公司给我提供清晰的岗位职责	1	2	3	4	5
	51.我能得到工作方面的指导	1	2	3	4	5
	52.我能得到直接领导的绩效辅导和反馈	1	2	3	4	5
	53.公司肯定我的价值和贡献	1	2	3	4	5
发展型组织责任	54.公司经营业绩状况良好	1	2	3	4	5
	55.公司发展前景状况值得期待	1	2	3	4	5
	56.公司给我提供事业发展机会	1	2	3	4	5
	57.公司给我提供学习和培训的机会	1	2	3	4	5
	58.公司把业绩和能力作为晋升的依据	1	2	3	4	5
	59.员工工作有自由发挥空间	1	2	3	4	5
	60.公司实行民主决策,充分征求大多数员工意见	1	2	3	4	5
	61.我能发挥专长,学有所用	1	2	3	4	5
	62.公司为员工制定了合适的职业生涯规划	1	2	3	4	5

资料来源:李原.企业员工的心理契约——概念、理论及实证研究[M].上海:复旦大学出版社,2006:193.

第十一章 国际人力资源管理

 学习目标

1. 掌握跨国公司、母公司和海外子公司等基本概念。
2. 掌握跨国公司不同发展阶段的特点以及海外子公司的角色分类。
3. 区分国际人力资源管理与一般人力资源管理的不同之处。
4. 掌握国际人力资源管理的主要内容和不同管理模式的特点。
5. 掌握外派人员的选拔、国际薪酬设计和回派管理。
6. 掌握经典的民族文化评价模型。
7. 掌握跨文化冲突、跨文化整合和跨文化沟通的主要内容。

 开篇案例

联想人力资源管理国际化

2000—2012年,联想已经从一家营业额仅30亿美元、海外无人知晓的中国公司,跃升为营业额超过300亿美元、业务遍布160多个国家的国际化公司。在联想十二年的国际化进程中,人力资源管理也实现了国际化,发挥着越来越重要的作用,并已成为联想国际化的重要内核。

首先,联想的HR拥有全球人力资源配置的大视野,对全球的人才利用实现本地化。为了兼顾业务和人才发展两方面的需要,选拔出一批业务和管理能力都突出的人才,外派到全球各个市场。外派人员不仅要把以往的成功经验复制到本地市场,完成业务指标;还要在本地迅速搭建业务架构,培养出一批可以独立运营和管理的本地团队。作为一家真正的国际化公司,联想还大量提拔并重用本地管理人才。例如,联想的德国、美国、印度等分公司都是由本地人进行管理和运营,他们已经完全融入公司的各个层面。

此外,很多国际化的公司都是按照地域划分为中国团队、美国团队等,而联想的岗位是根据职能来划分,在联想同做一个岗位的员工,通常分布在美国、欧洲、中国等世界各

个角落,这样会更易于合理配置全球资源。

随着联想业务在全球市场的不断拓展,人才资源已经成为公司发展的第一要素,直接关系到联想未来的生存和发展。联想三条行之有效的人力资源管理国际化的实现路径总结如下。

第一,通过人才的梯队培养建立起强大的人才后备资源,是人力资源管理者的首要任务。公司业务的高速发展,要求人力资源管理者不但要为新业务寻找更多合适的人才,而且要为重要职位储备和培养后续的接班者。人力资源管理者要未雨绸缪地选拔和培养一批批接班人,以便人才变动后可以随时补充上去;同时还要对这批接班人进行不同程度的培训,这样就形成了梯队式的人才队伍。联想有多梯队的人才培养计划,正在全面培养各层次的人才,所以某一层的领导人离开,也马上会有新的有能力胜任的人接任。

第二,在陌生的新市场上,团队建设是促进联想业务突飞猛进的重要法宝,这也是联想常说的搭班子的做法。联想外派优秀人才到本地市场,除了完成业务指标外,最重要的是要找到本地接班人。联想曾经把一名业务非常出色的中国高管派往俄罗斯,他迅速搭建起自己的班子,带着他们打通了各种销售渠道,同时对产品进行有针对性的定制。仅仅用了五年时间,联想就在俄罗斯以14.1%的市场份额成为第一。除了外派,联想还会尽量发现和挖掘本地人才。其中,联想会花很大力气寻找一把手,并且非常注重一把手的人事任命。在欧洲市场上,联想任命了兰奇后,寻找其他职位的人选就事半功倍。可以说,一个成功的全球化公司最卓越的地方在于不管到了哪个国家都有最优秀的人才愿意加入。

第三,文化建设是聚合不同国籍员工的原动力。不同文化背景的员工对公司文化的理解往往不一致,要让他们达成文化共识,才能更好地理解公司的全球战略和管理,从而真正地融入公司。自2005年并购IBM的PC业务后,联想成为一家国际化公司,不同文化之间常常会有摩擦和冲突,甚至会在这个过程中产生不信任的因素。联想提出了"坦诚、尊重、妥协"的原则,进行了以信任为基础的文化融合。在员工讨论业务问题时,如果出现意见分歧,联想会放下业务话题,先来讨论文化,这在联想已经成为非常重要的管理文化。

在联想国际化的道路上,人力资源管理已经成为重要的推动力。联想知道,虽然拥有国际客户、国际资本、国际市场渠道以及海外办事处可以称之为国际化,但是,只有全面拥有全球理念、全球战略、全球化的资源配置以及全球化的人力资源管理,它们统一在一起,才是真正的国际化。联想一直致力于按照这样的标准不断地完善自身。

资料来源:乔健.如何打造国际化的人力资源管理[J].环球企业家,2023(23).

1. 联想的人力资源管理国际化如何助推企业国际化?
2. 联想的人力资源管理国际化是如何应对人力资源多元化和差异化?

第一节 跨国公司理论

一、跨国公司的定义

跨国公司在法律上已突破了"公司"范畴，它是由若干个具有独立法人地位的公司，通过母公司对子公司控股或持股方式而组成的跨国界的企业联合体（薛求知，2007）。

1986年，联合国在制定《跨国公司行为守则》草案时对跨国公司做过界定，可以通过几个关键词来总结：①"一个或一个以上的决策中心"。企业在一个决策体系中运营，通过一个或一个以上的决策中心实现企业内部协调一致的政策和共同战略。②"两个及以上国家的实体所组成企业"。这里并没有对企业的类型和活动领域做出要求，国有、私营或混合所有制企业都可以是相对应的经济实体。③"所有权密切相连"。企业的各个实体通过所有权或其他方式结合在一起，相互之间分享知识、资源，分担责任，共同促进企业发展。

联合国用跨国化指数来综合评价跨国公司的国际化程度，即跨国化指数越高，企业的国际化程度就越高。

$$跨国化指数 = \left(\frac{国外资产}{总资产} + \frac{国外销售额}{总销售额} + \frac{国外雇员数}{总雇员数}\right)/3 \times 100\%$$

二、跨国公司的发展阶段

1986年，南希·阿德勒（Nancy Adler）在《组织行为的国际维度》（*International Dimensions of Organizational Behavior*）一书中指出，一家公司从国内公司逐步发展成为跨国型的公司，需要经历四个发展阶段：母国阶段、多国化阶段、跨国化阶段和全球化阶段。从跨国公司的战略性发展规划到生产经营的方式与业务安排，再到人力资源管理，每个阶段的侧重点和对应特征会有明显的不同，如表11-1。

表11-1 跨国公司发展阶段及其主要特征

特征		母国阶段	多国化阶段	跨国化阶段	全球化阶段
竞争战略	核心竞争力	产品/服务	市场	价格/成本	策略
	竞争主体	国内	多个不同国家内部	跨国	全球
	全球业务重要程度	低	高	更高	支配作用

续表

特　征		母国阶段	多国化阶段	跨国化阶段	全球化阶段
业务与经营方式	产品/服务	个性化	标准化	高标准化	定制化
	开发重点	强调产品规划	强调程序规划	不强调规划	强调产品与程序规划
	技术等级	专有	共享	广泛共享	迅速；广泛共享
	研发/销售	高	降低	非常低	非常高
	边际利润	高	降低	非常低	先高后降
	竞争性	弱	较弱	强	较强
	市场范围	国内小范围	多国大范围	跨国更大范围	全球最大范围
	生产地点	国内	国内和国外	最少成本国	最佳成本国
	出口程度	无出口	一定出口	大量出口	出口进口相协调
运营管理	组织结构	职能部门；集中化	职能部门下设国际部门；分散化	跨国业务直线制；集中化	全球联盟；协调、分散化

资料来源：Nancy J. Adler. International dimension of organizational behavior[M]. Boston：Kent Publishing，1986.

（一）母国阶段

母国阶段通常发生在跨国公司国际化的初始阶段，以国内市场为主导。从竞争战略的角度来看，主要以国内竞争对手为主；从业务与经营方式的角度来看，公司的产品和经营策略是通过开发新产品、研究新策略、寻找新市场和降低成本的方式来取得市场的竞争力。即便国内市场的产品和服务已经处于饱和状态，公司仍不会开辟海外市场。他们仍在国内的市场中挣扎以获取一定的地位。

从人力资源管理的角度来看，仍然是集中化的母公司控制方式，国际人力资源管理的概念还不太突出，主要是集中处理国内的传统人力资源管理相关事宜。

（二）多国化阶段

多国化是跨国公司的延伸发展阶段，此时公司的产品与服务开始向海外拓展延伸，同时母公司也开始意识到海外市场与本国市场极大的差异性。从竞争战略的角度来看，已经开始逐步关注全球业务，并且根据海外市场的情况，因地制宜地进行产品的研发与设计。根据市场环境的变化而制定不同类型的营销组合策略，在充分了解海外当地的客户需求后，因地制宜地提供产品和服务。多国阶段的产品开始以出口+服务的方式。从经营方式上来看，产品的经营和营销与母国公司的标准保持一致。

从人力资源管理的角度来看，有限的资源和国际人才缺乏，导致公司只能依赖少数有限的国际业务；同时由于不同国家存在文化与消费者行为的差异性，公司开始产生多样化的国际经营策略，并将海外市场集中在国际部。随着公司业务不断扩张，海外经营单位不断增加，管理多样化的问题也逐渐浮出水面。公司管理者被要求必须了解多国文化的差异，并为不同文化背景的员工寻找有效的管理方法。

（三）跨国化阶段

处于跨国化发展阶段的跨国公司，开始将公司的业务从少数海外国家向更多的海外国家拓展。从竞争策略的角度来看，因为公司将面临更多竞争对手，为了在主要的海外市场中占据优势，公司竞争的重点从原先的市场营销策略转向产品与价格的竞争。规模和价格，成为企业在各国经济环境中占据优势的主要力量。公司会将产品的生产转移至成本较低的国家或地区。

从人力资源管理的角度来看，当地的人力资源受到关注，人力成本的节约成为跨国化阶段的助推器。

（四）全球化阶段

处于全球化发展阶段的跨国公司，竞争的要点不是单一的产品、价格，更多的是全球范围内资源的高度整合。企业的资源库放眼全球，并采取"全球思考，本地行动"的思维，最大范围地占据市场。在业务和经营方式上，研发投入更高，市场竞争是全球性竞争。经营风格，既尊重特殊性也时时刻刻把握住普遍性。

此阶段的人力资源管理，需要以国籍为区分依据，针对性地看待各个国家的特征尤其是文化特征。此阶段的母公司仍然有很高地位，母公司会统一人力资源管理并在全球范围内配置人力资源。此时，"文化"再次变成重点，如何管理多元化团队成为公司成功的基础。

三、母公司职能

母公司是指跨国公司设在主要资本来源国（母国）的公司总部，负责组织和管理全球范围内的生产经营活动。通常跨国公司的注册地是在母国，但经营和管理是在全球的业务范围内进行。母公司作为公司总部，是整个跨国公司各项重大经营和管理决策的中心。母公司通常采取拥有股份或者股权的形式，控制国内外子公司或分公司的生产经营活动。大多数跨国公司的资本主要集中在母公司，但也有一些公司是多国联合组建资本，其核心目的是支撑全球范围内的业务运营。

四、海外子公司角色

（一）海外子公司角色定义

海外子公司是指在母国以外的国家（东道国）登记注册的企业法人。在法律形式上与母公司独立，但其所有权部分或全部属于母公司，生产经营活动直接或间接受控于母公司。

海外子公司角色是指特定执行者或者利益相关者集团对于海外子公司未来发展的全部期许。麦尔耐特（Malnight, 1996）认为，跨国公司常常通过不同的手段给海外子公司分配任务，常见的手段有一体化、当地回应和通过学习来取得一定的竞争优势。伯金肖和胡德（Birkinshaw & Hood, 1997）则认为海外子公司角色主动权应在海外子公司手中，海外子公司可以有其特定的商业活动以及商业经营因素。

（二）海外子公司角色分类

我们可以从母公司和海外子公司两个视角以及关注的经营重点来划分跨国公司海外子公司的角色类型。

从关注产品活动和市场覆盖范围出发，怀特和波因特（White & Poynter, 1984）提出五种海外子公司角色分类：小型复制型、营销卫星型、合理化制造商、产品专家、战略独立型。小型复制型子公司的运营被看成为母公司小规模的复制者，生产本地化产品。小型复制型子公司又可分为照搬型、调整型和创新型。营销卫星型子公司自己没有制造，由母公司或者其他子公司生产产品，营销卫星型子公司只负责销售和售后服务、销售渠道建立和维护。合理化制造商型子公司生产零部件供给母公司，研发和销售由母公司负责。产品专家型子公司专门负责产品研发。战略独立型子公司可以独立自主研发、制造和销售，并拥有战略选择自由权。

从关注一体化与当地化发展战略出发，海外子公司需要处理母公司发展和子公司当地环境的双重压力，贾罗和马丁内斯（Jarrio & Martinez, 1990）由此提出了自主型、接受型、积极型三类海外子公司。其中自主型子公司的特点在于其经营活动多在地主国进行，而且与其他子公司以及母公司没有太多的互动和整合。接受型子公司是只有少数活动在当地进行，而其他子公司和母公司充分整合。积极型子公司的特点是扮演跨国公司网络组织里的一个积极的节点。子公司的战略角色与总公司的战略具有高度的一致性。其中自主型子公司与本国公司和本国产业相关。接受型与公司的全球战略相关。塔格特（Tagegart, 1998）修正贾罗和马丁内斯的构架，以"子公司和跨国公司整合"以及"子公司当地回应程度"作为子公司分类的两维，经实证研究结果指出跨国公司子公司的分为积极型、自主型、接受型和静止型。

从关注子公司自身能力和成长环境出发，巴特莱特和戈沙尔（Bartlett & Ghoshal, 1986）从当地环境的战略重要性与地方资源和能力的多寡角度，将子公司战略角色划分为战略领导者、贡献者、执行者、黑洞四种角色。战略领导者拥有优秀的核心能力，而且处于战略性重要市场，它的功能在于早期探寻市场变化而产生的信息，并且努力参与分析变革所产生的机会和威胁，发挥核心竞争力的优势，追求有利的市场机会，应对市场威胁。贡献者的特点在于子公司拥有强大的技术能力，当地资源也十分丰富，但由于所处的市场并不太重要，因此总公司将设法获取子公司所产出的利益，并将此利益在世界范围内的子公司间运用。一方面尽力发挥子公司的核心能力，另一方面，通过其全球性的任务而留住人才。执行者的特点在于，子公司所处的市场重要性与所拥有的资源和能力均相对较低，其任务在于维持公司的在本地的运作，支持公司的战略和技术创新。因此,执行者提升经营效率,和贡献者、战略领导者的经营表现同样重要。黑洞的角色特点在于子公司所处的市场地位很重要,但由于其本身的核心能力与资源的不足,而无法使公司整体的战略优势有所提升。当母公司发现了当地市场的重要性,决定加大对当地子公司的投资时,由于当地市场的重要性已经呈现,竞争往往很激烈。

从关注知识流入和流出出发,普塔和戈文达拉杨(Gupta & Govindarajan,1991)根据子公司知识资源由跨国公司其他单元流入的程度以及流出的程度,将跨国公司海外子公司分成全球创新者、当地创新者、执行者与知识整合者。其中,全球创新者在跨国公司网络中主要承担着向其他网络单元输出知识的重任,所以知识是高流出、低流入;执行者的情况与此正好相反,是高流入、低流出;知识整合者把自有知识和流入的知识进行整合创造出新的知识,然后输出到其他结点,所以它也承担着知识创造的重要责任,表现为高流入和高流出;而当地创新者为了适应当地市场的特殊要求,依靠本地资源实施创新,由于它拥有的知识非常独特,通常难以在外地发挥作用,所以这类单元知识的流出很低。这四种角色的任务特性如表11-2所示,不同角色的知识转移能力如表11-3所示。

表11-2 节点角色资源流动程度和任务特性比较

节点角色	知识资源的流动程度	各节点的任务特性
全球创新者	知识输出程度高 知识输入程度低	主要任务是为网络体系内的其他单位创造与经营相关的知识
整合者	知识输出程度高 知识输入程度高	负责为其他单位创造知识,本身无法自足自给,部分知识资源需仰赖其他单位的输入
执行者	知识输出程度低 知识输入程度高	知识创造的能力和程度相对较低,主要依赖其他单位的知识输入,以执行单纯价值活动为主
当地创新者	知识输出程度低 知识输入程度低	在当地自行负责创造经营活动所需的知识,并可自给自足,其所创造之知识具特殊性和专属性,无法供其他单位使用

表11-3 节点角色的知识转移能力

	传输渠道能力	基础设施能力	转换过程能力
整合者	最高	最高	四个阶段能力水平均很高
全球创新者	中等	中等	"外部明示"和"潜移默化"阶段能力水平高
执行者	中等	中等	"内部升华"和"汇总组合"阶段能力水平高
当地创新者	最低	最低	四个阶段能力平均很低

第二节　国际人力资源管理

一、国际人力资源管理的定义和内涵

国际人力资源管理是指跨国公司在全球范围内对不同国籍员工的管理。国际人力资源管理的职能与传统人力资源管理的职能相同，包括人力资源获取、人力资源开发、人力资源配置和利用、人力资源激励和留任。国际人力资源管理的对象包括母国员工、东道国员工和第三国员工。母国员工若在东道国工作，则被称为外派人员（Expatriate）。

国际人力资源管理主要包括四方面内容：国际人力资源管理政策、外派人员管理、跨文化管理与当地人力资源管理，具体如图11-1所示。

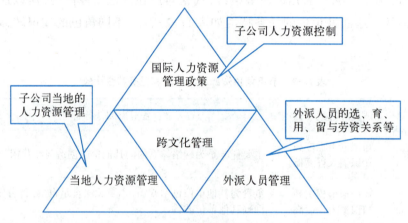

图11-1　国际人力资源管理的内涵

（资料来源：薛求知，廖勇凯.国际人力资源管理教程[M].上海：复旦大学出版社，2010.）

国际人力资源政策是指跨国公司在除本国市场以外的地方，基于国际环境，在国际人力资源管理上所采取的策略手段与控制措施，以及进行海外文化移植时所采取的模式。

跨国公司通过外派人员来管理海外子公司。外派人员管理包括外派人员的选拔、培训、绩效考核、薪酬管理、职业生涯管理与劳资关系等议题。与国内人力资源管理相比，又多了一些新的业务，例如税收、翻译和海外生活津贴等。外派人员管理相对国内人力资源管理的复杂度增加。

文化差异是跨国公司必须面对的一项管理挑战。跨文化管理是将管理工作放在跨文化情境里，基于文化差异性开展管理工作。跨文化管理涉及海外子公司所在东道国的当地文化特征，要求管理者因地制宜地处理所遇到的管理问题。

当地人力资源管理主要集中于子公司的人力资源管理。一方面，母公司希望与子公司保持风格一致，甚至全球员工保持行为一致。另一方面，子公司希望因地制宜地制订

合适当地情况的人力资源管理制度。母公司和子公司的矛盾性由此体现。

二、国际人力资源管理与一般人力资源管理的区别

当人力资源管理里的范围扩展到全球范围，人力资源管理面对的情境和问题会更加复杂。一般人力资源管理已经不足以应对国际化的经营环境，整个人力资源管理需要具备国际化视野去分析问题和解决问题。除了人力资源管理的例行工作，跨文化情境中的人力资源管理工作会增加。国际人力资源管理与一般人力资源管理相比，它的独特性如表11-4所示。

表11-4 国际人力资源管理的独特性

学　者	观　点
赵曙明 （2002）	① 更多的人力资源活动 ② 更广的视野 ③ 更多的对员工个人生活关心 ④ 更多的外派员工与当地员工的融合 ⑤ 更多的风险暴露 ⑥ 更多的外部影响
摩根 （1986）	① 更高瞻远瞩的考虑 ② 更大的范围与活动 ③ 更多的风险暴露
阿卡夫 （1984）	① 更多的事务 ② 更复杂的管理 ③ 更多对员工的个人生活的投入 ④ 更不同的管理重点 ⑤ 更注重外在因素的影响
道林 （1988）	① 更多人力资源因素的考虑 ② 更广阔的视野 ③ 更多的员工个人生活关心 ④ 更多的外派员工与当地员工的融合 ⑤ 更多的风险暴露 ⑥ 更多的外在影响
薛求知、廖勇凯 （2010）	① 外派人员特殊的管理方式 ② 当地人力资源的环境差异 ③ 不同国籍人员的人力资源管理 ④ 跨文化的人力资源管理

三、国际人力资源管理模式

在跨国公司国际经营过程中，国际人力资源管理模式会依据跨国公司不同的经营阶段，体现出差异性。比较有代表性的国际人力资源管理模式有以下四种：本国中心、多中

心、全球中心以及混合中心。

(一) 本国中心模式

跨国公司国际化经营初期阶段，企业会采取本国中心模式，即管理人员母国化策略。海外子公司的管理人员、技术以及管理政策等都来源于母国。通常由总部或母国直接派遣高级管理人员担任海外子公司的关键职务。

本国中心模式体现了母国需要控制海外子公司的要求。母国要确保全球一致的经营战略，并且在实际的经营中向海外子公司输入母公司文化，确保公司文化的一致性。母公司在跨国经营中的技术转移，在海外子公司并无合适的技术人员，多以母公司外派的技术人员为主导。

本国中心模式的优点：以母公司为主导，外派人员熟悉母公司的文化、管理政策，有利于统一经营。同时，母国派遣的外派人员一般拥有较强的技术能力和管理能力，还能与母公司保持一致，有利于母公司掌控海外子公司。

本国中心模式的缺点：① 母国派遣的外派人员需要对东道国有很强的适应性，例如适应当地的语言、政治、经济、社会和文化环境等；② 如何平衡外派人员的工作与家庭是一个问题；③ 外派人员的选拔、培训和维护需要较高的成本。

(二) 多中心模式

跨国公司国际化经营中期阶段，企业会采用多中心模式，即管理人员本土化策略。大量招募东道国人员来管理海外子公司，除了海外子公司总部的职位由母国外派人员担任外，更多的职位留给了当地人。

多中心模式的优点：① 降低了沟通成本，减少语言培训费用；② 当地管理人员更熟悉当地的法律法规和社会政策；③ 薪酬标准参照当地员工，人员的薪酬福利成本较低；④ 为当地员工晋升提供了空间，从而提高了当地员工的积极性，增强了当地员工的责任感；⑤ 减轻了东道国政府的压力，以便更好地做出本土化响应。

多中心模式的缺点：① 由于对母公司经营战略和经营模式不熟悉，在一定程度上影响了子公司的运作；② 当地经理人与母公司的沟通也存在语言上和心理上的障碍；③ 本地化也减少了国际人才派遣，这并不利于母公司跨国经营人才的培养。

(三) 全球中心模式

跨国公司国际经营中长期阶段，企业会采取全球中心模式，即管理人员国际化策略。从跨国公司组织内部，选拔最合适的人担任要职并管理公司，这样的人才选拔是立足于全球范围的人才库，从中寻找既优秀又合适的人才。

全球中心模式的优点：最大化利用全球化背景下的资源，海外子公司的人力成本相对于母国而言更低，全球选聘的人才对当地的政治、经济、文化环境相对熟悉，这可以弥补母国派遣人员在跨文化认知上的不足。同时，全球化旨在打造国际化队伍，建立统一的管理体系，跨国公司内部不同公司之间的交互式人员派驻，增强了人力资源的国际性。全球中心模式更容易做到快速的当地响应，适应市场和需求，并使多元化背景的员工更加融合。

全球中心模式的缺点：① 在该模式下，全球的人才招聘还是分散进行的；② 语言文化培训和家属管理也会造成企业成本偏高；③ 管理人员国际化使母公司人力资源管理集中度增加；④ 雇佣海外员工的相关许可申请，既花费时间与金钱，又帮助性不大；⑤ 薪酬不匹配易引起员工内部矛盾。

（四）混合中心模式

跨国公司经营稳定期，企业会采取混合中心模式，即管理人员综合性策略。这一模式可以结合上述三种模式，避免单一人力资源管理策略引起的问题。综合性策略是在跨国公司总部雇佣母国人才，将海外分支机构的管理人员聘任机会留给东道国人才。跨国公司结合海外不同国家的不同情况，因地制宜地采用不同的人力资源管理策略。

四、战略性国际人力资源管理

罗纳德·舒勒（Ronald Schuler，1992）提出了战略性国际人力资源管理（strategic international human resource management，SIHRM）概念，认为战略性国际人力资源管理是产生跨国公司战略活动的人力资源相关议题、功能和政策措施。战略性人力资源管理是"被运用来明确地连接组织内人力资源管理和战略管理的过程，并强调在不同人力资源管理措施下的协调与一致性"。战略性人力资源管理强调人力资源管理与战略的整合，将人力资源的功能与其他管理活动有效地组合在一起，形成一个整体，目的在于对外的一致性与整体的和谐性。只有有效整合各部门的功能与资源，才能发挥整体组织的战斗力。

跨国公司的战略性国际人力资源管理探讨的是国际人力资源管理如何协同跨国公司整体战略，促进公司发展。战略性国际人力资源管理基于跨国公司发展阶段理论，建立全球化的人力资源管理思维，帮助跨国公司在复杂的国际市场环境中，统筹协调、助力其发展。战略性国际人力资源管理与跨国公司整体战略之间要具备良好的契合和弹性。

第三节　外派人员管理

一、外派人员的选拔

（一）外派人员选拔的观点

外派人员是指在外国环境中工作的组织雇员。无论何种岗位，只要他们是由母公司派遣到其他国家工作的人员，都称为"外派人员"。

在外派管理人员选拔方面存在着两种不同的观点：国际选拔实践学派（practical school of international selection）与国际选拔跨文化学派（cross-cultural school of international selection）。

国际选拔实践学派认为，有效的管理者在全球是普遍通用的，凡是人才外派到何处也还是人才，文化因素并不是选拔的重点。一个有效的管理者是在任何文化环境中都能胜任的。在选拔过程中，跨国公司的评估标准是候选人的专业知识与先前在管理方面的成功经验。

国际选拔跨文化学派是目前较为流行的一种选拔流派。该流派认为，管理行为的有效性取决于此行为发生的文化背景，并不存在全球普遍适合的管理行为模式，在一个国家或地区有效的管理模式，在另外一个国家并不一定合适。

不同地区的跨国公司，在任用不同地区公民时，考虑的因素不尽相同（表11-5）。

表11-5　不同地区的跨国公司任用不同地区公民的考虑因素

用人考虑因素	美国			欧洲			日本		
	母国籍	当地国籍	第三地	母国籍	当地国籍	第三地	母国籍	当地国籍	第三地
开创国外业务	√			√					
技术能力	√		√	√					
文化上接近		√							
语言知识		√							
较低的成本		√							
良好的公共关系		√							
工作任务最适合第三国籍公民			√			√			
高层人员管理的国际化定位					√				
工作任务最适于母国籍公民							√		
工作任务最适合于当地国籍公民								√	

资料来源：Rosalie L. Tung. Selection and training procedures of U.S., European and Japanese multinational[J]. California Management Review, 1982, 25(1).

欧洲的跨国公司倾向于将海外工作派遣当作是管理者国际化能力提升的一种有效方式，以便让产业在全球化的范围内产生竞争力。日本的跨国公司则更倾向于任用母国籍人才担任中高级管理人员，由于忠诚与信赖的关系，以及日本文化与语言的特殊性，使得其管理人员与当地员工间容易产生误解。相比之下，美国的跨国公司由于外派失败率较高，同时认识到雇佣当地人才的优点，他们在海外经营时，会任用更多的当地人才，以便形成快速的当地响应，不过，这种人力资源管理模式也一定程度上影响了母公司对于海外子公司的控制。

（二）外派人员选拔的标准

美国学者韦恩·卡西奥（1998）认为，跨国公司的人力资源选拔标准包含5大方面，即个性、技能、态度、动机以及行为。约翰·伊万斯维奇罗列了影响外派人员外派成功与失败的因素，如表11-6所示。

表11-6　外派人员外派成败的个人素质

外派成功概率高	外派成功概率低
较强的技术能力	不确定的技术能力
较好的语言能力	较好的语言能力
海外工作的意愿强烈	对外派犹豫不决
具备外国文化的特殊知识	不具备外国文化的特殊知识
家庭对环境也比较适应	家庭方面的问题
配偶全力支持	配偶不太支持
行为的灵活性	做事固执
适应性与开放性	抵触新观点
良好的人际关系能力	较差的人际关系能力
较好的管理压力的能力	管理压力的能力较差

资料来源：约翰·伊万切维奇，罗伯特·科诺帕斯克，赵曙明等.人力资源管理[M].北京：机械工业出版社，2015.

外派人员的选拔不同于一般的国内人力资源选拔，它除了考虑个人工作因素外，还必须考虑非工作因素即跨文化环境因素，整个选拔过程较复杂。

库伦（Cullen，1999）认为，在选拔外派人员时，应考虑：专业技术与管理能力，交际能力，国际驱动力，家庭状况，语言能力，并且这几个胜任素质成功的有限程度存在差异。

国际商业组织（Academy of International Business）在对70余家大型跨国公司调查之后，总结了成功的外派人员需要具备的能力包括：

一是文化移情（cultural empathy），即管理者要能入境随俗，拥有文化同理心。

二是适应力（flexibility），也就是弹性。根据美国管理协会（American Management association，AMA）的研究，适应力包括五项：

① 具有高度与他人、文化与运营方式整合的能力。一般来说，有成功驻外经验的员工，其外派成功的概率较高。

② 适应变迁的能力，能够洞察和表达东道国环境中影响公司运营的因素。

③ 在不同的组织（文化）背景下，具备以不同角度解决问题的能力。

第十一章　国际人力资源管理

④ 除了对产业差异具有敏感度外，还需具备感受文化、政治、宗教、伦理等差异的敏感度。

⑤ 在缺乏协助或信息不完整的情况下，仍具有前后一贯弹性的管理能力。

总的来讲，可以将选拔外派人员的标准分为个人因素和环境因素（图11-2），其中个人因素包括工作因素与非工作因素的两部分。

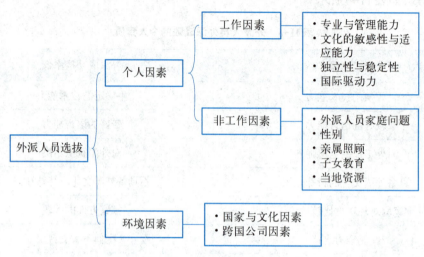

图11-2　选拔外派人员的标准

工作方面的个人影响因素包括专业与管理能力、文化的敏感性与适应能力、独立性与稳定性以及国际驱动力。

① 专业与管理能力。这是派遣的首要考虑，也是选派的主要标准。以工作绩效和经营为依据，来判断候选人的专业技能。但是本国有专业技能的管理者，在派遣后还需要考虑其他因素。

② 文化的敏感性与适应能力。外派人员必须能够认识和适应与自己国家不同的文化环境，愿意接触、观察、了解及学习其他文化，才能进行有效的跨文化沟通与管理。此项因素是选拔外派人员的重要标准。

③ 独立性与稳定性。海外派遣人员需要完成母公司的任务，但是整个过程需要更加的独立自主，独立和稳定能提升文化冲击力，更好地面对当地的各种压力。

④ 国际驱动力。外派候选人的个人意愿与对外所持有的态度，可作为适应海外生活能力的依据。对于工作的使命感和对国外文化的兴趣，可以形成一种内在驱动力，促使管理者更有效的工作。

非工作方面的个人影响因素包括外派人员家庭问题、性别、亲属照顾、子女教育以及当地资源。

① 外派人员家庭问题。对于有家庭的外派人员来说，配偶的工作安排也是影响外派的重要因素，配偶的流动意愿很大程度上影响着外派人员的决定并最终影响公司的外派结果。

② 性别。很多研究中提到过女性职场中有"玻璃天花板"与"玻璃围篱"的问题,认为女性职业发展到了一定程度后就会受限,因为女性不容易被派往海外工作。但是随着文化多样性和女性职业角色的提升,性别差别的影响在逐步缩小。

③ 亲属照顾。外派人员家中有老人或者病弱父母的员工可能会因为需要照料家人等因素而拒绝外派。在中国,年轻一代独生子女的情况下,为了照顾父母而不得不放弃高薪的外派机会。

④ 子女教育。由于不同国家拥有不同的文化,教育的理念和方法上会有些许差别,有些外派人员可能因考虑子女的教育而放弃外派。

⑤ 当地资源。有些员工认为外派会让自己原本积累的人脉丧失,并因此要想办法留在当地而拒绝派遣。

环境因素包括国家与文化因素以及跨国公司因素。

① 国家与文化因素。子公司所在地是影响外派成功的决定因素之一。国家或地区的发展水平会影响外派人员的意愿。一般条件艰苦、贫穷落后的低档,在派遣前要考虑相对多的因素。

② 跨国公司因素。跨国公司发展的不同阶段,企业的发展模式不同,因而人力资源管理模式也不同。例如母国中心模式下,派遣人员多以母国为主,多国中心模式下则以东道国员工为主。

(三)外派人员的甄选方法

刘桂素(2008)结合了外派员工到海外工作需要考虑的因素,提出了甄选外派人员的各种方法,如表11-7所示。面谈(或面试)、标准化的智力测试或技术知识测试、评价中心、个人资料、关键事件以及内部推荐是常用的外派人员甄选方法。其中,面谈适用于各种胜任素质的评价;标准化的智力测试或技术知识测试适用于技术技能和语言技能评价,标准化的文化智商测试适用于文化容忍力和接受力评价;评价中心适用于管理技能、交际能力以及语言技能评价;个人资料对评价职业技术技能和国际动力提供参考;关键事件有助于评价职业技术技能以及交际能力。借助领导、下属和同事的内部推荐,可以帮助人力资源管理部门扩大可选择的范围,提升甄选有效性。

表11-7 外派成功关键因素和甄选方法

关键成功因素		甄选方法					
		面谈	标准测试	评价中心	个人资料	关键事件	推荐
职业技术技能	技术技能	√	√		√	√	√
	行政技能	√		√		√	√
	领导技能	√					
	沟通能力	√					√

续 表

关键成功因素		甄选方法					
		面谈	标准测试	评价中心	个人资料	关键事件	推荐
交际能力	文化容忍力和接受力	√	√	√		√	
	对模棱两口的容忍度	√		√		√	
	灵活适应新的行为和态度	√		√		√	√
	强调适应能力	√		√		√	
国际动力	愿意接受外派职位的程度	√			√		
	对派遣区位文化的兴趣	√					
	对国际任务的责任感	√					
	与职业发展阶段吻合	√			√		√
家庭状况	配偶意愿到国外生活的程度	√					
	配偶的交际能力	√					
	配偶的职业目标	√					
	子女的教育要求	√					
语言技能	用当地语言沟通的能力	√	√		√		√

资料来源：刘桂素，《跨国经营企业外派管理人员甄选方法探析》，《现代财经》2018年第10期。

二、外派人员的薪酬

（一）影响外派人员国际薪酬的因素

外派人员的薪酬体系应该具有竞争性、低成本、激励性、公平与易于理解、与国际财务管理相配合、易于管理、沟通方便等特点。

由于外派的特殊需求，外派人员的薪酬决定涉及许多复杂的议题。一方面需要给出一个能让外派人员接受的外派条件，另外一方面又要考虑报酬待遇的公平性。有的公司以统一的加成作为外派员工的海外补贴。例如，凡是海外派遣人员，在原工资的基础上增长20%～30%。这种做法的优点是简单直接，缺点是很可能会失去外派薪酬的公平性。因此，我们需要综合考虑多个因素来设计外派人员的国际薪酬，以体现出不同人员担任不同海外派遣任务的价值。

国际薪酬的决定所涉及的议题包括地域、任务与个人三方面因素，如图11-3所示。

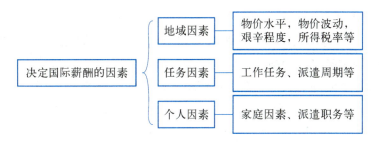

图 11-3　影响国际薪酬的因素

1. 地域因素

在国际薪酬设计时,应该把外派目的地的国家和地区差异等地域因素考虑进来。例如,同一公司的两名员工,一位被派遣至美国,另一位被派遣到赞比亚。由于两个国家的政治、经济、技术、文化和教育发展水平存在很大差异,被派往美国的人员会乐于接受这个派遣任务,但是被派往赞比亚的员工则不太愿意接受。一般而言,被派往发达国家的员工意愿程度会比被派往不发达国家的员工意愿程度高。从国际人力资源管理角度来看,需要将派遣目的地的地域差异考虑到国际薪酬设计其中,以保持外派的公平性,提高外派人员接受海外派遣的意愿程度。

国际薪酬设计需要考虑的派遣目的地因素,主要包括物价水平、物价波动、艰辛程度和所得税率。

（1）物价水平

由于各国的物价水平不同,会对薪酬的公平性产生影响。从中国派遣到越南,外派人员可以丰衣足食,但是到了新加坡,则会因为物价太高而觉得被减薪。因此,公司员工如果被派遣到物价较高的国家,需要给予补贴,以维持相当的生活水平。

（2）物价波动

由于各国的经济情况迥异,物价波动会对外派人员的薪酬产生影响。有的外派人员其薪酬是以海外子公司当地薪酬标准支付,东道国物价波动对他们的影响很大。东道国物价上涨,如果外派人员的薪酬以当地货币为计量,外派人员的收入相对下降。同样,母国与东道国之间汇率的变动,也会影响外派人员的外派意愿。

（3）艰辛程度

艰辛程度是相对于外派人员的母国而言,在派遣前往国的生活条件的舒适性。在经济欠发达与贫穷国家,生活资料相对匮乏,甚至在安全上也有不稳定性,因此需要津贴来补偿。

（4）所得税率

员工被公司外派至东道国,需要考虑签证等合规性,这也意味着需要向当地政府纳税。由于母国和东道国的税制不同,外派人员可能会在东道国缴纳较高的税额,或是两边同时缴税,公司需要对此做出补偿,确保薪酬的公平性。

2. 任务因素

外派任务不同,也会影响外派薪酬的设计。

首先，外派任务可能是职位和工作性质的变动，因此外派的薪酬也要随之调整。例如，母公司的业务副经理被外派到海外分公司担任经理，其薪酬也应该随着岗位的变动给予及时调整，即重新以经理岗位核算工资。

其次，外派任务时间的长短也会影响薪酬设计。通常派遣时间可分为三类：

① 短期派遣：少于12个月；

② 中期派遣：1～4年；

③ 长期派遣：5年以上。

接受长期海外派遣的员工需要在跨文化环境中工作很长时间，公司需要给予更多的外派服务来激励外派人员接受长期的海外派遣任务。例如，给予外派时间较长的员工家庭提供额外津贴，以弥补外派人员因外派时间长不能照顾家庭的情况。

3. 个人因素

公司应该根据外派员工的个人情况给予补助。第一，职务不同，相应的外派待遇不同，职位越高，外派待遇等级越高。第二，家庭因素不同，外派待遇会有所差异。已婚已育有子女的员工，外派意愿较弱，因此公司在其外派期间需要给予更多的生活补助。单身员工接受海外派遣的意愿相对较高，外派期间的生活补助可以低些。

（二）国际薪酬的构成

美国薪酬协会（WAW）提出了全面报酬（total award）的概念，既包括了基本工资与津贴，也包括了为员工创造良好的工作环境，以及工作本身的内在特征、组织特征等因素所带来的非经济性的心理效用。

美国薪酬协会在2008年更新了全面报酬的构成，主要包括五个部分：薪酬（compensation）、福利（benefits）、工作与生活的平衡（work-life）、绩效和认可（performance and recognition）以及发展与职业机会（development and career opportunities）。这五个方面其实是将经济性、非经济性、外在的、内在的因素都纳入到了报酬的范畴。具体福利情况说明如下。

1. 薪酬

薪酬分为基本薪酬和可变薪酬。基本薪酬是与岗位职级相对应的薪酬，是外派人员薪酬计算的基础，也是外派人员薪酬的保障。外派人员国际薪酬的计算是以员工职级的基本工资（base salary）为基础，这部分收入是固定的。但是，有些外派人员在接受外派任务时也接受了新的职务，因此其基本薪酬需要根据职级的变动而加以调整。

可变薪酬的提取一般有两种方法，一种是以业绩的某一比例作为奖金池，另一种是以基本薪酬的某一比例作为奖金池。

2. 福利

员工被派遣到海外国家，要从气候、工作环境和文化习惯适应等多方面设计外派人员的福利。出于鼓励员工接收外派任务的角度出发，外派人员及其家属的福利补偿通常比在常住地工作的员工要更优厚。福利是对于外派人员的一种"补偿"。

外派人员的福利相对较丰富，且大多以弹性福利为主。福利通常分为派遣福利、安置福利、过渡期福利、家属福利和社会保险等,最常见的方式是津贴。派遣福利有搬家费;安置福利有住房津贴,用来保障外派人员的生活水平。艰苦补助是一种比较常见的过渡期福利,这主要用于去条件比较艰苦的地方工作的员工。家属福利涵盖的方面较广,如配偶的援助,子女教育津贴等。社会保险是福利的重要组成部分,分法定福利和企业自主福利。法定福利是员工本身就有的,企业的自主福利有更多的灵活性和多样性,企业可以选择基于母国或者是东道国的标准来为外派人员提供福利。

3. 工作与生活的平衡

外派人员往往会有探亲假,带薪休假和紧急假期。外派人员会有与家人分隔两地的问题,适当的假期是体现公司人性化的重要方面,为外派员工创造家庭团聚的机会,有利于促进员工的工作积极性。

4. 绩效和认可

外派员工的绩效管理相对复杂,母国的劳动关系和东道国的工作表现,需要有机地结合起来。认可激励,是通过对员工对企业做出贡献与成绩进行表彰和宣传,以此来鼓励员工的方式。认可激励能够促进员工更努力工作。同时,长期激励也是一种对员工工作能力的认可,能够有效地增强员工的忠诚度。

5. 发展与职业机会

薪酬的构成不仅包括有形的薪酬,无形的发展与职业机会,也是外派人员非常看重的报酬。外派的经历,对于员工的文化适应力、工作协调力、抗压力、沟通交流以及形成宏观的国际化视野都有较好的提升作用。为员工提供外派的锻炼机会,帮助员工发展成为国际化人才,是员工很看重的无形薪酬。

三、外派人员的回派管理

(一) 回派管理的定义

回派(repatriation),也称为遣返或归国。作为外派(expatriation)的最后环节,回派是指外派员工结束海外的派遣工作,返回母国、母公司工作的过程。外派人员通过外派期间的工作和生活,增强了适应能力,业务能力也进一步增强,继而对于归国后的职业发展有了进一步的期待,回派管理也变得十分重要。倘若外派人员在归国后离开了公司,对于公司而言,是一项重大的人才损失。

(二) 外派人员回派的挑战

回派的过程是外派人员的工作再适应过程。回派人员面临以下一些挑战。

1. 逆文化休克

外派员工适应了他国文化,对比国外生活和工作的经历,回派之后,他们对母国和母公司的生活环境、组织环境、管理方式会有一个新适应过程,并且出现不适应的情况,这种现象叫作"重返本文化休克"或"逆文化休克"。如果将外派看作是一种文化冲击的过程,回派就是一种"逆文化冲击"的过程。外派后的回派过程中会有新的"文化休克"。

乔伯特·阿布埃瓦（Jobert Abueva, 2000）认为产生逆文化休克的原因有以下三种。

① 母国文化的角色丧失。例如，外派到落后的第三国生活多年后，外派人员再回到发达国家时，会对于身边曾经熟悉的生活和文化环境有不适应，外派人员会感觉自己"落伍了"。

② 矛盾的价值观。国外的工作和生活会让外派人员形成新的价值观，而这样的价值观可能与母国的价值观有矛盾和冲突的地方，这些矛盾和冲突往往会给归国人员带来心理压力。

③ 生活方式、生活习惯和工作方法等差异。外派期间的异国文化经验与本国文化的差异，会对外派人员产生不适应性。

2. 职业生涯的变化

外派人员在赴任之初，对外派有一定的期许，希望增强自身能力并对之后的职业生涯有一定的帮助。如果回派后的职位和工作未能提前安排好，回派之后，他们会面临这样的情况：与海外派遣挂钩的额外福利被取消，出国前的岗位已经安排给了别人。倘若回国后的安排不能达到归国人员对于职业前景的期望，很可能会造成归国人员的离职。

3. 地位和薪水的变化

跨国任职一般会被看作是一种晋升前的锻炼，通常公司会选派一些优秀的人进行外派，提供给外派人员更多的责任和更大的自主权，外派人员在派遣国通常也会有相对突出的角色安排。倘若回国后，角色和地位有所下降，或者仅保留原有的职位，这对外派人员来说，会产生较强的心理落差。此外，回派之后，报酬的减少或者国内物价和生活水平的提升，也会给回派人员产生冲击。

4. 家庭生活的变化

外派人员在外派时携带家属的，归国后家庭成员也会面临重新适应的问题。对于很多家庭来说，外派和回派，是两次大的变动。例如，子女的教育，配偶的工作以及整个家庭的安排，都会受到影响。家庭成员的状态会影响到归国员工的工作状态。

（三）成功回派的管理策略

回派管理不仅仅是归国之后这个阶段的归国人员管理。跨国公司想要有效地管理回派人员，保持员工的稳定性，需要有一个系统的、连贯的管理策略，来帮助企业完成回派管理。

1. 外派前制定完整的职业生涯规划

在外派前，公司需要帮助员工评估自身的素质、能力和职业目标，对于外派的岗位和任务进行分析，结合员工的职业生涯规划进行有效对接，从而确保整个规划的科学性和完整性。同时，职业生涯规划的途径也进一步打开，除了纵向的职业通道以外，也要打开横向的发展通道。例如，销售人员除了在销售部门的职务提升外，也可以在售前的市场和售后等部门工作。对于研发类员工，除了技术专家以外，也可以尝试管理类岗位。

2. 外派期间加强沟通和交流

外派人员在外派开始后，不是与母公司分离的孤军奋战，而是需要与母公司和家庭有着密切的联系。在公司层面,母公司的信息与外派员工保持通畅,帮助外派员工获得最新的公司信息,同时公司可以利用数字化和网络的优势,搭建公司内全球网络平台,帮助外派员工的职业发展。家庭方面,如果家属未陪同派遣,可以给家属提供海外探亲假并支付一定的费用。

3. 回派前开展文化适应性培训

针对员工可能存在的"逆文化冲击",公司的人力资源管理部和分散在世界各地分子公司合作,建立专门的预算和专门的培训,开展归国后的文化适应培训,建立本土文化与异地文化之间的平衡,运用跨文化技巧,帮助员工进行文化再适应。在培训的方式上,可以进行一系列创新的突破,同时也鼓励外派人员,通过对于不同文化的了解,进行文化的融合,同时将跨文化的内容与自身以及公司的实际情况结合,形成跨文化工具箱,为自己和公司的外派项目提供有力支撑。

4. 回派前管理归国后的工作预期

公司的人力资源管理部和母公司应该将员工回派的工作安排前置,在外派任务结束前,就应当做好提前的准备。一般在归国前的3个月,给员工发送通知,为其迁移、归国后的工作和省会安排预留充分的准备时间。在这期间,公司可以与员工互动,请员工准备一份外派期间的工作业绩自我评估报告和未来职业发展的计划表,公司的人力资源管理部、外派人员的原上司和驻外机构的领导共同进行评估,并结合员工的职业发展计划对他们归国后的职业目标提供合理的建议。在此基础上,人力资源管理部给员工提供岗位,让员工根据自身的需求进行内部职位搜索,寻求与其能力、综合素质以及职业发展目标相匹配的职位,最后由公司人力资源管理部门与员工进行沟通,以帮助其实现回派的工作安排。此外,员工还可以将个人归国后的家庭问题(如住宿、子女入学以及配偶工作安排等),提前向公司说明。公司人力资源管理部门根据组织的政策和资源,竭尽为员工做出安排。

5. 制定并实行灵活的外派人员回派政策

为减少回派的不确定性,公司需制定一系列人性且透明的回派政策,从薪酬福利、职业发展、回国安置等多个方面,帮助回派人员实现有效的过渡。例如,外派人员回派后薪酬降低的情况,可以为回派人员提供过渡津贴;对于在海外工作期间业绩突出的,可以给予股权激励计划并规定追溯期。公司还需要制定有效的工作绩效评估标准,形成有效的考核体系,来帮助回派人员快速适应变化。对于回派人员的家属,公司也需要制订安置政策,帮助实现家庭的过渡。

第四节 跨文化管理

跨文化管理是指跨国公司利用跨文化优势,消弭跨文化冲突,成功实现跨国经营的管理实践。彼得·德鲁克认为,国际企业经营管理"基本上就是一个把政治上、文化上的多样性结合起来而进行统一管理的问题"。企业在面对跨国经营中所受多重文化的挑战,为减少由文化摩擦而带来的交易成本,就必须要把公司的运营放在全球的视野中,构建自己的跨文化管理体系。

一、文化的界定、特征和分类

(一) 文化的界定

"文化"一词是从拉丁文Culture演化而来的,含有耕种、居住、练习、留心或注意、敬神等多种含义。19世纪中叶,随着一些新的人文学科如人类学、社会学、民族学等在西方兴起,文化的概念也随之发生变化,开始具有现代意义。最早把文化作为具有现代含义的专用术语使用的是英国的"人类学之父"泰勒(E. B. Taylor),他在1871年出版的《原始文化》一书中,把文化定义为"一个复杂的总体,包括知识、信仰、艺术、道德、法律、风俗以及人类在社会里所有一切的能力与习惯"。在中国历史上,文化最早是指"以文教化"和"以文化成"的总称,从字面意思上理解,文化应是一个动词,无论是"化成"还是"教化"都体现了一个行为过程。"文"是指道德、哲学思想、艺术等。

目前在跨文化管理领域引用得比较多的是吉尔特·霍夫斯泰德(Geert Hofstede)、埃德加·施恩(Edgar H. Schein)、蔡安迪斯(Triandis)和冯斯·强皮纳斯(Fons Trompenaars)对文化所作的界定。霍夫斯泰德(Hofstede,1980,1991)认为文化是具有相同的教育和生活经验的许多人所共有的心理程序(Collective Mental Programming)。这种心理程序形成某一地区的人们以某种特殊的方式思考、感觉和行动的心理定式(mindset)。施恩(Schein,2009)认为文化是群体在适应外界和统一内部成员过程中逐渐形成的不为成员察觉的隐含性假设。人们的行为受这些隐含性假设的影响,一旦这些假设或信念受到挑战,人们便会感受到"文化振荡"(Culture shock),引发文化冲突。蔡安迪斯(Triandis,1994)认为,文化是那些"无需言说的对事物的假设,已经被认同并内化的标准运作程序和行事方式"。强皮纳斯和汉普登·特纳(Trompenaars & Hampden-Turner,1997)在《文化的踏浪》一书中提出,文化是某一群体解决问题和缓和困境所采用的途径和方法,而非仅仅是一套价值观念系统。

霍尔(Hall,1977)从沟通而不是价值观来定义文化,他认为"沟通即文化",一个社会的文化是通过人的沟通方式表现出来的。人的沟通行为反映了一个人被文化特征潜移默化的方面。

(二) 文化的特征

总的来讲,文化是在人类文明进程中,不断习得和积累的,并为自身所默认且潜在主导人的思想、行为及习惯的一系列知识、经验和感受的总和。文化具有以下几个方面的特征。

1. 精神性

这是文化最基本的特征。所谓精神性是指文化必须是与人类的精神活动有关的,与人类精神活动无关的物质就不能称之为文化,如山河湖泊、天体运行就不属于文化范畴。

2. 社会性

文化具有强烈的社会性，它是人与人之间按一定的规律结成社会关系的产物，是人与人在联系的过程中产生的，是在共同认识、共同生产、互相评价、互相承认中产生的。没有人与人之间的关系就不会有文化。

3. 集合性

这是指文化必须是在一定时期、一定范围内的许多人共同的精神活动、精神行为或它们的物化产品。它是由无数的个体组成的集合，任何个人都无法构成文化。

4. 独特性

文化是构成一个民族、一个组织或一个群体的基本因素。这些民族、组织、群体的差异性就形成了不同的文化。因此文化带有独特性，不可能有两个完全相同的文化存在于两个民族或组织和群体中。

5. 一致性

这是指在一个民族、一个组织或一个群体中，文化有着相对一致的内容，即共同的精神活动、精神性行为和共同的精神物化产品。这种一定时期一定范围内的相对一致性是构成一种文化的基础。正是有了这种一致性，各种文化才有了他们各自的内涵。

（三）文化的分类

在同一国家内，文化可分为民族文化、地域文化和组织文化。

民族文化（national culture）是指一个民族群体文化的特征，包括物质文化、行为文化和精神文化所具有的稳定性和持久性特征。

地域文化（regional culture）是劳动人民历史创造的乡土文化，反映了某一地域群体文化的特征。例如，对徽商的兴盛直接起作用的徽文化就是一种地域文化。徽文化的内容非常丰富。徽文化的核心是儒家思想。徽州号称"东南邹鲁"，又是"程朱理学"的故乡，封建理学的观念文化在徽州地区牢固地处于思想统治地位。徽文化是以家族宗族乡族为形式的宗法制度文化。徽州地区形成并保留着最完整、最有效的家族宗族乡族结构体系，世世代代维系和控制着徽州人的思想和行为。徽文化是层次很高的乡土文化，扬名于世的就有徽剧、徽菜、徽派建筑、徽州朴学、徽州版画、徽州篆刻、徽州文书、新安理学、新安画派、新安医学等，洋洋大观，光彩夺目。

组织文化（organizational culture）是指组织内部的一种共享价值观体系，它在很大程度上决定了雇员的行为，这种知觉存在于组织中而不是个人中，它与成员如何看待组织有关，而不论他们是否喜欢他们的组织。组织文化有两个主要来源：创始人价值观的倾向性和假设；第一批成员从自己的经验中领悟的东西。

二、民族文化的评价模型

有关民族文化的评价模型有克拉克洪和斯乔贝克（Kluckhohn & Strodtbeck, 1961）的六大价值取向理论、霍夫斯泰德（Hofstede, 1980, 1991）的五维民族文化模型、强皮纳斯和汉普登·特纳（Trompenaars & Hampden-Turner，1997）的文化架构理论以及GLOBE的九维文化模型。

（一）克拉克洪和斯乔贝克的六大价值取向理论

1961年，克拉克洪和斯乔贝克在《价值取向的变奏》一书中，提出了六大价值取向理论。他们认为，人类共同面对六大问题，而不同文化中的人群对这六大问题的观念、价值取向和解决方法都不尽相同。这六大问题是：对人性的看法、人们对自身与外部自然环境关系的看法、人们对自身与他人关系的看法、人的活动导向、人的空间概念、人的时间观念。以上六大问题主要是回答：我是谁？我如何来看待世界？我如何同其他人联系和沟通？我该做什么？我如何利用时间和空间？表11-8表示了克拉克洪和斯乔贝克的六大价值取向。以美国文化为例，它在六大价值取向上与其他国家的差异如表11-9所示。

表11-8 克拉克洪和斯乔贝克的六大价值取向

认　　知	纬　　度		
对人性的认知	善的	善或恶的	恶的
对世界的认知	支配的	和谐的	征服的
对人际关系的认知	个人的	横向延伸的群体	纵向垂直的群体
对活动的认知	行动	控制	等待
对空间的认知	将来	现在	过去
对时间的认知	私人的	混合的	公共的

表11-9 文化取向及其管理中的应用

六大价值取向	文化取向		举　　例	
	美国文化取向	相反文化取向	美　　国	相　　反
人的人性是什么？	性本善和性本恶的混合体，有变化的可能	善或恶很难改变	强调培训和发展，在工作中给予员工学习和发展的机会	强调选拔和胜任；合适的人干合适的事；对员工的变化不抱任何希望
人同外部环境包括自然界的关系怎样？	人是自然的主人	和谐并受制于自然	为了满足人们的需要而做出改造自然界的决策，如修筑大坝、公路等	在满足人们的某种需要的同时保护自然界
人际关系如何？	个体主义	集体主义（等级）	人事经理根据每个候选人的文化和职业背景来挑选最合适的人。个人做决定	人事经理根据候选人与主要行政管理人员的私人关系来挑选最合适的人。小组做决定

续 表

六大价值取向	文化取向		举 例	
	美国文化取向	相反文化取向	美 国	相 反
行动的主要模式是什么？	重视做事或行动	重视存在本身	雇员努力工作并完成任务，雇员在工作上投入了大量时间	雇员只是为了满足基本的生活需要而工作，雇员尽量减少在工作上投入的时间
人们如何看待环境空间？	个人的、隐秘的	公共的	经理们希望不受任何打扰，在封闭的大办公室里举行重要会议	经理们在开放的环境下举行会议，允许发表意见和提出建议
人们的时间观念如何？	未来/现在按时间表做事	过去/现在不完全按时间表做事	公司使命在规划未来5～10年的目标同时，集中于年度和季度收益报告；创新和灵活性是前进的动力，强调努力去改变未来	今年的公司任务反映了10年前的政策；工作习惯于用以前的传统和经验来指导未来的发展

资料来源：Susan M. Erviu, Florence R. Kluckhohn, Fred L. Strodtbeck, Variations in value orientations, Evanston, IL: Row, Peterson, 1961.

（二）霍夫斯泰德的民族文化模型

20世纪70年代后期，霍夫斯泰德通过对IBM公司在64个国家的分支机构中的员工调查，在收集了包括从工人到博士和高层管理人员在内的共116 000个问卷调查数据的基础上，撰写了著名的《文化的结局》一书。根据研究成果，霍氏认为：文化是在一个环境中的人们共同的心理程序，不是一种个体特征，而是具有相同的教育和生活经验的许多人所共有的心理程序。不同的群体、区域或国家的这种程序互有差异。这种文化差异可分为四个维度：权力距离（power distance），不确定性避免（uncertainty avoidance），个人主义与集体主义（individualism vs. collectivism）以及男性度与女性度（masculine vs. feminality）。后来，加拿大心理学家迈克尔·哈里斯·邦德集中在远东地区研究的基础上（Hofstede & Bond, 1988），又补充了第五个纬度长期取向与短期取向（long vs. short term orientation）。

1. 权力距离

权力距离即在一个组织当中，权力的集中程度和领导的独裁程度，以及一个社会在多大的程度上可以接受组织当中这种权力分配的不平等，在企业当中可以理解为员工和管理者之间的社会距离。例如，美国是权力距离相对较小的国家，美国员工倾向于不接受管理特权的观念，下级通常认为上级是"和我一样的人"。所以在美国，员工与管理者之间更平等，关系也更融洽，员工也更善于学习、进步和超越自我，实现个人价值。中国相对而言，是权力距离较大的国家，在这里地位象征非常重要，上级所拥有的特权被认为是理所应当的，这种特权大大地有助于上级对下属权力的实施。这些特点显然不利于员工与管理者之间和谐关系的创造和员工在企业中不断地学习和进步。因而要在中国的

企业当中采纳"构建员工与管理者之间和谐的关系"以及"为员工在工作当中提供学习的机会,使他们不断进步"这两项人本主义政策,管理者有必要在实践当中有意识地减小企业内部权力之间的距离,才会更好地实现管理目标。

2. 不确定性避免

在任何一个社会中,人们对于不确定的、含糊的、前途未卜的情境,都会感到面对的是一种威胁,从而总是试图加以防止。防止的方法很多,例如提供更大的职业稳定性,订立更多的正规条令,不允许出现越轨的思想和行为,追求绝对真实的东西,努力获得专门的知识等等。不同民族、国家或地区,防止不确定性的迫切程度是不一样的。相对而言,在不确定性避免程度低的社会当中,人们普遍有一种安全感,倾向于放松的生活态度和鼓励冒险的倾向。而在不确定性避免程度高的社会当中,人们则普遍有一种高度的紧迫感和进取心,因而易形成一种努力工作的内心冲动。例如,日本是不确定性避免程度较高的社会,因而在日本,"全面质量管理"这一员工广泛参与的管理形式取得了极大的成功,"终身雇佣制"也得到了很好地推行。与此相反,美国是不确定性避免程度低的社会,同样的人本主义政策在美国企业中则不一定行得通,比如在日本推行良好的"全面质量管理",在美国却几乎没有成效。中国与日本相似,也属于不确定性避免程度较高的社会,因而在中国推行员工参与管理和增加职业稳定性的人本主义政策,应该是适合的并且是有效的。此外,不确定性避免程度低的社会,人们较容易接受生活中固有的不确定性,能够接受更多的意见,上级对下属的授权被执行得更为彻底,员工倾向于自主管理和独立的工作。而在不确定性避免程度高的社会,上级倾向于对下属进行严格的控制和清晰的指示。

3. 个人主义与集体主义

"个人主义"是指一种结合松散的社会组织结构,其中每个人重视自身的价值与需要,依靠个人的努力来为自己谋取利益。"集体主义"则指一种结合紧密的社会组织,其中的人往往以"在群体之内"和"在群体之外"来区分,他们期望得到"群体之内"的人员的照顾,但同时也以对该群体保持绝对的忠诚作为回报。美国是崇尚个人主义的社会,强调个性自由及个人的成就,因而开展员工之间个人竞争,并对个人表现进行奖励,是有效的人本主义激励政策。中国和日本都是崇尚集体主义的社会,员工对组织有一种感情依赖,应该容易构建员工和管理者之间和谐的关系。

4. 男性度与女性度

男性度与女性度即社会上居于统治地位的价值标准。对于男性社会而言,居于统治地位的是男性气概,如自信武断,进取好胜,对于金钱的索取,执着而坦然;而女性社会则完全与之相反。有趣的是,一个社会对"男子气概"的评价越高,其男子与女子之间的价值观差异也就越大。美国是男性度较强的国家,企业当中重大决策通常由高层做出,员工由于频繁地变换工作,对企业缺乏认同感,因而员工通常不会积极地参与管理。中国是一个女性度较强的社会,注重和谐和道德伦理,崇尚积极入世的精神。正如我们上面的叙述,让员工积极参与管理的人本主义政策是可行的。

5. 长期取向与短期取向

长期取向的价值观注重节约与坚定；短期取向的价值观尊重传统，履行社会责任，并爱"面子"。这一维度的积极与消极的价值取向都可以在孔子的教义中找到，当然这一维度也适用于没有儒家传统的国家。

霍夫斯泰德的文化分析架构是迄今为止在国际企业管理研究领域中较为完整、系统的文化分析模式，对于我们认识文化现象及其对管理的影响都是一种有力的工具。但是，霍夫斯坦德的文化模型并不是完美无缺的，其局限性表现在：① 文化包括不易察觉的价值观和易于察觉的行为模式两部分。模型为人们认识和理解文化的价值观部分提供了有力的工具，这对于人们认识和理解文化是必要的。但是文化价值观部分是不易察觉的，它必须通过易察觉的外在行为模式来进行分析判断，而模型没有为人们认识和理解文化的行为模式部分提供有力的工具。② 模型只适用于国家文化这一层面，并不完全适用于文化的不同层面，例如企业文化分析。③ 霍夫斯泰德对文化的研究是一种静态的研究，没有涉及对文化演变及影响文化价值观变化因素的分析，他研究的对象主要是管理者，而不是一般雇员。

（三）强皮纳斯的文化架构理论

荷兰学者强皮纳斯用10年时间，在28个国家对15 000名经理进行问卷调查研究，认为民族文化的差异主要体现在七大维度上。

1. 普遍主义—特殊主义

社会的或个人的责任。其中，普遍主义者强调用法律和规章指导行为，而且这些指导原则不应因人而异。普遍主义者认为对所有事务都应采取客观的态度，而且世界上只存在一个真理，只存在一种正确解决问题的方法。相反，特殊主义者却强调"具体问题具体分析"，不用同一杆秤同一尺度去解决不同情况下的问题，而应因人而异，因地而异。另外，特殊主义者认为一切都是相对的，世间没有绝对真理，也不存在唯一正确的方法，而是有多条路可走，殊途同归。

2. 个体主义—集体主义

个体更看重个人目标还是集体目标。研究结果与霍夫斯泰德的相似。

3. 中性—情绪化

人际交往中情绪外露的程度。情绪表露含蓄微弱的文化被称为中性文化，而情绪表露鲜明夸张的文化被称为情绪文化。最典型的中性文化国家为日本、中国和其他亚洲国家；最典型的情绪文化国家为意大利、西班牙和其他南美国家。美国处在两极之间。在中性文化里，人与人之间很少身体的接触，人与人之间的沟通和交流也比较微妙，因为情绪表露很少，需要用心领会才行。相反，在情绪文化里，人与人之间身体的接触比较公开自然，沟通交流时表情丰富，用词夸张，充满肢体语言。

4. 关系特定—关系散漫

个体在人际交往中投入的程度。在关系特定导向的文化中，人们认为管理是帮助企业实现目标的重要过程，是一种技术。因此，第一，要为员工制定明确的目标。第二，目标实现了就应该有报酬,所以得制定清晰的报酬与目标之间的换算关系。第三,对所有的工作都应有清晰的、精确的和详尽的指令,倘若含糊,员工会不知所措。第四,管理一定是对事不对人,清楚地将对个人的评价和对业绩的评价彼此分离。第五,工作中人与人的关系比较清淡,只专注工作,个人性格特征应该不影响工作中的合作。在关系弥散导向的文化中,人们更倾向于认为管理是一门艺术,需要在实践过程中不断修炼和改善,没有一成不变的管理合同。

关系特定—关系散漫这个维度可以用来很好地描述和解释在不同文化中生活的个体在人际交往方式上的巨大差别。这个维度的提出源自卢温(Kurt Lewin)在1934年出版的《拓扑心理学的原理》一书。他提出了两类交往方式,一类被称为U类方式(即关系特定类型),另一类被称为G类方式(即关系散漫类型),如图11-4所示。

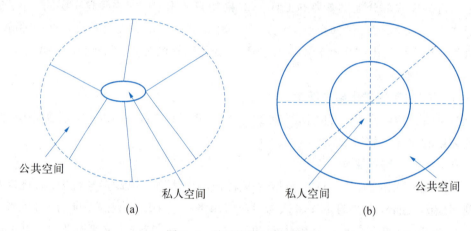

图11-4 关系特定—关系散漫

图11-4(a)表现的是U类交往方式,比较适用于美国人的交往模式。实线小圆圈代表个体的私人空间,狭小且封闭,外周的虚线大圈与小圈之间的空间表示个体的公共生活空间,从图中可以看出,美国人的公共生活空间很大,他们对人友善,对陌生人也很大方。但是个人空间的部分,往往和其他领域隔开,U类交往方式会把人的界限划分得很清楚,特定领域和特定人群,不混淆。

图11-4(b)表现的是G类交往方式,比较适用于德国人的交往模式。实现大圆圈表示的是公共生活空间,对外是封闭的,公共空间相对狭小,很多U类中的公共空间在此处都被划分为私人空间,但是内部的小圈却是虚线的,不是封闭的。从图中可以看出,已经进入公共空间的人要进入私人空间相对比较容易,公共空间的不同领域之间用虚线相隔,彼此的界限不是严格分明的,而是相互渗透的。这表示,对于陌生人,通常会比较严谨,但是一旦熟悉起来,内部的圈子可以交叉,一个圈子的人可以被带入到另外一个圈子,并逐步走入私人空间。

5. 注重个人成就—注重社会等级

权力和地位的合法性。注重个人成就的文化是指在这种文化中,一个人的社会地位和他人对该人的评价是按照其最近取得的成就和业绩记录进行的。注重社会等级的文化则意味着一个人的社会地位和他人的评价是由该人的出生、血缘关系、性别或年龄决定的,或者是由该人的人际关系和教育背景决定的。这个维度的定义总体比较混乱,但是有一点清楚的是,一个人的社会地位是否应该完全由这个人的个人成就决定是区分不同国家在这个维度上看法异同的关键所在。

6. 长期—短期导向

长期—短期导向指对待传统的态度。

7. 人与自然的关系

该维度指如何看待自然对人的影响。

（四）全球领导与组织行为有效性模型

"全球领导力与组织行为有效性(global leadership and organizational behavior effectiveness, GLOBE)"项目团队由170名研究者组成,他们采访了来自62个国家的18 000名经理人,搜集了大量有关文化价值观和实践、领导力方面的数据。这些经理人来自世界各国的不同产业和组织。该团队发现有九个维度可以用来区分不同的文化,这些维度对管理而言至关重要。它们是:自信、未来导向、业绩导向、人员导向、性别差异、不确定性规避、权利距离、集体主义与个人主义、小组内部文化。我们这里只讨论前四个维度,这是因为后五个维度与霍夫斯泰德的理论很相似。表11-12是GLOBE团队的研究数据。

1. 自信

这个维度是指社会中人们在多大程度上欣赏坚韧、对抗、竞争或谦逊、亲切。比如澳大利亚和德国就是个很自信的国家,他们认为任何事情都是可能的。相反,瑞典和日本是很谦逊的国家,他们更注重合作精神与和谐的关系。GLOBE团队总结出谦逊的国家更容易同情弱者、强调忠诚和团结。

2. 未来导向

这个维度指社会对计划、投资等未来活动的重视程度。瑞士和新加坡很强调未来导向,他们很重视为未来储蓄,并且做长时间打算。相反,俄罗斯和阿根廷更倾向于做短期计划和获得短期满足。

3. 绩效导向

这个维度衡量绩效进步的重要性,以及人们是否追求持续的进步。新加坡、美国都是高绩效导向的,这意味着人们有较高的主动性和完成任务的紧迫感和自信。俄罗斯和意大利在这个维度上得分较低,他们将其他价值观如传统、忠诚、家庭、背景等置于绩效之上,他们将失败归咎于竞争。

4. 人员导向

这个维度衡量社会在多大程度上鼓励人们要公平、无私、宽容、关心他人等。菲律宾、爱尔兰、马来西亚、埃及在这个维度上得分最高,表明这些国家同情和支持弱势群体。在这些国家充满关爱,人们相互友爱、关系和谐。相反,西班牙、法国、德国在这个维度上得分较低,这些国家的人们更注重权利、物质享受和个人利益。

三、跨文化冲突的成因

来自不同民族的成员由于历史、地域和社会生活的诸多差别,带着各自的文化身份,造成企业中不同文化归属成员间的文化距离(culture distance)。属于不同文化体系的成员在沟通时,各自会对异质文化依照自己传统的思维模式去解读,产生认识上的错位,从而产生管理失效、沟通中断、交易失败、人际关系紧张、非理性反应等文化冲突。文化冲突如果不能妥善得到解决,可能进一步引发文化风险。

① 种族优越感风险。即凌驾于异族文化上,不能客观地评价异族文化,带有自己民族文化环境中形成的"偏见"和"先见",从而破坏了中外雇员人际关系的和谐性。

② 管理风险。即管理人员的管理思想、管理习惯、管理方法等不能有效地应用到新的文化环境中的风险,从而导致了管理效率的下降。

③ 沟通风险。即对语言或语言信息采取错误的诠释方式而产生的文化误解,从而导致沟通失败,引发了信息不对称情况的发生。

④ 商务惯例风险。即原有的商务运作惯例、业务洽谈习惯等不能适应新的文化环境而导致的交易和营销失败的风险。

⑤ 感性认识风险。不同的文化具有不同的价值观念和道德标准,从而对事情产生不同的感性认识,而这种由于基本价值观念的不同而形成的不同感性认识往往较难改变。

文化风险如果得不到妥善处理,会促使跨国公司外部市场经营活动的风险和内部跨文化管理活动的风险越来越大,企业管理运营成本的增加,公司目标整合与实施的难度的加大,最终会使企业实际收益与预期收益目标相背离,甚至导致企业经营活动的失败。

文化差异导致文化冲突和文化风险的过程,如图11-5所示。

图11-5 文化差异导致文化冲突和文化风险

(资料来源:纪莉.跨文化管理中的文化适应过程与模式研究[D].大连海事大学,2005.)

四、跨文化整合

约翰·欧格博(John O. Ogbor)区分了三种不同的文化整合模式:文化趋同(convergence)、文化歧异化(divergence)、文化交互性趋异(crossvergence)。文化趋同是指一个国家人们的价值观受经济意识形态影响。文化歧异化是指人们的价值观在很大程度上受民族文化影响而不是受经济意识形态影响，很难改变。文化交互性趋异是指民族文化和经济意识形态谁占主流，谁就在文化整合中占更高地位。

南希·爱德勒（Nancy J. Adler）提出了跨文化整合的三种方式：凌越（dominance）、妥协（compromise）与合成（synergy）。凌越是指组织内一种民族或地域文化凌驾于另一种文化之上。妥协是指两种文化的折中，这种情况多半发生在相似的文化间。合成是指文化间相互补充、相互协调，形成全新的、统一的组织文化。由于多元文化的整合，组织成员的文化价值观会带上多国文化的特征，其原有的文化构架（culture frame）会发生变化。

俞文钊和严文华（2000）提出了跨文化的整合同化理论，并将整合过程分为四个阶段：探索期、碰撞期、整合期和创新期，文化冲突的高潮可能发生在碰撞期和整合期。在探索阶段，需要全面考察跨国公司所面临的多元文化状况、可能产生文化冲突的文化差异，并根据考察结果初步制订出整合同化的方案。在碰撞阶段，要重点监测可能起重大障碍作用的"障碍焦点"，它可能是某一个人、一个利益群体、某种管理制度，把控好文化整合的速度和可能发生的文化冲突的强度。在整合阶段，文化逐步达到融合、协调、同化。创新阶段是指在文化趋向同化的基础上，跨国公司创造出新的文化。

五、跨文化沟通

沟通是通过语言和动作来发送和接收信息的过程。沟通最基本的功能就是交换信息。这些信息可以是观点、意见或情绪。因为信息是观点的承载体，所以沟通只有在人们对某些信息和环境享有共同的知识背景时才能发生，所谓的跨文化沟通就是不同文化的人们之间的"信息传递"，也就是"不同文化符号系统"的信息相互发送和接受。

美国学者富兰克林·R. 鲁特（Franklin R. Root）对跨文化沟通提出一个很有意思的概念——信息重合度。由于来自不同文化背景的人之间共享（或重叠）的价值理念有限，因此，跨文化沟通中误解就容易发生。一个人的文化背景影响我们的感知、态度、情绪的表达方式，最终影响我们的行为。从这个意义上说，没有任何两个个体会在完全相同的背景下长大，这里的背景不仅包括文化背景，也包括个体的性别，家庭背景，个人在家中的排行，所受教育的学校，日常所处的工作学习环境，同事、同学的特质和组成，等等。所以要两个人达到编码解码过程的完全一致几乎是不可能的。因此，文化背景的差异加剧了沟通的困难，因为在种种变量之外，又加进了文化这个关键变量。

（一）高语境与低语境

语境这个概念是美国社会学家爱德华·霍尔（Edward Hall）在1977年出版的《超越文化》一书中首先提出来的。语境是指两个人在进行有效沟通之前所需要了解和共享的背景知识，所需具备的共同点。这种共享的背景知识越多，具备的共同点越多，语境就越高；反之，语境就越低。具体而言，高语境沟通指的是在沟通中，绝大部分的信息或存在于物理环境中，或内化在个体身上，而很少存在于所传递的编码清晰的讯息之中。低语境沟通正好相反,大量的信息存在于编码清晰的外在语言之中。

霍尔认为不同的国民文化可划分为高语境文化与低语境文化。在高语境文化中,人们在与他人交流时非常依赖非口头的表述以及一些细微的情境信息。他人的职位、社会地位以及声誉等就已经表明了这个人的权利、义务及可信度等,而人们并不会谈及这些很"明显的"事情。而来自低语境文化的人通常通过语言来传达基本的信息,清楚地表达其意思。在这些国家(如美国)中,法律文件的措辞必须十分准确。因此,这两种文化类型的区别主要集中在:人们从口头或书面获得的信息多寡。

就沟通语境而言,国家和国家之间的差别确实很大,而且在管理上体现得也比较鲜明。例如,在中国,人们追求沟通的最高境界通常是"意会",而不是"言传";相反,美国人追求的是尽可能用语言表达一切。此外,由于语言文字容易修改加工,而隐形语境难以改变,所以相对来说,低语境文化就直白,倾向于变通灵活,在低语境文化中生活比较简单,也相对容易适应。高语境文化则丰富微妙,有极多的内涵,不易被外人深刻理解,因此相对比较难变通,外来人不论生活多久,都难以产生融入的感觉。

语境也影响人的思维方式。高语境文化多产生直觉型思考者,而低语境文化多产生分析型思考者。这两类思考者的不同主要表现在三个方面:① 直觉型思考者依靠直觉作判断和决策,不讲求理性;而分析型思考者依靠过去学过的知识作判断,追求理性;② 直觉型思考者表达含蓄,以语境为导向,讲求顿悟;而分析型思考者表达直白,以计划/理论为导向,讲求推理;③ 直觉型思考者注意整体,喜欢通盘考虑;而分析型思考者对局部细节关注,注重探讨具体变量之间的因果关系。

(二)直接与婉转

说话的直接与婉转是语言沟通跨文化差异中较显著的表现。通常,美国人说话直截了当,而中国人则比较婉转,日本人则比中国人的婉转更有过之而无不及,他们一般不愿意直接说"不"。美国心理学家霍特格雷夫(Holtgraves, 1997)对说话的直接与婉转作过一系列研究,并编制测量工具。该量表所测的直接与婉转包括两方面内容:一个人在多大程度上会去主动寻找别人言词背后的间接含义,以及一个人在多大程度上喜欢拐弯抹角地说话。如果一个人在这两方面得分都高,那么他的婉转程度就非常高,别人要听懂他说话的真实含义就相当困难。

(三)插嘴与沉默

在对话顺序上,不同民族、不同文化间有较大差别(陈晓萍,2009)。盎格鲁-撒克逊人的对话顺序是:A先说,说完时B接上;然后B开始说,说完停下时A再接着说。一来一往,有问有答,顺序清楚,是良好对话方式的表现。如果一个人在别人还没说完话就插进来,会被视为不礼貌,遭到白眼。拉美人的对话方式是:A开始说话,在A尚未停下时,B就应该插嘴,打断对方,并且自己接着往下说;然后,在B还未结束时,A就插进来继续。打断对方被看成是对对方的谈话感兴趣,而且自己也有很多感受要分享。如果不插嘴,则说明话题无趣。东方人的对话方式是:A先开始说,在B接A的话之前,有一段空白表示沉默。也就是说在回答或接别人的话题时,应该有一个小小停顿,这个停顿可能只有几秒钟时间,但显示你在思索对方的话,思考之后再回答。因此,沉默是对对方尊重的表现,同时也表现自己的深思熟虑。

沉默在不同文化中的褒贬意义也不同。美国人和很多欧洲人用否定诠释沉默;而亚洲人倾向于用尊重、肯定诠释沉默。在中国,人们崇尚"沉默是金",心直口快会给人以急躁、不牢靠的印象;在美国,则被视为反应快、思维敏捷。在中国,沉默寡言让人觉得稳重、有城府、能成大器;而在美国,却很可能会被看作迟钝。所以,在人际交往中,美国人害怕沉默,如果对方沉默,会感到是不满意、不高兴的表现,而不是深思熟虑(戴凡、史密斯,2003)。

(四)倾听与对话

不同民族和文化之间在倾听的特点上也有许多不同之处。英国语言学家理查德·路易斯(Richard Lewis,1999)在《文化碰撞》一书中提出了"倾听文化"和"对话文化"两个概念。他认为"倾听文化中的成员很少主动发起讨论或谈话,他们喜欢倾听,搞清楚别人的观点,然后对这些观点作出反应并形成自己的观点";对话文化中的成员常常用发表意见或问问题的方式打断对方的话,以此显示自己对话题的兴趣。具有典型倾听文化特征的国家有日本,然后是中国、新加坡、韩国、土耳其和芬兰。具有典型对话文化特征的有意大利、阿拉伯和印度。法国文化和西班牙文化也属于对话文化。美国文化、德国文化、瑞士文化则处于倾听文化和对话文化之间,热衷于数据、事实和逻辑,被路易斯称为"数据文化"。

本章重点名词

跨国公司(multinational company)　　母公司(parent company)
海外子公司(overseas subsidiary)
国际人力资源管理(international human resource management)
本国中心模式(ethnocentric approach)　　多中心模式(polycentric approach)
全球中心模式(geocentric approach)　　混合中心模式(hybrid centric approach)
外派人员管理(expatriate management)
国际薪酬管理(international compensation management)
回派管理(repatriation management)　　民族文化(national culture)
跨文化冲突(cross-cultural conflict)　　跨文化整合(cross-cultural integration)
跨文化沟通(cross-cultural communication)

本章练习

1. 跨国公司的国际化发展有哪几个阶段?每个阶段有哪些特征?
2. 跨国公司海外子公司承担哪些角色?分别有哪些特点?
3. 国际人力资源管理与一般人力资源管理区别在哪些方面?

4. 国际人力资源管理有哪些模式？每个模式的特点是什么？
5. 外派人员的选拔标准是什么？有哪些甄选方法？
6. 外派人员薪酬构成包括哪几部分？海外薪酬设计需要考虑哪些因素？
7. 外派人员的回派管理有哪些挑战？
8. 什么是民族文化？民族文化有哪些经典的评价模型？这些模型的主要观点是什么？
9. 什么是跨文化冲突？跨文化冲突的成因是什么？
10. 文化整合有哪些模式？如何实现文化整合？

课后案例

上汽大众外派人员管理

1978—1984年，经过长达六年的谈判，上汽大众汽车有限公司（当时名为上海大众）合营合同签字仪式终于在人民大会堂举行。上汽大众由此成为全国最早的汽车合资企业之一，股东双方德国大众与上汽集团各占50%股份，上汽大众的外派人员管理也从此时开始建立和发展。

一、起步与体系建立

1984—1990年，公司刚刚成立起步，处于国产化攻坚阶段。当时公司仅有一款车型（桑塔纳），且国产化率极低，基本都是依靠进口零件组装而成。通过近7年的努力，桑塔纳的国产化率已经能达到70%，安亭生产基地达成年产8万辆整车和10万台发动机的生产能力。

此阶段中在华的外派人员由一开始的2位执管会外方领导，增加到数十位高级管理人员以及大约20名德国技术专家，其中既有2～3年的长期岗位，也有任期几个月的短期专家。

当时的外派人员管理部门的名称为外籍人员协调科，顾名思义，这个部门的主要任务仅仅包括为这些集团派驻到中国的外籍管理人员和专家提供协调服务，照顾他们的衣食住行，如搬家、找房、签证事务、休假机票、公务车辆等等日常事务的协调工作，由3位中国员工组成。

德国大众集团根据合资企业的实际业务需要，派遣员工来到中国，薪酬待遇也由德国大众确认，并由上汽大众发放和实施。德国大众的集团外派工作体系在此时已经比较完善。组织架构方面，由对接各个海外工厂人事管理部门的联络人员和负责各个业务板块（如税务、薪酬、搬迁、子女教育等）的政策专家组成；外派政策方面也有了较成熟的体系，针对不同类型和任期时长的外派员工（长期派遣、短期专家、国际员工培训等）有不同的政策支持，定期会组织全球外派管理部门集会，利用会议和网络宣贯落实政策更新；派遣流程方面，也已经有了一套以EPA（人员需求确认表）为核心的派遣体系。而上汽大众在此阶段基本还处于外派人员管理的起步、摸索和体系建立阶段，被动学习和接受德国大众对于其外派员工的政策规定,且所有的业务模块均不外包,均由外派管理部门自己负责(市场上也极度缺乏针对外籍人士的服务机构)。

二、组织与业务拓展

随着公司整体战略的推进和快速发展,外籍人员管理也依据公司战略要求进行调整和改进。1991—2003年,桑塔纳的国产化率已经到了90%以上,公司带动周边汽车产业蓬勃发展,零部件配套厂纷纷成立投产。公司也开始逐渐拓展产品线,相继下线了帕萨特、POLO车型。至2002年6月,上汽大众已累计下线了200万辆轿车。

在这一期间,公司外籍员工的数量有了小幅度的增长,达到60名左右,且都为任期为3年的长期外派员工。短期专家的管理权限由外籍人员管理部门转为业务部门,以采购合同的形式进行管理约定,外籍人员管理部门不再与短期专家发生业务往来。国际员工培训项目也被剥离出来,由德国大众统筹安排,上汽大众的外籍人员管理部门仅负责签证支持。

由于外籍员工的人数增加,外籍人员管理部门也进行了小幅人员扩编,增加了1~2个岗位。外籍人员管理部门也逐渐明晰了自己的管理范围,即长期外派员工,并开始着手根据公司和中国的实际情况,制定上汽大众自己的外派人员管理政策,或在全球派遣政策的基础上改进为本地政策。一些业务,如驾照考试、找房租房、中文培训等,开始逐渐外包给对外服务机构。

1998年上汽大众首批21名员工前往德国接受为期三年的开发全过程培训,这是上汽大众第一次派遣中方员工前往德国学习,由培训部门负责,headcount和cost都仍在上汽大众。

2004—2015年,随着中国乘用车市场的繁荣,公司进入了全面快速扩张阶段,引入了第二个品牌斯柯达,扩充了产品线,并在仪征、南京、乌鲁木齐、宁波、长沙分别建立了生产基地,产能极其充沛,新产品不断投入市场。

在这一阶段,上汽大众的外籍员工已经将要达到200名,外籍人员管理部门也因此扩充到了10名左右员工。随着外籍人员管理部门的业务内容越加繁多,如针对外籍的绩效考核由人事部转到外籍人员管理部门,纳税申报由财务部转到外籍人员管理部门,整个部门的组织机构进行了拆分重组,分成了4个小组,分别负责日常咨询服务、政策与薪酬、一般事务(签证与财务流程)、异地工厂外籍管理。同时,外籍人员管理部门与德国大众总部外派管理部门共同合作,完善集团的全球派遣政策。

在此期间,上汽大众成立了自己的全球派遣部门隶属于人事部,将中方员工正式派遣到德国大众和捷克斯柯达,到目前为止为60~79人,以技术人员为主,主要从事合作研发。这些员工直接与派驻国公司签订工作合同。也就是说,上汽大众的外籍人员由外籍人员管理部负责管理,上汽大众外派到其他国家的中方人员的选派和回派由人事部的全球派遣部负责管理。外籍人员管理部和人事部在行政级别上是平级的。外籍人员管理部门向外方总经理汇报,人事部向中方总经理汇报。

三、组织结构调整与持续改进

2016—2020年,随着中国经济开始转型,经济增速放缓,乘用车市场也承担了一定下行压力。同时随着汽车产业的革新,新能源汽车的出现,公司也不得不大刀阔斧调整发展战略,包括通过降低成本提高盈利能力、加大电动汽车领域的投入、加大移动在线服务和生态系统的打造、提升客户体验、引进奥迪项目等。

在此期间,外籍人员管理部门有意识地控制外派员工人数的增长,制定岗位规划机制,消减旧岗位,新增新业务岗位,将外派员工的人数控制在250人左右,并且外籍人员管理部门在任期开始前就对候选人进行考核,以此控制外派人员质量。外籍人员管理部门员工的人数没有增长,但进行了新的组织结构调整,参考三支柱模型:为每一条条线的外派人员设置联络人,类似于BP性质,同时设置政策专家和日常事务的共享服务中心。外籍人员管理部门承担了更多员工沟通的工作,并且也在向电子化办公发展,如面向外籍员工的微信公众号等等。

思考题

上汽大众的外派人员管理部门经历了哪几个阶段的演变?每个阶段的工作重点和特点是什么?

测量工具

Trompenaars & Hampden-Turner 跨文化问卷

Trompenaars & Hampden-Turner 跨文化问卷(cross culture questionnaire)由58个问题组成。以下是第一至第三部分问题举例。

第一部分 情境问题(普遍主义—特殊主义)(节选)

1. 你坐在由你好朋友驾驶的车上。他撞倒了一个行人。你知道他的时速至少是每小时60公里,而这个城市地区允许的最大时速是40公里。没有别的目击证人。他的律师告诉你如果你宣誓作证,证明他的驾驶速度每小时不超过40公里的话,他将免于遭受严重的后果。

你认为你的朋友有多大权力期望你的保护?

A. 作为朋友,他有毋庸置疑的权力期望我证明他低速行驶。

B. 作为朋友,他有一定的权力期望我证明他低速行驶。

C. 我的朋友他没有权力期望我证明他低速行驶。

你认为面对宣誓证人应负的义务和你对你的朋友所负的义务,你该如何去做?

A. 证明他时速40公里。

B. 证明他时速60公里。

2. 你是一个报社记者,每周对新开张的餐馆写一篇评论。你的一个好朋友花光她所有的积蓄开了一个餐馆。你去那儿吃过,并且认为她的餐馆真叫人难以恭维。

你认为你的朋友有多大的权力期望你在你的评论中赞美她的餐馆呢?

A. 作为朋友,我的朋友有毋庸置疑的权力期望我在我的评论中赞美她的餐馆。

B. 作为朋友,我的朋友有一定权力期望我在我的评论中赞美她的餐馆。

C. 我的朋友没有权力期望我在我的评论中赞美她的餐馆。

考虑到你对你的读者应负的义务和你对你的朋友应负的义务,你会在你的评论中赞美她的餐馆吗?

A. 会。

B. 不会。

3. 你是为一家保险公司服务的医生。你的一个好朋友打算从这家公司买高额保险。你给他做了体检,并发现他的身体状况很好,但有一两个小疑点,你很难做出诊断。

你认为你的朋友有多大权力期望你为了他而把你的怀疑放在心里?

A. 作为朋友,我的朋友有毋庸置疑的权力期望我为了他而把我的怀疑保持沉默。

B. 作为朋友,我的朋友有一定权力期望我为了他而把我的怀疑保持沉默。

C. 我的朋友没有权力期望我为了他而把我的怀疑保持沉默。

考虑到你对你的保险公司应负的义务和你对你的朋友应负的情义,你会帮助你的朋友吗?

A. 会。

B. 不会。

第二部分 时间导向(节选)

4. 想象过去、现在和未来是一个个的圆。请在空白处画3个圆表示它们,并以你认为最能反映它们的关系的方式去安排它们之间的位置。圆的大小可以不一样。画完后请给每个圆加上标注,以反映哪个代表过去,哪个代表现在,哪个代表未来。

5. 考虑一下过去、现在和将来三者间的相对意义。然后,请你用一个数字来表明你眼中过去、现在和未来的时间范围。

我的过去始于_____前,终于_____前。

我的现在始于_____前,终于从现在起_____后。

我的未来始于从现在起_____后,终于从现在起_____后。

第三部分 组织(节选)

9. 批评

在你们公司,批评:

A. 对事不对人;

B. 只有在有要求时才会发生;

C. 多数是否定性的并且常常以责备的形式进行;

D. 会避免批评,因为人们害怕伤害彼此。

11. 冲突

在你们公司,冲突:

A. 由上级介入进行控制,并借此来维护权威;

B. 依照规则、程序和责任范围来得以来息;

C. 通过全面讨论事情的是非曲直得以解决;

D. 通过对介入冲突的个人的需要和价值观进行公开深入地讨论来解决。

13. 等级

在你们公司,等级:

A. 是多余的,因为每个人都为自己的职业发展而工作;

B. 是很有必要的,因为人们必须知道谁的权威在谁之上;

C. 由相关的人的能力和权威决定;

D. 是相对的,只有在工作需要时才分等级。

参考文献

1. 阿吉里斯.个性与组织[M].郭旭力,鲜红霞,译.北京:中国人民大学出版社,2007.
2. 阿姆斯特朗.战略化人力资源基础[M].张晓萍,何昌邑,译.北京:华夏出版社,2004.
3. 埃登博洛.招聘、选拔和绩效的评估方法[M].李峥,译.北京:中国轻工业出版社,2011.
4. 露西亚,莱普辛格.胜任:员工胜任力模型应用手册[M].郭广玉,译.北京:北京大学出版社,2004.
5. 白露.LT煤业员工安全管理体系提升方案研究[D].沈阳:沈阳大学,2018.
6. 北森人才管理研究院.人才盘点完全应用手册[M].北京:机械工业出版社,2019.
7. 贝克尔.人力资本:特别是关于教育的理论与经验分析[M].梁小民,译.北京:北京大学出版社,1987.
8. 毕意文,孙永玲.平衡计分卡中国战略实践[M].北京:机械工业出版社,2003.
9. 边文霞.员工招聘实务[M].北京:机械工业出版社,2009.
10. 曹霞.关键绩效指标的设计与选择:以G高速公路运营公司为例[J].东方企业文化,2013(12).
11. 陈伟.腾讯人力资源管理[M].苏州:古吴轩出版社,2018.
12. 陈晓萍.跨文化管理[M].2版.北京:清华大学出版社,2009.
13. 陈艳红,黄军辉.跨国公司的文化差异与国际竞争优势[J].陕西经贸学院学报,2001,14(4).
14. 谌新民,唐东方.职业生涯规划[M].广州:广东经济出版社,2002.
15. 崔茂中,温艳萍.企业并购的文化整合及其模式选择[J].生产力研究,2008(2).
16. 德鲁克.管理的实践[M].齐若兰,译.北京:机械工业出版社,2009.
17. 德鲁克.管理的实践[M].齐若兰,译.北京:机械工业出版社,2018.
18. 董克用,李超平.人力资源管理概论[M].5版.北京:中国人民大学出版社,2019.
19. 董临萍.工作分析与设计[M].上海:华东理工大学出版社,2008.
20. 杜林致.职业生涯管理[M].上海:上海交通大学出版社,2006.
21. 杜映梅.绩效管理[M].北京:对外经济贸易大学出版社,2003.

22. 杜映梅.职业生涯管理[M].北京：中国发展出版社，2006.
23. 方振邦.绩效管理[M].北京：中国人民大学出版社，2003.
24. 方竹兰.人力资本所有者拥有企业所有权是一个趋势——兼与张维迎博士商榷[J]. 经济研究，1997(6).
25. 费罗迪.关键人才决策：如何成功搜猎高管[M].徐圣宇，康至军，译.北京：机械工业出版社，2014.
26. 冯小俊，韩慧.企业破解外派人员回任失败的策略——以TG公司为例[J].中国人力资源开发，2010(10).
27. 付亚和，许玉林.绩效管理[M].上海：复旦大学出版社，2003.
28. 付亚和.工作分析[M].上海：复旦大学出版社，2004.
29. 格林豪斯，卡拉南，戈德谢克.职业生涯管理[M].王伟，译.北京：清华大学出版社，2014.
30. 顾庆良，潘瑾，李宏，GRAEN G B.文化价值观对跨文化冲突的差异性影响探析[J]. 东华大学学报(社会科学版)，2003(2).
31. 郭庆松.当代劳动关系理论及其最新发展[J].上海行政学院学报，2002(2).
32. 黑启明.当代西方劳动关系系统语境中的环境因素[J].兰州学刊，2006(4).
33. 亨廷顿.文明的冲突与世界秩序的重建：修订版[M].周琪，刘绯，张立平，等译.北京：新华出版社，2010.
34. 胡君辰，杨永康.组织行为学[M].上海：复旦大学出版社，2002.
35. 胡君辰，郑绍濂.人力资源开发与管理[M].3版.上海：复旦大学出版社，2004.
36. 黄华.跨国公司中的跨文化管理研究[J].生产力研究，2004(2).
37. 黄培伦，岳渊.基于业务流程的工作分析方法及应用[J].科技与管理，2005，30(2).
38. 黄钰昌.高管薪酬激励：从理论到实际[M].上海：东方出版中心，2019.
39. 纪莉.跨文化管理中的文化适应过程与模式研究[D].大连海事大学，2005.
40. 靳娟.国际企业外派人员管理[M].北京：首都经济贸易大学出版社，2016.
41. 李常仓，赵实.人才盘点：创建人才驱动型组织[M].北京：机械工业出版社，2012.
42. 李浩.绩效管理[M].北京：机械工业出版社，2017.
43. 李剑，叶向峰.员工考核与薪酬管理[M].北京：企业管理出版社，2002.
44. 李文东，时勘.工作分析研究的新趋势[J].心理科学进展，2006，14(3).
45. 李向衡.面试的智慧[M].北京：机械工业出版社，2015.
46. 李新建，孟繁强，张立富.企业薪酬管理概论[M].北京：中国人民大学出版社，2006.
47. 李彦亮.跨文化冲突与跨文化管理[J].科学社会主义，2006(2).
48. 李原.企业员工的心理契约——概念、理论及实证研究[M].上海：复旦大学出版社，2006.
49. 李舟安.预见人力资源——新时代HR的进化方法论[M].北京：人民邮电出版社，2018.

50. 梁启超.梁启超全集[M].北京：北京出版社,1999.

51. 梁启超.自立：梁启超论人生[M].北京：九州出版社,2012.

52. 梁晓雅.人力资源吸收与选拔[M].成都：四川人民出版社,2008.

53. 廖勇凯.多国企业在沪子公司战略性国际人力资源管理模型构建与实证研究[D].上海：复旦大学,2005.

54. 刘冰,张欣平.职业生涯管理[M].济南：山东人民出版社,2004.

55. 刘桂素.跨国经营企业外派管理人员甄选方法探析[J].现代财经,2008(10).

56. 刘鹊.跨国公司在华子公司角色演化研究[D].北京：中央财经大学,2015.

57. 刘昕.人力资源管理：第4版[M].北京：中国人民大学出版社,2020.

58. 刘昕.薪酬管理[M].北京：中国人民大学出版社,2002.

59. 刘中虎.心理契约与劳动关系的研究[J].南方经济,2004(7).

60. 罗宾斯,库尔特.管理学[M].11版.李原,孙健敏,黄小勇,译.北京：中国人民大学出版社,2012.

61. 罗俊华.跨国经营的跨文化沟通与管理问题[J].企业活力,2004(6).

62. 罗双平.职业生涯规划[M].北京：中国人事出版社,1999.

63. 洛克.把握你的职业发展方向[M].5版.钟谷兰,曾垂凯,时勘,译.北京：中国轻工业出版社,2006.

64. 马尔.人力资源数据分析[M].胡明,黄心璇,周桂芳,译.北京：机械工业出版社,2019.

65. 贝克,休斯理德,乌里奇.人力资源计分卡[M].北京：机械工业出版社,2003.

66. 马克思.1844年经济学哲学手稿[M].北京：人民出版社,2014.

67. 马克思恩格斯文集：第1卷[M].北京：人民出版社,2009.

68. 麦格雷戈.企业的人性面[M].韩卉,译.北京：中国人民大学出版社,2008.

69. 梅奥.霍桑实验[M].项文辉,译.上海：立信会计出版社,2017.

70. 南怀瑾.漫谈中国文化[M].北京：东方出版社,2008.

71. 尼文,拉莫尔特.OKR：源于英特尔和谷歌的目标管理利器[M].北京：机械工业出版社,2017.

72. 诺伊.雇员培训与开发[M].3版.徐芳,译.北京：中国人民大学出版社,2007.

73. 彭剑锋.人力资源管理概论[M].3版.上海：复旦大学出版社,2018.

74. 潜良玉.员工压力管理中的心理援助计划(EAP)应用研究：以江西移动公司为例[D].南昌：南昌大学,2011.

75. 秦学京.企业跨国经营中的文化冲突与融合[J].经济与管理,2005,19(5).

76. 清华大学全球产业研究院.中国企业数字化转型研究报告[R].2020.

77. 丘萍.旅游业人力资源规划方法及实证研究——以千岛湖旅游集团为例[J].鲁东大学学报（自然科学版）,2012,28(4).

78. 圣吉.第五项修炼：学习型组织的艺术与实践[M].张成林,译.北京：中信出版社,

2009.

79. 沙因.新职业锚:职位和工作角色的战略新规划[M].王斌,马红宇,译.北京:中国人民大学出版社,2015.

80. 石金涛.培训与开发[M].北京:中国人民大学出版社,2008.

81. 舒克,马礼仁.智企业,新工作:打造人机协作的未来员工队伍[R].埃森哲战略,2018.

82. 斯密.国民财富的性质和原因的研究[M].郭大力,王亚南,译.北京:商务印书馆,1972.

83. 孙宝文,涂艳,王天梅.企业战略柔性关键影响因素实证研究[J].中国软科学,2010(12).

84. 孙东川,陈伟翔.跨文化的有效沟通[J].财经问题研究,2003(6).

85. 周文霞.管人用人激励人[M].北京:企业管理出版社,2007.

86. 泰勒.科学管理原理[M].马风才,译.北京:机械工业出版社,2007.

87. 泰勒.科学管理原理[M].马风才,译.北京:机械工业出版社,2013.

88. 泰勒.原始文化[M].连树声,译.桂林:广西师范大学出版社,2005.

89. 陶日贵.试论跨文化管理中的文化融合[J].理论与改革,2003(6).

90. 田明华,陈建成,王自力.企业重组中文化冲突、文化特征和文化整合[J].科技与管理,2000(1).

91. 德瓦尔.绩效管理魔力——世界知名企业如何创造可持续价值[M].上海:上海交通大学出版社,2002.

92. 汪珺.中国石化销售企业员工培训数字化转型实践与思考[J].石油化工管理干部学院学报,2020(4).

93. 王朝晖.跨文化管理[M].北京:北京大学出版社,2009.

94. 王建民.战略人力资源管理学[M].北京:北京大学出版社,2008.

95. 王蠡,金峰.学习型组织企业评价标准与实施指南[M].北京:中国工人出版社,2006.

96. 王立生,孙少博.跨国公司子公司角色及其演进驱动因素的研究[J].科技管理研究,2011,31(17).

97. 王敏.人力资源三支柱模型视角下的我国人力资源管理现状分析[J].中国集体经济,2018(13).

98. 王青.工作分析理论与应用[M].北京:清华大学出版社,2009.

99. 王雁飞,朱瑜.绩效与薪酬管理实务[M].北京:中国纺织出版社,2005.

100. 韦尔奇,拜恩.杰克·韦尔奇自传[M].曹彦博,孙立明,丁浩,译.北京:中信出版社,2010.

101. 温切斯特.教授与疯子[M].杨传纬,译.上海:上海人民出版社,2009.

102. 文跃然.人力资源战略与规划[M].2版.上海:复旦出版社,2017.

103. 文跃然.薪酬管理原理[M].2版.上海:复旦大学出版社,2013.

104. 吴冬梅,白玉芩、马建明.人力资源管理案例分析[M].2版.北京:机械工业出版社,2011.

105. 武欣.绩效管理实务手册[M].北京:机械工业出版社,2005.

106. 西楠,李雨明,彭剑锋,等.从信息化人力资源到大数据人力资源管理的演进——以腾讯为例[J].中国人力资源开发,2017(5).

107. 夏先良,冯雷.中国海外企业的跨文化沟通问题[J].开放导报,2009(3).

108. 向常春.外派回国人员工作适应的影响因素与对策研究[J].企业活力,2010(3).

109. 谢晋宇.人力资源开发概论[M].北京:清华大学出版社,2005.

110. 谢文辉.企业并购中的文化整合[J].山西财经大学学报,2000,22(4).

111. 邢以群.管理学[M].3版.杭州:浙江大学出版社,2012.

112. 徐笑君.职业生涯规划与管理[M].成都:四川人民出版社,2008.

113. 薛琴.全面薪酬理论及其对企业员工激励的启示[J].企业经济,2007(8).

114. 薛求知,廖勇凯.国际人力资源管理教程[M].上海:复旦大学出版社,2010.

115. 薛求知.当代跨国公司新理论[M].上海:复旦大学出版社,2007.

116. 颜士梅.国外战略性人力资源管理研究综述[J].外国经济与管理,2003(9).

117. 姚凯.企业薪酬系统设计与制定[M].成都:四川人民出版社,2008.

118. 伊万切维奇,科诺帕斯克,赵曙明,程德俊.人力资源管理[M].12版.北京:机械工业出版社,2020.

119. 伊万切维奇,赵曙明.人力资源开发与管理[M].北京:机械工业出版社,2006.

120. 尹奎,孙健敏,吴艳华.人力资源柔性研究评述与展望[J].首都经济贸易大学学报,2017(2).

121. 尤里奇.人力资源转型:为组织创造价值和达成成果[M].李祖滨,孙晓平,译.北京:电子工业出版社,2015.

122. 曾湘泉,苏中兴.改革开放30年:人力资源管理在中国的探索、发展和展望[J].中国人才,2009(2).

123. 张爱卿.人才测评[M].北京:中国人民大学出版社,2005.

124. 张博,杨婷婷,韩飞.互联网时代下多重互动式社会化网络招聘模式研究——以猎聘网为案例[J].中国人力资源开发,2016(18).

125. 张德.人力资源开发与管理[M].3版.北京:清华大学出版社,2007.

126. 张竞.X公司基于柔性管理视角的岗位设计研究[D].太原:山西大学,2017.

127. 张立富,王兴化.马克思劳动关系理论与全球劳动关系的演变[J].中国劳动关系学院学报,2017,31(6).

128. 张彦宁,陈兰通.2007中国企业劳动关系状况报告[M].北京:企业管理出版社,2007.

129. 张正堂,刘宁.战略性人力资源管理及其理论基础[J].财经问题研究,2005(1).

130. 赵景华.跨国公司在华子公司成长与发展的战略角色及演变趋势[J].中国工业经

济,2001(12).

131. 赵景华.跨国公司在华子公司战略比较研究[M].北京:经济出版社,2006.
132. 赵曙明.国际人力资源管理[M].5版.北京:中国人民大学出版社,2012.
133. 赵曙明.人力资源管理研究[M].北京:中国人民大学出版社,2001.
134. 赵曙明.人力资源战略与规划[M].北京:中国人民大学出版社,2008.
135. 郑泱.集体谈判离我们有多远[J].现代商业,2009(8).
136. 周玉泉,李垣.合作学习、组织柔性与创新方式选择的关系研究[J].科研管理,2006,27(2).
137. 朱飞,熊新发.西方劳动关系理论研究的发展脉络和研究范式[J].学术论坛,2012(1).
138. 朱兴佳,白京红.职位分析与评估[M].北京:电子工业出版社,2008.
139. ADAMS J S. Inequity in social exchange[M]// Berkowitz L (Ed.), Advances in experimental social psychology. 1965(2).
140. ADLER N J. International dimension of organizational behavior[M]. Boston: Kent Publishing, 1986.
141. ALDERFER, CLAYTON P. An empirical test of a new theory of human needs[J]. Organizational behavior and human performance, 4 (2).
142. ARGYRIS C P. Understanding organizational behavior[M]. Belmont, CA: Dorsey Press, Homewood, IL, 1960.
143. ATKINSTON J. Manpower strategies for flexible organizations[J]. Personnel management, 1984(8).
144. BAKKE E W. The human resources function[M]. New Haven: Yale Labor Management Center, 1958.
145. BARETT H, WEINSTEIN A. The effect of market orientation and organizational flexibility on corporate entrepreneurship[J]. Entrepreneurship: theory and practice, 1998, 23(1).
146. BARNEY J B. Firm resource and sustained competitive advantage[J]. Journal of management, 1991(17).
147. BARTHOLOMEW D J, FORBES A F. Statistical techniques for manpower planning[M]. New York: Wiley, 1979.
148. BARTHOLOMEW D J. Stochastic models for social processes[M]. 2nd ed. London: Wiley, 1973.
149. BECK, AARON T. Depression: causes and treatment[M]. Philadelphia: University of Pennsylvania Press, 1972.
150. BECKER B, GERHART B. The impact of human resource management on organizational performance: progress and prospects[J]. Academy of Management Journal, 1996, 39(4).

151. BERNADIN H J, Beatty R W. Performance appraisal: assessing human behavior at work [M]. Boston: Kent, 1984.
152. BIRKINSHAW J M, MORRISON A J. Configurations of strategy and structure in subsidiaries of multinational corporations [J]. Journal of international business studies, 1995(4).
153. BLAIN A N J, GENNARD J. Industrial relations theory: a critical review [J]. British journal of industrial relations, 1970(3).
154. BOLLERS R. What color is your parachute? [M]. Berkeley CA: Ten speed press, 2002.
155. BORMAN W C, MOTOWIDLO S J. Expanding the criterion domain to include elements of contextual performance [M] // SCHMITT N, BORMAN W C. personnel selection in organizations. San Francisco, CA: Jossey Bass. 1993.
156. BORMAN W C, MOTOWIDLO St J. Task performance and contextual performance: The meaning for personnel selection research [J]. Human performance, 1997, 10(2).
157. BRISCOE J P, HALL D T. The interplay of boundaryless and protean careers: combinations and implications [J]. Journal of vocational behavior, 2006, 69(1).
158. BUHLER, CHARLOTTE. The human course of life as a psychological problem [M]. Leipzig: Hirzel, 1933.
159. CASCIO W F. Costing human resources: The financial impact of behavior in organizations [M]. Boston: PWS-Ken, 1991.
160. CATTELL R B. Validation and intensification of the sixteen personality factor questionnaire [J]. Readings in clinical psychology, 1966(12).
161. CHAMBERLAIN N W. Collective bargaining [M]. New York: Mc Graw-Hill, 1951.
162. CHRISTIE B. Organisations forced to innovate with summer internships [R]. World at Work, 2020.
163. CHUANG C H. LIAO H. Strategic human resource management in service context: taking care of business by taking care of employees and customers [J]. Personnel psychology, 2010 (63).
164. CIPD. Digital learning in a post-COVID-19 economy: an evidence review [M]. London: Chartered Institute of Personnel and Development, 2021.
165. COMMONS J R. Industrial goodwill [M]. New York: McGraw-Hill, 1919.
166. COMMONS J R. The economics of collective action [M]. New York: MacMillan, 1950.
167. DECI E, RYAN R. A motivational approach to self: integration in personality [M] // DIENSTBIER R, Nebraska symposium on motivation, 38.
168. DECI E, RYAN R. Handbook of self-determination research. Rochester [M]. NY: University of Rochester Press, 2014.

169. DEVANNA M A, FORMBRUM C J, TICHY N M. A framework for strategic human resource management[M]// Formbrum C J, Tichy N M, Devanna M A. (Eds.). Strategic human resource management. New York: Wiley, 1984.

170. DEVANNA M A, FORMBRUM C J, TICHY N M. Human resource management: a strategic perspective[J]. Organizational dynamics. 1981(3).

171. DRUCKER P F. Knowledge worker productivity: the biggest challenge. California management review, 1999, 41(2).

172. DUNLOP J T. Industrial relations system[M]. New York: Henry Holt, 1958.

173. DZAMBA A. Compensation strategies to use amid organizational change[J]. Compensation & Benefits Management, 2001(1).

174. ELLIS A. Reason and emotion in psychotherapy[M]. New York: Lyle Stuart, 1962.

175. FORRESTER J W. System dynamics, systems thinking, and soft OR[J]. System dynamics review, 1994, 10.

176. GHOSHAL S, BARTLETT C A. The multinational corporation as an international network[J]. Academy of management review, 15(4).

177. GILBRETH F B, GILBRETH L M. Fatigue study: the elimination of humanity's greatest unnecessary waste: a first step in motion study[M]. London: George Routledge and Sons, 1916.

178. GINZBERG E, GINZBERG S W, AXELARD S, et al. Occupational choice: an approach to a general theory[M]. New York: Columbia University Press, 1951.

179. GITTLEMAN M, HORRIGSN M, JOYCE M. "Flexible" workplace practices: evidence from a nationally representative survey[J]. ILR Review, 1998, 52(1).

180. GOLDEN, W, POWELL, P. Towards a definition of flexibility: in search of the Holy Grail?[J]. Omega, 2000, 28(4).

181. GREER C R, JACKSON D L, FIORITO J. Adapting human resource planning in a changing business environment[J]. Human resource management, 1989(28).

182. GUPTA A K, GOVINDARAJAN V. Knowledge flows and the structure of control within multinational corporations[J]. Academy of management review, 1991, 16(4).

183. HACKMAN J R, OLDHAM G R. Development of the job diagnostic survey[J]. Journal of applied psychology, 60(2).

184. HALL D T. Careers in and out of organization[M]. Thousand Oaks, CA: Sage Publications, 2002.

185. HALL D T. Careers in organizations[M]. CA: Goodyear Publishing Company Santa Monica, 1976.

186. HALL D T. The protean career: A quarter-century journey[J]. Journal of vocational behavior, 2004, 65(1).

187. HALL E T. Beyond culture[M]. New York: Anchor Books, 1976.

188. HAMMER M, CHAMPY J. Reengineering the corporation: a manifesto for business revolution[M]. New York,: Harper Collins Publishers, 1993.

189. HAMMER M, CHAMPY J. Reengineering the corporation: a manifesto for business revolution[M]. New York: Harper Business, 2004.

190. HART A G. Failure and fulfillment of expectations in business fluctuations[J]. Review of economics & statistics, 1937, 19(2).

191. HAVIGHURST R J. Human development and education[M]. Oxford: Longmans, Green, 1953.

192. HERZBERG, FREDERICK, MAUSNER, BERNARD, SNYDERMAN, BARBARA B. The motivation to work[M]. 2nd ed. New York: John Wiley, 1959.

193. HERZBERG, FREDERICK. Work and the nature of man[M]. Cleveland: World Publishing, 1966.

194. HOFSTEDE G. Culture's consequences: comparing values, behaviors, institutions and organizations across nations[M]. CA, Thousand Oaks: SAGE Publishing, 2001.

195. HOFSTEDE G. Culture's consequences[M]. Beverly Hills, CA: Sage,1980.

196. HOFSTEDE G. Cultures and organizations: software of the mind.[M]. London: McGraw-Hill, 1991.

197. HOGAN K. Welcome 2020 Microsoft interns: announcing our virtual intern program [R]. Microsoft, 2020.

198. HOLLAND J L. Making vocational choices: a theory of vocational personalities and work environments[M]. 3rd ed. New Jersey: Prentice-Hall, 1997.

199. HOLTGRAVES T M. Language as social action[M]. New York: Psychology Press, 2001.

200. HOLTGRAVES T M. Styles of language use: individual and cultural variability in conversational indirectness[J]. Journal of personality and social psychology, 1997, 73.

201. HOUSE R J, HANGES P J, JAVDAN M, DORFMAN P W, GUPTA V. Culture, leadership, and organizations: the globe study of 62 societies[M]. CA: Sage Publication, Inc., 2004.

202. HUSELID M A. The impact of human resource management practices on turnover, productivity, and corporate financial performance[J]. Academy of management journal, 1995(3).

203. JACQUET R. Upskilling during difficult times: how do we keep employees learning from home?[R]. Coursera Blog, 2020.

204. JARILLO J C, MARTINEZ J I. Different roles for subsidiaries: the case of multinational corporations[J]. Strategic management journal, 1990(11).

205. JEFFREY H, GREENHAUS, GERARD A. CALLANAN, VERONICA, M. GODSHALK. Career management[M]. New York: Dryden Press, 2000.
206. JOBERT E A. Return of the native executive[N]. New York Times, 2000-05-17.
207. KAPLAN R S, NORTON D P. Alignment: using the balanced scorecard to create corporate synergies[M]. Boston, MA: Harvard Business School Press, 2006.
208. KAPLAN R S, NORTON D P. Execution premium: linking strategy to operations for competitive advantage[M]. Boston, MA: Harvard Business Press, 2008.
209. KAPLAN R S, NORTON D P. Putting the balanced scorecard to work[J]. Harvard business review, 71(5).
210. KAPLAN R S, NORTON D P. Strategy maps: converting intangible assets into tangible outcomes[M]. Boston, MA: Harvard Business School Press, 2004.
211. KAPLAN R S, NORTON D P. The balanced scorecard: measures that drive performance [J]. Harvard Business Review 70(1).
212. KAPLAN R S, NORTON D P. The balanced scorecard: translating strategy into action [M]. Boston, MA: Harvard Business School Press, 1996.
213. KAPLAN R S, NORTON D P. The strategy-focused organization: how balanced scorecard companies thrive in the new business environment[M]. Boston, MA: Harvard Business School Press, 2000.
214. KAUFMAN R, KELLER J M. Levels of evaluation: beyond Kirkpatrick[J]. Human Resource Development Quarterly, 1994, 5(4).
215. KIRKPATRICK D, KIRKPATRICK J. Evaluating training programs: the four levels [M]. CA: Berrett-Koehler Publishers, 2006.
216. KLUCKHOHN F R, STRODTBEEK F L. Variations in value orientations[M]. Evanston, IL: Row, Peterson. 1961.
217. KOSTE L L, MALHOTRA M K. A theoretical framework for analyzing the dimensions of manufacturing flexibility[J]. Journal of operations management, 1999, 18(1).
218. KRAIGER K, FORD J K, SALAS E. Application of cognitive, skill-based, and affective theories of learning outcomes to new methods of training evaluation[J]. Journal of applied psychology, 1993, 78(2).
219. KRUMBOLTZJOHN D., Office of vocational and adult education. Private rules in career decision making[M]. Columbus, Ohio: National Center for Research in Vocational Education, 1983.
220. KSHIRSAGAR A, MANSOUR T, MCNALLY L, et al. Adapting workplace learning in the time of coronavirus[R]. McKinsey Accelerate, 2020.
221. LEE H O, ROGAN RT. A cross-cultural comparison of organizational conflict management behavior[J]. The international journal of conflict management, 1991(3).

222. LEEUW T, VOLBERDA H W. On the concept of flexibility: a dual control perspective [J]. Omega, 1996, 24(2).

223. LEPAK D P, SNELL S A. The human resource architecture: toward a theory of human capital allocation and development [J]. Academy of management review, 1999, 24(1).

224. LEWIS R D. When cultures collide: leading across cultures [M]. Boston: Nicolas Brealey, 2018.

225. LOCKE, EDWIN A, LATHAM, GARY P. Building a practically useful theory of goal setting and task motivation: a 35-year odyssey [J]. American psychologist, 57(9).

226. LOCKE, EDWIN A. Toward a theory of task motivation and incentives [J]. Organizational behavior and human performance, 1968, 3(2).

227. LONDON M. How People Evaluate Others in Organizations [M]. East Sussex: Psychology Press, 2001.

228. LONDON M. How people evaluate others in organizations [M]. East Sussex: Psychology Press, 2001.

229. MALNIGHT T W. The transition from decentralized to network-based MNC structures: an evolutionary perspective [J]. Journal of international business studies, 1996. 27(1).

230. MANNHEIM K. The problem of generations [M]. London: Routledge and Kegan Paul, 1928/1952.

231. MARCH J G. The future, disposable organizations and the rigidities of imagination [J]. Organization, 1995, 2(3−4).

232. MASLOW A H. A theory of human motivation [J]. Psychological review, 1943, 50 (4).

233. MASLOW A H. Motivation and personality [M]. NY: Harper, 1954.

234. MCCLELLAND D C. Methods of Measuring Human Motivation [M]// ATKINSON U W. The Achieving Society Princeton. N J: D. Van Nostrand, 1962.

235. MCCLELLAND D C. Testing for competence rather than for "intelligence" [J]. American psychologist, 1973, 28(1).

236. MCCLELLAND D C. Testing for competence rather than for intelligence [J]. American psychologist, 1973(28).

237. MCCLELLAND D C. The Achieving Society [M]. Free Press, New York, 1961.

238. MCCORMICK E J, ERNEST J, JEANNERET P R, Mecham R C. The development and background of the position analysis questionnaire [R]. Purdue Univ Lafayette in Occupational Research Center, 1969.

239. MEISTER J C. Corporate universities: lessons in building a world-class work force [M]. New York: McGraw-Hill, 1998.

240. MILES R E, SNOW C C. design strategic human resource systems [J]. Organizational dynamics, 1984(13).

241. MOBLEY, W. H., GRIFFETH, R. W, HAND, H. H. & MEGLINO, B. M. Review and conceptual analysis of the employee turnover process[J]. Psychological Bulletin, 1979, 86(3): 493-522.

242. MORSE J J, LORSCH J W. Beyond theory Y[J]. Harvard business review, 1970, 48(3).

243. MUNSTERBERG H. Psychology and Industrial Efficiency[M]. New York: Houghton, 1913.

244. MUNSTERBERG H. Psychology and industrial efficiency[M]. Boston: Houghton Mifflin Company, 1913.

245. OGBOR J O. Organizational leadership and authority relations across cultures: Beyond divergence and convergence[J]. International journal of commerce and management, 10(1).

246. PARNES H S. People power[M]. CA: Sage Publications, 1984.

247. PARSONS F. Choosing a vocation[M]. Boston: Houghton Mifflin company, 1909.

248. PORTER L W, LAWLER E E. Managerial attitudes and performance[M]. Baltimore: Richard D. Irwin, Inc.,1968.

249. PRICE, J. L. & MUELLER, C. W. Absenteeism and turnover of hospital employees[M]. Greenwich, CT: JAI Press, 1986.

250. RANGAN S. Do multinationals operate flexibly: theory and evidence[J]. Journal of international business studies, 1998, 29(2).

251. ROSS A M. Trade union wage policy[M]. Berkeley: University of California Press, 1948.

252. SANDVER M H. Labor relations: process and outcomes[M]. Boston: Little, Brown, 1987.

253. SCHEIN E H. Corporate culture survival guide[M]. San Francisco: Jossey-Bass, 1999.

254. SCHEIN E H. Organizational psychology[M]. Englewood Cliffs, New Jersey: Prentice Hall, 1965.

255. SCHNEIDER B, KONZ A M. Strategic job analysis[J]. Human resource management, 1989, 28(1).

256. SCHULER R S, DOWLING P J, DE CIERI H. An integrative framework of strategic international human resource management[J]. Journal of management, 1993, 19(2).

257. SCHULER R S, JACKSON S E. Linking competitive strategies with human resource management practices[J]. Academy of Management Executive, 1987, 1(3).

258. SCHULTZ T W. Investment in human capital[J]. The American economic review, 1961(1).

259. SCHWARTZ H, DAVIS S. Matching corporate culture and business strategies[J]. Organizational dynamics, 1981, 10(1).

260. SCOTT W D, CLOTHIER R C. Personnel management: principles, practice, and point of view[M]. New York: McGraw-Hill, 1923.
261. SELYE H. Stress without distress[M]//Psychopathology of human adaptation. Boston, MA: Springer, 1976.
262. SENGE P M. The fifth discipline: the art and practice of the learning organization[M]. New South Wales: Currency, 2006.
263. SENGE P, et al. The dance of change: the challenges to sustaining momentum in learning organizations[M]. New South Wales: Currency, 1999.
264. SKINNER B F. The behavior of organisms[M]. NY: Appleton-Century-Crofts, 1938.
265. SPAR B, DYE C, LEFKOWITZ R, et al. 2018 workplace learning report: the rise and responsibility of talent development in the new labor market[R]. LinkedIn Learning, 2018.
266. SPENCER L M, SPENCER S M. Competence at work: models for superior performance[M]. New Jersey: John Wiley & Sons Inc., 1993.
267. SPENCER L M, SPENCER S, M. Competence at work: models for superior performance[M]. New York: John Wiley & Sons Inc., 1993.
268. STEERS, R. M. & MOWDAY, R. T. Employee turnover and post-decision accommodation process[M]//L. L. Cummings & B. M. Staw (Eds.). Research in organizational behavior. Greenwich, Conn.: JAI Press, 1981.
269. STUFFLEBEAM D L. The CIPP model for program evaluation. In: Evaluation models[J]. Dordrecht, 1983, Springer.
270. SUPER D E, JORDAAN J P. Career development theory[J]. British journal of guidance and counselling, 1973, 1(1).
271. TRIANDS H C. Culture and social behavior[M]. New York: McGraw-Hill, 1994.
272. TROMPENAARS A, HAMPDEN-TURNER C. Riding the waves of culture: understanding cultural diversity in business[M]. London: Nicholas Brealey, 1997.
273. TUNG R L. Selection and training of U. S., European and japanese multinationals[J]. California management review, 1982, 25(1).
274. VAN MIEGHEM J A. Investment strategies for flexible resources[J]. Management science, 1998, 44(8).
275. VROOM V H. Work and motivation[M]. New York: Wiley, 1964.
276. WARR P, BIRD M, RACKHAM N. Evaluation of management training: a practical framework, with cases, for evaluating training needs and results[M]. Aldershot: Gower Press, 1970.
277. WAY S A. A firm-level analysis of HR flexibility[D]. New Brunswick: Rutgers Business School-Newark and New Brunswick of the State University of New Jersey,

2005.
278. WAY S A. BRUCE T J, FAY C H. Validation of a multidimensional HR flexibility measure[J]. Journal of management, 2015, 41(4).
279. WEBB S, WEBB B. A history of trade union[M]. New York: AMS Press, 1976.
280. WEBB S, WEBB B. Industrial democracy[M]. London, New York, Bombay: Longmans, Green & Co., 1897.
281. WRIGHT P M, MCMAHAN G C. Theoretical perspectives for strategic human resource management[J]. Journal of management, 1992, 18(2).
282. YOUNDT M A, SNELL S A, DEAN J W, et al. Human resource management, manufacturing strategy and firm performance[J]. Academy of management journal, 1996, 39(4).

图书在版编目(CIP)数据

人力资源管理/徐笑君主编;包季鸣副主编. —上海:复旦大学出版社,2023.9
ISBN 978-7-309-16995-9

Ⅰ.①人… Ⅱ.①徐… ②包… Ⅲ.①人力资源管理 Ⅳ.①F241

中国国家版本馆 CIP 数据核字(2023)第 168866 号

人力资源管理
RENLI ZIYUAN GUANLI
徐笑君　主　编
包季鸣　副主编
责任编辑/郭　峰

复旦大学出版社有限公司出版发行
上海市国权路 579 号　邮编:200433
网址:fupnet@ fudanpress.com　http://www.fudanpress.com
门市零售:86-21-65102580　团体订购:86-21-65104505
出版部电话:86-21-65642845
常熟市华顺印刷有限公司

开本 787×1092　1/16　印张 26.5　字数 565 千
2023 年 9 月第 1 版第 1 次印刷
印数 1—5 000

ISBN 978-7-309-16995-9/F・3002
定价:89.00 元

如有印装质量问题,请向复旦大学出版社有限公司出版部调换。
版权所有　　侵权必究